Invitation
Essentials

Gilbert A. Jarvis
The Ohio State University

Thérèse M. Bonin
The Ohio State University

Diane W. Birckbichler
The Ohio State University

HOLT, RINEHART AND WINSTON, INC.
Fort Worth • Chicago • San Francisco • Philadelphia
Montreal • Toronto • London • Sydney • Tokyo

Publisher   Ted Buchholz
Acquisitions Editor   Jim Harmon
Developmental Editors   John McMinn, Mary K. Bridges
Production Manager   Kenneth A. Dunaway
Project Editor   Hal Lockwood
Cover Design Supervisor   Serena Barnett-Manning
Text Design   Bookman Productions
Composition   Progressive Typographers
Photo Researcher   Judy Mason
Cover Design Margaret Unruh

Reproduced on the cover: ''The Open Window'' 1905, Henri Matisse. Private Collection of Mrs. John Hay Whitney.

Photo credits appear at the end of the book.

Library of Congress Cataloging-in-Publication Data
Jarvis, Gilbert A.
    Invitation essentials / Gilbert A. Jarvis, Thérèse M. Bonin, Diane
W. Birckbichler.
        p.   cm.
    English and French.
    Includes index.
    ISBN 0-03-033279-6 (instructor's), — ISBN 0-03-005749-3 (students)
    1. French language — Textbooks for foreign speakers — English.
    2. French language — Grammar — 1950-   I. Bonin, Thérèse M.
II. Birckbichler, Diane W.   III. Title.
PC2129.E5J38   1991
448.2'421 — dc20   91-6606
                                                                         CIP

ISBN 0-03-005749-3

2 3 4   069   9 8 7 6 5 4 3 2

Preface

Invitation Essentials is a basic French text that presents the essential language for developing genuine communicative proficiency in French. Along with this practical goal, the text reflects a commitment to the value of language study in helping students to understand the meaning of being human, the richness and diversity of cultures, and the wonder of the communicative process.

Invitation Essentials presents the essential vocabulary and patterns of French — those that provide the greatest communicative usefulness. It is written with the student prominently in mind. Pedagogical efficiency results from carefully sequenced structural patterns in French, each of which is immediately applied functionally in communicative situations. Vocabulary is presented in contexts that are enriched by abundant use of drawings and photographs. Instead of promising students that they will be able to communicate someday, *Invitation Essentials* creates the opportunity to communicate immediately. It invites success.

Invitation Essentials offers insights into French-speaking cultures and an understanding and appreciation of differences and similarities among individuals and cultures in a pluralistic, interdependent world. Cultural content is not limited to cultural notes but is integrated throughout the text.

Organization of the book

Invitation Essentials has a preliminary chapter, eighteen regular chapters, and appendixes. Each of the eighteen chapters includes the following sections.

MISE EN TRAIN

This section introduces new vocabulary centered around a topic that is related to the chapter theme. Varied communication activities involve the student in the active use of this newly presented vocabulary.

EXPLORATIONS

Each chapter introduces three grammar topics that are presented, practiced, and expanded upon in the following phases.

Situation : The *Situation* conversations that precede each structural topic not only show how a particular structure can be used in a real-life setting but also introduce numerous language functions, cultural settings, and conversational patterns that can be used by students.

Présentation : This section introduces the grammar topic and its functional use and presents sample sentences that illustrate the structure.

Préparation : The grammar is then practiced in structured, lifelike situations. Many exercises are set in cultural contexts, thereby reinforcing the authenticity of the language used and its potential value for real-life communication while providing, at the same time, insights into francophone cultures. The Instructor's Edition contains simple mechanical drills for each topic.

Communication et vie pratique : The varied formats in this section give students the opportunity to communicate about a wide variety of topics. In addition to the personal communication of some formats, students are also given different types of survival situations and role-plays that enable them to see how well they would get along in a French-speaking country.

INTÉGRATION ET PERSPECTIVES

This reading recombines and integrates the grammar and vocabulary used in the chapter and provides additional cultural and/or human interest perspectives. It also provides reading practice and introduces new words in context. *Avez-vous bien compris?* and *Notes culturelles* sections follow this end-of-chapter reading.

Communication et vie pratique : This section presents communication and survival situations that are related to the chapter theme and which require students to further integrate and use in new contexts the language they have already learned. The use of realia and authentic documents and the inclusion of survival and role-playing situations are an important aspect of these activities. The range of survival and communication situations and the varied cultural settings in which they take place help develop the student's range of expression. A listening comprehension activity, *Invitation à écouter,* is also included at the end of each lesson.

PRONONCIATION ET ORTHOGRAPHE

The most significant features of spoken French (and their written counterparts) are described in each of the first ten chapters. Practice of both individual sounds and longer sentences containing critical sounds is included.

VOCABULAIRE DU CHAPITRE

Each chapter is followed by a list of vocabulary words intended for active use in that chapter and in subsequent chapters. The lists contain the most important noncognate and cognate vocabulary used in the lesson or page references for thematically grouped vocabulary. Where appropriate, the vocabulary lists are organized in thematic clusters (e.g., sports, food).

Supplementary materials

STUDENT WORKBOOK/LABORATORY MANUAL AND TAPE PROGRAM

The combined workbook and laboratory manual *(Invitation à écouter et à écrire)* contains written and oral activities for each of the book's eighteen chapters. The first half of each chapter contains writing activities; the second half oral exercises.

The workbook component has been designed to expand the student's ability to communicate in writing. Each chapter of *Invitation Essentials* has accompanying exercises in the student workbook section of this manual. A series of exercises and communication activities ranging from simple to more complex is coordinated with each section of the chapter and with each structural topic.

The tape program and laboratory section of the manual have been designed to provide students with the opportunity to practice their oral skills outside class. Each chapter in *Invitation Essentials* has accompanying taped material: (1) a reading of the *Intégration et perspectives* passage; (2) two or three activities for each grammar topic; (3) readings of the *Situation* conversations; (4) a listening comprehension passage based on the chapter theme that integrates chapter grammar and vocabulary. In addition, a pronunciation section (Chapters 1 – 10), a short thematic dictation, and a series of thematically related personal questions are included.

Acknowledgments

Special thanks are owed to the students, instructors, and teaching assistants at The Ohio State University who have used the first three editions of *Invitation*. Their reactions, comments, and suggestions have been very helpful in the preparation of this essentials version of *Invitation*. We are particularly grateful to Gabrielle Fry-Chesneau for the creative lesson plans that she contributed to the Teacher's Edition and to Melissa Gruzs for her excellent proofreading skills and her continued inspiration for workbook/laboratory activities. In addition, it has been a pleasure to work with Mary K. Bridges at Holt, whose unfailing positive attitude and useful ideas have been appreciated. Special thanks also to John McMinn for his many excellent contributions to this project.

We would like to thank the following reviewers, whose comments helped to shape *Invitation Essentials:* Elaine Ancekewicz, University of Maryland College Park; Dorothy Betz, Georgetown University; John T. Booker, University of Kansas; Edmund Campion, University of Tennessee, Knoxville; Hope Christiansen, University of Arkansas; Dominick De Filippis, Wheeling Jesuit College; Mary Jane Ellis, Cornell University; Elizabeth Guthrie, University of California-Irvine; Claudine Hastings, Golden West College; Paul Homan, North Dakota State University; Daniel Martin, University of Massachusetts at Amherst; Brenda McCullough, Oregon State University; Mary Millman, Auburn University; David Parsell, Furman University; Larry Schehr, University of South Alabama; Rita Winandy, Southern Methodist University.

Table des matières

Chapitre 18   *Vivre en France*   388

Appendixes

Chapitre préliminaire

France; le T.G.V.

Belgique

Algérie

Côté-d'Ivoire

Tahiti

Découverte du monde francophone

French is the main language of 119 million people and is widely spoken in north and west Africa, southeast Asia, the Middle East, and the Caribbean. It is also an official language of Belgium, Switzerland, Luxembourg, and Canada. In the Canadian province of Quebec alone, there are more than five million French speakers. In the United States, there are two and one-half million people who speak French, especially in the Northeast and in Louisiana.

French was the language of diplomacy for centuries. Today it is an official language of the United Nations and of many other international organizations. The world map inside the front cover shows those countries in which French is an official or an important language.

Première rencontre

LES SALUTATIONS

MICHELINE	Salut, je m'appelle Micheline. Et toi?
CLAUDE	Je m'appelle Claude.

MICHELINE	Comment ça va?
CLAUDE	Ça va bien, merci. Et toi?
MICHELINE	Pas mal. Et toi, Gérard, ça va?
GÉRARD	Assez bien.

CLAUDE	Au revoir. À tout à l'heure.
GÉRARD	Au revoir.

A. Et toi? Imagine that a French student has said the following. How would you respond?

1. Je m'appelle Jean, et toi?
2. Comment ça va?
3. Au revoir. À tout à l'heure.

B. Entre amis. What would you say to another student in the following situations?

1. Greet and introduce yourself to the person next to you in class.
2. Ask another student how she or he is. The student in turn asks how you are.
3. Say good-bye to another student and say that you will see him or her later.

MADAME DURAND	Bonjour, monsieur. Comment vous appelez-vous?
CLAUDE	Bonjour, madame. Je m'appelle Claude Legrand.
MADAME DURAND	Et vous, mademoiselle? Comment vous appelez-vous?
MICHELINE	Je m'appelle Micheline Dubourg.

MICHELINE	Bonjour, madame. Comment allez-vous?
MADAME DURAND	Très bien, merci. Et vous?
MICHELINE	Ça va très bien.

MICHELINE   Au revoir, madame.

MADAME DURAND   Au revoir, Micheline. À demain.

C. **Salutations.** What would you say to your instructor in the following situations?

1. Greet your instructor and introduce yourself.
2. Greet your instructor and ask how he or she is.
3. Say good-bye to your instructor and say that you will see him or her tomorrow.

D. **Faisons connaissance.** Get together with another student and ask that person what his or her name is and how he or she is. Then say good-bye to that person and say that you'll see him or her tomorrow.

√ L'ALPHABET FRANÇAIS

a	[a]	Albert	n	[ɛn]	Nicolas
b	[be]	Béatrice	o	[o]	Olivier
c	[se]	Cécile	p	[pe]	Paulette
d	[de]	Diane	q	[ky]	Quentin
e	[ø]	Eugène	r	[ɛʀ]	Renée
f	[ɛf]	Francine	s	[ɛs]	Serge
g	[ʒe]	Gérard	t	[te]	Thérèse
h	[aʃ]	Henri	u	[y]	Ursule
i	[i]	Irène	v	[ve]	Véronique
j	[ʒi]	Jean	w	[dubləve]	William
k	[ka]	Karim	x	[iks]	Xavier
l	[ɛl]	Luc	y	[igʀɛk]	Yvette
m	[ɛm]	Monique	z	[zɛd]	Zoé

(handwritten annotations: "u→" by b, "Uh→" by e, "ash" by h, "ee→" by i, "you→u" by u)

√ LES ACCENTS

(handwritten: "Acute ↑", "left", "right")

accent aigu: é Gérard
accent grave: è, à, ù Michèle, où, à Paris
accent circonflexe: ê, â, û, î, ô forêt, château, Jérôme
cédille: ç François
tréma: ë, ï Noël

A. **Prénoms.** According to a recent survey, the names given below are the most popular first names in France. Pronounce and spell each of them.

Filles

1. Janine
2. Jacqueline
3. Nathalie
4. Catherine
5. Sylvie
6. Françoise
7. Jeanne
8. Isabelle
9. Monique
10. Marie

Garçons

1. Daniel
2. René
3. Bernard
4. Jacques
5. Alain
6. Philippe
7. André
8. Pierre
9. Jean
10. Michel

B. **Où est-ce?** Spell the names of the following cities in French-speaking countries.

1. Genève
2. Bruxelles
3. Marseille   *MARSAY*
4. Montréal
5. Dakar
6. Fort-de-France
7. Alger
8. Casablanca

Deuxième rencontre

DANS LA SALLE DE CLASSE

Pronounced

é = (AY)
è = (eh)

A. **Qu'est-ce que c'est?** The above illustration shows objects typically found in the classroom. Name them when your instructor or another student asks you what they are.

EXEMPLE   Qu'est-ce que c'est?   *what is this?*
          C'est une chaise.

B. Petits dessins. Draw a rough sketch of a classroom and put six or more items in your picture. Without seeing the drawing, another student will try to guess what you have included and you will answer **oui** or **non**.

EXEMPLES Est-ce qu'il y a une chaise?
Oui.

Est-ce qu'il y a une affiche?
Non.

Other useful expressions that you will need to use in class include:

Allez au tableau.	*Go to the board.*
Écoutez bien la question.	*Listen carefully to the question.*
Répétez la réponse, s'il vous plaît.	*Repeat the answer, please.*
Est-ce que vous comprenez?	*Do you understand?*
Oui, je comprends.	*Yes, I understand.*
Non, je ne comprends pas.	*No, I don't understand.*
Je ne sais pas.	*I don't know.*
Qu'est-ce que ça veut dire?	*What does that mean?*
Ça veut dire...	*That means . . .*
Comment dit-on... en français?	*How does one say . . . in French?*
On dit...	*One says . . .*
Merci.	*Thank you.*
De rien. Da	*You're welcome.*
Excusez-moi.	*Excuse me.*
Pardon.	*Pardon me.*
Remettez vos devoirs.	*Turn in your homework.*

C. **Dites-le en français.** What would you say in French in the fo[llowing] situations?

1. You don't understand what your instructor has said.
2. You want to ask how to say "computer" in French.
3. You don't know the answer to a question.
4. You want to ask what something means.
5. You want to ask your instructor to write a word on the board.

D. **Dans la salle de classe.** What would you do if your instructor asked you to do the following?

1. Asseyez-vous.
2. Remettez vos devoirs.
3. Écoutez bien.
4. Ouvrez votre livre.
5. Répétez, s'il vous plaît.
6. Levez-vous et allez au tableau.

COMMENT ÉTUDIER UNE LANGUE ÉTRANGÈRE

What you know about English can help you as you begin to study French. First, see if you can get the general ideas in the following material from a French-Canadian newspaper.

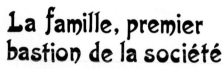

La longue marche du Parti libéral du Québec

Petite histoire d'un grand festival

carrières et professions

A good example of the head start that you have in learning French is the large number of words that are similar in French and English. These words (e.g., **famille, société, festival, éditorial**) are called "cognates." You may also have noted the need to be flexible when you encounter an unfamiliar word. In the ad for homes, for example, you see the word **terrain**. The English word *terrain* would not be used in this context. A synonym that makes more sense in this context is *ground* or *land*.

Learning to guess the meanings of words is also important. In the item about **Loto Bingo**, for example, a noncognate word, **gagner**, appears. In this particular context, you know that the idea of winning money is important. Thus, from the context, you can guess that **gagner** means *to win*.

Troisième rencontre

LES JOURS DE LA SEMAINE

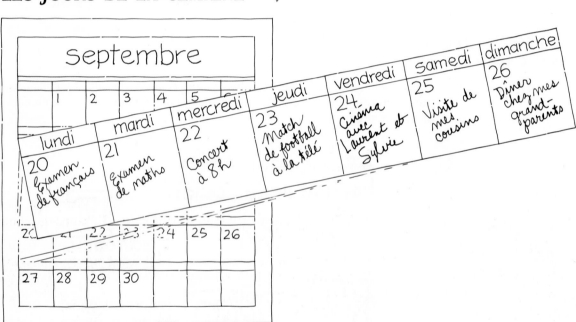

A. Quel jour est-ce? Above is Jean-Marc's calendar for next week. Look at the calendar and tell what day it is when he is doing the following activities.

MODÈLE   Jean-Marc has a math test.
         C'est mardi.

1. Jean-Marc is on his way to his grandparents' house for dinner.
2. He's getting ready to watch a soccer game on television.

3. He's calling his cousins to find out what time they're coming.
4. He's gathering up his music and his clarinet.
5. He and his friends are looking at the movies that are playing this weekend.

LES NOMBRES DE 1 À 20

1	un *eh*	6	six *ceASe*	11	onze	16	seize *SAYS*
2	deux	7	sept	12	douze	17	dix-sept
3	trois	8	huit	13	treize	18	dix-huit
4	quatre	9	neuf	14	quatorze	19	dix-neuf
5	cinq	10	dix	15	quinze	20	vingt

A. **Quelques adresses.** Read the following addresses.

MODÈLE   14, rue Berlioz
Quatorze, rue Berlioz.

1. 3, place de Rome
2. 6, rue du Pavillon
3. 8, rue des Remparts
4. 19, rue du Palais
5. 12, boulevard Victor Hugo
6. 5, rue Pasteur
7. 16, avenue Maréchal Foch
8. 1, rue Émile Zola

B. **C'est combien?** Ask how much each of the items costs. The salesperson (played by another student) will answer your questions.

MODÈLE   un livre de maths / $15
Un livre de maths, c'est combien?
C'est quinze dollars.

1. cinq crayons / $1
2. deux cahiers / $4
3. un stylo / $2
4. six affiches / $20
5. un dictionnaire / $18
6. une carte de France / $11

C. **Codes postaux.** Read aloud the following postal codes for Quebec.

1. M3C 2T8
2. V5A 1S6
3. G1G 1P2
4. G1R 3Z3
5. H4T 1E3
6. H3A 1Y2
7. H3A 2J4
8. J3L 2M1
9. M1P 2J7
10. L4C 3G5

PRONONCIATION ET ORTHOGRAPHE

The French vowel system differs from the English system in significant ways. Vowels play a more important role in French than in English. This affects the language in several ways.

A. **Articulez bien!** A clear differentiation in vowel sounds is much more important in French than in English. French vowels are never "glided" or "swallowed" as English vowels are.

Compare:

English	French
key	qui
May	mai
oh	oh
patient	patient
probable	probable
probability	probabilité

B. **Accentuation.** In French the last syllable in a word or group of words is the only accentuated syllable. In an English word, one particular syllable is stressed (emphasized) and it remains stressed, regardless of the position the word occupies in a group of words.

Compare:

English	French
music	musique
residence	résidence
university	université

Repeat:

Bonjour.
Bonjour, monsieur.
Bonjour, monsieur et madame.

Chapitre 1

Point de départ

Dans ce chapitre vous allez apprendre à...

Parler de vos activités

1. Identifier les objets et les activités

2. Parler de vos activités et opinions

3. Poser des questions

Vocabulaire et structures

Mise en train : À l'université

L'article défini et le nom

Les verbes de la première conjugaison et les pronoms sujets

La forme interrogative et la forme négative

À *L'UNIVERSITÉ*

L' is The before the letter H or A vowel (AEIOU)

Je m'appelle Catherine. À l'université, j'étudie...

la géographie

les mathématiques

l'informatique

les sciences: la biologie,
la chimie, la physique

J'adore l'université.
J'aime bien... I Like

but

mais je n'aime pas beaucoup...

la résidence universitaire

les cours et
les professeurs

le restaurant
universitaire

la bibliothèque

Après les cours, j'aime...

travailler — learning work

écouter la radio

regarder la télévision

parler avec des amis

Je m'appelle Daniel. À l'université, j'étudie...

 la littérature

 la musique

 l'histoire
Listoure

 les langues: le français, l'anglais, l'espagnol

J'aime bien les cours / mais j'aime mieux... Grammar

Je déteste... Je préfère

 le sport

 les vacances

 les devoirs

 les examens
Lezexaman

ON/during
Pendant le week-end, j'aime...

 Je danser

 nager NAJe SWIM

 manger avec des amis

 marcher

Autre vocabulaire utile :

Je trouve ça...   *I find that . . .*

facile	*easy*	difficile	*hard*
agréable	*pleasant*	désagréable	*unpleasant*
intéressant	*interesting*	ennuyeux	*boring*
utile	*useful*	inutile	*useless*

Communication et vie pratique

A. Opinions. Using the following expressions, give your opinion about each course.

je déteste...   j'aime...   j'aime bien...   j'adore...   j'aime mieux...
                                                                    I prefer

1. la biologie
2. la littérature
3. les mathématiques
4. l'espagnol

5. la chimie chemistry
6. la physique
7. l'anglais
8. l'histoire histoire

B. **Les cours.** Tell what courses you are studying and ask another student if she or he has the same class.

> EXEMPLE   J'étudie les mathématiques. Et toi?
> **J'étudie les maths aussi.** ⟶
> *ou :*   **Non, j'étudie l'histoire.**

C. **Activités et préférences.**   Make a list of things you like to do. Another student will use the expression **Je trouve ça...** plus an adjective from the group below to give his or her reaction to each item on your list.

facile / difficile   **utile / inutile**
agréable / désagréable   **intéressant / ennuyeux**

> EXEMPLE   — J'aime regarder la télé.
> — **Moi aussi. Je trouve ça intéressant.**
> *ou :*   — **Pas moi. Je trouve ça ennuyeux.**

C'est votre tour.   Imagine that you are going to have a new French roommate and you are exchanging video cassettes to introduce and describe yourselves. What would you say?

Exploration 1

(handwritten: Never pronounce the e at the end of the word.)

POUR IDENTIFIER LES OBJETS ET LES ACTIVITÉS

L'article défini et le nom

SITUATION
Sur le campus

Monique is showing a friend around her campus and is telling her what various buildings are.

MONIQUE   Regarde. Voilà la résidence où j'habite.

ANNE   Et ça, qu'est-ce que c'est?

MONIQUE   C'est la bibliothèque.

ANNE   Et ça?

MONIQUE   C'est le restaurant universitaire.

ANNE   Je trouve le campus très agréable.

Voilà   *There is*   **où j'habite**   *where I live*

Avez-vous bien compris?

Indiquez si les phrases suivantes sont vraies (*true*) ou fausses (*false*). Si la phrase est fausse, corrigez-la (*correct it*).

1.   Monique habite à l'université.
2.   Anne étudie à l'université avec Monique.
3.   Anne trouve le campus désagréable.

Présentation

All nouns in French are either masculine or feminine. The French definite article, which corresponds to *the* in English, has several forms.

Les articles définis	Singular	Plural
Masculine before a consonant	le professeur	les professeurs
Feminine before a consonant	la classe	les classes
Masculine or feminine before any vowel sound	l'étudiant (m)	les étudiants
	l'étudiante (f)	les étudiantes

"z" sound

W Vowel or
Mute H

When a masculine or feminine noun begins with a vowel or a mute *h* as in **histoire**, the *s* in **les** is linked to the next word with a *z* sound: **les amis** [lezami]. In this book, this liaison will sometimes be marked with ⌣ to remind you of it.

A. The definite article can be used much like *the* in English:

Je regarde **le** livre.   *I'm looking at the book.*
J'aime écouter **la** radio.   *I like to listen to the radio.*

It also precedes nouns used in a general sense and abstract nouns.

JAM J'aime **le** sport.   *I like sports.*
J'étudie **le** français.   *I am studying French.*
J'aime **la** politique.   *I like politics.*

B. The definite article **le** is used with a day of the week to say that you usually do the same thing on that day each week.

never use articles in front of Day of the week

every
Le lundi je mange avec des amis.   *On Mondays I eat with friends.*
Lundi je mange avec des amis.   *(This) Monday I'm eating with some friends.*

Préparation

A. Opinions. Véronique and Gérard, students at the Saint-Martin-d'Hères campus of the University of Grenoble, disagree about various aspects of university life. Tell what each says.

MODÈLE   campus   JAM
        VÉRONIQUE   **J'aime le campus.**
        GÉRARD   **Moi, je déteste le campus.**

Le   **1.** université   **5.** examens   Les
Les **2.** professeurs   **6.** étudiants   Les
La   **3.** bibliothèque   **7.** restaurant universitaire   LA
Les **4.** résidences   **8.** cours   Les

B. Après les cours. Several students are talking about what they generally like to do after class and on the weekend. Tell what they say.

MODÈLE   mardi / travailler à la bibliothèque
        Le mardi j'aime travailler à la bibliothèque.

               MANGO
1. samedi / manger avec des amis
2. lundi / regarder la télévision
3. mercredi / nager
4. dimanche / écouter la radio
5. vendredi / danser avec des amis

Communication et vie pratique

A. Réactions. Tell how much you like different courses and then ask another student his or her opinion. Use the scale below to help formulate your ideas.

EXEMPLE maths
—Moi, j'aime beaucoup les maths. Et toi?
—Moi, je déteste les maths.

Je déteste...   J'aime bien...   J'aime beaucoup...   J'adore...

1. maths
2. anglais
3. sciences
4. chimie
5. informatique

6. éducation physique
7. littérature
8. musique
9. histoire
10. géographie

B. Questions. Use the following suggestions to ask other students how much they like or dislike various aspects of campus life.

EXEMPLE université
—Tu aimes l'université?
—Oui, j'aime beaucoup l'université. Et toi?

1. université
2. campus
3. professeurs
4. examens
5. résidences

6. étudiants
7. restaurant universitaire
8. cours
9. week-end
10. bibliothèque

 C'est votre tour. Imagine that you and a French student are showing another student around your campus. Use the map below to answer his or her questions. Use the **Situation** as a guide.

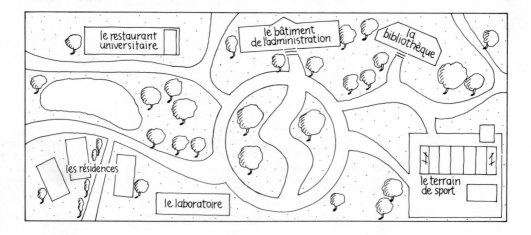

Exploration 2

POUR PARLER DE VOS ACTIVITÉS ET DE VOS OPINIONS

Les verbes de la première conjugaison et les pronoms sujets

SITUATION
Premiers contacts

Jacqueline and Patrick, both students at the University of Strasbourg, are getting acquainted.

JACQUELINE	Moi, j'étudie les langues. Et toi?
PATRICK	<u>Tiens</u>, moi aussi!
JACQUELINE	Tu étudies l'anglais?
PATRICK	Oui. Mais j'aime mieux l'espagnol.
JACQUELINE	Tu aimes voyager?
PATRICK	Oui, beaucoup. Mais je déteste les voyages en groupe.

<u>Tiens</u> *Say*   **moi aussi** *me too*   **voyager** *to travel*   **beaucoup** *a lot*

Avez-vous bien compris?

Complétez les phrases suivantes.

1. Jacqueline étudie... les langues
2. Patrick étudie... l'anglais
3. Patrick... l'espagnol. J'aime mieux l
4. Patrick... les voyages en groupe. déteste

✓ Présentation

In French, verb endings change according to the subject of the verb. One large group of verbs, called the first conjugation (**la première conjugaison**), with infinitives that end in **er**, has the following endings.

travailler			
(I)	je travaille[1]	*(we)*	nous travaillons
(you)	tu travailles	*(you)*	vous travaillez
(he/she/one)	il / elle / on travaille	*(they)*	ils / elles travaillent

---

[1] The present tense in French can express several meanings: *I work; I am working; I do work.*

étudier			
(I)	j' étudie	(we)	nous étudions
(you)	tu étudies	(you)	vous étudiez
(he/she/one)	il / elle / on étudie	(they)	ils / elles étudient

A. **Voyager, manger,** and other verbs ending in **ger** are first conjugation verbs, except that in the **nous** form an **e** is added.

exception

Nous mangeons beaucoup.	*We eat a lot.*
Nous voyageons en France.	*We travel to France.*

B. The subject pronouns shown in the verb chart can replace nouns as the subjects of sentences.

Tu is used to address a close friend, a relative, a child, or a pet; **vous** is used in all other cases and always when addressing more than one person.

Tu danses bien, Pierre!	*You dance well, Pierre!*
Paul et Nicole, vous travaillez beaucoup!	*Paul and Nicole, you work a lot!*
Vous parlez anglais, madame?	*Do you speak English, ma'am?*

On is an impersonal pronoun that means *one, they, we,* or *people,* and in conversational French it is often used in place of **nous.**

On parle français en Belgique.	*They speak French in Belgium.*
On aime mieux écouter la radio.	*We prefer to listen to the radio.*

Il and **ils** replace masculine nouns; **elle** and **elles,** feminine nouns. A mixed group of masculine and feminine nouns is replaced by **ils.**

Alain et Patrick regardent la télé.	**Ils** regardent la télé.
Monique et Catherine parlent anglais.	**Elles** parlent anglais.
Henri et Julie étudient les maths.	**Ils** étudient les maths.

The meanings of verbs can be modified by adverbs. An adverb usually follows the verb in a sentence.

rarement	*rarely*	Ils étudient **rarement.**
quelquefois	*sometimes*	Nous écoutons **quelquefois** la radio.
souvent	*often*	Vous regardez **souvent** la télévision.
tout le temps	*all the time*	Tu travailles **tout le temps.**
toujours	*always*	Ils voyagent **toujours** en groupe.
bien	*well*	Elle nage **bien.**
mal	*badly*	Il danse **mal.**

drop the s

Préparation

A. **Activités.** Solange is telling what she and her friends do. Using the cues provided, tell what she says.

(P=) Pronounced

MODÈLE   nous / étudier
Nous étudions.

1. Michel / nager   *NAG*
2. je / travailler
3. Paul et Luc / écouter la radio   *écoutent*
4. vous / parler anglais   *ez*
5. tu / étudier   *étudier*
6. nous / regarder la télé
7. on / manger   *MANGhe*
8. vous / danser

B. **Et vous?** Using the cues provided, tell how well or how often the following people do certain activities.

Put word END ∧

MODÈLE   Elle parle français. *(well)*
Elle parle bien français.

1. Nous regardons∧ la télé. *(often)*   *SOUVENT*
2. Michel travaille. *(all the time)*   *Tout Le temps (Tout TEMPS*
3. Tu écoutes∧ la radio. *(sometimes)*   *quelquefois*
4. Nous nageons. *(on Wednesdays)* *Le Mecredi*
5. Nous parlons∧ ensemble. *(always)*   *Toujours*
6. Je voyage en groupe. *(rarely)*   *rarement*
7. Chantal danse. *(well)*   *bien*
8. Je travaille. *(on Saturdays)*   *Le Samedi*

C. **Occupations.** Based on the illustrations given below, tell what each of the following is doing.

MODÈLE   Paul et Luc...
Paul et Luc regardent la télé.

1. Je... *nage*

2. Vous... *écoutez la radio*

3. Nous... *MAgeons*

4. Frédérique et Pascale...

Elles marchent

5. Tu... *Travaille*

6. Michelle... *voIlAger (P=) ViOYAGe*

Communication et vie pratique

A. Rarement ou souvent? Use the words **rarement, quelquefois,** and **souvent** to ask another student how often he or she does the following activities.

EXEMPLE parler français
—**Tu parles souvent français?**
—**Non, je parle rarement français.**

1. étudier
2. regarder la télé
3. écouter la radio
4. travailler
5. nager
6. parler français
7. marcher
8. voyager

B. Faisons connaissance. Get together with two other students and tell them the following information. Then, ask questions to find out if they have similar interests.

1. Tell them two subjects that you are studying now.
2. Tell them whether you prefer watching television or listening to the radio.
3. Tell them two things that you like and two that you don't like.

 C'est votre tour. Imagine that you are talking with a French friend (played by another student) about your courses and activities that you enjoy. Use the **Situation** as a guide.

Exploration 3

POUR POSER DES QUESTIONS ET RÉPONDRE

La forme interrogative et la forme négative

SITUATION *Marcelle is asking Brigitte about her American roommate.*

La camarade de chambre

MARCELLE Est-ce que Catherine parle bien français?

BRIGITTE Oui, assez bien.

MARCELLE Elle aime bien l'université, n'est-ce pas?

BRIGITTE Je pense que oui. Elle travaille tout le temps.

MARCELLE Vous mangez ensemble?

BRIGITTE Oui, quelquefois, mais elle n'aime pas le restaurant universitaire.

Je pense que oui *I think so*   ensemble *together*   mais *but*

Avez-vous bien compris?

Répondez aux questions suivantes.

1. Est-ce que Catherine parle français?
2. Est-ce qu'elle aime travailler?
3. Est-ce que Marcelle mange avec Catherine?
4. Est-ce que Catherine aime le restaurant universitaire?

? jamais ?

Présentation

A. Here are three ways to ask <u>yes/no</u> questions in French:

By intonation	→ **Vous parlez anglais?** **Il aime étudier?**
By placing **est-ce que** before a statement	→ **Est-ce que vous parlez anglais?** **Est-ce qu'il aime étudier?**
By adding **n'est-ce pas** to a statement	→ **Vous parlez anglais, n'est-ce pas?** **Il aime étudier, n'est-ce pas?**

at the end

The meaning of **n'est-ce pas?** varies in English: *You're tired, aren't you? He doesn't speak French, does he?*

B. To answer a question negatively, **ne... pas** is used. **Ne** precedes the conjugated verb, and **pas** follows it. To indicate *never*, **ne... jamais** is used.

ne = before
pas = after

Vous nagez souvent? Non, nous **ne** nageons **pas** souvent.
Est-ce que vous aimez les maths? Non, je **n'**aime **pas** les maths.
Tu travailles tout le temps? Non, je **ne** travaille **jamais**.

C. When an infinitive follows a conjugated verb, **ne... pas** still surrounds the conjugated verb.

Nous n'aimons pas voyager.
Gilbert n'aime pas danser.

Préparation

A. Absolument pas. Each time that Monique asks a question, Serge answers negatively. Give Serge's answers.

MODÈLE   Est-ce que tu <u>aimes</u> parler anglais?   *Answer by using the verb*
Non, je n'aime pas parler anglais.

1. Est-ce que tu regardes souvent la télé?
2. Les étudiants travaillent beaucoup?

3. Vous aimez les professeurs, n'est-ce pas?
4. Est-ce que tu voyages beaucoup?
5. Est-ce que le professeur travaille beaucoup?
6. On parle anglais en classe?
7. Tu détestes les examens, n'est-ce pas?

B. **Faisons connaissance.** Pauline is talking with Marc and wants to find out more about him and his roommate Georges. What questions would she ask to find out the following information?

MODÈLES   if he enjoys music
Est-ce que tu aimes la musique?

if Georges is studying math
Est-ce que Georges étudie les maths?

1. if he works a lot
2. if he likes the university dining hall
3. if Georges studies often
4. if they like the teachers
5. if they like sports
6. if they watch television often
7. if Georges speaks English well
8. if they travel a lot

C. **Non, malheureusement.** Jacques is asking Monique how well she likes university life. Unfortunately, things are not going well. Ask Jacques' questions and another student will give Monique's answer.

MODÈLE   aimer l'université   *(no . . . not much)*
JACQUES   **Est-ce que tu aimes l'université?**
MONIQUE   **Non, je n'aime pas beaucoup l'université.**

1. aimer les professeurs   *(no)*
2. aimer le cours d'anglais   *(no . . . not much)*
3. parler bien anglais   *(no . . . not well)*   *Je nes pas parler bien anglais.*
4. étudier souvent   *(no)*
5. regarder quelquefois la télé   *(no . . . never)*
6. écouter en classe   *(no . . . not often)*
7. travailler beaucoup   *(no . . . not much)*

Est-ce que tu

Communication et vie pratique

A. **Pas moi!** Using vocabulary you know, tell what things you and the other people mentioned below don't do or never do.

EXEMPLE   Les étudiants...
Les étudiants n'aiment pas les examens.

1. Moi, je...
2. Les étudiants...

3. Les Français...
4. Les Américains...
5. Nous, les étudiants, nous...
6. Les professeurs...

B. **Vérification.** Based on what you know about other students in your class, see if you can identify some of their activities or interests. Use **n'est-ce pas** in your questions. They will confirm whether or not you are right.

EXEMPLE —Tu aimes beaucoup le sport, n'est-ce pas?
          —**Oui, j'aime beaucoup le sport.**
    ou: —**Non, je n'aime pas du tout le sport.**

C. **Petite conversation.** Using vocabulary you know, ask another student about his or her likes and dislikes, typical activities, and courses that he or she is taking.

EXEMPLE **Est-ce que tu regardes souvent la télé?**
    ou: **Est-ce que tu étudies l'histoire?**

C'est votre tour. Imagine that another student in your class has a French friend, Alain, and you want to find out more about this person. Ask questions similar to those in the **Situation.** You might want to ask your friend if Alain speaks English well, if they speak French together, if they like to watch television, if Alain swims well, etc. Another student will answer your questions.

Intégration et perspectives

Faisons connaissance

Several students from different French-speaking countries are getting acquainted at a neighborhood café in Paris.

Tahar (de Tunis)

Je m'appelle Tahar. J'étudie la médecine ici à Paris. J'aime beaucoup Paris, surtout le Quartier latin. Mais je déteste le climat. Je ne regarde jamais la télévision, mais j'écoute quelquefois la radio. J'aime beaucoup la musique classique.

Anne-Marie Duclerc (de Lausanne)

Moi, je m'appelle Anne-Marie Duclerc. J'adore Paris. Je travaille ici comme secrétaire bilingue. La vie à Paris — les films, les monuments, les concerts, les musées — je trouve ça formidable.

Monique et André Duchemin (de Québec)

Nous habitons maintenant à Paris. André étudie l'informatique et moi, j'étudie le droit et les sciences politiques. Nous aimons bien Paris, mais nous préférons[2] la vie à Québec.

Catherine Simon (de Saint-Étienne)

Est-ce que je préfère Paris ou Saint-Étienne? Paris, bien sûr! J'adore marcher dans les rues, regarder les gens et les magasins. Mais je déteste le métro.

---

ici *here*	**surtout** *especially*	**musées** *museums*
formidable *great*	**maintenant** *now*	**ou** *or*	**bien sûr** *of course*	**dans** *in*	**rues** *streets*	**gens** *people*	**magasins** *stores*	**métro** *subway*

Avez-vous bien compris?

Pour chacun des étudiants décrits dans la lecture, donnez les renseignements suivants. *(For each of the students described in the reading, give the following information.)*

1. nom
2. pays d'origine
3. études
4. activités
5. préférences

Faisons connaissance. Using the reading as a guide and using vocabulary you know, introduce yourself to another student in your class.

---

[2] **Préférer** is a regular -er verb except that, in writing, the second accent changes in all singular forms and in the **ils / elles** form: **je préfère, tu préfères, il / elle préfère, ils / elles préfèrent;** but **nous préférons, vous préférez.**

Notes culturelles �֍ ✤ ✤ ✤ ✤ ✤ ✤ ✤ ✤

Les universités en France

There are seventy-six universities in France, thirteen of which are located in the Paris area. Three general types of higher education are offered within the university system: (1) technological studies, which take place in the **instituts de technologie**; (2) medical or health-related studies; and (3) general university studies. The general university studies lead to the following degrees.

Degree	Required length of study
• le D.E.U.G. (Diplôme d'Études Universitaires Générales)	two years
• la licence	one year beyond the D.E.U.G.
• la maîtrise	one year beyond the licence
• le D.E.A. (Diplôme d'Études Approfondies)	one year beyond the maîtrise
• le doctorat	one to four years beyond the D.E.A.

Préférer A 2ⁿᵈ Accent all singular Forms

Je Préfère
Tu Préfères
Il/Elle préfère
Ils/Elles préfèrent

NO A

Nous Préférons
Vous Préférez

Communication et vie pratique

A. Petites annonces. The following ads were placed on bulletin boards by students looking for (**chercher:** *to look for*) roommates. After reading each of them, match them with the descriptions of the American students who are also looking for roommates.

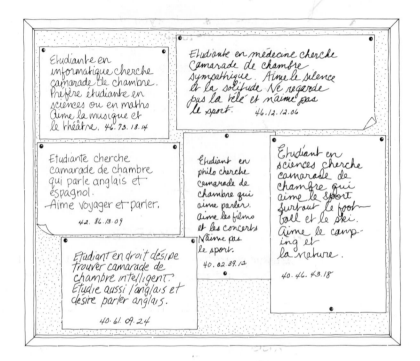

Etudiante en informatique cherche camarade de chambre. Préfère étudiante en sciences ou en maths Aime la musique et le théâtre. 46.23.18.14

Etudiante en médecine cherche camarade de chambre sympathique. Aime le silence et la solitude Ne regarde pas la télé et n'aime pas le sport. 46.12.12.06

Etudiante cherche camarade de chambre qui parle anglais et espagnol. Aime voyager et parler. 42.86.13.09

Etudiant en philo cherche camarade de chambre qui aime parler. aime les films et les concerts N'aime pas le sport. 40.02.39.12

Etudiant en sciences cherche camarade de chambre qui aime le sport surtout le football et le ski. aime le camping et la nature. 40.46.43.18

Etudiant en droit désire trouver camarade de chambre intelligent. Etudie aussi l'anglais et desire parler anglais. 40.61.09.24

Les étudiants américains :

1. Richard likes sports and the outdoors, especially camping.
2. Katie wants a roommate who shares her interests in languages and in traveling.
3. Michael is somewhat intellectual and wants to enjoy various cultural activities in France.
4. Susan is nearing the end of her year of study in France and needs to have peace and quiet while studying for her exams.
5. Joseph has just arrived in France and is looking for a roommate who speaks some English.
6. Elizabeth is majoring in math. In addition to her interest in computer science, she enjoys movies and music.

B. Une lettre. Which of the students would you like to room with? Write a letter to introduce yourself. Include information about the interests that you might share. Begin your letter with **Chère...** (for a feminine name) or **Cher...** (for a masculine name), then end the letter with **Cordialement** and your signature.

C. **Premiers contacts.** Use vocabulary that you know to make up questions you might ask a prospective roommate. Then choose one of the students in the ad, played by a classmate, and get acquainted with that person.

INVITATION À ÉCOUTER

Deux messages. Eric, a young Parisian, is going to Canada to study for a year. He and his future roommate, Philippe, have sent each other cassettes describing themselves. Listen to what each one says, then complete the following sentences about each other.

Philippe
1. Philippe habite à...
2. Il parle...
3. Il trouve les cours de littérature...
4. Il préfère les cours de...
5. Il aime beaucoup la... et les...

Eric
1. Eric étudie...
2. Il trouve le Canada...
3. Il trouve les gens de Montréal...
4. Il déteste...
5. Il... souvent.

PRONONCIATION ET ORTHOGRAPHE

Liaison refers to a consonant sound that is added to link one word to another. In French a liaison may occur when a word that normally ends in a silent consonant (*s, t, x,* or *n*) is followed by a word that begins with a vowel sound. For a liaison to occur, the first word must in some way modify or qualify the second.

Articles
les étudiants   Z
un Américain   A N a
les examens   Z

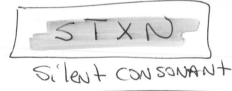

STXN

Silent consonant

Subject pronouns
vous étudiez
ils habitent
on aime

Adverbs or adjectives
très intéressant
bien agréable

C'est
C'est intéressant.
C'est assez facile.

Numbers
deux hommes   Z
trois Anglais
six enfants

Noms

la vie universitaire

la **bibliothèque**	library
la **classe**	class
le **cours**	course
les **devoirs**	homework
l'**examen** (m)	test, exam
le **professeur**	professor, instructor
la **résidence** universitaire	residence hall, dormitory
le **restaurant** universitaire	university restaurant
→ l'**université** (f)	university

les études

l'**anglais** (m)	English
la **biologie**	biology
la **chimie**	chemistry
le **droit**	law
l'**espagnol** (m)	Spanish (language)
la **géographie**	geography
→ l'**histoire** (f)	history
l'**informatique** (f)	computer science
la **langue**	language
la **littérature**	literature
les **mathématiques** (**maths**) (f pl)	mathematics
la **médecine**	medicine
la **musique**	music
la **philosophie**	philosophy
la **physique**	physics
les **sciences** (f pl)	science
les **sciences politiques***	political science

d'autres noms

l'**ami(e)** (m/f)	friend
le **climat**	climate
le **concert**	concert
le **film**	movie, film
les **gens** (m pl)	people
le **groupe**	group
le **magasin**	store
le **métro**	subway
le **musée**	museum
la **radio**	radio
la **rue**	street
le, la **secrétaire**	secretary

le **sport**	sports, sport
la **télévision** (**télé**)	television
la **vie**	life
le **voyage**	trip

Verbes

adorer	to adore, like a great deal
aimer	to like, love
aimer bien	to like
aimer mieux	to prefer, like better
danser	to dance
détester	to hate
étudier	to study
habiter	to live
manger	to eat
marcher	to walk
nager	to swim
parler	to speak, talk
préférer	to prefer
regarder	to watch, look at
travailler	to work
trouver	to find
voyager	to travel

Adjectifs

agréable	pleasant
bilingue	bilingual
classique	classical
désagréable	unpleasant
difficile	difficult, hard
ennuyeux, ennuyeuse	boring
facile	easy
formidable	great, wonderful
intéressant(e)	interesting
inutile	useless
utile	useful

Adverbes

aussi	also, too
beaucoup	a great deal, much, many
ensemble	together
ici	here
maintenant	now
mal	badly
ne... jamais	never
ne... pas	not
quelquefois	sometimes
rarement	rarely
souvent	often
surtout	especially
toujours	always
tout le temps	all the time

Divers

les pronoms sujets (voir p. 20)

à	at, to
avec	with
bien sûr!	of course!
ça	that
c'est	it's
comme	like, as
dans	in
je pense que oui	I think so
mais	but
moi	me, I
n'est-ce pas?	right? isn't it so?
ou	or
où	where
oui	yes
tiens	say, look
voilà	there is, there are

Gens   People
Pauvre   Poor

ADVERB — Any of a class of words used to modify a verb, an adjective or another adverb.

Adjective — Any of a class of words used to modify a noun or other substantive by limiting qualifying or specifying.

Noun — A word used to (name) a person, place, thing quality or action

Verb — Any of a class of words that (express) existence action or occurence.

Chapitre 2

Identité

Dans ce chapitre vous allez apprendre à...

Dire qui vous êtes

1. Décrire les gens et les choses

2. Identifier les gens et les choses

3. Dire comment vous trouvez les gens et les choses

Vocabulaire et structures

Mise en train: Qui êtes-vous?

Le verbe **être** et l'utilisation des adjectifs

Les articles indéfinis

Les adjectifs qualificatifs

Mise en train

QUI ÊTES-VOUS?

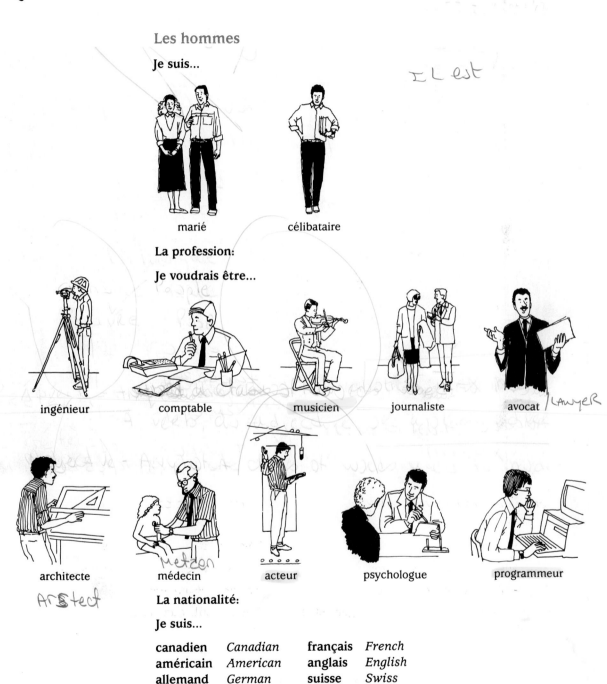

Les hommes

Je suis...

marié   célibataire

La profession:

Je voudrais être...

ingénieur   comptable   musicien   journaliste   avocat

architecte   médecin   acteur   psychologue   programmeur

La nationalité:

Je suis...

canadien	Canadian	français	French
américain	American	anglais	English
allemand	German	suisse	Swiss

Les femmes

Je suis...

Same = Use hommes

4 Exceptions

mariée   célibataire

La profession:

Je voudrais être...

ingénieur   comptable   musicienne   journaliste   avocate
Same   *Same*   *Same*

architecte   médecin   actrice   psychologue   programmeuse
Same   *Same*   *Same*

La nationalité:

Je suis...

canadienne	*Canadian*	française	*French*
américaine	*American*	anglaise	*English*
allemande	*German*	suisse	*Swiss*

Communication et vie pratique

A. Présentations. You have been asked to introduce students to each other at an international conference. Based on the information on the name tags, what would you say?

MODÈLES **Je vous présente Pierre Ledoux. Il est français.**
Je vous présente Marie-Claire Charton. Elle est française.

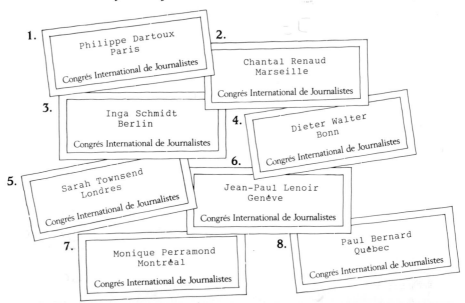

1. Philippe Dartoux
Paris
Congrés International de Journalistes

2. Chantal Renaud
Marseille
Congrés International de Journalistes

3. Inga Schmidt
Berlin
Congrés International de Journalistes

4. Dieter Walter
Bonn
Congrés International de Journalistes

5. Sarah Townsend
Londres
Congrés International de Journalistes

6. Jean-Paul Lenoir
Genéve
Congrés International de Journalistes

7. Monique Perramond
Montréal
Congrés International de Journalistes

8. Paul Bernard
Québec
Congrés International de Journalistes

B. Les cartes de visite. The **cartes de visite** of various people are shown below. Describe each of these people by giving the information required in the **Renseignements à donner**.

[handwritten annotations in left margin: "Information", "(about)", "J'habite á", "Je suis", "Je suis de"]

Renseignements à donner:

nom et prénom	Il / Elle s'appelle...
adresse	Il / Elle habite...
profession	Il / Elle est...
ville d'origine	Il / Elle est de...

Anne-Marie Journeau
Ingénieur
44, rue de la Poste
33018 Bordeaux

Denis Journeau
Comptable
44, rue de la Poste
33018 Bordeaux

Armand Simon

Avocat
18, cours Franklin-Roosevelt
44005 Nantes

Sabine Mercier
Psychologue
39, promenade des
   Anglais
06002 Nice

JEAN-CLAUDE ANDRÉ
MÉDECIN
25, AVENUE JEAN-JAURES
29421 BREST

Sylvie Jobert
Architecte
3, quai Saint-Hubert
45001 Orleans

André Seguin
Commerçant
79, rue du Mont-Blanc
74061 Annecy

Jacqueline Bertrand

Journaliste
68, rue du Port
13001 Marseille

C. Choix d'une profession. Tell whether or not you would like to be in each of the following professions.

EXEMPLE   médecin

Oui, je voudrais être médecin. Je trouve ça intéressant.
Je ne voudrais pas être médecin. Je n'aime pas du tout la biologie et la chimie.

1. professeur
2. comptable
3. programmeur (programmeuse)
4. acteur (actrice)
5. ingénieur
6. avocat(e)

C'est votre tour. Imagine that you are a famous person on a game show where the contestants must guess your identity by asking *yes* or *no* questions about your profession, nationality, and so on. Think of someone famous that you admire and see if your classmates can guess who you are.

Exploration 1

POUR DÉCRIRE LES GENS ET LES CHOSES

Le verbe être et l'utilisation des adjectifs

HW/EXAM

SITUATION *Demande de travail*	*Ann, an American student, is applying for a job in a French hotel during her stay in France.*

✗ L'EMPLOYÉE   Nom et prénom, s'il vous plaît?

ANN   Pardon?

✗ L'EMPLOYÉE   Quel est votre nom? Comment vous appelez-vous?

ANN   Je m'appelle Ann.

L'EMPLOYÉE   Et votre nom de famille, c'est quoi?

ANN   Manchester... M-A-N-C-H-E-S-T-E-R.

L'EMPLOYÉE   Vous êtes mariée ou célibataire?   *vouzête*

ANN   Je suis célibataire.

L'EMPLOYÉE   Nationalité?

ANN   Américaine.

L'EMPLOYÉE   Et quelle est votre profession?   *votre*

ANN   Je suis étudiante.

L'EMPLOYÉE   Quelle est votre adresse?   *votr*

ANN   Je suis de Saint Louis. Voici l'adresse.

---

demande *application*   **travail** *work, job*   **nom** *last name*
prénom *first name*   **quoi** *what*
                 kwa

Avez-vous bien compris?

Indiquez si les phrases suivantes sont vraies ou fausses. Si la phrase est fausse, corrigez-la.

1. Le nom de famille d'Ann est Manchester.
2. Elle est mariée.
3. Ann est française.
4. Elle est professeur de français.
5. Ann est de Saint Louis.
6. Elle habite maintenant en France.

Présentation

The irregular verb **être** *(to be)* can be used to tell who or where you are, where you are from, or what you are like.

être 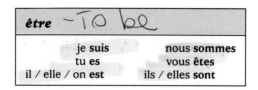	
je **suis**	nous **sommes**
tu **es**	vous **êtes**
il / elle / on **est**	ils / elles **sont**

—Est-ce que vous **êtes** étudiant?
—Non, je **suis** professeur.

—Ils **sont** à la bibliothèque?
—Non, ils ne **sont** pas à la bibliothèque.

A. Adjectives are often used with **être.** Adjectives agree in number and gender with the nouns they modify. Some adjectives (including several that you know already, such as **formidable, agréable,** and **facile**) have identical masculine and feminine forms and simply add **s** for the plural.

Je suis optimiste.   Nous sommes optimistes.
Tu es optimiste.   Vous êtes optimiste(s).
Il / Elle / On est optimiste.   Ils / Elles sont optimistes.

Other useful adjectives of this type are:

pessimiste	modeste	sévère *(strict)*	célèbre *(famous)*
triste *(sad)*	honnête	timide	pauvre
possible	moderne	sympathique *(nice)*	riche
célibataire	suisse	belge *(Belgian)*	

An adjective usually follows the noun it modifies.

Il n'aime pas les examens faciles.
Nous préférons la musique moderne.

B. Adjectives can also be modified by adverbs.

pas assez	assez	très	trop
not enough	*fairly*	*very*	*too (much)*

Il est **assez** timide.
Les professeurs sont **trop** sévères.
Ce n'est pas **assez** moderne.

Préparation

A. Professions et métiers. Tell what the following people do for a living. Use the cues provided.

MODÈLE je
Je suis architecte.

1. je *suis Journaliste*

4. tu *est médicin*

2. nous *sommes Architecte*

5. vous *êtes*

3. elle *est ingénieur*

6. ils *sont musicien*

B. Descriptions. André is describing himself and various people he knows. Using the cues provided, tell what he says.

MODÈLES Paul / assez timide
Paul est assez timide. → *et Aze*

Mireille / pas très modeste
Mireille n'est pas très modeste.

Merey.

Vouzêtes (handwritten)

1. je / trop pessimiste   *Je suis* (handwritten)
2. Maryse / très sympathique   *Est Nes ^pa* (handwritten)
3. nous / pas assez modestes   *Ilo* (handwritten)
4. tu / pas très riche
Ilésontpas (handwritten) → 5. Richard et Jean / pas sympathiques   *sont* (handwritten)
6. vous / assez optimistes
7. Madame Lagrange / pas trop sévère   *Nes pa* (handwritten)
8. Robert / pas très honnête

C. **À la résidence universitaire.** Students at Laval University are trying to find out where some of their friends are from. What do they say?

MODÈLE   Geneviève / Trois-Rivières
   Est-ce que Geneviève est de Trois-Rivières?

est ce que tu est de (handwritten) 1. tu / Québec
2. vous / Saint-Jean
3. Robert / Jonquières
4. François et Jacques / Montréal
5. elle / Toronto
6. vous / Beauport

Communication et vie pratique

A. **Descriptions.** Using the scale below, tell whether you never, rarely, sometimes, or always have the qualities given below.

jamais	rarement	quelquefois	toujours

EXEMPLE   pessimiste
   Je suis rarement pessimiste.

1. optimiste   4. honnête
2. pessimiste   5. modeste
3. désagréable   6. triste

B. **Opinions.** Using the cues provided, ask other students their opinions about various aspects of campus life. Use adverbs such as **assez, très,** and **trop** in your answers.

EXEMPLE   professeurs / sympathiques
   —Est-ce que les profs sont sympathiques?
   —Oui, les profs sont assez sympathiques.
   ou : **—Non, les profs ne sont pas très sympathiques.**

1. français / facile
2. étudiants / sympathiques
3. cours / difficiles
4. profs / sévères

5. examens / difficiles
6. campus / moderne
7. restaurants universitaires / formidables

C. **Interview.** Ask another student for the information below.

EXEMPLE —Quelle est votre nationalité?
—**Je suis américain(e).**

1. Quel est votre nom de famille?
2. Quel est votre prénom?
3. Quelle est votre nationalité?
4. Quelle est votre profession?
5. Quelle est votre adresse?

 C'est votre tour. You are working at the reception desk of a hotel in Nice and are helpng the guests to register. Other students will choose one of the **cartes de visite** on page 36 and will play the role of the hotel guests. Use the **Situation** as a guide.

Exploration 2

POUR IDENTIFIER LES GENS ET LES CHOSES

Les articles indéfinis

SITUATION
Qu'est-ce que tu fais maintenant?

Jean and Marianne have not seen each other for a long time and are talking about what they are doing.

JEAN   Qu'est-ce que tu fais maintenant?

MARIANNE   Je suis ingénieur.

JEAN   Où ça? Ici, à Lyon?

MARIANNE   Oui, je travaille dans une usine de la région. Et toi?

JEAN   Je travaille dans un bureau.

MARIANNE   Et Céline?

JEAN   Elle est infirmière dans un hôpital pour les enfants.

qu'est-ce que tu fais *what are you doing*   **usine** *factory*
bureau *office*   **infirmière** *nurse*   **pour** *for*   **enfants** *children*

Avez-vous bien compris?

Complétez les phrases suivantes.

1. Marianne est...
2. Elle travaille dans...
3. Jean travaille dans...
4. Céline est...
5. Elle travaille dans...

Présentation

The indefinite articles correspond to *a, an,* and *some* in English.

Les articles indéfinis		
	Singular	*Plural*
Masculine	**un** étudiant	**des** étudiants
Feminine	**une** étudiante	**des** étudiantes

To Ask what something is or the identity

A. To ask what something is, use the question **Qu'est-ce que c'est?** To ask the identity of a person, use **Qui est-ce?** To answer, use **c'est** *(it / he / she is)* or **ce sont** *(they are)* followed by a noun with an indefinite article or a proper name.

—**Qu'est-ce que c'est?**
—C'est un restaurant. **Ce n'est pas** une bibliothèque.
—**Qui est-ce?**
—**C'est** Jacques. **C'est** un étudiant.

B. When talking about people's professions, nationalities, and religions, the indefinite article must be used with **c'est** and **ce sont**. It is also used whenever the profession is modified by an adjective.

C'est **un** professeur.
Ce sont **des** professeurs formidables.

The indefinite article is not used when the profession follows any other pronoun or a noun and the verb **être**.

Catherine est journaliste.
Elle est journaliste.

C'est un (Set on) [handwritten]

Préparation

A. Qu'est-ce que c'est? Identify each of the following objects.

ANSWER [handwritten]
C'est (it/she/he) [handwritten]
Ce sont (they are) [handwritten]

ce sont des livres [handwritten]

MODÈLE   —Qu'est-ce que c'est?
         —C'est un livre.
ou :   —Ce sont des livres.

OR [handwritten]

ANSWER with either. [handwritten]

1. [two pens]   2. [two chairs]   3. [posters — *Affiches*]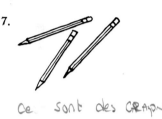

Ce sont des stylo [handwritten]

4. [door]   5. [table]   6. [window]   7. [pencils]

fenêtre [handwritten]   *Ce sont des CRAYON* [handwritten]

B. Identité. Robert is describing what some of his friends are doing and where they are working. Tell what he says.

MODÈLE   Vincent?   (médecin / Toronto)
         C'est un médecin. Il est médecin à Toronto.

note the difference [handwritten]

1. Michelle?   (avocat / Paris)   *C'est une avocate des paris. / Elle est Avocate à Paris* [handwritten]
2. Roger?   (journaliste / Montréal)
3. Anne?   (professeur / Grenoble)   *C'est un prof. Elle est Prof à* [handwritten]
4. David?   (comptable / Bordeaux)
5. Martine?   (médecin / Bruxelles)   *Brozelle* [handwritten]   *Bro zell, Elle est médecin* [handwritten] *Metzan —* [handwritten]
6. Sophie?   (architecte / Lyon)

Communication et vie pratique

A. Descriptions. One student will select one of the general categories below. Another student will choose an example from this category and describe it.

EXEMPLE   restaurant
          —Prima pizza est un restaurant agréable.

1. restaurant	5. professeur
2. université	6. homme
3. résidence	7. femme
4. livre	8. journaliste

B. **Célébrités.** Make a list of famous people or television characters who have the following professions. As you name them, other students will identify their professions.

Categories: **acteur, musicienne, professeur, médecin, psychologue, journaliste, avocat, architecte**

C'est votre tour. Imagine that you're staying in a French **pension** and are getting acquainted with the other guests (played by other students who will choose a profession and city or country that they're from). Before role-playing the situation, list the possible questions you might use to find out about these students. Use the **Situation** on page 41 as a guide.

Exploration 3

DIRE COMMENT VOUS TROUVEZ LES GENS ET LES CHOSES

TO

Les adjectifs qualificatifs

SITUATION
Un travail intéressant

Denise and Robert are two students looking for part-time jobs in the classified advertisements.

DENISE Tiens, voici un travail intéressant.

ROBERT Ah oui?

DENISE Regarde, c'est parfait pour toi! On cherche un type fort et sportif et qui aime les enfants.

ROBERT Tu es sérieuse?

DENISE Oui, c'est pour travailler avec des enfants handicapés.

ROBERT Formidable! Je vais appeler tout de suite.

parfait *perfect* **cherche** *is looking for* **type** *guy* **fort** *strong* **sportif** *athletic* **formidable** *great* **je vais appeler tout de suite** *I'm going to call right away*

Répondez aux questions suivantes.

1. Comment est Robert?
2. Quelle sorte de personne est-ce qu'on cherche?
3. Quelle sorte de travail c'est?
4. Est-ce que Robert est content?

Présentation

French adjectives agree in number (an **s** is usually added in the plural form) and in gender (an **e** is usually added in the feminine form) with the noun or pronoun they describe.

Les adjectifs qualificatifs		
	Singular	Plural
Masculine	patient	patients
Feminine	patiente	patientes

If the masculine singular form ends in **s** or **x**, no **s** is added in the plural form.

Il est français.
Ils sont français.

An adjective that describes a combination of masculine and feminine nouns is always masculine plural.

Alain et Yvonne sont intelligents.

A. Some adjectives are pronounced the same, whether masculine or feminine.

Paul est fatigué.
Jeanne est fatiguée.

Useful adjectives of this type are:

compliqué(e) *(complicated)*   fatigué(e) *(tired)*
marié(e)   vrai(e) *(true)*
handicapé(e)

B. When the masculine singular form ends in an unpronounced consonant, the consonant in the corresponding feminine form is pronounced.

Marc est patient, mais Monique n'est pas patiente.
C'est une femme très intéressante.

Useful adjectives of this type are:

allemand(e)	excellent(e)	indépendant(e)
américain(e)	fascinant(e)	intelligent(e)
amusant(e)	fort(e)	intéressant(e)
content(e)	français(e)	parfait(e)
embêtant(e)	impatient(e)	passionnant(e)
(annoying)		*(exciting)*

C. Some adjectives do not fit into the general pattern but can be grouped into specific patterns.

	Singular	*Plural*
Masculine	impulsif	impulsifs
Feminine	impulsive	impulsives

naïf, naïve
sportif, sportive

	Singular	*Plural*
Masculine	sérieux	sérieux
Feminine	sérieuse	sérieuses

ambitieux, ambitieuse
heureux, heureuse *(happy)*
paresseux, paresseuse *(lazy)*

	Singular	*Plural*
Masculine	parisien	parisiens
Feminine	parisienne	parisiennes

algérien, algérienne
canadien, canadienne
italien, italienne

Préparation

A. **Égalité.** Fabien is convinced that men are superior to women. Fabienne, however, does not agree. Tell what she says.

MODÈLE   Les hommes sont ambitieux.
   Les femmes aussi sont ambitieuses.

1. Les hommes sont sérieux.
2. Les hommes sont sportifs.
3. Les hommes sont intelligents.
4. Les hommes sont honnêtes.
5. Les hommes sont indépendants.
6. Les hommes sont amusants.
7. Les hommes sont parfaits.

B. **Curiosité.** A friend is asking Martine how well she is getting along at the University of Bordeaux. Use the cues provided to formulate her questions.

MODÈLE   les professeurs / intéressant
   Est-ce que les professeurs sont intéressants?

1. les examens / difficile   sont
2. les professeurs / sympathique   sont
3. les cours / intéressant
4. les étudiants / amusant
5. la bibliothèque / excellent   est
6. la classe de géographie / intéressant
7. tu / content   es
8. tu / fatigué   es

C. **Qualités et défauts.** Alain is telling which of his friends fits the following categories. Tell what he says.

MODÈLE   une personne pas très patiente   (Hélène)
   Hélène n'est pas très patiente.

1. une personne assez naïve   (Catherine)
2. une personne très patiente   (Marc)   Marc n'est pas
3. une personne très ambitieuse   (Janine)
4. une personne pas très contente   (Brigitte et Luc)   n'est son past
5. une personne trop sérieuse   (Claudine et Roger)
6. une personne très intelligente   (Josette)
7. une personne pas très sympathique   (Michel)   n'est pas tre
8. une personne pas très passionnante   (Hubert)

Communication et vie pratique

A. **Préférences.** Ask other students what type of teachers, classes, books, etc., they prefer. They will answer using adjectives they know.

EXEMPLE   les professeurs
   —Quelle sorte de professeurs aimez-vous?
   —J'aime les professeurs amusants; je n'aime pas les professeurs trop sérieux.

1. les professeurs
2. les hommes
3. les femmes
4. les cours
5. les films
6. les enfants
7. les journalistes
8. les examens

B. **Description.** Using adjectives you know, describe yourself or someone you know. Use words like **en général, rarement, souvent, assez, trop,** etc., in your description.

EXEMPLE **En général, je ne suis pas très modeste, mais je suis honnête, etc.**

C. **Interview.** Ask questions to find out if other students think the following adjectives describe their personalities. Be sure to use the feminine form of adjectives if your partner is a female.

EXEMPLE ambitieux
—**Marie, est-ce que tu es ambitieuse?**
—**Oui, je suis assez ambitieuse.**

1. ambitieux
2. paresseux
3. sérieux
4. impatient
5. sportif
6. impulsif
7. modeste
8. indépendant

C'est votre tour. Imagine that you are calling about a job advertisement for one of the professions listed below. First, introduce yourself to the person who is interviewing you. He or she will then ask you additional questions.

Ingénieurs

acteurs / actrices

journalistes

comptables

musicien(ne)s

Intégration et perspectives

Identité

The song on the following page was written by Claude Gauthier, a French-Canadian singer. Its words evoke, with great simplicity, what it is like to be a French-Canadian. It also reveals the need that many French-Canadians feel to find their own identity and cultural heritage apart from the rest of Canada.

Je suis de lacs et de rivières.
Je suis de gibier, de poissons.
Je ne suis pas de grandes moissons.
Je suis de sucre et d'eau d'érable,
    de pater noster, de credo.

Je suis de dix enfants à table.
Je suis de janvier sous zéro.
Je suis d'Amérique et de France.
Je suis de chômage et d'exil.
Je suis d'octobre et d'espérance.
Je suis l'énergie qui s'empile d'Ungava à Manicouagan.
Je suis Québec mort ou vivant.

Je suis de *I come from, I am made up of*   **gibier** *wild game*
poissons *fish*   **grandes moissons** *large harvests*   **sucre** *sugar*
eau d'érable *maple sap*   **janvier** *January*   **sous** *below*
chômage *unemployment*   **espérance** *hope*   **qui s'empile** *that piles*
up   **mort** *dead*   **vivant** *alive*

Avez-vous bien compris?

Indiquez si les phrases suivantes sont vraies ou fausses.

1. Quebec is a land of many lakes and rivers.
2. Wild game is still plentiful in Quebec.
3. There are large grain harvests in Quebec.
4. Making maple sugar is a traditional activity in Quebec.
5. Quebec is noted for its mild winters.
6. Catholicism has had little influence on the life of French-Canadians.
7. Quebec is a blend of French and American cultures.
8. French-Canadians are torn between a sense of futility and hope for the future.
9. The production of electricity is an important aspect of Quebec's economy.
10. French-Canadians feel pride in and loyalty to their heritage.

Notes culturelles ❈ ❈ ❈ ❈ ❈ ❈ ❈ ❈ ❈

Le Québec en bref

The following dates are important in Canadian history and in the history of Quebec in particular.

1534 Jacques Cartier landed in the *baie de Gaspé* and took possession of the territory in the name of François Ier, King of France. This act marked the discovery of Canada by the French.

1608 Samuel de Champlain founded Quebec and made peace with the Indians.

1630 Cardinal Richelieu sent Jesuit missionaries to convert the Indians.

1642 Paul de Chomedey de Maisonneuve founded Ville-Marie, a small colony that later became Montreal.

1663 Louis XIV proclaimed "La Nouvelle France" to be a royal province.

1759 The French were defeated by the English at the Battle of the Plains of Abraham. Large numbers of Acadians went into exile, and many settled in Louisiana *(les Cajuns)*.

1763 Canada was officially ceded to England under the Treaty of Paris.

1960 Formation of the F.L.Q. *(Front pour la libération du Québec)*.

1970 French and English were established as the two official languages of Quebec.

1977 The Quebec government established French as the official language of Quebec.

1979 The Canadian Parliament rejected a bill that would establish Quebec's independence.

1990 Two out of ten provinces failed to ratify a Constitutional Accord, better known as the Meech Lake Accord, which would have recognized Quebec as a "distinct society" within Canada. In order to become a part of the Canadian Constitution, this Accord required unanimous consent. Quebec now intends to redefine its status within the Canadian Constitution.

Communication et vie pratique

A. **Qu'est-ce que c'est?** The following names are familiar to French-Canadians. Can you identify them and match them with the appropriate description from the list of possibilities?

MODÈLE Trois-Rivières
C'est une ville.

1.	le Saint-Laurent	A.	un lac
2.	le Québec	B.	une rivière
3.	Québec	C.	une prière catholique
4.	Saint-Jean	D.	une tribu indienne
5.	Chicoutimi	E.	un homme politique
6.	Champlain	F.	une université
7.	le pater noster	G.	un film
8.	Maria Chapdelaine	H.	un explorateur
9.	le château Frontenac	I.	une province
10.	Laval	J.	un hôtel
11.	Pierre Trudeau	K.	une région
		L.	une ville
		M.	un livre

B. **Et la France?** Give the name of a well-known person or place in France and see if other students can identify it correctly. Use the categories given in **Activité A, Qu'est-ce que c'est?**

EXEMPLES   Le Louvre. **C'est un musée français.**
La Normandie. **C'est une province française.**

C. **L'identité.** The poem by Claude Gauthier expresses his identity as a Quebecois. What is your identity as a university student? What are your daily activities and concerns? Work as a class to write a song that expresses your identity as a group. You may wish to use some of the words from the poem.

EXEMPLE   **Je suis de devoirs ennuyeux et d'examens difficiles.**

D. **Fiche d'inscription.** Imagine that you are planning to study in France. Another student will play the role of the clerk who is asking you questions in order to fill out the registration form given below.

FICHE D'INSCRIPTION
REGISTRATION FORM

à remplir par l'étudiant
(to be filled in by the student)

Photo
d'identité

NOM : M. Mme Mlle,. . . . .
(Surname)
NOM DE JEUNE FILLE. . . . .
(Maiden name)
PRÉNOM. . . . .
(First name)
NATIONALITÉ. . . . . SEXE . . . .
(Nationality)
DATE DE NAISSANCE . . . .
(Date of birth)   JOUR *(day)*   MOIS *(month)*   AN *(year)*
ADRESSE DANS VOTRE PAYS . . . .
(Home address)
                          Nº RUE . . . .
                          (No, street)
                          VILLE . . . .
                          (Town)
                          PAYS . . . .
                          (Country)
Désire participer à la session de : *(wishes to attend the following session)*
1ère SESSION : 7 au 31 JUILLET   **2ème SESSION : 4 au 28 AOUT**
ou une quinzaine du : . . . . .au . . . .
(or two weeks, from: to)

INVITATION À ÉCOUTER

Une interview. Alain is applying for a job. You are going to hear the first part of the interview. Listen to what he says, then answer the following questions as if you were Alain.

1. Quel est votre nom de famille?
2. Quelle est votre profession?

3. Où est-ce que vous habitez?
4. Quelle est votre nationalité?
5. Comment est-ce que vous trouvez la ville?
6. Coment est votre travail à Genève?
7. Comment sont les gens avec qui vous travaillez?
8. Est-ce que vous êtes marié?

PRONONCIATION ET ORTHOGRAPHE

Masculine and feminine adjectives differ in sound as well as in spelling. The spoken form of the feminine adjective ends in a pronounced consonant; the consonant sound is dropped in the masculine.

Pronounced consonant

drop the consonant

Feminine	Masculine
/ɑ̃t/	/ɑ̃/
amusante	amusant
intelligente	intelligent
/øz/	/ø/
sérieuse	sérieux
courageuse	courageux
/ɛn/	/ɛ̃/
canadienne	canadien
italienne	italien

Quebec City

VOCABULAIRE

Noms

les gens / les professions

l'acteur (m)	actor
l'actrice (f)	actress
l'architecte (m)	architect
l'avocat(e) (m, f)	lawyer
le, la **comptable**	accountant
le, la **dentiste**	dentist
l'enfant (m, f)	child
la **famille**	family
la **femme**	woman
l'homme (m)	man
l'infirmier (m)	nurse
l'infirmière (f)	
l'ingénieur (m, f)	engineer
le, la **journaliste**	journalist
le **médecin**	physician, medical doctor
le **programmeur** (m), la **programmeuse** (f)	computer programmer
le, la **psychologue**	psychologist
le **type**	type, sort; **un type** *a guy*

d'autres noms

l'adresse (f)	address
le **bureau**	office
l'hôpital (m)	hospital
le **lac**	lake
la **nationalité**	nationality
le **nom**	name, last name
le **prénom**	first name
la **profession**	profession
la **région**	region
la **rivière**	river
le **travail**	work, job
l'usine (f)	factory
la **ville**	city
le **zéro**	zero

Verbes

appeler	to call
chercher	to look for
être	to be

Adjectifs *(voir pp. 33–34, 38, 45–46)*

Adverbes

assez	enough, fairly
tout de suite	right away
très	very
trop	too much, too many

Divers

comment	how
des	some
il faut	it is necessary
je vais	I'm going
pour	for
quand	when
quel(le) est / quel(les) sont	what is/what are
qu'est-ce que tu fais?	what are you doing?
qui est-ce?	who is it? who is that?
quoi	what
sur	on
un(e)	a, an
votre	your

sous — below

mort — dead

vivant — alive

L' is the before H or A vowel AEIOU

Aiecle - syjal

espérance - hope

Chapitre 3

Possessions

Dans ce chapitre vous allez apprendre à...

Parler de votre famille et de vos possessions

1. Indiquer ce que vous avez

2. Expliquer les rapports entre les gens et les choses

3. Décrire votre maison et votre famille

Vocabulaire et structures

Mise en train: La maison et la famille

Le verbe **avoir**

La préposition **de** et les adjectifs possessifs

Les adjectifs prénominaux

Mise en train

LA MAISON ET LA FAMILLE

ma mère

mon père

ma grand-mère

mon grand-père

ma sœur

le mari de ma sœur

leur chat

leur chien

mon frère

Mes parents sont formidables. Mon père est grand et assez sportif. Ma mère est petite. Elle est très jolie et surtout elle est très sympa.

Ma grand-mère et mon grand-père habitent chez nous. Ce sont les parents de mon père. Ils ont trois enfants: deux fils (mon père et mon oncle Paul) et une fille (ma tante Colette).

Ma sœur est mariée. Son mari est italien. Ils habitent dans un appartement.

Mon frère n'a pas de femme. Il est célibataire. Il a une chambre dans une résidence universitaire. Il n'a pas de voiture mais il a une moto.

La maison de mes parents

la cuisine

la salle à manger

les W.-C.
vece

la salle de bains

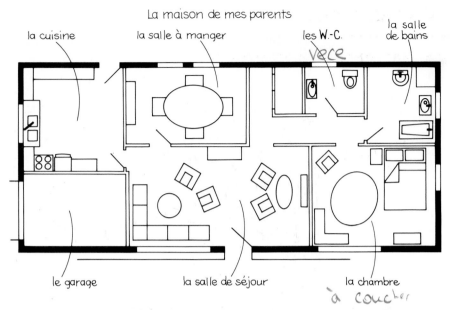

le garage

la salle de séjour

la chambre
à coucher

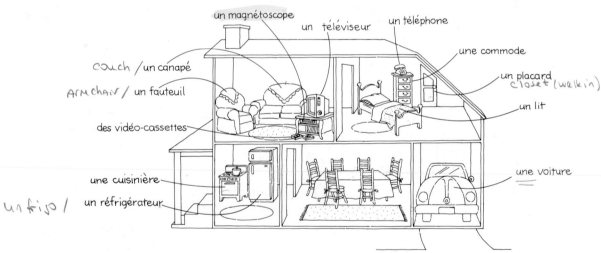

un magnétoscope

un téléviseur

un téléphone

une commode

couch / un canapé

Armchair / un fauteuil

des vidéo-cassettes

un placard closet (walkin)

un lit

une cuisinière

un frigo / un réfrigérateur

une voiture

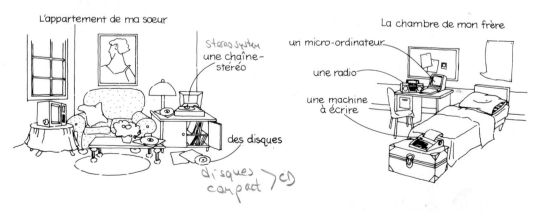

L'appartement de ma sœur

stereo system
une chaîne-
stéréo

des disques

disques
compact > CD

La chambre de mon frère

un micro-ordinateur

une radio

une machine
à écrire

Préparation

A. Qu'est-ce que c'est? Tell what the following objects are.

MODÈLE

C'est une maison.

1. 2. 3.

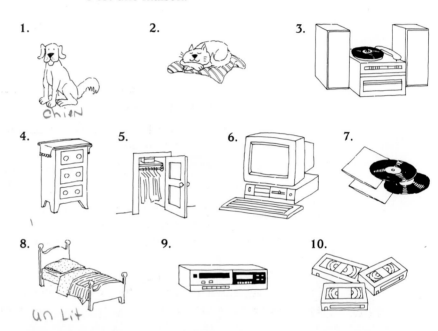

4. 5. 6. 7.

8. 9. 10.

B. On déménage. The movers (played by other students) are asking where you want the following items. Tell them in which room they go, using the model as a guide.

MODÈLE

Et la table?
Dans la salle à manger, s'il vous plaît.

1. 2. 3. 4.

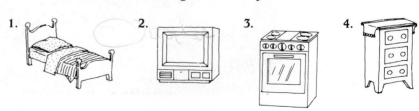

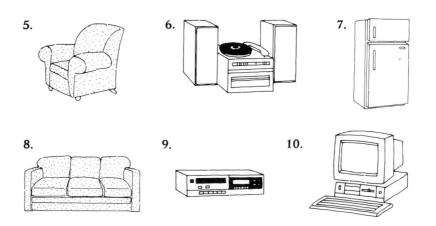

5.   6.   7.

8.   9.   10.

Communication et vie pratique

A. **Petite description.**   Describe the members of your family. Tell what they are like and what they do.

EXEMPLE   **J'ai un frère et deux sœurs. Mon père est très sympa mais il est quelquefois un peu sévère.**

B. **Dans ma chambre.**   Tell what you have and don't have in your room. Are there things you would like to have? (**Je voudrais avoir...**)

EXEMPLES   **J'ai une machine à écrire,** etc.
                    Je n'ai pas de micro-ordinateur.
                    Je voudrais bien avoir un micro-ordinateur, etc.

 C'est votre tour.   Imagine that a visitor is spending a week at your house. As you walk through the house you point out the different rooms and people and objects in them. Role-play the scene with a classmate.

Exploration 1

POUR INDIQUER CE QUE VOUS AVEZ

Le verbe **avoir**

SITUATION	*Barbara is buying some records and is talking with the clerk at a record store.*
Au magasin de disques	

BARBARA	Est-ce que vous avez des disques canadiens?
LE MARCHAND	Oui. Qu'est-ce que vous cherchez?
BARBARA	Un disque de Claude Gauthier. C'est l'album où il y a la chanson «Je suis de lacs et de rivières...» Est-ce que vous avez ça?
LE MARCHAND	Non, je regrette. Nous n'avons pas de disques de Claude Gauthier. Regardez à Discorama. Ils ont peut-être ça...

puts rete

avez *have*   **chanson** *song*   **peut-être** *perhaps*

Avez-vous bien compris?

Répondez aux questions suivantes.

1. Quel disque est-ce que Barbara cherche?
2. Quelle chanson est-ce que Barbara aime?
3. Est-ce que le marchand a des disques canadiens?
4. Est-ce qu'il a des disques de Claude Gauthier?
5. Qui a peut-être des disques de Claude Gauthier?

Présentation

Avoir *(to have)* is an irregular verb.

avoir to have	
j'**ai**	nous **avons**
tu **as**	vous **avez**
il / elle / on **a**	ils / elles **ont**

Est-ce que tu **as** un frère? *brother*
Nous **avons** trois chats.

A. When the verb **avoir** is used in the negative, the indefinite article (**un, une, des**) that follows it becomes **de** or **d'**.

Affirmatif	Négatif
Il a une voiture.	Il n'a pas **de** voiture.
J'ai des amis.	Je n'ai pas **d'**amis.
Nous avons un appartement.	Nous n'avons pas **d'**appartement.

B. **Avoir** is used in the expression **il y a** (*there is* or *there are*).

Il y a vingt étudiants dans la classe.
There are twenty students in the class.

Il n'y a pas de métro à Québec.
There isn't any subway in Quebec City.

It is also used to talk about someone's age.

J'**ai** vingt-deux ans; ma sœur **a** quinze ans.
I am twenty-two years old; my sister is fifteen.

Préparation

A. **Une salle de classe impossible.** Geneviève is complaining about the over-crowded, sparsely furnished room where she is taking an English class. Based on the illustration below, tell whether or not the following items are found in the classroom.

MODÈLES   tableau
          Il y a un tableau.
          carte
          Il n'y a pas de carte.

1. fenêtre	3. affiches	5. magnétoscope	7. chaises
2. porte	4. carte	6. table	8. bureau

B. Une soirée sympa. Some friends are planning a party. Tell what each one has that he or she can bring.

MODÈLE   Richard / chaîne-stéréo
Richard a une chaîne-stéréo.

de Avons   1. nous / disques   *une*   4. vous / vidéo-cassettes *Avez*
ont   2. Michel et Hélène / radio   5. André / téléviseur *André a une*
Tu as des   3. tu / chaises   6. je / magnétoscope   *J'ai une*

C. Sondage. Monsieur Lebrun is taking a survey of the types of electronic equipment that families have. Give his questions and the answers of the person being interviewed.

MODÈLE   téléviseur   (oui)
MONSIEUR LEBRUN   **Est-ce que vous avez un téléviseur?**
MADAME DUPONT   **Oui, nous avons un téléviseur.**

J'ai n'ai pas de ———→ 1. magnétoscope   (non)   4. chaîne-stéréo   (non)
Oui, j'ai un radio   2. radio   (oui)   5. téléviseur   (oui)
Oui, J'ai un   3. micro-ordinateur   (oui)

Communication et vie pratique

A. Chez moi. Tell whether you have the following things.

EXEMPLE   un micro-ordinateur
Non, je n'ai pas de micro-ordinateur.
Oui, j'ai un micro-ordinateur dans ma chambre.

J'ai un téléphone   1. un téléphone *ma yet~* 5. un chat
                       2. un magnétoscope   6. une chaîne-stéréo
                       3. des disques   7. un fauteuil
                       4. un chien   8. des affiches

B. Les étudiants américains. Imagine that some French friends have asked you about things that American students typically have. Give information about students in general and about yourself.

EXEMPLE   **En général, les étudiants américains ont une chambre dans une résidence ou un appartement en ville. Moi, j'ai une chambre dans une résidence.**

C'est votre tour. Imagine that you are in a French record shop and want to buy a record or tape of your choice. Using the **Situation** as a guide, explain to the salesperson (played by another student) what you are looking for. He or she will tell whether this item is available or not, or where you might find it.

Exploration 2

même = same

POUR EXPLIQUER LES RAPPORTS ENTRE LES GENS ET LES CHOSES

La préposition **de** et les adjectifs possessifs

de le = du

SITUATION

Qui est-ce?

Jacques is showing his mother some photos of his new friend, Catherine Dupré, and her family.

SA MÈRE   Tu as des photos de sa famille?

JACQUES   Oui, regarde. Voici ses parents. Sa mère est prof d'anglais.

SA MÈRE   Et son père?

magaza

JACQUES   Il a un magasin de vêtements.

SA MÈRE   Et ici, c'est la maison des Dupré?

JACQUES   Non, c'est la maison de leurs cousins. Ils habitent dans le même quartier.

cuza

---

sa *her*   **vêtements** *clothes*   **même** *same*   **leur** *their*
quartier *neighborhood*

Avez-vous bien compris?

Indiquez si les phrases suivantes sont vraies ou fausses. Si la phrase est fausse, corrigez-la.

1. Jacques et sa mère regardent des photos de leur famille.
2. La mère de Catherine Dupré est prof d'anglais.
3. Son père travaille dans un hôpital.
4. Les cousins de Catherine n'habitent pas dans le même quartier.

Présentation

A. **De** is used to express possession and relationships among people and things.

C'est la chambre **de** Claire.
Voici le père **de** Suzanne.
Les parents **de** mon ami sont sympas.
Quelle est l'adresse **de** la résidence universitaire?

B. Also note the combinations of **de** with the definite article.

de + le becomes **du**	C'est la porte **du** bureau.
de + les becomes **des**	Voici la chambre **des** enfants.
de + la remains **de la**	C'est une amie **de la** mère de Monique.
de + l' remains **de l'**	Où est la voiture **de l'**oncle Jean?

C. Ownership or relationship is often indicated with a possessive adjective (like *my, your, their*, etc., in English). A possessive adjective agrees in gender and number with the noun it modifies. Notice that there is no formal distinction between *his, her, its,* or *one's* in French.

Les adjectifs possessifs		Singular		Plural
		Masculine	*Feminine*	*Masculine and Feminine*
my		**mon** frère	**ma** sœur	**mes** parents
your		**ton** frère	**ta** sœur	**tes** parents
his/her/its/one's		**son** frère	**sa** sœur	**ses** parents
our		**notre** frère	**notre** sœur	**nos** parents
your		**votre** frère	**votre** sœur	**vos** parent
their		**leur** frère	**leur** sœur	**leurs** parents

Mon, ton, and **son** are used with all masculine singular nouns and with feminine singular nouns that begin with a vowel or vowel sound.

Est-ce que tu aimes mon affiche?
Ton amie Françoise est très sympathique.
Son appartement est très moderne.

Préparation

A. Album de photos. Joëlle and Brigitte are looking at Joëlle's photo album. Give Joëlle's answers to Brigitte's questions.

MODÈLE   C'est la maison de tes parents?
        Oui, c'est leur maison.

1. Ce sont tes parents?
2. C'est ton frère?
3. C'est l'appartement de ta sœur?
4. C'est la voiture de tes parents?
5. C'est le micro-ordinateur de ton frère?
6. Ce sont les amis de tes parents?
7. C'est votre <u>chat</u>?
8. Ce sont vos <u>chiens</u>?

B. Arbre généalogique. Based on the information given in Pierre's family tree, give the relationship between Pierre and each of the people shown.

MODÈLE **Monique Lefèvre est la tante de Pierre.**

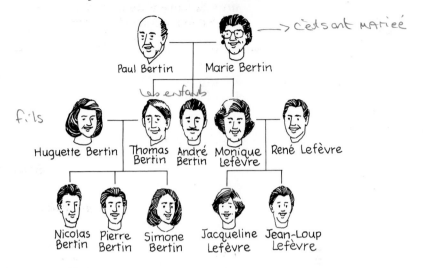

c'ets ont Marieé

Les enfants

fils

Paul Bertin   Marie Bertin

Huguette Bertin   Thomas Bertin   André Bertin   Monique Lefèvre   René Lefèvre

Nicolas Bertin   Pierre Bertin   Simone Bertin   Jacqueline Lefèvre   Jean-Loup Lefèvre

C. À la préfecture. You have gone to help a family who does not speak French get identity cards. Complete the following questions that you are asked with **du, de la, de l'**, or **des.**

MODÈLE Quelle est la profession... père?
Quelle est la profession du père?

1. Quelle est l'adresse... famille? de la
2. Quel est le prénom... fils? du
3. Quelle est la nationalité... parents? des
4. Quel est le prénom... mère? de la
5. Quel est l'âge... enfants? des
6. Quelle est la profession... père? du

D. Descriptions. Use the appropriate form of the possessive adjective to complete the following descriptions.

MODÈLE Mon oncle et... tante habitent à Strasbourg.
Mon oncle et ma tante habitent à Strasbourg.

1. J'ai un cousin qui est avocat. SA femme est journaliste.
2. Le fils de mon oncle Pierre travaille à Montréal. SA fille est étudiante à l'Université Laval.
3. Mes grands-parents habitent dans notre quartier. mon ... grand-père aime parler avec ses ... amis et ma ... grand-mère aime travailler dans le jardin.
4. Mon oncle Robert a deux enfants. son ... fils est étudiant et sa ... fille travaille comme médecin à Bruxelles.
5. Mon oncle et leur tante ont deux enfants. leur ... fille Geneviève est étudiante en droit à Paris et... fils Maurice étudie l'informatique.
leur

E. Réunion de famille. David has been invited to Marie-Claire's family reunion. Marie-Claire is identifying family members. Use the cues provided to tell what she says.

MODÈLE   (my father's brother)
         C'est le frère de mon père.

1. (my grandmother's sister)
2. (Micheline's children)
3. (my aunt's daughter)
4. (our uncle from Nice)
5. (my brother's girlfriend)
6. (our cousins from Strasbourg)
7. (her two sons)
8. (her American friends)

Communication et vie pratique

A. Interview. Use the following words and phrases to ask other students questions about things they have or about people they know. Your classmates will answer your questions.

EXEMPLE   cours / intéressants
          —**Est-ce que tes cours sont intéressants?**
          —**Oui, mes cours sont intéressants mais ils sont assez difficiles.**

1. amis / amusants
2. chambre / agréable
3. professeurs / sévères
4. examens / difficiles
5. travail / intéressant
6. frères et sœurs / gentils

B. Préférences. Interview a classmate about his or her favorite things as well as those of various family members. Ask about the items below.

EXEMPLE   son livre préféré
          —**Quel est votre livre préféré?**
          —**Mon livre préféré est *Le Petit Prince*.**

1. sa chanson préférée
2. la chanson préférée des étudiants de son âge
3. son restaurant préféré
4. le restaurant préféré de sa famille
5. son film préféré
6. le film préféré de son frère (sa sœur, son ami, etc.)

 C'est votre tour. Imagine that a friend (played by another student) is visiting you for the first time and is asking about your possessions and photos. Some belong to you and some to your roommate. Answer your friend's questions.

Exploration 3

POUR DÉCRIRE VOTRE MAISON ET VOTRE FAMILLE

Les adjectifs prénominaux

encore —
voudrais —
dis-moi — SAY

SITUATION	*Laurent and Nicolas are catching up on each other's news.*
De vieux amis	LAURENT Qu'est-ce que tu fais maintenant?
	NICOLAS Je travaille dans un grand magasin.
	LAURENT Tu as une nouvelle voiture?
	NICOLAS Non, j'ai encore ma vieille Renault.
	LAURENT Mais, dis-moi, qu'est-ce que tu fais ici?
	NICOLAS Je cherche un nouvel appartement.
	LAURENT Il y a un petit appartement à louer dans mon immeuble. Parle au propriétaire, c'est un vieil ami de mes parents.
	NICOLAS C'est une bonne idée.
	LAURENT Alors, bonne chance.

tu fais *are you doing*   **grand** *big*   **nouvelle** *new*   **vieille** *old*
dis-moi *say*   **petit** *little*   **à louer** *for rent*   **immeuble** *apartment building*   **propriétaire** *owner*   **bonne chance** *good luck*

Avez-vous bien compris?

Complétez les phrases suivantes.

1. Nicolas travaille dans un... magasin.
2. Il a une... voiture.
3. Nicolas cherche un... appartement.
4. Il y a un... appartement dans l'immeuble de Laurent.
5. Le propriétaire de l'immeuble est un... ami des parents de Laurent.

Présentation

Several adjectives that are often used for descriptions precede nouns.[1]

---

[1] When one of these adjectives precedes a plural noun, the indefinite article **des** becomes **de**.

Il y a **de** belles maisons dans le quartier.
Ce sont **de** vieux amis.

Exception Memorize

3/11/93

Ques are before the noun

Exceptions

Les adjectifs prénominaux			
Masculine	**Masculine before a vowel sound**	**Feminine**	
un **petit** magasin	un **petit** appartement	√ une **petite** maison	*(small)*
un **grand** magasin	un **grand** appartement	√une **grande** maison	*(large, tall)*
un **joli** magasin	un **joli** appartement	une **jolie** maison	*(pretty)*
un **beau** magasin	un **bel** appartement	√ une **belle** maison	*(beautiful)*
un **bon** magasin	un **bon** appartement	√ une **bonne** maison	*(good)*
un **nouveau** magasin	un **nouvel** appartement	√ une **nouvelle** maison	*(new)*
un **vieux** magasin	un **vieil** appartement	√ une **vieille** maison	*(old)*

also Jeune   Jeune

Note that **beau, nouveau,** and **vieux** have an extra masculine singular form that is used before nouns beginning with vowels.

Préparation

A. **Description.** Régine is describing her apartment to her friends. Based on the floor plan below, tell what rooms she has and how many.

MODÈLE   **Il y a une petite cuisine,** etc.

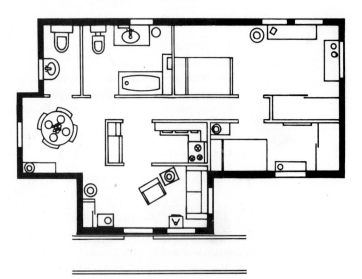

B. **Agent immobilier.**   A real estate agent is showing some clients through a home and comments on various rooms of the house. Tell what the clients say.

> MODÈLE   La cuisine est très grande.
> **Oui, c'est une très grande cuisine.**

1.   La salle de séjour est très petite. *Oui c'est une très petite* *un salle de séjour*
2.   Le bureau est assez petit. *Oui c'est assez petit bureau*
3.   La salle à manger est belle. *Oui c'est une belle salle manger*
4.   La cuisine est jolie. *Oui c'est une jolie cuisine*
5.   La chambre est grande. *Oui c'est une grande chambre*
6.   La maison est assez vieille. *Oui c'est une assez vieille maison*
7.   Le garage est nouveau. *Oui c'est un nouvel garage*
8.   Le jardin est assez petit. *Oui c'est un assez petit jardin*

C. **Conversation.**   Patrick is just getting settled at the university. A friend, Robert, is asking him how he is doing. Using the cues provided, give Patrick's answers.

> MODÈLE   ROBERT   Est-ce que tu as un appartement?
> PATRICK   (petit)   **J'ai un petit appartement.**

ROBERT   Est-ce que tu as un appartement?
PATRICK   (très beau) *J'ai un très bel Appartement*
ROBERT   Tu as des camarades de chambre?
PATRICK   (sympathique) *Oui J'ai des camarades de chambre sympa*
ROBERT   Tu as un travail?
PATRICK   (bon) *Oui J'ai un bon travail*
ROBERT   Tu as un chat?
PATRICK   (très joli) *Oui J'ai un très joli chat*
ROBERT   Tu as une voiture?
PATRICK   (vieux) *Oui J'ai une vieille voiture*
ROBERT   Tu as une chaîne-stéréo?
PATRICK   (nouveau) *Oui J'ai une nouvelle chaîn-stereo*
ROBERT   Est-ce que tu as des amis?
PATRICK   (très intéressant) *Oui J'ai des athlètes très intéressant*

Communication et vie pratique

A. **Votre chambre.**   Use vocabulary you know to describe to other students your room, apartment, home, or the home you would like to live in some day. They can also ask you questions about your descriptions.

B. **Compliments.** Imagine that you are with a French friend and want to compliment him about the following. Use the examples as a guide.

> EXEMPLES appartement
> **Tu as un très bel appartement.**
> *ou:* **Ton appartement est très beau.**

1. parents
2. sœur
3. frère
4. maison
5. ville
6. amis
7. grands-parents
8. chambre

C'est votre tour. Imagine that you have just run into a French friend (played by another student) that you have not seen for a long time. Ask your friend . . .

if s/he still lives at the same address
if s/he has a new car
if s/he has a new job
if it's a good job, etc.

Intégration et perspectives

Métro, boulot, dodo

Louis Duvivier est un Français semblable à des millions de Français. Il travaille, il dort, il mange. Il habite dans la banlieue parisienne. Il est marié et il a trois enfants — Michel, dix ans, Anne-Marie, sept ans, et Paulette, deux ans. Duvivier, qui a trente-quatre ans, travaille dans une usine d'automobiles. Il est assez content.

Sa femme travaille aussi chez Renault. Elle est secrétaire. Elle trouve son travail ennuyeux, mais pour le reste, elle est assez contente. «Nous ne sommes pas riches, mais nous ne sommes pas pauvres. Nous avons trois enfants qui sont gentils et qui travaillent bien à l'école. La vie dans un H.L.M. n'est pas idéale, mais notre appartement est confortable et nos voisins sont sympas.»

Comme tous leurs voisins, les Duvivier possèdent l'essentiel: une voiture, un grand réfrigérateur, une machine à laver, et une télé-couleur. Ils aiment regarder la télé et inviter leurs amis à dîner. Oui, ils ont une vie confortable.

Oui, ils sont assez satisfaits, mais ils sont aussi résignés à la monotonie de leur vie. «Je suis trop fatigué pour être ambitieux», explique Duvivier. Leur rêve est de posséder une petite maison à la campagne.

---

métro, boulot, dodo *subway, work, sleep* **il dort** *he sleeps* **usine** *factory* **ennuyeux** *boring* **H.L.M.** = **habitation à loyer modéré** *low-cost apartment building* **voisins** *neighbors* **possèdent** *possess* **télé-couleur** *color TV* **résignés** *resigned* **rêve** *dream*

Avez-vous bien compris?

Répondez aux questions suivantes.

1. Où est-ce que Louis Duvivier habite?
2. Est-ce qu'il a des enfants?
3. Quel âge ont-ils?
4. Où est-ce qu'il travaille?
5. Est-ce que sa femme travaille aussi?
6. Est-ce que les Duvivier sont riches?
7. Qu'est-ce que les Duvivier possèdent?

Notes culturelles ✤ ✤ ✤ ✤ ✤ ✤ ✤ ✤ ✤

La famille française

*M*any changes in recent years are altering the way French people view the family, marriage, and divorce. The family of the future, for example, will probably consist of an average of only two children.

There has been a 73 percent increase in the number of unmarried couples living together in the last ten years, and the number of unwed mothers has increased from 6 percent in 1968 to 14.2 percent. In addition, changes in divorce laws have altered the traditional marriage. In 1960, for instance, one out of ten marriages ended in divorce; today that figure is one out of three.

The standard of living of French working-class and middle-class families has steadily improved since the end of World War II. For a long time, housing was expensive and in short supply, but even lower-income families are now able to live in **cités ouvrières** (housing developments) or in **H.L.M.'s (habitations à loyer modéré)**. The H.L.M.'s are government-sponsored, moderate-rent apartment buildings that have been built on the outskirts of French cities during the last thirty years.

Communication et vie pratique

A. **Et vous?** Give the following information about yourself.

1. où vous habitez
2. votre âge
3. votre lieu de travail
4. votre situation de famille
5. vos possessions
6. votre rêve

B. **Plan d'une maison.** Imagine that you have French friends who are planning to work in the United States for a year. You have found a house for them and need to describe it to them. Include as much information as you can based on the floor plans already given.

EXEMPLE **C'est une assez grande maison. Il y a huit pièces**, etc.

C. **Louez un appartement.** Look at the following ads for rooms and apartments taken from a French newspaper. Then, decide which apartment or room you would like to rent and why. Then, imagine that you are going to talk with the owner about renting the room or apartment that you have selected. Another student will play the role of the owner. Use the questions below to help you role-play the situation.

Californie, Bas Fabron, studio récent, cuisinette équipée, bains, 1.500 + 200. GERANCE IMMOBILIERE, CNAB, 38, rue de France, 93.87.78.74, Nice.

Frédéric-Mistral, studio impeccable, 32 m2, séjour et vraie cuisine sur terrasse ensoleillée, vue mer, cave, 1.800 + charges. MICHAUGERANCE, Nice, 93.87.10.88.

Hauts Vaugrenier : superbe 60 m2, jardin, vue, situation privilégiée, 4.400 charges comprises. SAINT-PIERRE, 93.07.40.20.

Promenade : beau 2 pièces 68 m2, excellent état, grands balcons, bains, dressing, cave, garage, 3.000 plus charges. LOCASSISTANCE, 93.82.01.02, Nice.

Haut Cessole, studio avec cuisinette, balcon, 1er étage, 1.350 + charges. BARTOLOTTA, 93.84.08.74, Nice.

Victor-Hugo Alphonse-Karr : bel appartement, 2e, sud, balcon, 2.600 + charges. URBANICE, 93.44.76.47, Nice.

Parc Chambrun Saint-Maurice : beau 2 pièces, garage, cave, 2.500 F + charges. Tél. 93.84.90.72, Nice.

Questions du client :
—Est-ce que l'appartement est meublé *(furnished)*?
—Combien de pièces est-ce qu'il y a?
—Est-ce que les pièces sont grandes?
—Est-ce qu'il y a un garage?
—Est-ce que c'est dans un quartier agréable?

Questions du propriétaire :
—Est-ce que vous avez un(e) camarade de chambre?
—Est-ce que vous travaillez?
—Est-ce que vous êtes étudiant(e)?
—Est-ce que vous avez un chien ou un chat?
—Est-ce que vous êtes marié(e)?
—Est-ce que vous êtes une personne tranquille?

INVITATION À ÉCOUTER

C'est la vie. Christian Romo and Denise Gravier talk about their lives. Listen to what they say about themselves, then answer the following questions.

CHRISTIAN ROMO
1. Quelle est la nationalité de la femme de Christian?
2. Quel âge ont leurs enfants?
3. Où est-ce qu'il travaille? Et sa femme?
4. Qui habite avec Christian, sa femme et ses enfants?
5. Comment est sa vie?

DENISE GRAVIER
1. Est-ce que Denise est mariée?
2. Quelle est sa profession?
3. Est-ce qu'elle a des problèmes?
4. Comment sont ses amis?
5. Comment sont leurs conversations?

PRONONCIATION ET ORTHOGRAPHE

A. There are three basic nasal vowel sounds in French: /ɔ̃/ as in **mon**; /ɛ̃/ as in **magasin**; and /ɑ̃/ as in **étudiant**. Practice repeating words containing the sound /ɔ̃/.

mon	maison	mon livre	mon ami
ton	leçon	ton lit	ton oncle
son	concert	son chien	mon affiche

B. Note the difference between the pronunciation of **bon** /bɔ̃/ with a nasal sound and **bonne** /bɔn/. Note also that **bon** /bɔ̃/ becomes /bɔn/ (the same pronunciation as the feminine form **bonne**) when it is followed by a vowel sound.

/ɔ̃/	/ɔn/	/ɔn/
un bon prof	un bon élève	une bonne classe
un bon camarade	un bon hôtel	une bonne amie
un bon travail	un bon emploi	une bonne idée

VOCABULAIRE

Noms

les possessions

l'**album** (m)	album
l'**appartement** (m)	apartment
le **canapé**	sofa
la **cassette**	cassette
la **chaîne-stéréo**	stereo
le **chat**	cat
le **chien**	dog
la **commode**	chest of drawers, cabinet
le **disque**	record
le **fauteuil**	armchair
le **lit**	bed
le **magnétoscope**	video recorder
la **maison**	house
les **meubles** (m pl)	furniture
le **micro-ordinateur**	microcomputer
la **photo**	photo
le **placard**	closet
le **réfrigérateur**	refrigerator
les **vêtements**	clothes
la **voiture**	automobile

la maison, l'appartement et la famille (voir pp. 56–57)

d'autres noms

le, la **camarade de chambre**	roommate
la **chance**	luck
la **chanson**	song
la **couleur**	color
l'**idée** (f)	idea
l'**immeuble** (m)	apartment building
la **pièce**	room
le **propriétaire**	owner
le **quartier**	neighborhood
le **rêve**	dream
l'**usine** (f)	factory
le, la **voisin(e)**	neighbor

Verbes

avoir	to have
chercher	to look for, seek
dîner	to have dinner
dormir / dort	to sleep
entrer	to enter, go in
expliquer	to explain
inviter	to invite
louer	to rent
posséder	to possess, have
regretter	to be sorry, regret
rester	to stay, remain
trouver	to find

Adjectifs

les adjectifs possessifs (voir p. 64)

beau, bel, belle	beautiful, handsome
bon, bonne	good
confortable	comfortable
ennuyeux, ennuyeuse	boring
fatigué(e)	tired
gentil, gentille	nice
grand(e)	tall, large
jeune	young
joli(e)	pretty
meublé(e)	furnished
nouveau, nouvel, nouvelle	new
petit(e)	small, short
résigné(e)	resigned
satisfait(e)	satisfied
sympa (short for sympathique)	nice
tranquille	calm, peaceful
vieux, vieil, vieille	old

Divers

alors	so, well, then
avoir... ans	to be . . . years old
il y a	there is, there are
peut-être	perhaps
qui	that, who

Dis-moi   say
Même   same

Chapitre 4

Les voyages

Dans ce chapitre vous allez apprendre à...

Parler des voyages

1. Indiquer votre destination et vos intentions
2. Dire où vous allez
3. Compter

Vocabulaire et structures

Mise en train : En vacances

Le verbe **aller**

Les prépositions et les noms de lieux

Les nombres de 20 à 1 000

Mise en train

EN VACANCES

Tape 9 / #93

Où est-ce que vous préférez passer vos vacances?

à la montagne   à la campagne   à la plage   en ville
Mountain   *country*   *city*

Comment est-ce que vous préférez voyager?

en voiture   en avion   à vélo

en train   en bateau   à pied

Payee

Est-ce que vous préférez voyager dans votre pays ou dans un pays étranger?

Dans quelle ville désirez-vous aller?

à Washington   à Londres   à Paris   à Berlin   à Madrid

Quand vous voyagez, quelles sont vos activités préferées?

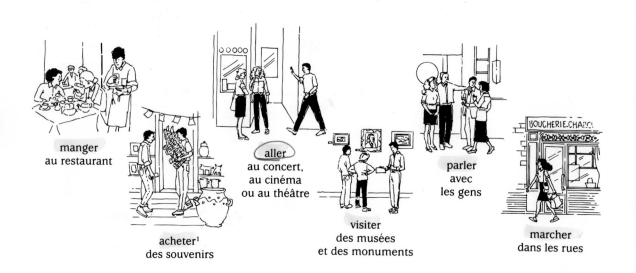

manger
au restaurant

acheter[1]
des souvenirs

aller
au concert,
au cinéma
ou au théâtre

visiter
des musées
et des monuments

parler
avec
les gens

marcher
dans les rues

---

[1] **Acheter** is a regular **er** verb except that **an accent grave** is added in all but the **nous** and **vous** forms: **j'achète, tu achètes, il / elle / on achète, nous achetons, vous achetez, ils / elles achètent.**

Où est-ce que vous préférez rester?

à l'hôtel   chez des amis

dormitory dans une auberge de jeunesse

cheap dorm. You share everything

dans un camping

En quel mois est-ce que vous préférez prendre vos vacances? En août? en décembre? en mars?

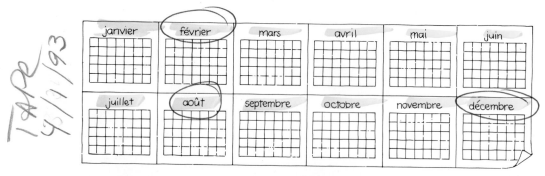

| janvier | février | mars | avril | mai | juin |
| juillet | août | septembre | octobre | novembre | décembre |

En général, quand est-ce que vos vacances commencent?

le premier août²   le vingt décembre   le quinze mars

Communication et vie pratique

Réservez une chambre.   You are planning a trip and are making reservations. Make reservations for the following dates.

EXEMPLE   7-6   DAY – Month – Year

Je voudrais réserver une chambre pour le 7 juin.

1. 12-1   4. 1-3
2. 3-4   5. 11-7
3. 15-12   6. 14-8

---

² Note that cardinal numbers are used in dates except for the first day of the month (**le premier**). Note also that when writing dates numerically, the French write the day first, then the month. For example, **le 8-12-92** would be *December 8, 1992*. To ask the date you say: **Quelle est la date?**

C'est votre tour. Imagine that you are planning a two-week trip to Europe. Tell (1) in what month you will take your vacation, (2) which cities you will visit, (3) on what date you'll arrive in each city, (4) where you are going to stay, and (5) what you plan to do in each of these cities.

Exploration 1

POUR INDIQUER VOTRE DESTINATION ET VOS INTENTIONS

Le verbe **aller**

SITUATION
Fermeture annuelle

It is the second week of August and a friend is wondering when Mme Dubourg's neighborhood pharmacy will close.

L'AMIE	Vous n'allez pas fermer cette année?
MME DUBOURG	Si, on va fermer la semaine prochaine.
L'AMIE	Vous avez des projets pour vos vacances?
MME DUBOURG	D'habitude mon mari et moi, nous allons sur la Côte mais cette année je vais passer deux semaines chez mes parents.
L'AMIE	Et vos enfants?
MME DUBOURG	Ma fille va aller <u>aux</u> États-Unis avec un groupe d'étudiants. Les garçons et mon mari vont faire du camping dans les Alpes.

Vous n'allez pas fermer *You aren't going to close* **la semaine prochaine** *next week* **projets** *plans* **allons** *go* **les garçons vont faire du camping** *the boys are going to go camping*

Avez-vous bien compris?

Répondez aux questions suivantes.

1. Quand est-ce que Madame Dubourg va fermer sa pharmacie?
2. Est-ce que M. et Mme Dubourg vont passer leurs vacances ensemble?
3. Et sa fille, avec qui va-t-elle passer ses vacances?
4. Où est-ce que sa fille va aller?
5. Qu'est-ce que son mari et ses fils vont faire?

Présentation

The verb **aller** *(to go)* is used to indicate movement or travel, or to express future plans.

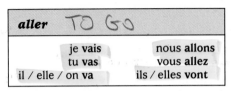

aller TO GO	
je **vais**	nous **allons**
tu **vas**	vous **allez**
il / elle / on **va**	ils / elles **vont**

Vous **allez** à Genève?
Non, nous **allons** à Lausanne.

A. When used to express future plans or intentions, a conjugated form of **aller** is followed by an infinitive.

Nous **allons voyager** en train.
Il **va étudier** à Montpellier.
Je **vais acheter** un micro-ordinateur.

Some useful expressions for talking about future plans are:

aujourd'hui	*today*
demain	*tomorrow*
pendant les vacances (f)	*during vacation*
la semaine prochaine	*next week*
le week-end prochain	*next weekend*

B. To indicate movement to a place, **aller** is often used with the preposition **à** *(at, to)*. Note how **à** combines with the definite article.

Je vais **au** concert.	**à** + **le** becomes **au**
Il parle **aux** enfants.	**à** + **les** becomes **aux**
Nous restons **à la** maison.	**à** + **la** remains **à la**
Ils sont **à l'**hôtel.	**à** + **l'** remains **à l'**

Préparation

A. **Projets.** Danielle and her friends have plans for this weekend. Using the cues provided, tell where they are going.

MODÈLE   Catherine / concert
          Catherine va au concert.

1. Rémi / plage
2. Bernard / restaurant
3. Christiane / bibliothèque
4. Frédéric / cinéma
5. Julie / théâtre
6. Martine / musée
7. Robert / montagne
8. Serge / campagne

B. **La fête du travail.** Several students are talking about their plans for the Labor Day holiday (May 1st). Tell what they are going to do.

MODÈLE   Serge / rester à la maison
          Serge va rester à la maison.

1. nous / faire du camping   *nous allons faire du camping*
2. Claudine / aller à la plage   *Claudine va aller á la plage*
3. mes amis / aller au théâtre   *Mes amis vont aller au théâtre*
4. vous / regarder la télé   *vous allez regarder la télé*
5. je / rester à la maison   *Je vais rester à la maison*
6. tu / aller chez tes parents   *Tu vas aller chez tes parents*
7. mon frère / aller à la montagne   *mon frère va aller á la montagne*
8. ma camarade de chambre / étudier   *vas étudier*

Elle ses
Tu Tes

Communication et vie pratique

A. **Le week-end prochain.** Ask other students if they plan to do these things next weekend.

EXEMPLE   aller à la bibliothèque
           Est-ce que tu vas aller à la bibliothèque?

Oui Je vais

1. aller au concert
2. manger dans un bon restaurant
3. aller à la campagne
4. aller chez des amis

oui Je vas

5. aller au cinéma
6. étudier pour un examen
7. regarder la télé
8. rester à la maison

B. **Suggestions.** Imagine that you and some friends are making plans for the weekend. Ask them if they would like to do the following things. They will indicate whether or not they like the idea.

ON = neutral.
= one, they, we, people

EXEMPLE   —On va à la montagne?
           —Oui, c'est une bonne idée.
ou :   —Non, je préfère rester ici.

1.
à la campagne

4.

7.

2.
au Théâtre

5.
Au concert

8.
á la plage

3.
a la

6.
a la bibliotheque

C'est votre tour. With another student, ask and give information about (1) where you usually go during the weekend, (2) your plans for this weekend, (3) your usual plans for winter or spring break, and (4) your plans for this winter or spring break.

Exploration 2

POUR DIRE OÙ VOUS ALLEZ

Les prépositions et les noms de lieux

SITUATION **Bonnes vacances!**	*Paris, July 31. A reporter is interviewing vacationers who are on their way out of the city.*

LE REPORTER   Bonjour, madame. Bonjour, monsieur. Vous allez en vacances cette année?

MME ARLAND   Oui, mais pas aujourd'hui. Nous allons à la campagne.

LE REPORTER   Est-ce que vous allez passer vos vacances en France ou dans un pays étranger?

MME ARLAND   Dans un pays étranger. Cette année, nous allons en Italie et l'année prochaine, nous désirons visiter la Grèce et la Yougoslavie.

LE REPORTER   Alors, bon voyage!

cette année *this year*   **alors** *well, then*

Avez-vous bien compris?

Indiquez si les phrases suivantes sont vraies ou fausses. Si la phrase est fausse, corrigez-la.

1. Un reporter pose des questions à des touristes américains.
2. Monsieur et Madame Arland passent le week-end à la campagne.
3. Cette année, ils vont passer leurs vacances dans un pays étranger.
4. Cette année, ils vont visiter la Grèce et la Yougoslavie.

Présentation

The preposition used to indicate a location or destination depends on the kind of place:

(handwritten left margin: Indicate location or destination)

à + city | à Paris
à Chicago

en + feminine country | en France
en Belgique

au + masculine country | au Canada
aux États-Unis

(handwritten left margin: used with people)

chez + person's name | chez Madame Ménard
    + person | chez des amis
    + pronoun | chez moi
    + person's profession or business | chez le dentiste

A. Most countries ending in **e** are feminine, except **le Mexique** and **le Zaïre**. Others are masculine singular.

(handwritten: EN ... AU)

Pays féminins		Pays masculins
l'Algérie	la Hollande	le Brésil
l'Allemagne	l'Inde (*India*) land	le Canada
(*Germany*)	l'Irlande	le Danemark
l'Angleterre (*England*)	l'Italie	les États-Unis
l'Australie	la Norvège (*Norway*)	le Japon
l'Autriche (*Austria*)	la Pologne (*Poland*)	le Maroc
la Belgique (*Belgium*)	la Russie ou l'U.R.S.S.	le Mexique
la Chine	la Suède (*Sweden*)	le Portugal
l'Égypte	la Suisse (*Switzerland*)	le Sénégal
l'Espagne (*Spain*)	la Tunisie	le Viêt-nam
la France	la Yougoslavie	le Zaïre
la Grèce		*le Portugal*

(handwritten: EN)

B. **En** is also used with continents, which are feminine: **l'Afrique, l'Amérique du Nord, l'Amérique du Sud, l'Antarctique, l'Asie, l'Australie, l'Europe.**

Préparation

A. **À l'auberge de jeunesse.** Some students have met in an **auberge de jeunesse.** Using the model as a guide, tell how each introduces himself or herself.

MODÈLE   Brigitte / Nice / France
             Je m'appelle Brigitte et j'habite à Nice en France.

en 1. Pablo / Séville / Espagne
au 2. Maria / Lisbonne / Portugal
au 3. Juanita / Acapulco / Mexique
en 4. Karl / Vienne / Autriche
en 5. Théo / Athènes / Grèce

6. Amadou / Dakar / Sénégal *au*
7. Djenat / Alexandrie / Égypte *en*
8. Érik / Oslo / Norvège *en*
9. Miko / Tokyo / Japon *au*
10. Bob / Philadelphie / États-Unis *au*

B. **Projets de voyage.** Where are the following people going this summer? Use the cues provided to tell what they say.

MODÈLE   Henri / Espagne et Portugal
         Henri va en Espagne et au Portugal.

vont 1. mes amis / ~~vont~~ Sénégal et Zaïre   *au au*
va 2. Monsieur Robert / Suisse et Italie   *en en*
vais 3. je / Norvège et Danemark   *en et au*
allont 4. nous / Canada et États-Unis   *au et au*
allez 5. vous / Pologne et Russie   *en et en*
vas 6. tu / Angleterre et Irlande   *au et au*
va 7. mon frère / Algérie et Maroc   *en et au*

Communication et vie pratique

A. **Je voudrais aller...** Decide which countries you would like to visit. Then find out if another student would like to visit those countries too.

EXEMPLE   —**Je voudrais aller en Grèce. Et toi?**
          —**Pas moi. Je voudrais aller en Suède et en Norvège.**

B. **Bonnes vacances!** What would be a good vacation spot abroad for the following people?

EXEMPLE   Pour ma camarade de chambre, des vacances...
          Pour ma camarade de chambre, des vacances en Italie.

1. Pour mon prof de français, un voyage...
2. Pour ma famille, quinze jours...
3. Pour mes amis, trois semaines...
4. Pour les étudiants de notre classe, des vacances...
5. Pour moi, des vacances...

C. **Villes et pays.** Tell where the following cities are located. Then give the names of other cities and see if other students can give the name of the country where each is located.

EXEMPLE   Dakar
          —**Où est Dakar?**
          —**C'est au Sénégal.**

C'est au Belgique 1. Bruxelles   6. Montréal   *en canada*
au suisse 2. Genève   7. Alger   *en Afrique*
en Angleterre 3. Londres   8. Strasbourg
en Allemagne 4. Berlin   9. Rome
5. Moscou   10. Lisbonne   *au Portugal*

C'est votre tour. Imagine that you are an experienced world traveler and that friends have asked you: «**Vous avez des projets pour vos vacances?**» Tell them the different places you usually visit and where you stay. Describe also your vacation plans for this year and next year. You may also mention some of the destinations of your "jet-set" friends and relatives.

Aller — To Go
Avoir — To have
être — To be

Exploration 3

POUR COMPTER

Les nombres de 20 à 1 000

SITUATION
Réservations

Laurence Rivière has called to reserve a room at the **Hôtel du Mont Blanc** *for a business trip she is planning to Geneva.*

L'EMPLOYÉE	Allô, ici l'Hôtel du Mont Blanc.
LAURENCE	Bonjour madame, je voudrais une chambre pour le trente juin. Est-ce que vous avez quelque chose?
L'EMPLOYÉE	C'est pour combien de personnes?
LAURENCE	Pour moi seulement.
L'EMPLOYÉE	Et pour combien de nuits?
LAURENCE	Deux, peut-être trois.
L'EMPLOYÉE	Voyons, j'ai une chambre avec salle de bains pour le trente juin et le premier juillet.
LAURENCE	C'est combien?
L'EMPLOYÉE	C'est quatre cent quatre-vingts francs. *= 480*
LAURENCE	Le petit déjeuner est compris?
L'EMPLOYÉE	Oui, madame, tout est compris.

allô *hello (on the telephone)*   **quelque chose** *something*   **seulement** *only*   **petit déjeuner** *breakfast*   **compris** *included*   **tout** *everything*

Avez-vous bien compris?

Répondez aux questions suivantes.

1. Quand est-ce que Laurence va être à Genève?
2. Quel hôtel est-ce qu'elle appelle?
3. Est-ce que Laurence va voyager avec une autre personne?
4. Combien est-ce que la chambre coûte?
5. Combien coûte le petit déjeuner?

Présentation

The numbers from 20 to 59 are:

20	vingt	28	vingt-huit	42	quarante-deux
21	vingt et un	29	vingt-neuf		. . .
22	vingt-deux	30	trente	50	cinquante
23	vingt-trois	31	trente et un	51	cinquante et un
24	vingt-quatre	32	trente-deux	52	cinquante-deux
25	vingt-cinq		. . .		. . .
26	vingt-six	40	quarante	59	cinquante-neuf
27	vingt-sept	41	quarante et un		

The numbers from 60 to 99 follow a slightly different pattern:

60	soixante	80	quatre-vingts[3] (4,20)
61	soixante et un	81	quatre-vingt-un (4,20,1)
62	soixante-deux	82	quatre-vingt-deux (4,20,2)
	. . .		. . .
70	soixante-dix	90	quatre-vingt-dix (4,20,10)
71	soixante et onze	91	quatre-vingt-onze (4,20,11)
72	soixante-douze	92	quatre-vingt-douze
	. . .		. . .
79	soixante-dix-neuf	99	quatre-vingt-dix-neuf

(handwritten notes in margin: On lab test 3/25/93; 60,10; (60,11); (60,12); (60,10,9))

Numbers in the hundreds follow a regular pattern.

100	cent	201	deux cent un
101	cent un	259	deux cent cinquante-neuf (200,50,9)
102	cent deux	300	trois cents[3]
200	deux cents[3]	1 000	mille

A. To ask how much something costs, use the question, **Combien est-ce que ça coûte?** or the more colloquial, **Combien est-ce que ça fait?** *(How much does that make?)*, **Ça fait combien?** or **C'est combien?**

—**Combien est-ce que ça coûte?**
—**Ça coûte** cinquante-huit francs.

—**Combien est-ce que ça fait?**
—**Ça fait** trois cents francs.

B. For basic mathematical operations, **plus** is used for *plus*, **moins** for *minus*, **fois** for *times*, and **divisé par** for *divided by*. **Ça fait** *(that makes)* is used to express the result.

---

[3] An **s** is added to **quatre-vingt(s)** and **cent(s)** only when they are the last word in the number.

—Neuf **plus** cinq? Combien est-ce que ça fait?
—**Ça fait** quatorze.

—Dix-huit **moins** huit? Ça fait combien?
—**Ça fait** dix.

Préparation

A. Distances. Some French students who travel by train to the university are comparing the distances they have to travel. Tell what they say.

MODÈLE   125

J'habite à cent vingt-cinq kilomètres de l'université.

1.	99	**3.**	225	**5.**	61	**7.**	142	**9.**	110 cent dix
2.	134	**4.**	77	**6.**	186	**8.**	93	**10.**	239 deux cent trente neuf

B. Mais non! A salesclerk at **les Galeries Lafayette** in Paris is not doing a good job making change. Play the roles of the clerk and the customers.

MODÈLE   20 − 3 = 15

—**Vingt moins trois, ça fait quinze.**
—**Mais non! Ça fait dix-sept.**

1.	15 − 1 = 3	**5.**	45 − 5 = 41	**9.**	13 + 7 = 17
2.	20 − 5 = 16	**6.**	12 + 3 = 16	**10.**	39 + 10 = 48
3.	68 − 10 = 57	**7.**	50 − 6 = 43	**11.**	60 − 2 = 55
4.	29 − 5 = 23	**8.**	43 − 11 = 31	**12.**	65 − 42 = 14

C. Le téléphone. Assume that you are a telephone operator working at a switchboard. Give your customers the numbers they request. Note that French phone numbers are said as four pairs of numbers (eight digits). The first two digits represent the local exchange.

MODÈLE   Madame Martin (29.43.32.15)

C'est le vingt-neuf, quarante-trois, trente-deux, quinze.

1. Monsieur Humbert (74.82.53.46)
2. Mademoiselle Lacoste (40.96.75.84)
3. Madame Seurat (21.49.13.79)
4. Monsieur Picot (28.45.41.99)
5. Mademoiselle Granville (94.69.71.17)
6. Madame Arnaud (53.51.81.85)

D. À quelle adresse? You are meeting some friends at a restaurant in Paris. Tell the taxi driver where you want to go.

MODÈLE   Le Bidou / 26, rue Montreuil

**Je voudrais aller au restaurant Le Bidou;
vingt-six rue Montreuil.**

1. La Résidence / 249, rue Président Roosevelt
2. La Margelle / 38, rue Basch

3. La Ferronière / 63, avenue Charles de Gaulle
4. La Petite Auberge / 119, rue Desoyer
5. Boule d'Or / 525, rue de l'Argenterie
6. Rosello / 916, avenue Vernet

Communication et vie pratique

A. À la gare Saint-Lazare. You are at the Saint-Lazare station in Paris and are trying to locate the following places. Use the map and legend given below and tell where the following are located.

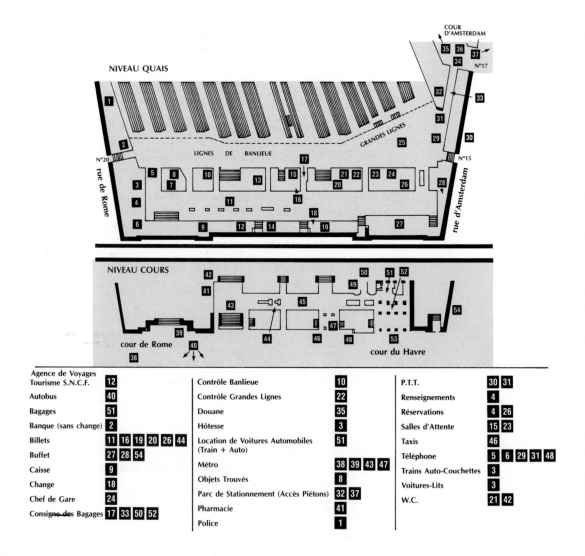

Agence de Voyages Tourisme S.N.C.F.	12	Contrôle Banlieue	10	P.T.T.
Autobus	40	Contrôle Grandes Lignes	22	Renseignements
Bagages	51	Douane	35	Réservations
Banque (sans change)	2	Hôtesse	3	Salles d'Attente
Billets	11 16 19 20 26 44	Location de Voitures Automobiles (Train + Auto)	51	Taxis
Buffet	27 28 54	Métro	38 39 43 47	Téléphone
Caisse	9	Objets Trouvés	8	Trains Auto-Couchettes
Change	18	Parc de Stationnement (Accès Piétons)	32 37	Voitures-Lits
Chef de Gare	24	Pharmacie	41	W.C.
Consigne des Bagages	17 33 50 52	Police	1	

P.T.T. 30 31
Renseignements 4
Réservations 4 26
Salles d'Attente 15 23
Taxis 46
Téléphone 5 6 29 31 48
Trains Auto-Couchettes 3
Voitures-Lits 3
W.C. 21 42

EXEMPLE pharmacy
C'est au numéro quarante et un.

1. taxi stand
2. bus stop
3. policeman
4. subway station
5. restaurant
6. bank
7. place to change money
8. travel agency

B. **À Versailles.** You are planning a trip to Versailles and you are looking in the **Guide Michelin** for a hotel. For each hotel listed on page 92 tell its telephone number, how many rooms there are, and what the price range is.

EXEMPLE L'hôtel Paris

L'hôtel Paris a trente-cinq chambres. Le prix des chambres va de cent soixante à deux cent soixante-dix francs. Le numéro de téléphone est le trente-neuf, cinquante, cinquante-six, zéro-zéro.

Versailles ⓟ 78000 Yvelines 🔟🔟 ⓩ, ㉒ G. Ile de France – 95 240 h. alt. 132.

Voir Château*** Y – Jardins*** (Grandes Eaux*** et fêtes de nuit*** en été) V – Ecuries Royales* Y – Trianon** V – Musée Lambinet* Y M.

⌐ Racing Club de France (privé) ✆ 39 50 59 41, par ③ : 2,5 km.

🏢 Office de Tourisme 7 r. Réservoirs ✆ 39 50 36 22.

Paris 22 ① – Beauvais 92 ⑦ – Dreux 62 ⑥ – Évreux 85 ⑦ – Melun 59 ③ – ◆Orléans 121 ③.

Plan pages précédentes

🏨 **Trianon Palace** ⌂, 1 bd Reine ✆ 39 50 34 12, Télex 698863, Fax 39 49 00 77, ☆, parc, « Piscine et fitness-club », ✗ – 🛗 📺 ☎ ⓟ – 🔬 80. 🖭 🕦 E 🎬 rest   X r
R 130/235 – ⌷ 65 – **110 ch** 790/1165, 10 appart. – ½ P 656/1110.

🏨 **Novotel** Ⓜ, 4 bd St-Antoine au Chesnay ⌧ 78150 ✆ 39 54 96 96, Télex 689624, Fax 39 54 94 40 – 🛗 🖃 📺 ☎ ♿ ⇔ – 🔬 25 à 150. 🖭 🕦 E 🎬   X z
R carte environ 150 ⓑ, enf. 48 – ⌷ 45 – **103 ch** 480/500, 3 appart. 850.

🏨 **Mercure** Ⓜ sans rest, r. Marly-le-Roi au Chesnay, face centre commercial Parly II ⌧ 78150 ✆ 39 55 11 41, Télex 695205, Fax 39 55 06 22 – 🛗 ⇔ 📺 ☎ ⓟ. 🖭 🕦 E 🎬   U e
⌷ 43 – **78 ch** 440/470.

🏨 **Résidence du Berry** Ⓜ sans rest, 14 r. Anjou ✆ 39 49 07 07, Télex 689058 – 🛗 📺 ☎. 🖭 🕦 E 🎬   Z s
⌷ 30 – **38 ch** 330/380.

🏨 **Urbis** Ⓜ sans rest, av. Dutartre au Chesnay, centre commercial Parly II ⌧ 78150 ✆ 39 63 37 93, Télex 689188 – 🛗 ⇔ 📺 ☎ ♿. 🎬   U n
⌷ 27 – **72 ch** 310/330.

🏨 **Printania** sans rest, 7 bis r. Montbauron ✆ 39 50 44 10 – 📺 ☎. 🖭 E 🎬   Y n
⌷ 23 – **30 ch** 205/290.

🏨 **Home St-Louis** sans rest, 28 r. St-Louis ✆ 39 50 23 55, Télex 689793 – 📺 ☎. E 🎬   Z d
⌷ 22 – **27 ch** 200/260.

🏨 **Paris** sans rest, 14 av. Paris ✆ 39 50 56 00, Fax 39 50 21 83 – ☎. 🖭 E 🎬   YZ e
⌷ 28 – **35 ch** 160/270.

XXX ⊛⊛ **Les Trois Marches** (Vié), 3 r. Colbert ✆ 39 50 13 21, Fax 39 51 15 45, ☆, « Élégant hôtel particulier du 18ᵉ siècle » – 🖭 🕦 E 🎬 ✗   Y u
fermé dim. et lundi – R 230 (déj.) (sauf sam.)/435 et carte
Spéc. Barigoule de homard et artichauts, Canard aux navets et truffes, Filet d'agneau farci aux herbes.

XXX **Rescatore**, 27 av. St-Cloud ✆ 39 50 23 60, produits de la mer – 🖃. 🖭 E 🎬   Y s
fermé sam. midi et dim. – R 225 (déj.) et carte 260 à 320.

XX **Potager du Roy,** 1 r. Mar.-Joffre ✆ 39 50 35 34, Fax 39 51 15 45 – 🖃. E 🎬   Z r
fermé dim. et lundi – R 115/160.

XX **Vert Galant,** 85 r. Paroisse ✆ 30 21 76 50 – 🖭 🕦 E 🎬   Y v
fermé merc. – R 85/135.

XX **Le Connemara,** 41 rte Rueil au Chesnay ⌧ 78150 ✆ 39 55 63 07 – 🖭 🕦 E 🎬
fermé 30 juil. au 20 août, vacances de fév., dim. et lundi – R 135.

ALFA ROMEO Maintenon Autom., 18 av. de Maintenon, Le Chesnay ✆ 39 54 29 45
AUTOBIANCHI-LANCIA Gar. de Versailles, 18/22 r. de Coude ✆ 39 51 06 68
BMW Gar. Lostanlen, 10 r. de la Celle, Le Chesnay ✆ 39 54 75 20
CITROEN Succursale, 124 av. des États-Unis ✆ 30 21 52 53
FIAT Sodiam 78, 15 r. Parc de Chagny ✆ 39 50 64 10
FORD V.S.D.A., 2 r. Chemin de Fer ✆ 30 21 16 04
PEUGEOT-TALBOT Gar. de Vergennes, 18 r. de Vergennes ✆ 39 02 27 27

RENAULT Succursale, 12 r. Haussmann ✆ 39 53 96 44
RENAULT Succursale, 81 r. de la Paroisse ✆ 39 53 96 44
RENAULT Succursale, 46 av. de St-Cloud ✆ 39 53 96 44
V.A.G Gd Gar. des Chantiers, 58 r. des Chantiers ✆ 39 50 04 97

● La Centrale du Pneu, 77 r. des Chantiers ✆ 30 21 24 25

1. Novotel		**4.** Printania
2. Trianon Palace		**5.** Résidence de Berry
3. Home St-Louis		**6.** Urbis

 C'est votre tour. Imagine that you have called to reserve a room at one of the Versailles hotels listed above in the **Guide Michelin**. Use the **Situation** as a guide to role-play the conversation with another student. You will find the following legend to **Guide Michelin** symbols useful.

	Grand luxe	XXXXX
	Grand confort	XXXX
	Très confortable	XXX
	De bon confort	XX
	Assez confortable	X
	Simple mais convenable	

✿✿✿	La table vaut le voyage
✿✿	La table mérite un détour
✿	Une très bonne table
R 90/115	Repas soigné à prix modérés
	Petit déjeuner
enf. 45	Menu enfant

	Menu à moins de 70 F

	Hôtels agréables
XXX ... X	Restaurants agréables
	Vue exceptionnelle
	Vue intéressante ou étendue
	Situation très tranquille, isolée
	Situation tranquille

	Repas au jardin ou en terrasse
	Piscine en plein air ou couverte
	Jardin de repos - **Tennis à l'hôtel**

	Ascenseur
	Non fumeur
	Air conditionné
	Téléphone dans la chambre
	Téléphone direct
	Accessible aux handicapés physiques
	Parking - Garage
	Salles de conférence, séminaire
	Accès interdit aux chiens

Intégration et perspectives

À la douane

Madame Lévêque rentre au Québec après un voyage en France. Elle parle avec le douanier.

LE DOUANIER   Bonjour, madame. Qu'est-ce que vous avez à déclarer?

MME LÉVÊQUE   Rien de spécial.

LE DOUANIER   Est-ce que vous avez des cigarettes?

MME LÉVÊQUE   Oui, j'ai dix paquets de Gauloises. C'est permis, n'est-ce pas?

LE DOUANIER   Oui, ça va. Est-ce que vous avez des vins et des liqueurs?

MME LÉVÊQUE   Oui, j'ai deux bouteilles de cognac.

LE DOUANIER   Très bien, vous êtes dans les limites permises. Et dans votre valise, qu'est-ce qu'il y a?

MME LÉVÊQUE   Des vêtements, des livres, des souvenirs de voyage.

LE DOUANIER   Ouvrez votre valise, s'il vous plaît.

MME LÉVÊQUE   Mais oui, monsieur.

LE DOUANIER   Et ça, qu'est-ce que c'est?

MME LÉVÊQUE   C'est un appareil-photo.

LE DOUANIER   Et ça, sous les vêtements, qu'est-ce que c'est?

MME LÉVÊQUE   Ça, euh... c'est une autre bouteille de cognac...

---

paquets *packets*   **bouteilles** *bottles*   **vins** *wine*   **valise** *suitcase*
appareil-photo *camera*   **sous** *under*   **une autre** *another*

Avez-vous bien compris?

Répondez aux questions suivantes.

1. Est-ce que Madame Lévêque est française?
2. Où est-ce qu'elle est maintenant?
3. Selon elle, qu'est-ce qu'elle a à déclarer?
4. Combien de cigarettes est-ce qu'elle a?
5. Est-ce qu'il est permis d'avoir des cigarettes?
6. Est-ce qu'elle a un appareil-photo?
7. Qu'est-ce qu'il y a dans sa valise?
8. Et sous les vêtements, qu'est-ce qu'il y a?

Notes culturelles ❃ ❃ ❃ ❃ ❃ ❃ ❃ ❃ ❃

En vacances

Vacations are sacred for most French people. Every employee is guaranteed by law a minimum of five weeks' paid vacation. Unlike Americans, very few spend their vacation time working to earn extra money. For most French people, the preferred vacation time is in the summer (usually in the month of August) and the preferred vacation spot is the beach. It has been said that in August, there are more tourists in Paris than Parisians.

To avoid the high cost of hotels, up to eight million people choose to camp during their vacations. Other people prefer newer types of vacations. For example, winter sports vacations are becoming increasingly popular as are different forms of rediscovering the French countryside on foot, on horseback, on bicycle, on river barges, and even by horse-drawn carriage. Others rent old houses in the many villages that dot the countryside or stay with a farm family.

For children and teenagers, a variety of summer camps, called **colonies de vacances,** are available. These are subsidized by government agencies, industries, cities, and religious or social groups. Young adults can also attend summer camps sponsored by the **Ministère de la Jeunesse et des Sports,** where

they participate in such activities as sailing, mountain climbing, scuba diving, and spelunking. The tradition of summer jobs, so popular with American students, is less common in France.

Communication et vie pratique

A. **En vacances!** Answer the following questions or use them to interview another student.

1. Où est-ce que tu aimes aller en vacances?
2. Qu'est-ce que tu aimes faire quand tu es en vacances?
3. En quel mois est-ce que tu préfères voyager?
4. Quels pays est-ce que tu désires visiter?
5. Est-ce que tu désires visiter la France un jour?
6. Quelles villes françaises est-ce que tu désires visiter?
7. Quels monuments parisiens est-ce que tu désires visiter?
8. Quel est le voyage de tes rêves?

B. **Situation.** You are working for a French travel agent who has asked you to make travel arrangements for some clients. What questions would you ask to find out the following information?

1. what countries they are going to visit
2. if they are going to travel by train or by plane
3. if they are going to rent a car
4. in what month they prefer traveling
5. if they are going to stay in a small or a big hotel
6. if they are going to leave on Friday or Saturday

C. **Vous êtes à la douane.** Imagine that you have just arrived in France or Canada and are going through customs. Another student will play the role of the customs agent (**le douanier**) and will ask you what you have to declare. Use the dialogue from the **Intégration et perspectives** section as a guide in role-playing this situation.

D. **À l'agence de voyages.** The ads on the following page represent various vacations that your company offers. Tell prospective clients (played by other students) about these vacations and answer their questions.

INVITATION À ÉCOUTER

À la douane. Anne, a young Canadian, is going to France for a week of vacation. Listen to her conversation as she passes through customs upon her arrival at Charles de Gaulle airport in Paris, then answer the following questions.

1. Combien de temps est-ce qu'Anne va rester en France?
2. Où est-ce qu'elle va?
3. Est-ce qu'elle va rester dans un hôtel?
4. Comment est-ce qu'elle va voyager en France?
5. Quand est-ce qu'elle va chez sa tante?
6. Où est-ce que sa tante et elle vont aller ensemble?

PRONONCIATION ET ORTHOGRAPHE

A. Practice repeating the nasal sound /ɛ̃/ as in **province** and note the different letter combinations associated with this sound.

matin	impossible	américain	chien
médecin	simple	train	bien
intéressant	sympathique	prochain	

B. Note the difference in the pronunciation of the masculine and feminine forms of nouns and adjectives whose masculine form ends in /ɛ̃/. This change occurs whenever **-in, -ain,** or **-ien** is followed by a vowel or by another **n** or **m**.

/ɛ̃/	/ɛn/	/ɛ̃/	/in/
américain	américaine	cousin	cousine
mexicain	mexicaine	voisin	voisine
marocain	marocaine	un médecin	la médecine
italien	italienne		
canadien	canadienne		
tunisien	tunisienne		
pharmacien	pharmacienne		

SEJOUR TUNISIE 5 JOURS/4 NUITS

NEFTA

■■■■ HOTEL CATEGORIE SUPERIEURE

SUNOA

Bar, café, 2 restaurants, salle de télévision, salle de conférence, une boutique.
CHAMBRE : très spacieuse, climatisée, téléphone, bain ou douche.
TABLE : petit déjeuner au restaurant, ou continental servi dans la chambre.
SPORTS : 2 courts de tennis. Ping-pong. Piscine avec chaises longues et parasols.
LE SOIR : danses folkloriques une fois par semaine.
Les animaux sont acceptés.
Cartes de crédit acceptées : American Express, Visa, Mastercard.

SEJOUR MAROC 8 JOURS/7 NUITS

MARRAKECH

■■■ HOTEL 1ʳᵉ CATEGORIE

KENZA

118 chambres, bar-salon avec TV, boutique.
CHAMBRE : avec salle de bains complète, téléphone, balcon.
TABLE : petit déjeuner servi en chambre compris. Restaurant à la carte, snack-bar à la piscine.
SPORTS : piscine, golf, club de tennis à 700 m.
Les petits chiens sont acceptés.
Cartes de crédit acceptées : American Express, Visa.

GUADELOUPE
POINTE-A-PITRE

■ HOTEL RELAIS BLEU

Votre hôtel (***) est situé à 300 m de la plage. 60 chambres avec T.V., radio, téléphone, mini-bar, air conditionné et s. de b. Un restaurant. Petit déjeuner servi sous forme de buffet. Piscine et bar-piscine. Bon établissement pour votre premier contact avec la Guadeloupe.

2 nuits avec petit déjeuner.

Noms

les pays *(voir p. 85)*

les mois de l'année *(voir p. 79)*

    les voyages

l'**auberge de jeunesse** (f)	*youth hostel*
l'**avion** (m)	*plane*
la **campagne**	*country*
le **camping**	*campground*
le, la **client(e)**	*customer*
la **douane**	*customs*
le **douanier**	*customs official*
la **montagne**	*mountain*
le **monument**	*monument*
le **pays**	*country*
la **plage**	*beach*
le **souvenir**	*souvenir*
le **théâtre**	*theater*
le **train**	*train*
le **vélo**	*bicycle*

    d'autres noms

l'**activité** (f)	*activity*
l'**année** (f)	*year*
l'**anniversaire** (m)	*birthday*
l'**automobiliste** (m,f)	*motorist*
la **bouteille**	*bottle*
la **cigarette**	*cigarette*
le **jour**	*day*
le **mois**	*month*
le **nombre**	*number*
le **paquet**	*package*
le **petit déjeuner**	*breakfast*
le **pied**	*foot*
le **projet**	*plan, project*
la **question**	*question*
le **reporter**	*reporter*
la **semaine**	*week*

Verbes

acheter	*to buy*
aller	*to go*
déclarer	*to declare*
désirer	*to want, desire*
faire du camping	*to go camping*
fermer	*to close*
partir	*to leave*
passer	*to spend (time)*
poser	*to ask (a question)*
quitter	*to leave*
visiter	*to visit (a place)*

Adjectifs

autre	*other*
chaque	*each*
complet, complète	*full, complete*
compris(e)	*included*
étranger, étrangère	*foreign*
permis(e)	*permitted*
préféré(e)	*favorite*
premier, première	*first*
prochain(e)	*next*
seul(e)	*alone, only*

Adverbes

aujourd'hui	*today*
d'habitude	*usually*
demain	*tomorrow*
seulement	*only*
vraiment	*really, truly*

Divers

allô	*hello (on the telephone)*
alors	*well, then*
à pied	*on foot*
bonnes vacances!	*have a good vacation!*
cette année	*this year*
chez	*at the home of, at the business of*
divisé par	*divided by*
en	*to, at, in, by*
fois	*time(s)*
je voudrais	*I would like*
moins	*minus*
pendant	*during*
plus	*plus*
que	*that*
quelle est la date?	*what's the date?*
quelque chose	*something*
rien de spécial	*nothing special*
sous	*under*
tout	*everything*

Chapitre 5

La nourriture et les repas

Dans ce chapitre vous allez apprendre à...

Dire ce que vous aimez manger

1. Identifier et préciser
2. Acheter et consommer de la nourriture
3. Commander au restaurant

Vocabulaire et structures

Mise en train : Les magasins et la nourriture

Les adjectifs démonstratifs

Le partitif

Le verbe **prendre** et le verbe **boire**

Mise en train

LES MAGASINS ET LA NOURRITURE

À la boulangerie-pâtisserie...

Madame LeBrun va acheter une baguette et une tarte aux pommes.

À la boucherie-charcuterie...

Monsieur Richard achète un poulet et six tranches de jambon. Il aime beaucoup la viande.

À l'épicerie...

Philippe achète une boîte de sel, une bouteille d'eau minérale et deux kilos de pommes. Il aime les fruits mais il n'aime pas beaucoup les légumes.

Le petit déjeuner est prêt. Voilà...

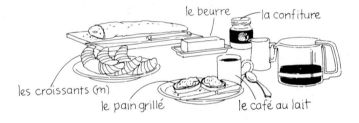

le beurre la confiture
les croissants (m) le pain grillé le café au lait

Le déjeuner est servi. Voilà...

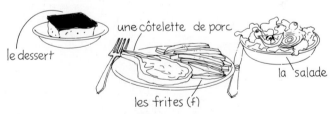

une côtelette de porc
le dessert la salade
les frites (f)

Le dîner est prêt. Voilà...

les fruits une omelette
le fromage la soupe

Communication et vie pratique

A. Préférences. Tell another student what kinds of foods you like and don't like.

1. Je déteste...
2. Je n'aime pas...
3. J'aime assez...
4. J'aime beaucoup...
5. J'adore...

B. Vos repas. Tell how often you eat the indicated foods at these meals.

toujours	souvent	quelquefois	rarement	jamais

Petit déjeuner 8:AM

1. un croissant
2. une banane
3. un œuf
4. du pain grillé

Déjeuner 12–2

1. une côtelette de porc
2. des pommes de terre
3. une orange
4. un dessert

Dîner

1. une omelette
2. des carottes
3. des frites
4. des fraises

C'est votre tour. Imagine that you are working in one of the following shops: **boulangerie-pâtisserie, boucherie-charcuterie, épicerie.** Other students will ask you the cost of different items.

EXEMPLE —Excuse-moi, monsieur, combien coûtent les petits pois?
—D'habitude ils coûtent quinze francs le kilo, mais aujourd'hui nos petits pois coûtent seulement dix francs le kilo.

Exploration 1

4/22/93

POUR IDENTIFIER ET PRÉCISER

Les adjectifs démonstratifs

SITUATION

Au marché

Madame Vallois is shopping at the market and stops at her favorite fruit and vegetable stand.

LE MARCHAND   Bonjour, madame. Vous désirez...?

MME VALLOIS   Qu'est-ce que vous avez de bon aujourd'hui?

LE MARCHAND   Ces fraises sont excellentes. Ces pêches-là ont l'air bonnes aussi, mais elles ne sont pas assez mûres.

MME VALLOIS   Vous n'avez pas de cerises?

LE MARCHAND   Non, pas en cette saison.

MME VALLOIS   Alors, je vais prendre ces tomates, ce melon et ces fraises.

---

ont l'air *look*   **mûres** *ripe*   **saison** *season*   **prendre** *to take, to have*

Qu'est que vous prenez au petit dejenew?

Avez-vous bien compris?

Répondez aux questions suivantes.

1. Est-ce que Mme Vallois va acheter des pêches?
2. Est-ce qu'il y a des cerises en cette saison?
3. Qu'est-ce que Mme Vallois achète?

Présentation

Demonstrative adjectives (*this*, *that*, *these*, and *those* in English) are used to point out objects or people. Like all adjectives, they agree in number and gender with the noun they modify.

Les adjectifs démonstratifs		Singular	Plural
Masculine before a consonant		ce restaurant	ces restaurants
Masculine before a vowel sound		cet hôtel	ces hôtels
Feminine		cette maison	ces maisons

La nourriture et les repas   **103**

Ce soir, je vais chez Alain.
This evening I'm going to Alain's house.

Cet hôtel a l'air agréable.
This (that) hotel looks nice.

Est-ce que **cette** table est libre?
Is this (that) table available?

Ces haricots verts ne sont pas bons.
These (those) green beans are not good.

When it is necessary to make a distinction between *this* and *that* or *these* and *those*, the suffixes -**ci** (for *this* and *these*) and -**là** (for *that* and *those*) are added to the noun: **Achetez-vous ces pêches-ci ou ces pêches-là?**

Préparation

A. Combien coûte? Madame Fabre is shopping at the **centre commercial** near her home and asks the prices of the items below. What does she say?

> MODÈLE   la boîte de petits pois
> **Combien coûte cette boîte de petits pois?**

1. les pommes
2. le vin
3. l'eau minérale
4. les bananes
5. le fromage
6. la confiture

B. Au restaurant. While eating out, several friends comment on the quality of what they are eating.

> MODÈLES   fromage / exceptionnel
> **Ce fromage est exceptionnel.**
>
> viande / pas bonne
> **Cette viande n'est pas bonne.**

1. petits pois / excellents
2. veau / parfait
3. œuf / pas bon
4. fruits / pas assez mûrs
5. poulet / pas très bon
6. fromage / beau
7. tarte / très bonne
8. gâteau / irrésistible

C. Regarde! Monique and Serge are having a cup of coffee in an outdoor café. Tell what they say about what they see.

> MODÈLE   (beautiful car)
> **Regarde cette belle voiture.**

1. (pretty houses)
2. (old store)
3. (new hotel)
4. (beautiful apartments)
5. (little boy)
6. (pretty poster)
7. (little children)
8. (small café)

Communication et vie pratique

A. **Au marché.** Imagine that you are at a market where you comment on the quality of the items and ask the shopkeeper how much each costs. Another student will play the role of the shopkeeper and will respond to your questions. After you have made your selections, tell the shopkeeper which items you have chosen.

EXEMPLE —Ces carottes ont l'air bonnes. Elles coûtent combien?
—Cinq francs quarante le kilo.
—Alors, je vais prendre ces carottes et ces tomates.

B. **Compliments et commentaires.** Imagine that you are in the following situations and want to compliment your French-speaking friends about various things. What would you say?

EXEMPLE Vous mangez dans un bon restaurant avec vos amis.
Ce restaurant est très bon.
ou : **J'aime bien ce restaurant.**

1. Vous visitez leur ville.
2. Vos amis préparent un bon dîner.
3. Vous regardez un film ensemble.
4. Vous allez au concert avec vos amis.
5. Vous êtes au marché avec vos amis.
6. Vous visitez le quartier où ils habitent.

 C'est votre tour. Use the **Situation** as a guide to role-play a conversation at the market between a merchant who praises his or her products and a client who finds fault with everything.

Exploration 2

POUR ACHETER ET CONSOMMER DE LA NOURRITURE

Le partitif

Suzanne and Jean-Pierre are eating in a small **café-restaurant** *during their lunch hour.*

SUZANNE   On mange ici? Ça a l'air sympa.

JEAN-PIERRE Oui, c'est parfait. Voici la carte. Qu'est-ce que tu vas prendre?

SUZANNE   Le plat du jour, c'est quoi?

JEAN-PIERRE Du poisson grillé avec des frites et de la salade.

SUZANNE   Humm... Ça a l'air bon. C'est ce que je vais prendre. Et toi?

JEAN-PIERRE La même chose. Qu'est-ce qu'on va boire?

SUZANNE   On commande une petite carafe de vin blanc et une bouteille d'eau minérale?

JEAN-PIERRE D'accord.

Ça a l'air... *That looks . . .* **carte** *menu* **poisson** *fish* **ce que** *what* **la même chose** *the same thing* **boire** *to drink* **vin blanc** *white wine* **D'accord** *Okay*

Avez-vous bien compris?

Répondez aux questions suivantes.

1. Quel est le plat du jour?
2. Qu'est-ce que Suzanne va prendre?
3. Et Jean-Pierre, qu'est-ce qu'il va prendre?
4. Qu'est-ce qu'ils vont boire?

Présentation

Some items (e.g., *coffee, salt, patience*) cannot be counted. In English, we often use the words *some, no, any,* or no article at all with such words. We say, for example: *I would like some coffee; we don't have any time; he has no patience; we have money.* In French, the partitive article conveys these meanings.

[handwritten: Bulk buying (NON-countable item) Unspecified Amount]

[handwritten: 4/22/93]

Les articles partitifs	Before a Masculine Noun	Before a Feminine Noun	Before a Noun beginning with a Vowel Sound
Affirmative	**du** café	**de la** salade	**de l'** eau minérale
Negative	**pas de** café	**pas de** salade	**pas d'** eau minérale

A. Partitive articles, like indefinite articles, change to **de** or **d'** in the negative. The partitive and indefinite articles are also replaced by **de** in quantity expressions such as: **un kilo de, 500 grammes de, un litre de, une bouteille de, une boîte de, trop de, assez de, beaucoup de.**

   Elle a **du** travail à faire, mais elle n'a pas **d'**énergie.
   Nous ne mangeons jamais **de** viande.
   Je voudrais **une bouteille d'**eau minérale.
   Achetez **500 grammes de** fromage et une boîte de sel.

B. It is important to know when to use the definite article and when to use the partitive. The definite article is used to refer to general categories, as when talking about likes and dislikes. The partitive is used to indicate an unspecified amount of a noncountable item.

   J'aime **le** fromage. ↔ Je mange **du** fromage.
   Je préfère **la** viande. ↔ Je vais acheter **de la** viande.
   J'adore **le** chocolat. ↔ Je voudrais **du** chocolat.

C. Especially when talking about buying and eating food, one has to decide whether to use a partitive or an indefinite article. The partitive is used when food cannot be counted or comes in bulk, or when one talks about buying or eating an unspecified amount of a food item.

   Je mange souvent **de la** viande.
   Je voudrais **du** lait, s'il vous plaît.

   But when food items are counted as separate items *(a loaf of bread, an orange)*, or used in the plural *(some green beans, some fruits)*, the indefinite article is used.

   Je voudrais **une** baguette et **un** gâteau.
   Nous allons manger **des** petits pois et **des** carottes.

Préparation

A. Au marché. Monique and Alain are shopping in their neighborhood stores. Tell what they are going to buy.

MODÈLE lait
On va acheter du lait.

[handwritten left margin: de la F / du / du / de la]

F	1. viande	5. poivre	F de la
M	2. bœuf	6. eau minérale	F de l'eau
M	3. sel	7. jambon	M du
F	4. salade	8. pain	M du (Pah)

B. Qu'est-ce qu'il y a au menu? Several students are talking about the foods served in the student dining hall. Tell what they say.

MODÈLE salade (souvent)
Il y a souvent de la salade.

[handwritten: de la] 1. viande (souvent) 6. eau minérale (toujours)
2. poisson (rarement) *du* —7. M vin (toujours)
de la —3. tarte aux pommes (rarement) *du* – 8. M fromage (souvent)
de la —4. salade (souvent) *des* –9. F légumes (toujours)
du —5. pain (toujours) *du* 10. M fruits (quelquefois)

C. À la bonne soupe. Fabienne and Céline are eating in a small neighborhood café with a limited menu. Give the waiter's responses to their questions.

MODÈLE Est-ce que vous avez des carottes aujourd'hui? (non)
Non, nous n'avons pas de carottes.

1. Est-ce que vous avez du porc? (oui)
2. Est-ce que vous avez du veau? (non) *[veal]*
3. Est-ce que vous avez des haricots verts? (oui) *[string beans]*
4. Est-ce que vous avez de la salade? (non)
5. Est-ce que vous avez du fromage? (oui)
6. Est-ce que vous avez de la tarte aux pommes? (non) *[of apples]*

Communication et vie pratique

A. Préférences et habitudes. Tell how well you like and how often you eat the following foods

EXEMPLE salade
J'aime beaucoup la salade et je mange souvent de la salade.

La / de la	1. viande	5. haricots verts	les / des
Le / du	2. pain français	6. œufs *[eggs]*	Les / des
Le / du	3. fromage français	7. carottes	Les / des
La / de la	4. tarte aux cerises *[cherries]*	8. dessert	les / des

B. C'est vous le chef! Tell which ingredients are necessary to make the following dishes. The question mark in item 6 is an invitation to tell about one of your favorite dishes.

EXEMPLE   Qu'est-ce qu'il y a dans une fondue suisse?
Il y a du fromage et du vin.

1. dans une pizza
2. dans une salade
3. dans un sandwich
4. dans une soupe aux légumes
5. dans une omelette
6. ?

C. Contrastes. Refer back to the drawings of typical French meals on page 101. Describe what is served at each meal and then tell if Americans eat the same foods.

EXEMPLE   **Pour le petit déjeuner, les Français mangent du pain grillé avec du beurre et de la confiture.**
Pour le petit déjeuner, nous mangeons des œufs.

C'est votre tour. Imagine that you and a French friend are trying to decide where to eat dinner. Based on the menus below, decide where you are going to eat. Role-play the conversation, talking about your food and restaurant preferences.

le café
le thé

verbs — only de
Boire
Acheter
Avoir
Prendre
Manger
Je voudrais
Il y a

verb <le, la, les, l'>

aimer
adorer
préférer
détester

Exploration 3

POUR COMMANDER AU RESTAURANT

Le verbe **prendre** et le verbe **boire**

SITUATION

Au restaurant

Madame Robert and her friend Madame Chambon are having lunch and are ready to order.

LE SERVEUR	Vous êtes prêtes à commander?
MME ROBERT	Oui, nous prenons le menu à 85 francs.
LE SERVEUR	Et comme boisson, qu'est-ce que vous prenez?
MME ROBERT	Moi, je bois toujours du vin rouge. Et vous, Denise, qu'est-ce que vous buvez?
MME CHAMBON	Je vais prendre un verre de vin rouge aussi.
LE SERVEUR	Et comme dessert?
MME CHAMBON	D'habitude, je ne prends pas de dessert, mais je vais prendre une tasse de café.
MME ROBERT	Et pour moi une glace au chocolat, s'il vous plaît.

---

prêtes *ready*   **boisson** *drink*   **verre** *glass*   **rouge** *red*   **tasse** *cup*   **glace** *ice cream*

4/29/93

Avez-vous bien compris?

Répondez aux questions suivantes.

1. Qu'est-ce que Mme Robert commande comme boisson?
2. Est-ce que Mme Chambon prend du vin aussi?
3. Qu'est-ce qu'elle prend comme dessert? Et Mme Robert?

Présentation

The irregular verb **prendre** generally means *to take,* but when used with food or beverages, it means *to have.*

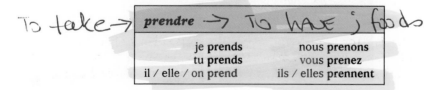

To take →

prendre → To HAVE ; foods

prendre	
je **prends**	nous **prenons**
tu **prends**	vous **prenez**
il / elle / on **prend**	ils / elles **prennent**

Comme légumes, je **prends** des carottes.
Qu'est-ce que vous **prenez** comme dessert?

Other common verbs conjugated like **prendre** are **comprendre** *(to under-stand)* and **apprendre** *(to learn).*
The verb **boire** *(to drink)* is also irregular.

boire	
je **bois**	nous **buvons**
tu **bois**	vous **buvez**
il / elle / on **boit**	ils / elles **boivent**

Handwritten annotation next to table: TO DRINK

Handwritten annotation (right margin):
J'apprends
Tu apprends
Il apprends
nous apprenons
vous apprenez
Ils apprennent

Qu'est-ce que vous **buvez?**
Je **bois** rarement du café le matin.

The following expressions and names of beverages are useful in a French café or restaurant.

Handwritten annotation (left margin): Bu-a-son

Boissons	
un apéritif	*before-dinner drink*
une bière	*beer*
un café crème	*coffee with cream*
un café noir	*black coffee*
une carafe de vin	*a carafe of wine*
un chocolat chaud	*hot chocolate*
un citron pressé	*fresh lemonade*
un demi	*mug of beer*
un digestif	*after-dinner drink*
une eau minérale	*mineral water*
un jus d'orange	*orange juice*
une tasse de café	*cup of coffee*
un thé	*tea*
un verre de vin rouge	*glass of red wine*

Handwritten annotations: "A — un" pointing to café crème; "ON — une" pointing to eau minérale; "vr" under vin rouge

Préparation

A. **Préférences.** Use the cues provided to tell what the following people generally drink with their dinner.

MODÈLE Michel / vin
Michel boit du vin.

1. je / thé
2. Véronique / eau minérale
3. nous / vin rouge
4. les enfants / lait
5. vous / bière
6. mon fils / jus de fruits

Handwritten annotations (left margin): "Bois du", "boit de l'", "buvons de"; (right side): "boivent du", "buvez de l'", "boit du"

B. **Au restaurant.** Monsieur Monot is asking his guests what they are having. Give his questions.

MODÈLE   Marc / boisson
— **Qu'est-ce que Marc prend comme boisson?**

1. Catherine / apéritif
2. nous / boisson
3. tu / légumes
4. vous / viande
5. les enfants / dessert
6. Marc / digestif

Communication et vie pratique

A. **Qu'est-ce que vous buvez?** Using the scale below, tell how often you drink various beverages.

```
|——————————————————|——————————————————|
jamais              rarement              souvent
```

EXEMPLE   café
Je ne bois jamais de café.
ou : **Je bois rarement du café.**

1. le café
2. le vin
3. le Coca-Cola
4. le lait
5. l'eau
6. l'eau minérale
7. le jus d'orange
8. la bière

B. **Préférences.** Imagine that you are telling some French friends about your food and beverage preferences. Give them the following information.

1. what you generally drink at a restaurant
2. what your favorite drinks are
3. what you like to eat for breakfast
4. where and what you generally eat at noon
5. what you eat for dinner and where

C. **Dans un café français.** The waiter (**le serveur**) or the waitress (**la serveuse**) in a French café asks you and your friends what you want to drink. Role-play the situation with another student.

EXEMPLE   LE SERVEUR :   **Qu'est-ce que vous prenez aujourd'hui?**
LE CLIENT :   **Je vais boire un café.**
LE SERVEUR :   **Un café crème ou un café noir?**
LE CLIENT :   **Un café crème.**

C'est votre tour. Imagine that you and several friends are in a small family restaurant and are going to order your dinner from the menu below. One student can play the role of the waiter or the waitress who asks the customers what they would like.

EXEMPLE   LA SERVEUSE :   Est-ce que vous prenez la salade de tomates ou la soupe à l'oignon?

LE CLIENT :   Je pense que je vais prendre la soupe à l'oignon.

Chez Mimi

Menu à 58 francs

Salade de tomates	ou	Soupe à l'oignon
Rôti de porc	ou	Bœuf bourguignon
Carottes Vichy	ou	Tomates provençales
Glace au chocolat	ou	Fruits
Vin rouge	ou	Vin blanc

Intégration et perspectives

Le poulet aux champignons et à la crème

> *Poulet aux champignons*
>
> *Recette pour quatre personnes.*
>
> *Il faut : 1 joli poulet de 1 Kg ou 1 Kg 500*
> *250 grammes de champignons*
> *2 cuillères à soupe de beurre*
> *1 grand verre de crème fraîche*
> *2 cuillères à soupe de sauce béchamel*
> *1 échalote*
> *1 verre de vin blanc*
> *1 petit verre de madère*
> *du sel et du poivre*
>
> *Couper le poulet en quatre morceaux. Mettre le beurre dans une casserole. Quand il est bien chaud, ajouter les morceaux de poulet et laisser mijoter pendant environ trente-cinq minutes. Quand le poulet est presque cuit, ajouter les échalotes et le vin blanc. Ensuite, faire cuire les champignons dans du beurre. Quand ils sont prêts, placer les champignons autour du poulet et ajouter le verre de madère. Laisser cuire encore pendant quinze minutes. Ajouter la crème et la sauce béchamel. Le poulet est prêt. Bon appétit !*

---

recette *recipe*   **il faut** *you need*   **cuillères à soupe** *tablespoons*
fraîche *fresh*   **échalote** *shallot*   **madère** *Madeira (a sweet wine)*
couper *to cut*   **mettre** *to put*   **casserole** *pan*   **ajouter** *to add*
laisser *to let, leave*   **mijoter** *to simmer*   **presque** *almost*   **cuit**
cooked   **ensuite** *then*   **faire cuire** *to cook*   **autour de** *around.*

Avez-vous bien compris?

La recette du «poulet aux champignons et à la crème» n'a pas été recopiée correctement. Remettez-la dans le bon ordre.

1. Placer les champignons autour du poulet.
2. Ajouter la crème et la sauce béchamel.
3. Mettre le beurre dans une casserole.
4. Couper le poulet en morceaux.
5. Ajouter les échalotes et le vin blanc.
6. Laisser mijoter pendant trente-cinq minutes.
7. Faire cuire les champignons dans du beurre.
8. Ajouter les morceaux de poulet.
9. Le poulet est prêt.
10. Laisser cuire encore pendant quinze minutes.

Notes culturelles ✤ ✤ ✤ ✤ ✤ ✤ ✤ ✤ ✤

Les repas

*F*rench adults generally eat three meals a day. **Le petit déjeuner,** eaten early in the morning, is different from an American breakfast. It normally consists of **café au lait** served in a bowl and toasted and buttered French bread, or **biscottes,** similar to melba toast. Although doctors stress the importance of a nutritional breakfast, this already light meal is often skipped altogether or reduced to a quick cup of coffee **sur le pouce** *(on the run).*

Lunch is usually between noon and 2:00 P.M. and is more and more frequently eaten outside the home. On weekends or during vacation, **le déjeuner** regains its full importance and is a more elaborate meal. A traditional **déjeuner** — either at home or in a restaurant — is similar to an American Sunday dinner. However, dishes are not served all at once but are brought out in courses: **les hors-d'œuvre** (light appetizers); soup; fish or meat (in more elaborate meals, fish is served first and is then followed by a meat dish); one or several vegetable dishes; salad; **le plateau de fromages** (a tray of cheeses); and then dessert or fruit. Coffee is not served until after the meal and can be followed by a **digestif,** such as brandy or a liqueur.

When eaten at home, **le dîner** is a lighter meal than lunch, often consisting of soup, an omelette (or a light meat and vegetable dish), bread, cheese or fruit. It is usually served around 8:00 P.M. and is an important time for the family to get together and talk.

The delight that the French take in preparing fine foods and in sharing them with family and friends is evident in the more elaborate **repas de fête** and the **repas entre amis.** Food is chosen, prepared, and presented with great care so that it will be a joy to the eye as well as to the palate. The meal is accompanied by one — or on special occasions, several — carefully selected wines that will enhance the taste of the food.

Communication et vie pratique

A. **Questions / Interview.** Answer the following questions or use them to interview another student.

  1. Quels sont tes légumes préférés
  2. Quels sont tes fruits préférés?
  3. Quelles boissons est-ce que tu aimes?
  4. Quel est ton dessert préféré?
  5. Qu'est-ce que tu manges d'habitude pour le petit déjeuner? et pour le déjeuner? et pour le dîner?
  6. D'habitude, qu'est-ce que tu aimes boire avec tes repas?
  7. Qu'est-ce que tu aimes manger quand tu vas au restaurant?

B. **Bon appétit!** Some French friends want you to prepare a typical American dish for them. They will buy the groceries. Decide what dish you want to prepare, then tell your friends what items they need to buy and how much of each is needed.

C. **Qu'est-ce qu'il y a au menu?** Look at the following menu and then tell what types of food are available for the following categories: **hors-d'œuvre, viandes, légumes,** and **dessert.**

Menu du jour   63 francs

Hors-d'œuvre
 Artichauts à la vinaigrette
 Salade de tomates
 Jambon de Parme
 Céleri rémoulade

Viandes
 Poulet en sauce
 Bœuf bourguignon
 Côtelette de porc
 Poisson grillé

Légumes
 Haricots verts
 Carottes à la crème
 Gratin de pommes de terre

Desserts
 Fromage
 Salade de fruits au kirsch
 Crème au caramel
 Tarte aux cerises

Boissons
 Vin rouge ou vin blanc
 Bière
 Eau minérale

D. **Au restaurant.** Imagine that you are ordering from the above menu. What would you select for each course? One student can play the role of the waiter and ask the clients what they want to order.

INVITATION À ÉCOUTER

Vous travaillez dans un restaurant. Imagine that you are working in a French restaurant for the summer as a waiter or waitress. Listen and take notes of what Monsieur and Madame Tabet order for lunch.

PRONONCIATION ET ORTHOGRAPHE

A. The French /r/ is very different from the *r* sound in English. It is pronounced at the back of the mouth — almost in the throat — and resembles the sound one makes when gargling. It is also similar to the sound produced when saying the name of the German composer Bach, pronounced with a guttural *ch*. To learn the pronunciation of the French /r/, one can (1) start with a familiar sound, as in *Bach,* or (2) start with words where the sound that precedes or follows the *r* is also pronounced toward the back of the mouth: /a/ as in **garage,** or /k/ as in **parc.** Now practice repeating the following words that end with an *r* sound.

bar	père	beurre	porc
car	mère	heure	sport

B. Practice repeating the following pairs of words, starting with words where the *r* is in final position, then moving to words where the *r* is in the middle.

par $\rightarrow$ parent sport $\rightarrow$ sportif
gare $\rightarrow$ garage père $\rightarrow$ personne
car $\rightarrow$ carottes mère $\rightarrow$ merci

C. Practice repeating words where the *r* is preceded by another consonant sound.

agréable	étranger	chambre
géographie	entrer	nombre

Noms

la nourriture et les repas (voir pp. 100–101)

l'apéritif (m)	before-dinner drink
la boisson	drink
la boîte	can, box
le café	coffee, café
la carafe	carafe
la carte	menu
la casserole	pan
le champignon	mushroom
le chocolat	chocolate
la chose	thing
le citron pressé	lemonade
le Coca-Cola	cola
la côtelette	chop
la crème	cream
la cuillère	spoon
le demi	mug of beer
le dessert	dessert
le digestif	after-dinner drink
l'échalote (f)	shallot
le frigo	refrigerator
le goûter	after-school snack
le gramme	gram
l'huile (f)	oil
le kilogramme	kilogram
le litre	liter
la livre	pound (500 grams)
la madère	Madeira wine
le melon	melon
le menu	menu
le morceau	piece, lump
l'oignon (m)	onion
l'orangeade (f)	orange drink
le plat du jour	daily special
la recette	recipe
la sauce	sauce
la tarte	pie, tart
la tasse	cup
la tranche	slice
le verre	glass

Verbes

ajouter	to add
avoir l'air	to look, seem, appear
boire	to drink
commander	to order
couper	to cut
cuire	to cook
laisser	to let, leave
mettre	to put, place
mijoter	to simmer
prendre	to take, to have

Adjectifs

blanc, blanche	white
chaud(e)	hot, warm
cuit(e)	cooked
frais, fraîche	fresh
libre	free
minéral(e), -aux, -ales	mineral
mûr(e)	ripe
noir(e)	black
prêt(e)	ready
rouge	red

Divers

autour de	around
bon appétit!	have a good meal!
ce que	that which, what
d'accord	O.K., agreed
d'habitude	usually
encore	still, yet, again
ensuite	then
environ	about, approximately
presque	almost
voyons	let's see

Chapitre 6

La vie quotidienne : logement et activités

Dans ce chapitre vous allez apprendre à...

Décrire où vous habitez

1. Parler de la vie quotidienne
2. Poser des questions et demander des renseignements
3. Donner des prix et des statistiques

Vocabulaire et structures

Mise en train : La ville et le quartier

Le verbe **faire**

Les questions par inversion et les mots interrogatifs

Les nombres supérieurs à 1 000 et les nombres ordinaux

LA VILLE ET LE QUARTIER

Sortie = To find
Entrée – To enter

la station de métro

le bureau de poste

Pour aller au musée, c'est très facile. Traversez la rue, tournez à gauche et allez jusqu'à la station de métro. Prenez le métro et descendez place Carnot. La station de métro est juste devant la bibliothèque. Le musée est à côté de la bibliothèque.

get off

l'église (f)

l'arrêt (m) d'autobus
Bus stop

le parc

Vous cherchez un parking près du musée? L'entrée est à quelques mètres d'ici. Il y a toujours de la place dans le parking.

some

meters

le parking

le musée

la bibliothèque

Place Carnot

l'arrêt (m) d'autobus

la station de métro

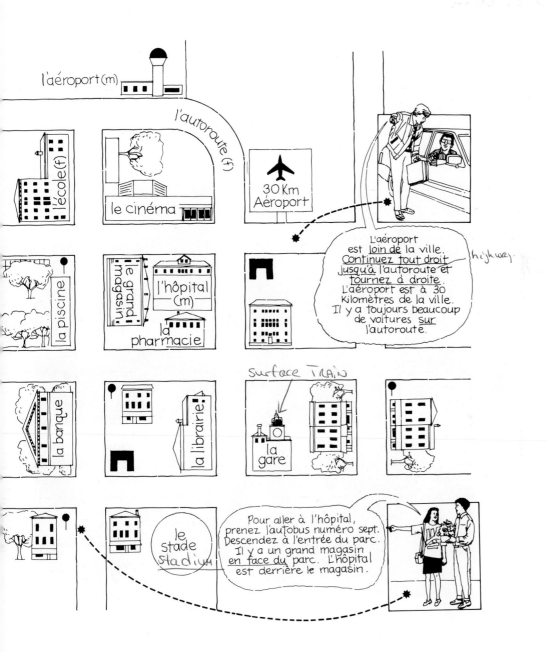

Communication et vie pratique

A. **Où est-ce qu'on va pour...?** Tell where one goes to do the following.

> EXEMPLE   acheter un livre
> **Où est-ce qu'on va pour acheter un livre?**
> <u>On va à la librairie.</u>

1. prendre l'autobus   5. faire du sport   *au*
2. prendre le train   6. acheter des cahiers
3. prendre l'avion   7. jouer ou marcher
4. nager

B. **Un quartier français.** Use the words and phrases given in the **Mise en train** to describe the following street scenes from French towns.

C. **Et vous?** Describe your own hometown, indicating whether it is a large or small town, the types of transportation available, shops, and other places of interest in the town.

 C'est votre tour. Imagine that you work at the **Service d'accueil** at the train station in the French city below. Other students will play the roles of tourists who come to town and ask how to get to various places. They will write down what you say so that you can be sure they have the right directions.

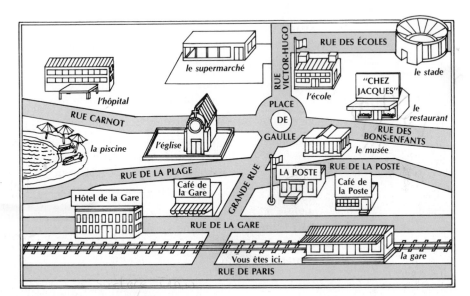

— all publications.

Exploration 1

POUR PARLER DE LA VIE QUOTIDIENNE

Le verbe **faire**

SITUATION

C'est la vie

A reporter is interviewing Mme Lanier for a program on working women.

LE REPORTER Comment arrivez-vous à tout faire?

MME LANIER Ce n'est pas facile mais je fais de mon mieux. Je fais la cuisine et mon mari fait la vaisselle — ou vice versa.

LE REPORTER Qui fait le ménage?

MME LANIER Nous faisons le ménage ensemble. Les enfants font leur chambre et nous faisons le reste.

LE REPORTER Vous faites aussi les courses ensemble?

MME LANIER Quelquefois. Je fais les achats dans les magasins du quartier. Mais souvent, pendant le week-end, nous allons au supermarché ou au centre commercial.

---

arriver à *to manage* **faire** *to do* **je fais de mon mieux** *I do my best* **cuisine** *cooking* **vaisselle** *dishes* **ménage** *housework* **courses** *errands* **achats** *purchase(s)* **centre commercial** *shopping center*

Avez-vous bien compris?

Indiquez si les phrases suivantes sont vraies ou fausses. Si la phrase est fausse, corrigez-la.

1. Mme Lanier fait toujours la cuisine à la maison.
2. M. Lanier n'aide jamais à la maison.
3. Tout le monde fait le ménage ensemble.
4. Mme Lanier fait toujours ses achats dans le quartier.

Présentation

Faire *(to do, to make)* is an irregular verb.

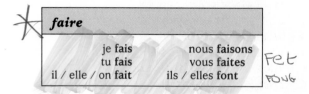

faire	
je fais	nous faisons
tu fais	vous faites
il / elle / on fait	ils / elles font

Je **fais** mon travail.
Qu'est-ce que tu **fais** dimanche?
Qu'est-ce qu'on va **faire** demain?

Faire is used in the following idiomatic expressions.

1   **faire du sport**   *to participate in sports*
2   **faire du ski**   *to go skiing*
3   **faire du camping**   *to go camping*
4   **faire le ménage**   *to do the housework*
5   **faire son lit**   *to make one's bed*
6   **faire sa chambre**   *to clean one's room*
7   **faire la vaisselle**   *to do the dishes*
8   **faire des courses**   *to run errands*
9   **faire ses devoirs**   *to do one's homework*
10   **faire la cuisine**   *to cook, do the cooking*
11   **faire le marché**   *to go grocery shopping*
12   **faire des achats**   *to go shopping*
13   **faire un voyage**   *to take a trip*
14   **faire une promenade**   *to go for a walk*

Préparation

A.   **Questions.**   Jean-Jacques is asking about his friends' plans. Give his questions.

     MODÈLE   Fabien / samedi
                Qu'est-ce que Fabien fait samedi?

1. tu / maintenant
2. Jacques / l'année prochaine
3. Pierre et Sylvie / l'été prochain
4. vous / dimanche
5. nous / demain
6. Véronique / lundi soir

B.   **Qu'est-ce que tu fais cet après-midi?**   Some friends are talking about what they are doing this afternoon. What do they say?

     MODÈLE   Sylvie / faire le marché
                Sylvie fait le marché.

1. je / faire mes devoirs
2. tu / faire une promenade
3. Monique et Simon / faire le ménage
4. vous / faire des courses
5. Micheline / faire la vaisselle
6. nous / faire du sport

C. **Où va-t-on?** Tell where one usually does the following things.

↳ where do People go.

MODÈLE faire une promenade
On fait une promenade dans un parc.

1. faire le marché
2. faire du camping
3. faire du ski
4. faire du sport
5. faire ses devoirs
6. faire le ménage

Communication et vie pratique

A. **Activités.** Tell how often you do the following activities and then ask another student how often he or she does the same activity.

EXEMPLE faire le ménage
—**Je fais rarement le ménage. Et toi?**
—**Moi, je fais souvent le ménage.**

ne... jamais	rarement	quelquefois	souvent

1. faire le ménage
2. faire une promenade
3. faire du sport
4. faire du camping
5. faire mes devoirs
6. faire la cuisine
7. faire un voyage
8. faire la vaisselle
9. faire des courses
10. faire du ski

B. **Interview.** Make out a schedule of things that you plan to do for the next week. Then find out what another student is doing and whether you have similar or different plans.

EXEMPLE **Qu'est-ce que tu fais samedi?**
Je fais le ménage et j'invite des amis à dîner. Et toi?
Moi, je fais du ski avec un de mes amis.

C. **Et les Américains...?** Imagine that some French friends are asking about typical activities of Americans. How would you answer?

1. Est-ce que les Américains font souvent du camping?
2. Est-ce que les Américains aiment faire des promenades en voiture le dimanche après-midi?
3. Est-ce qu'ils font souvent leur marché dans les supermarchés?
4. Est-ce que les Américains font beaucoup de sport?
5. Dans les familles américaines, est-ce que ce sont les femmes, les hommes, ou les enfants qui font la vaisselle?
6. Est-ce que les enfants américains font leurs devoirs chaque soir?
7. Est-ce que les Américains aiment faire des promenades à pied pendant le week-end?

C'est votre tour. Imagine that you are sharing an apartment with several French students. Decide which of you is going to do each of the following household tasks. Use the suggestions below to help you negotiate.

Suggestions: **j'accepte de...; je refuse de...; je regrette, mais...; je n'aime pas...; je préfère...; d'accord, je...**

1. faire le ménage
2. faire la vaisselle
3. faire la cuisine
4. faire les lits
5. faire le marché

ILY a = Y-A-T-IL

Exploration 2

POUR POSER DES QUESTIONS ET DEMANDER DES RENSEIGNEMENTS

Les questions par inversion et les mots interrogatifs

SITUATION *Pardon, monsieur l'agent*	*Mme Rollet is visiting a friend in Paris and has stopped a policeman to ask for directions.*

MME ROLLET   Pardon monsieur, les Galeries Lafayette sont-elles loin d'ici?

L'AGENT   Pas trop. Prenez l'autobus numéro quatorze.

MME ROLLET   Y a-t-il un arrêt près d'ici?   *IL y a*

L'AGENT   Oui, au coin de la rue Haussmann.

MME ROLLET   Quand est le prochain autobus?

L'AGENT   Il y a un autobus toutes les dix minutes.

Avez-vous bien compris?

Répondez aux questions suivantes.

1. Où va Mme Rollet?   *Elle va aux Galeries Lafayette.*
2. À qui parle-t-elle?   *Elle Parle à*
3. Est-ce que les Galeries Lafayette sont loin?
4. Où est l'arrêt d'autobus?   *L*
5. Y a-t-il souvent des autobus?

Il pleut Aujourd'hui?
Il pleut Aujourd'hui ... pas?

Présentation

A. You have already learned to ask questions by using intonation, **est-ce que**, and **n'est-ce pas**. A fourth way of asking questions is to invert (reverse) the subject pronoun and verb and link them with a hyphen. Questions by inversion are commonly used in written and formal language, but less in informal conversation. Inversion is not normally used with **je**.

C'est près d'ici.	**Est-ce** près d'ici?
Ils préfèrent aller au parc.	**Préfèrent-ils** aller au parc?

B. In the third-person singular, **-t-** is added between the inverted verb and subject pronoun when the verb does not already end in **t** or **d**.

Il habite à Paris.	**Habite-t-il** à Paris?
Il y a une autoroute.	**Y a-t-il** une autoroute?

C. When the subject is a noun, it is generally not inverted. The corresponding subject pronoun is added for inversion.

Pierre **cherche-t-il** quelque chose?
Votre voiture **marche-t-elle** bien?

D. When there is a conjugated verb followed by an infinitive, only the conjugated verb is inverted.

Vous allez faire des courses.   **Allez-vous faire** des courses?

E. The following words are frequently used to ask questions.

qui	who, whom	Avec qui travailles-tu?
que	what	Que faites-vous lundi soir?
où	where	Où vont-ils?
quand	when	Quand arrivez-vous?
comment	how	Comment allez-vous voyager?
pourquoi	why	Pourquoi prennent-elles le train?
combien	how much	Combien est-ce?

Préparation

A. À l'agence immobilière. Monsieur Barennes is looking for a new apartment. Using the real estate agent's answers as a guide, give the questions M. Barennes asked about the apartment.

MODÈLE   Oui, il y a une très grande cuisine.
Y a-t-il une grande cuisine?

1. Non, ce n'est pas trop cher. *FAR*
2. Non, l'appartement n'est pas loin du centre commercial.
3. Oui, il y a un joli parc à côté. *Y a-t-IL*

qui habite dans l'appartement

—4. Un vieux monsieur habite <u>dans l'appartement</u> maintenant.

TO leave

5. Il va <u>quitter</u> l'appartement la semaine prochaine.
6. Les chambres sont très jolies.— *COMMENT SONT Le chambre COMMENT SONT*
7. La salle de bains est entre les deux chambres.— *COMMENT SONT*
8. L'arrêt d'autobus est en face de l'appartement. *Où est L'arrêt*

B. **Projet de séjour en France.** Suzanne is planning to spend a year in Aix-en-Provence and has prepared a list of specific questions to include in a letter to the **Syndicat d'initiative.** Use the suggestions given to prepare her questions.

MODÈLE   si la ville est agréable
   La ville est-elle agréable?

1. si c'est une grande ville — *La ville, est-elle grande?*
2. s'il y a un aéroport — *Y a-t-IL un aéroport?*
3. s'il y a une piscine — *Y-a-t-IL une piscine?*
4. quand les cours pour étrangers commencent *Quand les cours pour ... commencent-IL?*
—5. où il y a des résidences universitaires
6. quels monuments il y a à visiter

Communication et vie pratique

A. **Au Syndicat d'initiative.** Imagine that you have just arrived in Nice on the **Côte d'Azur** and are at the tourist bureau. What kinds of questions would you ask about Nice (e.g., weather, hotels, tourist attractions, cultural events, university)?

EXEMPLE   **Y a-t-il un bon hôtel près d'ici?**

B. **Comment est votre ville?** You have been put in contact with the French family with whom you will live during a stay in France. You want to find out about them and the town. What questions might you include in a letter to them?

EXEMPLES   **Y a-t-il des musées dans votre ville?**
   Habitez-vous près d'une université?

C'est votre tour. You are working at the **Syndicat d'initiative** in a French-speaking town of your choice. Tourists (played by other students) ask you questions about the town.

Exploration 3

POUR DONNER DES PRIX ET DES STATISTIQUES

Les nombres supérieurs à 1 000 et les nombres ordinaux

SITUATION
Résidence et lieu de travail

Paris is divided into twenty administrative districts called **arrondissements.** *In addition, the city is surrounded by many suburbs. Jean-Pierre and Michelle live far from their work and are discussing their apartments.*

JEAN-PIERRE	Dans quel arrondissement habitez-vous?
MICHELLE	Dans le dix-neuvième.
JEAN-PIERRE	Combien payez-vous pour le loyer?
MICHELLE	Environ deux mille francs par mois.
JEAN-PIERRE	Et vous travaillez dans le centre?
MICHELLE	Oui, je travaille dans le septième, près des Invalides.
JEAN-PIERRE	Ça prend combien de temps en métro?
MICHELLE	Ça prend environ trois quarts d'heure.
JEAN-PIERRE	C'est direct?
MICHELLE	Non, il faut changer plusieurs fois.

lieu *place*   **loyer** *rent*   **par mois** *per month*   **centre** *downtown*
temps *time*   **plusieurs** *several*

Avez-vous bien compris?

Répondez aux questions suivantes.

1. Dans quel arrondissement est-ce que Michelle habite?
2. Combien coûte son appartement?
3. Comment est-ce qu'elle va à son travail?
4. Combien de temps est-ce que ça prend?

Présentation

A. Numbers above 1,000 (**mille**) are expressed in the following ways:

1 000	mille[1]
1 351	mille trois cent cinquante et un
3 000	trois mille[1]
19 300	dix-neuf mille[1] trois cents
541 000	cinq cent quarante et un mille
2 000 000	deux millions[1]

B. Ordinal numbers (*first, second, third,* etc.) are given below. **Premier, première** and **dernier, dernière** *(last)* agree with the noun modified. To form ordinal numbers, add the suffix **-ième** to the corresponding cardinal numbers. Notice that some spelling changes occur when this suffix is added to a few numbers. These numbers are indicated below by an asterisk.

premier, première (l[er], l[ère])	neuvième*	seizième*
deuxième (2e or 2ème)	dixième	dix-septième
troisième	onzième*	dix-huitième
quatrième*	douzième*	dix-neuvième*
cinquième*	treizième*	vingtième
sixième	quatorzième*	vingt et unième
septième	quinzième*	etc.
huitième		

Préparation

A. Arrondissements. Different people in Paris are telling which district they are from and what landmarks they live near. Using the map of Paris below, tell what they say.

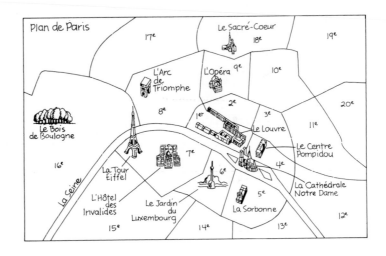

---

[1] **Mille** in the plural never adds an **s**, but **million** has an **s** in the plural.

MODÈLE   18^e

Nous habitons près du Sacré-Cœur dans le dix-huitième.

1. 4e   3. 5e   5. 1er   7. 8^e
2. 6e   4. 16e   6. 9e   8. 7^e

B. Populations. Students from various cities in France are telling how large their hometowns are. What do they say?

MODÈLE   Lyon (1 236 000 h / 2e)

Lyon a un million deux cent trente-six mille habitants; c'est la deuxième ville de France.

1. Toulouse (500 000 h / 6e)   5. Grenoble (396 000 h / 10e)
2. Lille (946 000 h / 4e)   6. Marseille (1 116 000 h / 3e)
3. Bordeaux (650 000 h / 5e)   7. Tours (268 000 h / 18e)
4. Nice (450 000 h / 8e)   8. Paris (8 707 000 h / 1ère)

Communication et vie pratique

A. C'est combien? How much do each of the luxury apartments described in the following ads cost? Which would you prefer?

EXEMPLE   Le premier appartement coûte deux cent trente-deux mille francs.

1.

2.

3.

4.

5.

6.

7.

8.

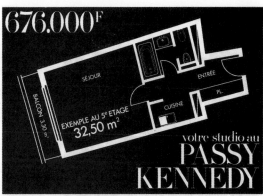

676.000ᶠ

SÉJOUR ENTRÉE

BALCON 3,30 m PL.

EXEMPLE AU 5ᵉ ÉTAGE CUISINE
32,50 m²

votre studio au
PASSY KENNEDY

Passy Kennedy, face à la Seine, vous propose aussi des appartements de 2, 3, 4 pièces et plus, dans une Résidence exceptionnelle par son luxe et ses services. Pour avoir une information plus complète, envoyez votre carte de visite au Bureau de Vente, ouvert tous les jours sauf le dimanche de 10 h à 12 h et de 14 h à 18 h 30.

100, avenue du Président Kennedy, 75016 Paris.

B. Quelques statistiques. Using the following graph, give the number of students (**élèves**) first in public and then in private junior high schools (**collèges**), high schools (**lycées**), apprenticeship programs, and trade schools (**lycées d'enseignement professionnel**).

EXEMPLE   **Au total, il y a 588 980 élèves dans les collèges privés.**

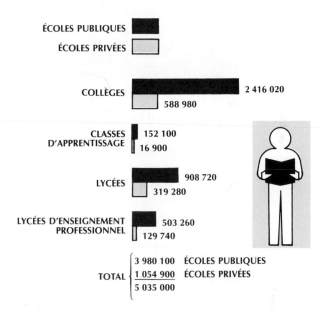

ÉCOLES PUBLIQUES
ÉCOLES PRIVÉES

COLLÈGES   2 416 020
588 980

CLASSES   152 100
D'APPRENTISSAGE   16 900

LYCÉES   908 720
319 280

LYCÉES D'ENSEIGNEMENT
PROFESSIONNEL   503 260
129 740

TOTAL { 3 980 100   ÉCOLES PUBLIQUES
1 054 900   ÉCOLES PRIVÉES
5 035 000

C'est votre tour. Imagine that you are looking for an apartment in Paris. Tell the rental agent in which **arrondissement** you want to live and what price range of apartment you are looking for.

La vie quotidienne : logement et activités   **133**

Intégration et perspectives

Où habiter : banlieue ou centre-ville?

Est-ce qu'on est heureux quand on habite en banlieue? Selon un récent sondage d'opinion, deux Français sur trois pensent que oui. Les autres sont sceptiques. La réalité est que pour certains, c'est un paradis mais pour d'autres, c'est un cauchemar.

Banlieue = cauchemar

Myriam Lebeau, qui habite dans un H.L.M., trouve la banlieue ennuyeuse et laide. Mère de trois enfants, elle ne travaille pas. Elle n'a pas de voiture et l'arrêt d'autobus est trop loin. Résultat : elle est prisonnière.

René Pannier est ouvrier. Ça prend une heure pour aller de son appartement à l'usine où il travaille. Résultat : deux heures d'autobus à ajouter à la fatigue du travail.

Banlieue = paradis

Hervé et Marie-Louise Jacalot habitent une petite maison beige au milieu de milliers d'autres petites maisons beiges. Chaque maison a son petit jardin et sa pelouse. En comparaison avec le H.L.M., c'est un rêve.

Pierre et Catherine Pélissier habitent une jolie maison au milieu des arbres à 20 kilomètres du Vieux Port de Marseille. On respire le parfum des fleurs et des herbes de Provence. Le tennis et la piscine ne sont pas loin.

Brigitte et Jean-Claude Clément possèdent une grande maison dans un vieux village près de Lille. Il y a des fleurs partout. Ils sont ravis.

Les résultats du sondage confirment que pour les Français, les principaux avantages de la banlieue sont le calme et la possibilité d'avoir un jardin, mais le principal inconvénient est le temps qu'il faut pour aller à son travail.

---

banlieue *suburbs* **selon** *according to* **sondage** *poll* **sceptiques** *skeptical* **cauchemar** *nightmare* **H.L.M.** *low-cost housing* **laide** *ugly* **ouvrier** *blue-collar worker* **milliers** *thousands* **pelouse** *lawn* **arbres** *trees* **respire** *breathes* **fleurs** *flowers* **partout** *everywhere* **ravis** *delighted*

Avez-vous bien compris?

Répondez aux questions suivantes.

1. Est-ce que tous les Français pensent que la vie en banlieue est idéale?
2. Est-ce que Myriam trouve la vie en banlieue amusante? Pourquoi?
3. Où est-ce que les Jacalot habitent?
4. Comment sont les maisons dans leur quartier?
5. Est-ce que les Pélissier aiment leur maison? Pourquoi?
6. Est-ce que les Clément sont contents de leur maison? Pourquoi?
7. Quel est le principal avantage de la vie en banlieue?
8. Quel est son principal inconvénient?

Notes culturelles

La banlieue

The destruction of a large number of homes and apartments during World War II created severe housing shortages in France. Much of the replacement construction took place on the outskirts of the cities and included both individual family houses and high-rise apartments. Both have been attractive to affluent middle-class French people. Some sections of the suburbs, called **cités ouvrières,** contain more modest homes.

Some solutions to housing problems have, however, created new sets of problems. Large clusters of low-cost apartment buildings called **H.L.M.s (Habitations à loyer modéré),** for example, have been criticized for their concrete sterility and lack of convenient shopping and recreational facilities. One such cluster contains 1,800 apartments in a small two-block area. These conditions have been blamed for a rising crime rate, particularly juvenile crime. Because of these problems and because of a general desire for a better quality of life in a more pleasant environment, an increasing number of French people (especially workers and those from the lower middle class) are moving to small towns and rural areas as soon as it is economically feasible for them to do so.

Communication et vie pratique

A. **Connaissez-vous Paris?** Indicate whether the following statements based on the map of Paris are true or false. If a statement is false, reword it to make it true.

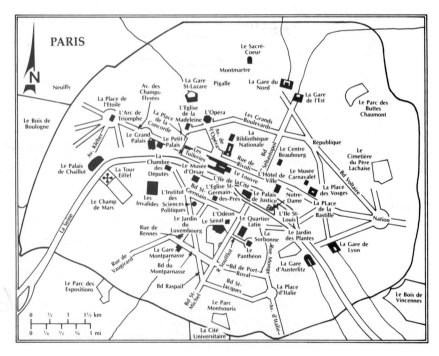

1. Les Tuileries sont à côté de la tour Eiffel.
2. Le Grand Palais est à côté du Petit Palais.
3. La cité universitaire est près de la Sorbonne.
4. La Bibliothèque nationale est sur le boulevard Saint-Germain.
5. La gare de l'Est est loin de la gare de Lyon.
6. L'église de la Madeleine est derrière le Sacré-Cœur.

B. **Excusez-moi, monsieur l'agent...** Imagine that you are a tourist in Paris and want to find out how to get to the following places. Another student will play the role of the **agent de police** and tell you where each is located.

1. Où est l'Opéra? le Sénat? la gare du Nord? le musée du Louvre?
2. Où est la tour Eiffel? le jardin du Luxembourg? le Sacré-Cœur?
3. Où est le Centre Pompidou? la place de la Bastille? Notre-Dame?

C. **Plan du métro.** You are staying with a group of students in a hotel located on the Left Bank near the subway station Saint-Michel. Other students ask you how to go to different places. Using the **plan du métro** shown below, give them the following information.

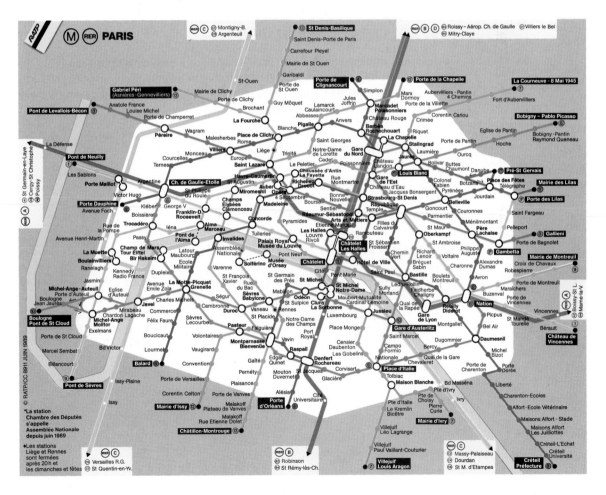

La vie quotidienne : logement et activités   **137**

1. Quelle ligne il faut prendre.

EXEMPLE **Pour aller à la gare du Nord, il faut prendre la ligne Porte d'Orléans-Porte de Clignancourt, direction Porte de Clignancourt.**

Note that subway lines are generally identified by their two extremities, framed in yellow on the map. The metro lines can also be referred to by their number. Once you have found the line, you must make sure you are headed in the right direction.

2. Si c'est direct ou non.

EXEMPLE **Pour aller au Louvre, il faut changer au Châtelet.**

3. Où il faut descendre.

EXEMPLE **Pour l'Arc de Triomphe, il faut descendre à l'Étoile.**

Suggestions: **les Invalides, la place de la Concorde, Pigalle, le bois de Boulogne, la gare de Lyon, l'Opéra, la gare d'Austerlitz**

INVITATION À ÉCOUTER

Un nouvel appartement. You are looking for a new apartment and you are talking to a real estate agent who describes three apartments to you. Listen to him describe the three apartments, then tell if the following statements refer to the first, second, or third apartment he mentions.

1. Il y a seulement une chambre dans cet appartement.
2. Le loyer est de 2 200 francs par mois.
3. C'est dans le centre.
4. C'est en banlieue.
5. C'est près d'un parc.
6. C'est à trois quarts d'heure du centre.

PRONONCIATION ET ORTHOGRAPHE

A. Some vowels like /i/ in **ici** are pronounced with the lips spread; others like /y/ in **tu** are produced with the lips tightly rounded. Both of these are pronounced in the front of the mouth. Thus /i/ and /y/ differ only by the shape of the lips. In fact, if you have difficulty pronouncing the French /y/, try saying /i/ with your lips rounded.

Compare and repeat:

si	su	mais si	c'est sûr
di	du	dis	c'est dur
vi	vu	la vie	la vue
ni	nu	ni	numéro
ti	tu	petit	habitude
ri	ru	le riz	la rue

B. Practice repeating words and phrases containing the sound /y/. Remember to have your lips tightly pursed and reaching forward as if you were going to whistle or give a kiss.

Salut!   le bureau
la voiture   le sucre
la musique   l'usine
impulsif   naturel
l'avenue   la rue

Quelle rue?
La rue Sully, bien sûr.
Tu es sûr?
Absolument sûr.

C. Note the difference between the sound /y/ as in **tu** and the sound /u/ as in **tout** which is also pronounced with the lips rounded, but with the tongue more toward the back of the mouth.

Compare and repeat:

su   sou   sur   sous
tu   tou   tu   tout
bu   bou   nu   nous
mu   mou   vu   vous
lu   lou   la rue   la roue

D. The following summarizes the differences in the way /i/, /y/, and /u/ are produced. Practice contrasting these sounds and repeat the words and phrases below.

Position of the Tongue: Shape of the Lips:	Front Spread	Front Rounded	Back Rounded
	/i/	/y/	/u/
	si	su	sou
	ti	tu	tou
	vi	vu	vou
	li	lu	lou

Du sucre, s'il vous plaît.
Comment trouves-tu la musique de Debussy?
Tu fais du ski avec nous?
D'habitude, nous allons sur la Côte d'Azur.
Tu tournes ici et tu continues jusqu'à la rue Sully.

VOCABULAIRE

Noms

les lieux publics (voir pp. 120 – 121)

d'autres noms

l'achat (m)	purchase
l'agent de police (m)	police officer
l'arbre (m)	tree
l'arrondissement (m)	district (of Paris)
l'autoroute (f)	freeway
l'avantage (m)	advantage
l'avenue (f)	avenue
la banlieue	suburb
le boulevard	boulevard
le calme	calm
le cauchemar	nightmare
le centre	downtown area
le centre commercial	shopping center
la comparaison	comparison
les courses (f)	errands
la droite	right
la fatigue	fatigue
la fleur	flower
la gauche	left
l'herbe (f)	grass, herb
l'inconvénient (m)	inconvenience
le lieu	place
le logement	housing
un millier	a thousand (approximately)
un million	million
l'opinion (f)	opinion
le paradis	paradise
le parfum	perfume
la pelouse	lawn
la possibilité	possibility
la poste	post office
le prisonnier, la prisonnière	prisoner
le quart	quarter
la réalité	reality
le reste	rest
le résultat	result
le sondage	poll
le temps	time
le tennis	tennis

Verbes

expressions avec faire (voir p. 125)

arriver à	to manage to do something
confirmer	to confirm
faire	to do, to make
penser	to think
rentrer	to go home
respirer	to breathe
tourner	to turn
traverser	to cross

Adjectifs

beige	beige
dernier, dernière	last
laid(e)	ugly
neuf, neuve	brand-new
ordinal(e), -aux, -ales	ordinal
plusieurs	several
principal(e), -aux, -ales	main
quotidien, quotidienne	daily
ravi(e)	delighted
récent(e)	recent
sceptique	skeptical

Prépositions

à côté de	beside, next to
après	after
au coin de	on the corner of
derrière	behind
devant	in front of
en face de	across from, facing
entre	between
jusqu'à	up to, as far as, until
loin de	far from
près de	near
selon	according to

Divers

certains	some people
d'autres	others
faire de son mieux	to do one's best
partout	everywhere
tout droit	straight ahead

les mots interrogatifs (voir p. 128)

Chapitre 7

Le temps passe

Dans ce chapitre vous allez apprendre à...

Parler de ce que vous aimez regarder à la télé

1. Indiquer quand
2. Parler du passé
3. Parler de vos choix et de vos succès

Vocabulaire et structures

Mise en train : La télévision

L'heure

Le passé composé avec **avoir**

Choisir et les verbes de la deuxième conjugaison

Mise en train

LA TÉLÉVISION

handwritten: 4/7/93 class

Quelles émissions trouvez-vous passionnantes? intéressantes? ennuyeuses? bêtes?

les matchs (m) télévisés et les reportages (m) sportifs

handwritten: Talk show

les causeries (f)

les émissions (f) scientifiques ou culturelles

handwritten: Game shows

les jeux (m) télévisés

handwritten: soap operas

les feuilletons (m)

les vidéoclips (m)

handwritten: Variety shows

les spectacles (m) de variétés

handwritten: Advertisent commercias

les publicités (f)

les documentaires (m)

handwritten: the news

les informations (f)

les films (m) et les téléfilms

handwritten: weather

la météo

handwritten: cartoons

les dessins (m) animés

Qui est votre vedette préférée? Est-ce...

un acteur ou une actrice qui joue un rôle dans un feuilleton?

le héros ou l'héroïne d'un dessin animé?

un chanteur ou une chanteuse qui fait des vidéoclips?

l'animateur ou l'animatrice d'une causerie?

Communication et vie pratique

A. **Vos émissions préférées.** Use the scale below to tell how well you like the different types of television programs listed above.

| je déteste | je n'aime pas beaucoup | j'aime | j'aime beaucoup | j'adore |

> EXEMPLE **J'aime beaucoup les documentaires mais je déteste les jeux télévisés.**

B. **Opinions.** Make a list of popular American television shows. Then, use the following rating system shown in a popular French magazine to rate the quality of these programs.

À mon avis *(in my opinion)...*
*** C'est une émission à ne pas manquer.
 (It's a program that shouldn't be missed.)
** C'est une émission à regarder si vous êtes chez vous.
 (It's a program to watch if you're at home.)
* C'est un navet.
 (It's a loser.)

> EXEMPLE **À mon avis, «60 Minutes» est une émission à ne pas manquer.**

C. **Les vedettes de la télévision et du cinéma.** Who are your favorite stars in each of the following categories? Describe their personalities and tell why you like them.

> EXEMPLE   un animateur ou une animatrice
> **J'aime Oprah Winfrey. Elle présente souvent des sujets passionnants.**

1. un héros ou une héroïne de dessin animé
2. un acteur ou une actrice
3. un chanteur ou une chanteuse
4. un animateur ou une animatrice

C'est votre tour. Imagine that you have received a telephone call from a service that rates television programs. They want to know what you generally watch on different days of the week and your opinion of these programs. Role-play the situation with another student who will play the role of the interviewer.

Exploration 1

POUR INDIQUER QUAND

L'heure

SITUATION *Qu'est-ce qu'il y a à la télé?*	*M. et Mme Serin parlent de ce qu'ils vont regarder après les informations de vingt heures.*

M. SERIN   Qu'est-ce qu'il y a sur les autres chaînes?

MME SERIN   Voyons, sur FR3 à huit heures trente il y a un documentaire sur la santé. À neuf heures il y a une histoire policière.

M. SERIN   Ce documentaire a l'air intéressant mais je n'aime pas trop les histoires policières. Qu'est-ce qu'il y a sur A2?

MME SERIN   Un match de football mais...

chaînes *channels*   **voyons...** *let's see . . .*   **santé** *health*   **histoire policière** *detective story*   **match de football** *football game*

Avez-vous bien compris?

Répondez aux questions suivantes.

1. Quelles sont les chaînes de télévision françaises que M. et Mme Serin vont peut-être regarder?
2. Quelles émissions y a-t-il sur FR3? et sur A2?
3. Est-ce que M. Serin préfère les documentaires ou les histoires policières?

M6	**TÉLÉCINÉ**	**FR3**
6.00 BOULEVARD DES CLIPS. 10.05 INFOPRIX. 10.10 M6 BOUTIQUE. 10.25 BOULEVARD DES CLIPS. 11.05 BOULEVARD DES CLIPS. 12.05 «LES SAINTES CHÉRIES». 12.30 PNC. 13.25 «MARIÉS, DEUX ENFANTS». 13.55 «DOCTEUR MARCUS WELBY».	13.30 «BORDERTOWN» (en clair). 14.00 «L'AMOUR EN CAVALE». Téléfilm américain de Gus Trikonis. Avec Alec Baldwin et Stephanie Zimbalist. 15.30 «LES VORACES». Film policier de Sergio Gobbi (France, 1972, 95 min). Avec Helmut Berger et Françoise Fabian. 17.05 «NASHVILLE LADY». Film musical de Michael Apted (USA, 1980, 124 min). Avec Sissi Spacek et Tommy Lee Jones.	7.00 TÉLÉJOURNAL DE RADIO-CANADA 7.25 TOUT IMAGE 7.40 FLASH 3 7.45 VOILE La Route du Rhum. Résumé. 8.00 CONTINENTALES 9.00 EST-OUEST L'Europe dans tous ses états. 10.00 LEÇONS DE CHOSES Les rendez-vous du futur.

Présentation

To ask what time it is, say: **Quelle heure est-il?** *(What time is it?)* or, more informally, **Vous avez l'heure, s'il vous plaît?** *(Do you have the time, please?)* To answer these questions, use:

A. On the hour:

Il est une heure.

Noon

Il est midi (m).

Il est quatre heures.

Midnight

Il est minuit (m).

B. On the half or quarter hour:

Il est trois heures et demie.

Il est deux heures et quart.

Il est midi et demi.

Il est huit heures moins le quart.

C. Minutes after or before the hour:

after

Il est une heure dix.

before

Il est midi moins cinq.

Il est midi vingt.

Il est quatre heures moins dix.

Il est six heures vingt.

Il est neuf heures moins vingt.

Il est neuf heures cinq.

Il est minuit moins vingt-cinq.

D. To ask or indicate at what time an event takes place, the following patterns are used:

—À quelle heure est-ce que le téléfilm commence?
—Il commence à dix heures.

Quelle heure est-il?

E. The French system uses the following:

du matin *(in the morning)*	Il est onze heures **du matin.**
de l'après-midi	Je vais partir à quatre heures **de l'après-midi.**
du soir	Nous dînons à sept heures et demie **du soir.**

F. In official time schedules (for example, schedules for planes, trains, or buses, and radio or television programs), the twenty-four-hour system is used.

Train Plane

Official time	Conventional time
zéro heure trente (0 h 30)	minuit et demi
trois heures cinq (3 h 05)	trois heures cinq
douze heures (12 h)	midi
quinze heures quinze (15 h 15)	trois heures et quart
vingt-trois heures cinquante-cinq (23 h 55)	minuit moins cinq

G. Additional expressions used in discussing time are:

arriver à l'heure	*to arrive on time*
être en retard	*to be late*
être en avance	*to be early*
vers midi	*around noon*
Il est tôt.	*It's early.*
Il est tard.	*It's late.*

Préparation

A. **Quelle heure est-il?** The announcers on the radio give the time at various intervals. Use the watches to tell what they say.

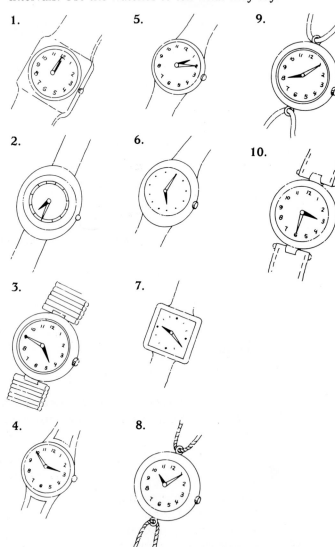

1.

2.

3.

4.

5.

6.

7.

8.

9.

10.

B. À l'aéroport. At Charles de Gaulle airport in Paris, flights are being announced using the twenty-four-hour system. Use the twelve-hour system to tell when each flight leaves.

MODÈLE   22 h 45
   onze heures moins le quart

(handwritten: duece heur cinq / 2.05)

1. 8 h 30   3. 16 h 20   5. 3 h 15   7. 12 h 05   9. 5 h 25
2. 22 h 40   4. 13 h 50   6. 17 h 35   8. 23 h 55   10. 0 h 15

C. Emploi du temps. Charles is telling what he is going to do today. Use the information on his calendar to tell what he says.

MODÈLE   **À neuf heures, je vais prendre un café avec Roger.**

MARDI **12**

9 h - prendre un café avec Roger
10 h 15 - aller au cours d'histoire
12 h 30 - déjeuner avec Nathalie
2 h 30 - aller à la bibliothèque
4 h 45 - parler au professeur Godard
7 h - dîner avec tante Élisabeth
9 h 35 - regarder La Dictée à la télé

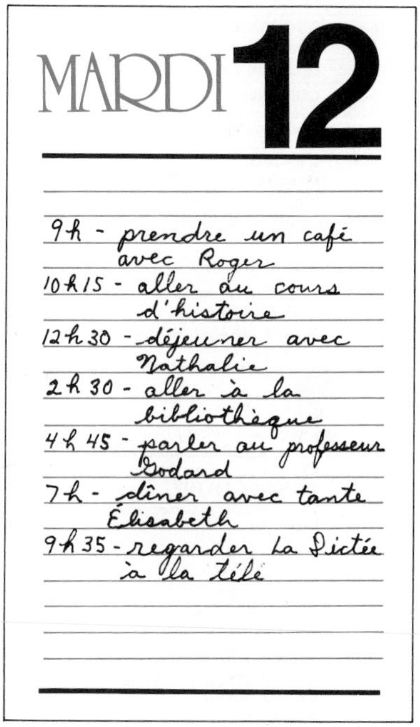

Communication et vie pratique

A. Questions / Interview. Using the words and phrases below, find out when another student usually does the following.

EXEMPLE   quitter la maison le matin
   —**À quelle heure est-ce que tu quittes la maison le matin?**
   —**En général, je quitte la maison vers 7 h 30.**

1. prendre ton petit déjeuner
2. quitter la maison le matin
3. arriver à l'université
4. avoir ton premier cours
5. avoir ton dernier cours
6. rentrer à la maison
7. dîner
8. commencer à faire tes devoirs

B. **Qu'est-ce qu'il y a à la télé?** The evening television schedule below is taken from **Nice Matin,** a French newspaper. Answer the questions based on the information in the schedule.

18.00 HUIT ÇA SUFFIT
Série en 104 épisodes. (N° 92). La nuit des lauréats (2° partie).

18.25 MINI JOURNAL

18.45 LA ROUE DE LA FORTUNE

19.10 SANTA BARBARA
Série en 120 épisodes. (N° 89).

19.40 COCORICOCOBOY
Avec : *Kassav.*

20.00 LE JOURNAL DE LA UNE

20.30 COLUMBO
Série en 20 épisodes. (N° 16) Immunité diplomatique.

21.50 L'ENJEU
Magazine économique et social proposé par François de Closets, Emmanuel de La Taillé et Alain Weiller. Réalisation Jean-Vincent Fournis.

23.05 UNE DERNIÈRE

23.25 PREMIER PLAN SUR CANNES
Présenté par Alain Bévérini.

18.05 ALINE ET CATHY
Avec : Susan St James (Cathy), Jane Curtin (Aline), Air Meyers (Emma Mc Ardle).

18.30 C'EST LA VIE
Préparez vos examens.

18.50 DES CHIFFRES ET DES LETTRES

19.15 ACTUALITÉS RÉGIONALES

19.40 LE NOUVEAU THÉATRE DE BOUVARD
Avec Michel Hidalgo.

20.00 LE JOURNAL

20.30 D'ACCORD, PAS D'ACCORD

20.35 POURQUOI PAS VOUS ?
Film français de Michel Berry (1981).

21.55 CANNES NOIR SUR BLANC
Emission réalisée par François Chalais.

22.55 EDITION DE LA NUIT

23.10 HISTOIRES COURTES

18.00 IL ÉTAIT UNE FOIS L'ESPACE

18.30 CAP DANGER
N° 23 : Une question de vie ou de...

18.57 JUSTE CIEL

19.00 19-20

19.15 ACTUALITÉS RÉGIONALES

19.35 19-20 (SUITE)

19.55 ULYSSE 31

20.04 LA CLASSE
Emission proposée par Guy Lux et Jacques Antoine. Présentée par Fabrice. Avec Gilles Lacoste.

20.30 D'ACCORD, PAS D'ACCORD

20.35 LA FEMME DU BOULANGER
Film de Marcel Pagnol (1938).

22.50 SOIR 3

23.15 FESTIVAL DE CANNES

23.30 DÉCIBELS
Emission présentée par Jan Lou Janeir.

CANAL+

18.00 FLASH D'INFORMATIONS (♦)

18.05 MAXITÊTE (♦)
Présenté par Sophie Favier.

18.10 LA GUEULE DE L'EMPLOI (♦)
Emission jeu présentée par Sophie Garel.

18.40 TOP 50
Présenté par Marc Toesca.

19.10 SPÉCIAL ZÉNITH AU FESTIVAL DE CANNES (♦)
Présenté par Michel Denisot, qui reçoit ce soir Corinne Charby et Caura.

19.55 FLASH D'INFORMATIONS (♦)

20.05 STARQUIZZ (♦)
Présenté par Philippe Risoli.

20.35 ABATTOIR 5
Film fantastique américain de George Roy Hill (1971).

22.20 FLASH D'INFORMATIONS

22.30 LA PARTIE DE CHASSE
Film dramatique anglais de Alan Bridges (1984). Rediffusion.

TMC

19.00 C'EST FASTOCHE
Emission pour les enfants.

19.15 JEUNES DOCTEURS
N° 117.

19.40 SPÉCIAL « JEUX DES PETITS ETATS D'EUROPE »

19.45 T.M.C. NEWS
Suivi de la météo.

20.00 CINÉNIGMES
Soirée cinéma. Animée par José Sacré.

20.25 LE TREFLE A 5 FEUILLES
(1971). Réalisateur : Edmond Moustaki.

21.55 JEUX CINÉNIGMES
(Suite).

22.30 T.M.C. NEWS

22.35 HOROSCOPE
Par Maria Duval.

1. À quelle heure commencent les dernières émissions sur les différentes chaînes?
2. Est-ce qu'il y a un feuilleton sur Télé Monte Carlo (TMC)? À quelle heure?
3. À quelle heure sont les actualités sur les différentes chaînes?
4. Combien de films est-ce qu'il y a à la télé ce soir? Sur quelles chaînes et à quelle heure?
5. Est-ce qu'il y a un jeu télévisé sur TF1? À quelle heure?

6. Est-ce qu'il y a des reportages sur le festival de Cannes? Sur quelles chaînes et à quelle heure?
7. À quelle heure est-ce qu'il y a une émission pour les enfants sur Télé Monte Carlo?

C'est votre tour. Imagine that you are discussing what you are going to watch on television tonight. Role-play your conversation with another student, mentioning the times that different programs begin and on which stations they appear. Use the *Nice matin* schedule on the preceding page as a guide.

Exploration 2

POUR PARLER DU PASSÉ

Le passé composé avec **avoir**

SITUATION | *Emmanuel et Martine parlent d'un programme qu'ils ont regardé hier soir.*
Hier soir à la télé |

MARTINE Qu'est-ce que tu as fait hier soir?

EMMANUEL J'ai regardé une émission sur l'écologie sur FR3.

MARTINE Moi aussi. J'ai trouvé ça super intéressant. J'ai appris beaucoup de choses.

EMMANUEL Et qu'est-ce que tu as pensé de la nouvelle pub pour Nescafé?

MARTINE Bof! Les publicités sont toujours bêtes.

ça *that*   **penser de** *to think about*   **pub = publicité**

Avez-vous bien compris?

Est-ce que les phrases suivantes sont vraies ou fausses? Si la phrase est fausse, corrigez-la.

1. Martine a regardé une émission sur FR3 hier soir.
2. Elle a trouvé l'émission ennuyeuse.
3. Elle aime les pubs.

Présentation

To express a completed past action, the **passé composé** is used. **J'ai voyagé** can express the meanings *I traveled, I have traveled, I did travel.*

A. The **passé composé** of most verbs is formed by using the present tense of **avoir** plus a past participle. The past participle of **-er** verbs is formed by replacing the **-er** ending with **-é: parler → parlé, étudier → étudié.**

Le passé composé avec *avoir*	
j'ai regardé	nous avons regardé
tu as regardé	vous avez regardé
il / elle / on a regardé	ils / elles ont regardé

Elle **a travaillé** toute la journée.
Nous **avons acheté** plusieurs disques.
Quels programmes **avez-vous regardés?**

Note that the past participle (**regardés**) agrees in gender and number with a preceding direct object (**programmes**).

B. **Avoir, être, boire, faire,** and **prendre** have irregular past participles:

avoir	**eu**		boire	**bu**	prendre	**pris**
être	**été**		faire	**fait**		

Nous **avons eu** des difficultés.
Vous **avez été** imprudent.
Est-ce que tu **as fait** tes devoirs?

C. In the negative, **ne** precedes and **pas** (or **jamais**) follows the form of **avoir.**

Elle **n'a pas** trouvé de travail.
Ils **n'ont jamais** visité la Belgique.

D. Useful expressions for referring to past events are:

hier	*yesterday*
hier soir	*last evening*
hier matin	*yesterday morning*
la semaine dernière, la semaine passée	*last week*
samedi dernier, samedi passé	*last Saturday*
l'année dernière, l'année passée	*last year*
déjà	*already*
pas encore	*not yet*

Note that short adverbs are placed between the auxiliary verb and the past participle.

—Est-ce que tu **as déjà fait** tes devoirs?
—Non, je **n'ai pas encore eu** le temps.

Préparation

A. Activités et occupations. Sylviane is talking about some of the things she did on her day off. Use the cues to describe her activities.

MODÈLE   10 h / téléphoner à Suzanne
À dix heures, j'ai téléphoné à Suzanne.

1. 9 h / commencer à travailler   *Travaillé*
2. 11 h 30 / parler à mes parents   *Parlé*
3. 12 h 15 / quitter la maison pour aller en ville   *quitté*
4. 12 h 30 / manger au restaurant avec des amis   *mangé*
shoppig —5. 3 h / <u>faire</u> des courses *(irregular verb)*
6. 4 h 45 / avoir la visite de Raymonde   *eu*
To buy — 7. 5 h 15 / acheter les provisions pour le dîner
8. 7 h 45 / regarder les informations

B. Encore et toujours des excuses! Some students are talking about why they aren't prepared for class. What are their excuses?

MODÈLE   Micheline / avoir le temps de faire ses devoirs
Micheline n'a pas eu le temps de faire ses devoirs.

Verbes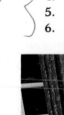
1. nous / <u>acheter</u> les livres pour le cours   *nous n'avons achete*
2. Michelle et Juliette / <u>écouter</u> en classe   *n'ont pas ecouté*
3. tu / <u>être</u> sérieux   *Tu n'as pas été*
4/1/93
4. je / <u>trouver</u> mon cahier   *Je ne pas trouver*
5. vous / avoir le temps d'étudier   *vous n'avez*
6. Pierre / faire ses devoirs   *N'ai pas fait.*

Le temps passe   **153**

Communication et vie pratique

A. **La semaine dernière.** Create sentences expressing what you and your friends did during the past week by combining one element from each column.

EXEMPLE   **Hier, j'ai invité des amis à dîner.**

		parler à mes parents
		dîner chez des amis
		manger au restaurant
		avoir un examen difficile
		étudier le français
hier		inviter des amis à dîner
lundi		regarder un film à la télé
mardi	je	écouter de la musique
mercredi	mes amis	préparer le dîner
jeudi	mes amis et moi	avoir la visite d'un(e) ami(e)
vendredi	mon ami(e)	être en retard pour un
samedi	?	cours
dimanche		faire le ménage
la semaine dernière		nager
		faire une promenade
		faire des courses
		acheter des provisions
		passer l'après-midi à la
		bibliothèque

B. **Et hier?** Using the suggestions provided in **Communication A** above, ask questions to find out what other people in your class did recently.

EXEMPLES   **Est-ce que tu as fait des courses samedi?**
Qu'est-ce que tu as fait jeudi?

C. **Questions / Interview.** Use the following questions to interview another student. If the answer to the numbered question is affirmative, ask the lettered questions. If the answer is negative, move on to the next numbered question. Each main question has a series of related questions to help you gain skill in sustaining a conversation in French.

1. Est-ce que tu as regardé la télé hier soir?
   a. Est-ce que tu as regardé les informations?
   b. Est-ce que tu as regardé un film policier?
   c. Est-ce que tu as écouté la météo?
   d. Qu'est-ce que tu as regardé à la télé?
2. Est-ce que tu as écouté des disques hier soir?
   a. Est-ce que tu as écouté de la musique classique?
   b. Quels disques est-ce que tu as écoutés?
   c. Quel est ton chanteur préféré?
   d. Est-ce que tu achètes souvent des disques?
   e. ?

3. Est-ce que tu as mangé à la maison hier soir?
   a. Est-ce que tu as fait la cuisine? —to cook
   b. Qu'est-ce que tu as préparé?
   c. Est-ce que tu as invité des amis?
   d. À quelle heure est-ce que tu as mangé?
   e. Qui a fait la vaisselle? —wash the dishes
   f. ?

4. Est-ce que tu as mangé au restaurant universitaire ou dans un restaurant de la ville hier soir?
   a. Qu'est-ce que tu as mangé?
   b. Avec qui est-ce que tu as mangé?
   c. Est-ce que tu as aimé le repas?
   d. ?

C'est votre tour. Imagine that you are irritated with some friends who constantly try to find out what you did over the weekend. Role-play the conversation. The curious roommates (played by other students) will ask many questions; you will try to avoid answering their questions.

Questions: voir Communication A, p. 154
Réponses: **peut-être; c'est possible; je ne suis pas sûr(e); je ne sais pas; pas grand-chose; rien d'intéressant**

EXEMPLE   **Qu'est-ce que tu as fait hier soir?**
          Pas grand-chose.
          Est-ce que tu as regardé la télé?
          Peut-être.

Exploration 3

POUR PARLER DE VOS CHOIX ET DE VOS SUCCÈS

Choisir et les verbes de la deuxième conjugaison

SITUATION   Denis et Valérie invitent leurs amis à aller au cinéma ce soir.

On va au ciné?   DENIS   Vous finissez à quelle heure ce soir?

CHRISTINE   Moi, je finis à six heures, mais Pierre ne finit pas avant huit heures.

VALÉRIE   Ça ne fait rien. La deuxième séance commence à neuf heures.

CHRISTINE   Oui, mais elle ne finit pas avant onze heures. Qui va garder les enfants?

DENIS   Écoutez... Vous choisissez le film et moi je trouve une gardienne pour les petits. C'est d'accord?

PIERRE   Alors, d'accord!

---

finissez *finish*   **Ça ne fait rien.** *That doesn't matter.*   **séance** *show, showing*   **garder** *to keep*   **choisissez** *choose*   **gardienne** *baby-sitter*

Avez-vous bien compris?

Répondez aux questions suivantes.

1. À quelle heure est-ce que Christine et Pierre finissent leur travail?
2. À quelle séance du film est-ce qu'ils vont aller?
3. Qui va choisir le film?

Présentation

A group of French verbs has infinitives that end in **-ir.** The present tense of many of these verbs is formed by dropping the **-ir** from the infinitive and adding the endings shown. The past participle is formed by dropping the final **r** from the infinitive.

choisir	
je choisis	nous choisissons
tu choisis	vous choisissez
il / elle / on choisit	ils / elles choisissent
passé composé : j'ai choisi	

Other useful verbs conjugated like **choisir** are:

accomplir	*to accomplish*	Qu'est-ce que vous **avez accompli?**
finir	*to end, finish*	Le film **finit** à quelle heure?
grandir	*to grow (up)*	Elle **a grandi** au Maroc.
obéir (à)	*to obey*	Ils n'**ont** pas **obéi.**
réussir	*to succeed, to pass (a test)*	**J'ai réussi** à mon examen de français.

Préparation

A. **À quelle heure?** Several students are planning to go out this evening and want to find out when the others finish their classes.

MODÈLE   Marc / à 6 h

     Marc finit à six heures.

finis ──1. Monique / à 2 h   4. tu / avant 7 h *finis*
finis   2. je / à 5 h 30   5. vous / assez tôt *finissez*
finissons 3. nous / à 4 h   6. les autres / vers 5 h *finissent*

B. **Souvenirs d'enfance.** The following people are talking about the places where they grew up. What do they say?

MODÈLE   ma grand-mère / à Nice
         Ma grand-mère a grandi à Nice.

1. tu / dans une grande ville   *Tu as grande ville*
2. nous / à la campagne   *a grandi*
3. Pierre / dans un pays étranger
4. ma tante / en Italie
5. vous / au Canada   *avez grandi*
6. mes cousins / en Belgique   *au grandi en*

C. **Petits et grands succès.** The Monots are talking about some of the things that they have accomplished lately. Tell what they say. (Be sure to distinguish between **-ir** verbs and other verbs previously learned.)

MODÈLE   Madeleine / réussir à son examen d'anglais
         Madeleine a réussi à son examen d'anglais.

1. Pierre / finir ses études *a fini*
2. je / apprendre à nager   *appresi*
3. tu / voyager dans un pays étranger   *a*
4. mes amis / réussir à trouver du travail   *a reuss*
5. nous / être très occupés — *nous avons êtes*
6. vous / accomplir des choses importantes   *avez*
7. je / faire des progrès en maths   *j'ai*

Communication et vie pratique

A. **Il faut de tout pour faire un monde.** People do well in certain subjects and not so well in others. What about you and people you know?

EXEMPLE   **Mon frère réussit bien en maths mais il n'est pas très fort en littérature.**

B. **Choix et décisions.** Answer the following questions about choices and decisions that you and others have made. You can also use these questions to interview another student.

1. Pourquoi est-ce que tu as choisi cette université? Est-ce que tu es content(e) de ton choix?
2. Est-ce que tu choisis tes cours avant le commencement du trimestre ou à la dernière minute? Quels cours est-ce que tu as choisis pour le trimestre prochain? Pourquoi est-ce que tu as choisi ces cours? En général, pour quelles raisons les étudiants choisissent-ils certains cours et non les autres?

3. Quand est-ce que tu vas finir tes études universitaires? Est-ce que tu as déjà choisi ta future profession? Quelle profession est-ce que tu as choisie et pourquoi?

4. Où est-ce que tu as grandi? Est-ce que tu as envie de rester (ou de retourner) dans la ville où tu as grandi? Si oui, pourquoi? Si non, quelle sorte de ville est-ce que tu vas choisir?

C'est votre tour. You have been asked by neighbors if you could baby-sit for their two-year-old child one night a week, but you don't really want to do it. Your neighbors (played by other students in the class) are trying to find some time when you would be free. Using the **Situation** as a guide, explain why you are not free.

EXEMPLE   —**Est-ce que vous êtes libre le mardi soir?**
                    —**Non, le mardi soir mes cours ne finissent pas avant neuf heures et demie.**

Intégration et perspectives

Quelles émissions de télévision est-ce que vous allez regarder cette semaine?... Voici notre sélection des meilleures émissions du soir qu'on va montrer cette semaine sur les différentes chaînes.

vendredi soir	Sur TF1 : «Champs-Élysées», un spectacle de variétés avec la participation de Julien Clerc et de la chanteuse canadienne Édith Butler.
	Sur FR3 : Pour les enfants, une série de films de Walt Disney.
samedi soir	Sur FR3 : «De la démocratie en Amérique». Un reportage sur la situation politique aux États-Unis.
	Sur Canal + : «Laisse béton», un film de Serge Le Péron. «Laisse béton», c'est-à-dire «Laisse tomber» dans le langage des jeunes, est l'histoire de deux enfants, fatigués de la vie dans leur H.L.M. et qui rêvent d'aller à San Francisco.
dimanche soir	Sur A2 : «Les Carnets de l'Aventure». L'ascension de l'Anna-purna par des alpinistes allemands.
	Sur la Cinq : «Subway», un film policier de Luc Besson avec Christophe Lambert et Isabelle Adjani. Un film différent. Un film qu'on aime ou qu'on déteste.
lundi soir	Sur A2 : «Apostrophes». La religion et les hommes.
	Sur FR3 : «Musiclub». Émission spéciale sur Mozart, sa vie et sa musique.
mardi soir	Pour les passionnés de football, la coupe d'Europe de football sur TF1. Et sur Canal +, «La Dictée», un feuilleton en six épi-sodes de Jean-Pierre Marchand.
mercredi soir	Sur TF1 : «Voyage dans la Cité des Sciences». Un reportage spécial sur ce passionnant musée.
jeudi soir	Sur A2 : «C'est la vie». Les pères divorcés, un reportage de Jean-Claude Allanic et Catherine Ceylac.
	Sur TF1 : «Les enfants du rock» avec la participation de trois groupes de musiciens martiniquais.

---

c'est-à-dire *that is to say* **Laisse tomber** *Drop it* **carnets** *notebooks* **alpinistes** *mountain climbers* **passionnés** *fans*

Avez-vous bien compris?

Quelles émissions vont intéresser les personnes suivantes?

1. Jean-Louis aime les émissions culturelles et les débats politiques.
2. Michel aime mieux les émissions amusantes et les sports.
3. Stéphanie a onze ans, mais elle rêve d'être un jour une grande alpi-niste.
4. Alain et Marie-Claire ne vont pas souvent au concert, mais ils adorent la musique classique.
5. Sylvie préfère les bonnes émissions scientifiques.
6. Chantal et Pierre sont contents quand il y a un bon film à la télé.
7. François est un passionné de rock.

Notes culturelles

La télévision française

Although the French watch considerably less television than Americans, television is gradually becoming an important part of French daily life. Until the 1980s, there were only three state-owned channels, but today French television viewers have a choice of several channels. Some stations are publicly owned (for example, **Antenne 2, FR3**); others are privately owned **(Canal Plus, la Cinq, TV6, M6, TF1).**

The state-owned stations are controlled by the **R.T.F. (Radio-Télévision France)** and are financed by special taxes paid by owners of radio and television sets. Consequently, these television stations have traditionally operated with few commercials, and advertising does not interrupt programs, but occurs between them.

Communication et vie pratique

A. **Il faut choisir.** You have decided to go to the movies with your friends Anne and David (played by other students in the class), but you have trouble finding a time when you are all free, and you have very different tastes. Which movie do you choose?

Voici les éléments de la situation:

Anne travaille dans un magasin et elle ne finit jamais avant huit heures. David a des examens cette semaine et il désire rentrer tôt pour étudier. Les films qu'on joue et l'heure de chaque séance sont indiqués dans le journal.

GAUMONT. — Une histoire d'amour dans le sud de la France : **L'Eté en pente douce,** avec Jacques Villeret et Pauline Laffont. 13.40, 15.50, 18.00, 20.10, 22.20.

GAUMONT. — Oscar de la meilleure actrice pour Marlee Matlin dans **Les Enfants du silence.** avec également William Hurt. 13.50, 16.30, 19.10, 21.50.

MÉLIÈS. — Claudia Cardinale, Lambert Wilson dans le nouveau film de Luigi Commencini : **La Storia** (V.O.). Film à 17.00 et 19.35 ; dim. 14.40, 17.30.

MERCURY. — César du meilleur acteur : Daniel Auteuil dans **Jean de Florette,** avec Yves Montand et Gérard Depardieu. Film à 14.40, 19.20, 21.40 ; dim. 14.40, 17.00, 19.25.

MERCURY. — Césars 87. Emmanuelle Béart dans **Manon des Sources,** avec Yves Montand et Daniel Auteuil. Film à 14.40, 19.20, 21.40 ; dim. 14.40, 17.00, 19.25.

MERCURY. — Un grand dessin animé de Walt Disney : **Les 101 Dalmatiens.** 19.00 (mer., sam., dim. 14.30 et 19.00).

PATHÉ 1. — **Crocodile Dundee,** quinzième semaine de triomphe ! 14.15, 16.15, 18.15, 20.15, 22.15.

PATHÉ 2. — Festival de Cannes 1987 : **Good Morning Babylone,** un film de Paolo et Vittorio Taviani. 14.10, 16.45, 19.20, 21.55.

PATHÉ 3. — Eddie Murphy : **Golden Child, l'enfant sacré du Tibet.** 14.05, 16.05, 18.05, 20.05, 22.05.

PATHÉ 4. — Festival du film policier Cognac 87 : **Le Sixième Sens,** un film de Michael Mann. 14.00, 16.35, 19.10, 21.45.

B. Une interview. Imagine that you are a famous movie star (real or imaginary) and you are being interviewed. Another student will play the role of the interviewer and will ask you questions such as the following.

1. Où est-ce que vous avez grandi?
2. Pourquoi avez-vous choisi cette profession?
3. En quelle année est-ce que vous avez fait votre premier film?
4. Dans combien de films est-ce que vous avez joué?
5. Quels ont été vos rôles préférés?
6. Quel est le titre de votre dernier film?
7. Quand est-ce que vous avez fini votre dernier film?
8. ?

C. Les Américains et leur télé. Describe American television to a French friend (**combien de chaînes il y a; quelles sortes de programmes et de chaînes on peut regarder; les préférences de différents groupes de gens**).

C'est votre tour. Imagine that a group of people with very different tastes (sports fan, intellectual, music lover, soap opera fan, situation comedy fan) are discussing what they watched on TV last night. Each member of the group finds the programs of the others uninteresting at best. Imagine the conversation as you and other students in the class play these roles.

INVITATION À ÉCOUTER

On va au cinéma. Vous avez décidé d'aller au cinéma ce soir et vous télé-phonez pour demander les heures des séances. Écoutez le message enregistré, et après, répondez aux questions suivantes.

1. Quelle sorte de film est *Suivez cet avion?* À quelle heure est la pre-mière séance?
2. Qui a fait le film *Comédie d'été?* À quelle heure est la dernière séance?
3. Dans quelle salle passe-t-on *Sexe, mensonges et vidéo?* Combien de séances y a-t-il?
4. Quel film a gagné *La Palme d'or* au Festival de Cannes?

PRONONCIATION ET ORTHOGRAPHE

The sounds /s/ and /z/

When the letter **s** occurs between two vowels, it is pronounced /z/ as in **poison**. When there are two **s**'s, the sound is always /s/ as in **poisson**. The sound /s/ also corresponds to the following spellings: **ç**, **c** followed by **i** or **e**, and **t** in the **-tion** ending (**ça, ceci, nation**). An **x** is pronounced /z/ in liaison.

Compare and repeat:

ils ont / ils sont
poison / poisson
désert / dessert
nous avons / nous savons
deux heures / deux sœurs

Repeat the following phrases:

La cuisine française a une excellente réputation.
Voici la maison de nos voisins.
Nous choisissons des émissions intéressantes.
J'ai l'impression que vous aimez ça.

VOCABULAIRE

Noms

la télévision (voir pp. 142 – 143)

    d'autres noms

l'**alpiniste** (m,f)	*mountain climber*
l'**après-midi** (m)	*afternoon*
le **carnet**	*notebook*
la **chaîne**	*channel*
la **coupe**	*cup*
l'**émission** (f)	*program*
le **football**	*soccer*
le, la **gardien(ne)** d'enfants	*baby-sitter*
l'**heure** (f)	*hour, o'clock*
l'**histoire** (f)	*story*
les **informations** (f)	*news*
la **journée**	*day*
le **langage**	*language, speech*
le **matin**	*morning*
minuit (m)	*midnight*
le, la **musicien(ne)**	*musician*
le, la **passionné(e)**	*fan*
la **religion**	*religion*
le **rock**	*rock music*
le **rôle**	*role, part*
la **santé**	*health*
la **séance**	*showing*
la **situation**	*situation*
le **soir**	*evening*
le **téléviseur**	*television set*
la **vedette**	*star, celebrity*
le **vidéoclip**	*video*

Verbes

accomplir	*to accomplish*
choisir	*to choose*
commencer	*to begin*
finir	*to finish*
garder	*to keep, to watch over*
grandir	*to grow, to grow up*
jouer	*to play*
montrer	*to show*
obéir	*to obey*
oublier	*to forget*
payer	*to pay*
penser de	*to think about (have an opinion of)*
réussir	*to succeed, to pass (a test)*

Adjectifs

divorcé(e)	*divorced*
meilleur(e)	*better*
passé(e)	*last, past*
policier, policière	*police, detective*
suivant(e)	*next, following*

Adverbes

déjà	*already*
hier	*yesterday*
tard	*late*
tôt	*early, soon*

Divers

à l'heure	*on time*
ça ne fait rien	*it doesn't matter*
c'est-à-dire	*that is to say*
dans ce cas	*in that case*
en avance	*early*
en retard	*late*
parce que	*because*
vers	*toward*

Chapitre 8

La pluie et le beau temps

Dans ce chapitre vous allez apprendre à...

Parler du temps

1. Parler des départs et des arrivées

2. Parler du passé

3. Parler d'une activité qui continue

Vocabulaire et structures

Mise en train : Le temps qu'il fait

Les verbes conjugués comme **partir** et comme **venir**

Le passé composé avec l'auxiliaire **être**

Depuis et autres expressions de temps

Mise en train

LE TEMPS QU'IL FAIT

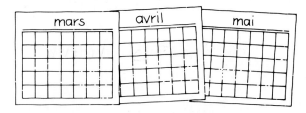

Quel temps fait-il au printemps (m)?

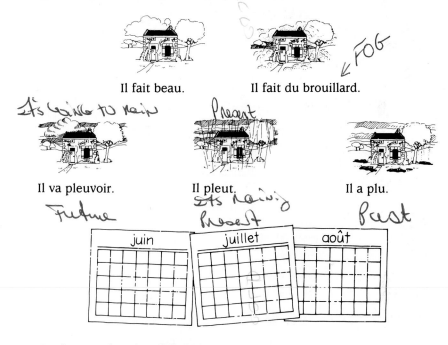

Il fait beau. Il fait du brouillard. ← FOG

It's going to rain

Present

Il va pleuvoir. Il pleut. Il a plu.

Future It's raining Present Past

Quel temps fait-il en été (m)?

Il fait du soleil. Il fait chaud. La température est de 31 degrés.
SUNNY HOT

Quel temps fait-il en automne (m)?

Il fait frais.　　　　　Il fait du vent.　　　Il fait mauvais. Il y a un orage.

Quel temps fait-il en hiver (m)?

Il fait froid.　　Le ciel est couvert. Il va neiger.　　Il neige.

Communication et vie pratique

A. Le temps en France aujourd'hui. Using the following weather map, tell what the weather is like in each of the French cities given below.

　　EXEMPLE　Paris
　　　　　　　Le ciel est couvert.

1. Bordeaux
2. Lille

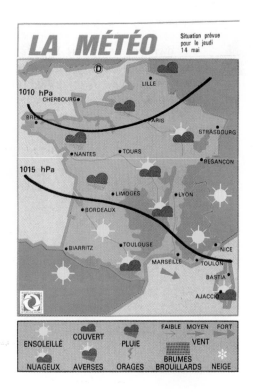

LA MÉTÉO · Situation prévue pour le jeudi 14 mai

1010 hPa · CHERBOURG · BREST · PARIS · LILLE · STRASBOURG
1015 hPa · NANTES · TOURS · BESANÇON · LIMOGES · LYON · BORDEAUX · BIARRITZ · TOULOUSE · MARSEILLE · TOULON · NICE · BASTIA · AJACCIO

ENSOLEILLÉ · COUVERT · PLUIE · FAIBLE MOYEN FORT VENT
NUAGEUX · AVERSES · ORAGES · BRUMES BROUILLARDS · NEIGE

3. Marseille
4. Strasbourg
5. Limoges
6. Lyon
7. Nantes
8. Ajaccio

B. **Quel temps fait-il?** A Paris newspaper reported the following temperatures and weather conditions around the world. Describe the weather in each city.

EXEMPLE Berlin 10° PV
À Berlin la température est de dix degrés. Il pleut et il fait du vent.

Températures et conditions météorologiques		
N = neige	P = pluie	V = vent
S = soleil	C = couvert	O = orage
Paris	10° VP	Melbourne 25° OV
Madrid	14° S	Oslo 7° S
New York	2° N	Berlin 10° PV
Londres	8° C	Rome 13° SV

C'est votre tour. Using the expressions in the **Mise en train,** prepare your own weather report. Indicate yesterday's and today's weather and predict what tomorrow's weather will be like. Your forecast might be for your own town, for a city or town in the French-speaking world, or for a country where the climate is either ideal or miserable.

Exploration 1

POUR PARLER DES DÉPARTS ET DES ARRIVÉES

Les verbes conjugués comme **partir** et comme **venir**

SITUATION		*Mathieu rencontre son vieil ami Raymond. Ils échangent des nouvelles.*
Qu'est-ce que tu deviens?	MATHIEU	Alors, qu'est-ce que tu deviens?
	RAYMOND	Je voyage beaucoup. Aujourd'hui, je reviens de Milan et demain, je pars à Londres. Ça devient fatigant.
	MATHIEU	Si tu es libre ce soir, viens dîner chez nous.
	RAYMOND	Impossible, je sors avec Natacha.
	MATHIEU	Sophie et toi, vous ne sortez plus ensemble?
	RAYMOND	Non, c'est fini entre nous. Mais... et vous deux, qu'est-ce que vous devenez?
	MATHIEU	Nous venons d'acheter une maison, et... je vais bientôt être papa!
	RAYMOND	Eh bien, félicitations!

rencontre *meets*   **nouvelles** *news*   **qu'est-ce que tu deviens?** *what are you up to these days?*   **je reviens de** *I'm just back from*   **je pars** *I'm leaving*   **Ça devient fatigant** *It's becoming tiring*   **libre** *free* **viens** *come*   **vous ne sortez plus ensemble** *you are no longer dating* **bientôt** *soon*

Avez-vous bien compris?

Répondez aux questions suivantes.

1. D'où est-ce que Raymond revient et quand est-ce qu'il repart?
2. Est-ce qu'il est content de voyager tout le temps?
3. Est-ce que Raymond va dîner chez Mathieu ce soir?
4. Avec qui est-ce que Raymond sort en ce moment?
5. Pourquoi félicite-t-il Mathieu?

Présentation

The present tense forms of several **-ir** verbs like **partir** *(to leave)* and **sortir** *(to go out)* do not follow the regular pattern of second conjugation verbs like **choisir.**

partir TO lEAVĒ	
je **pars**	nous **partons**
tu **pars**	vous **partez**
il / elle / on **part**	ils / elles **partent**

À quelle heure **partez**-vous?
Ce soir je **sors** avec des amis.

    Venir *(to come)* is also irregular.

venir TO COMe	
je **viens**	nous **venons**
tu **viens**	vous **venez**
il / elle / on **vient**	ils / elles **viennent**

— Est-ce qu'il **vient** du Maroc?[1]
— Non, il **vient** de Tunisie.[1]

A. Other verbs that are similar to **venir** in the present tense are:

    devenir *to become*   Le ciel **devient** nuageux.
    revenir *to come back, to return*   Je **reviens** à onze heures.

B. **Venir de,** when followed by an infinitive, means *to have just done something.*

    Je **viens de trouver** du travail.   *I just found a job.*
    Nous **venons d'arriver.**   *We (have) just arrived.*

---

[1] Note that masculine and plural countries are preceded by **du** or **des;** feminine countries by **de.**

C. There are three ways in addition to the present tense to express actions that relate closely to the present time:

1. **aller** + infinitive is used to indicate that an action is about to take place.

Anne **va faire** du ski.

2. **être en train de** + infinitive is used to express an action in the process of taking place.

Anne **est en train de faire** du ski.

3. **venir de** + infinitive is used to express an action that has just taken place.

Anne **vient de faire** du ski.

Préparation

A. **Activités.** Marc and his friends are talking about what they are going to do today. What do they say?

MODÈLE Marc / partir en vacances
    Marc part en vacances.

1. je / partir en vacances aussi
2. mes amis / partir en voyage
3. vous / sortir avec des amis
4. Éliane / partir à la campagne
5. tu / venir au cinéma avec nous
6. nous / sortir ensemble ce soir

B. **D'où viens-tu?** Students taking the **Cours pour étrangers** at the **Univer-sité de Bordeaux** are telling each other where they are from. What do they say?

MODÈLE   Mounir / Tunisie
Mounir vient de Tunisie.

1. Ibrahim / Maroc   4. Marco et Teresa / Mexique
2. je / Canada   5. tu / Angleterre
3. nous / Allemagne   6. vous / Sénégal

C. **Avant, pendant, et après.**   Use the model as a guide to tell what Robert Lefranc and his friends are going to do, are doing, and have just done.

MODÈLE   **Il va manger à midi. Il est en train de manger. Il vient de manger.**

1.

3.

5.

2.

4.

Communication et vie pratique

A. Le va-et-vient quotidien. Talk about your daily comings and goings and the different places that you and your friends frequent. You can answer the questions or use them to interview another student.

1. Est-ce que tu sors souvent pendant le week-end? Et pendant la semaine?
2. Quand tu sors avec tes amis, où est-ce que vous allez?
3. Est-ce que tu as le temps de sortir pendant la semaine?
4. Qu'est-ce que tu vas faire pendant le week-end prochain?
5. Où est-ce que tu vas et quand est-ce que tu pars?
6. À quelle heure est-ce que tu quittes le campus tous les jours et est-ce que tu reviens au campus le soir pour étudier?

B. Invitation. Imagine that you are calling a friend to make plans for the weekend. Use the following questions as a guide as you decide what to do.

1. Allô... Ici...
2. Qu'est-ce que tu es en train de faire?
3. Est-ce que tu es libre ce soir?
4. Est-ce que tu voudrais sortir?
5. Qu'est-ce que tu voudrais faire?
6. Est-ce qu'on sort avec des amis?
7. À quelle heure est-ce qu'on part et quand est-ce qu'on revient?
8. ?

C'est votre tour. One of your friends calls to ask you out. Unfortunately, you are very busy (or you don't feel like going out). What excuses can you make? Choose one of the following suggestions that best corresponds to your situation and explain to your friend that . . .

1. vous allez avoir un examen demain et vous êtes en train d'étudier
2. vous venez de rentrer et vous n'avez pas encore eu le temps de manger
3. vous allez partir en voyage demain
4. vous êtes obligé(e) de rester à la maison parce que des amis vont arriver d'une minute à l'autre
5. vos parents vont arriver demain et vous voulez faire le ménage

Exploration 2

POUR PARLER DU PASSÉ

Le passé composé avec l'auxiliaire **être**

SITUATION

En vacances

Chaque année un grand nombre de Français vont sur la Côte d'Azur pour profiter du soleil et de la mer. Cette année Monsieur et Madame Richard, des Bruxellois, ont décidé de passer leurs vacances à Antibes. Mais leur séjour n'a pas été très agréable.

UNE AMIE	Vous n'êtes pas descendus sur la Côte cette année?
MME RICHARD	Si, mais nous ne sommes pas restés longtemps.
L'AMIE	Quand êtes-vous partis?
MME RICHARD	Samedi dernier.
L'AMIE	Et vous êtes déjà rentrés? Qu'est-ce qui est arrivé?
MME RICHARD	Nous avons eu toutes sortes d'ennuis. La voiture est tombée en panne sur l'autoroute et nous sommes arrivés à 3 heures du matin!
L'AMIE	Il a fait beau pendant votre séjour?
MME RICHARD	Non, le jour après notre arrivée le temps est devenu orageux. Alors, nous sommes revenus à Bruxelles.

profiter de *to take advantage of* **mer** *sea* **séjour** *stay* **Vous n'êtes pas descendus** *You didn't go down* **toutes sortes d'ennuis** *all sorts of troubles* **est tombée en panne** *broke down* **arrivée** *arrival* **orageux** *stormy*

Avez-vous bien compris?

Répondez aux questions suivantes.

1. Où est-ce que Mme Richard est allée en vacances?
2. Quand est-elle partie?
3. Est-ce que ses vacances ont été agréables?
4. Quel temps est-ce qu'il a fait?

Présentation

Some French verbs such as **aller** use **être** instead of **avoir** as their auxiliary verb in the **passé composé**. They are often verbs indicating motion or change of state. Note that the past participles of these verbs agree in gender and number with the subject.

Le passé composé avec être	
je **suis allé(e)**	nous **sommes allé(e)s**
tu **es allé(e)**	vous **êtes allé(e)s**
il / on **est allé**	ils **sont allés**
elle **est allée**	elles **sont allées**

study p. je 169 171

study for final

A. Of the verbs you have already learned, those listed below take **être** as their auxiliary. *Take être as auxiliary.*

aller	Nous **sommes allés** au cinéma hier soir.
arriver	Est-ce que vous **êtes arrivés** en retard?
devenir	Qu'est-ce qu'elles **sont devenues?**
entrer	**Sont-ils entrés** dans ce café?
partir	Ils ne **sont** pas encore **partis.**
rester	Nous ne **sommes** pas **restés** à la maison.
rentrer	Je **suis rentré** à midi.
revenir	Elle **est revenue** hier.
sortir	**Sont-ils sortis** ensemble?
venir	Qui **est venu** avec toi?

B. Additional verbs conjugated with **être** related to movement include:

monter	*to go up, to get on*
descendre	*to go down, to get off*
retourner	*to return*

Une personne **est montée** dans l'autobus.
Deux autres personnes **sont descendues.**
Ils **sont retournés** en France l'été dernier.

C. The following verbs indicating a change of state or condition also take **être** in the **passé composé**. Note that **arriver** can mean *to happen* as well as *to arrive.*

arriver	*to happen*	Qu'est-ce qui **est arrivé?**
mourir	*to die*	Ils **sont morts** dans un accident.
naître	*to be born*	Elle **est née** le 12 octobre.
tomber	*to fall*	Je **suis tombé** dans la neige.
tomber malade	*to become ill*	Elle **est tombée** malade.

Préparation

A. Pendant le week-end.   Some students are telling where they went last weekend. Use the cues to tell what they say.

MODÈLE   Robert / café.
Robert est allé au café.

1. tu / restaurant
2. Micheline / théâtre
3. Raoul et Marie / concert
4. Roger et Jean-Marc / cinéma
5. vous / match de football
6. Henri / piscine
7. nous / supermarché
8. Viviane et Louise / plage

B. Visite de la ville.   The driver of a sightseeing bus in Monaco is reporting what happened earlier today. Using the cues provided, tell what he says.

MODÈLE   je / arriver à l'hôtel à midi
Je suis arrivé à l'hôtel à midi.

1. les touristes / sortir de l'hôtel
2. ils / monter dans le bus
3. nous / partir à midi et quart
4. nous / passer devant le casino
5. nous / arriver au Palais à deux heures
6. les touristes / descendre de l'autobus
7. ils / entrer dans le Palais
8. je / revenir à la gare
9. je / retourner chercher les touristes
10. nous / rentrer à l'hôtel

C. Occupations.   Here are some activities of Juliette Cordier, a French political science student. Tell what she did yesterday, making sure to use the correct form of **avoir** or **être**.

MODÈLES   étudier à la maison
Elle a étudié à la maison.

rester à la maison jusqu'à 9 h
Elle est restée à la maison jusqu'à neuf heures.

1. prendre l'autobus
2. descendre près de l'université
3. marcher un peu
4. manger au restaurant universitaire
5. aller au café avec des amis
6. avoir son cours d'histoire
7. rester à la bibliothèque jusqu'à 6 h
8. quitter l'université à 6 h 30
9. acheter ses provisions
10. rentrer à la maison
11. faire la cuisine
12. dîner avec un ami

Communication et vie pratique

A. Expériences communes. Find students in your class who have done the following things. Then tell the rest of the class what you have found out.

Trouvez un ou plusieurs étudiants...

1. qui sont sortis tous les soirs cette semaine
2. qui sont nés le même jour
3. qui ne sont jamais montés dans un avion
4. qui sont arrivés à l'université à sept heures et demie ce matin
5. qui sont venus en classe tous les jours la semaine dernière
6. qui sont rentrés très tard le week-end passé
7. qui ne sont jamais allés dans un pays étranger
8. qui sont déjà allés en France

B. Qu'est-ce que vous avez fait? Create sentences describing what you did last weekend, last night, or during your vacation last year. Choose from the suggestions below or add your own comments. You may want to add what your friends, roommates, etc., did.

EXEMPLE **Pendant les vacances d'été, je suis allé(e) à la plage et j'ai passé quelques semaines chez mes cousins.**

1. Pendant les vacances d'été...
   faire un voyage / visiter un pays étranger / aller à la plage / passer un mois à la campagne / passer l'été avec ma famille / travailler dans un restaurant (dans un bureau, dans une usine)
2. Pendant le week-end...
   rester à la maison / manger au restaurant / acheter des vêtements / aller au cinéma / regarder la télé / étudier
3. Hier soir...
   aller au concert / inviter des amis à dîner / faire la cuisine / regarder un bon film à la télé / aller à la bibliothèque / finir mes devoirs

C. Huit heures dans la vie d'un(e) étudiant(e). Tell what you did yesterday, using the questions below as a guide.

1. À quelle heure est-ce que vous êtes allé(e) à l'université?
2. À quelles classes est-ce que vous êtes allé(e) et à quelle heure?
3. Est-ce que vous avez étudié à la bibliothèque?
4. Où est-ce que vous avez mangé et avec qui?
5. À quelle heure est-ce que vous avez quitté le campus?
6. Est-ce que vous avez regardé la télé?
7. À quelle heure est-ce que vous avez commencé à étudier?
8. Quand est-ce que vous avez fini vos devoirs?

D. Souvenirs de voyage. Tell about a trip you took recently; include information about where you went, with whom, what you did, where you stayed, what the weather was like, the problems you had, etc.

C'est votre tour. Imagine that you are one of the early American pioneers. Answer other students' questions about your experiences.

Vous pouvez demander...

—où et quand il (elle) est né(e)
—en quelle année il (elle) a quitté son pays
—quand il (elle) est venu(e) aux États-Unis
—combien de temps il (elle) est resté(e) dans différentes villes ou régions
—s'il (si elle) est retourné(e) dans son pays d'origine
—où il (elle) a rencontré sa femme (son mari)
—s'il (si elle) a eu des enfants
—ce que ses enfants sont devenus

Exploration 3

POUR PARLER D'UNE ACTIVITÉ QUI CONTINUE

Depuis et autres expressions de temps

SITUATION
À la plage

Laurence est en vacances sur la Côte d'Azur. Elle est en train de prendre un bain de soleil. Un beau jeune homme bien bronzé est à côté d'elle.

THIERRY   Bonjour, mademoiselle. Il fait beau, n'est-ce pas? Il y a longtemps que vous êtes ici?

LAURENCE   Non, seulement depuis dimanche soir. Et vous...?

THIERRY   Je suis ici depuis le début du mois. Mais, malheureusement, je repars dans trois jours. Pendant combien de temps allez-vous rester à Antibes?

LAURENCE   Pendant quinze jours. Après ça, je vais partir en Corse.

THIERRY   Ah oui...? J'ai passé deux semaines en Corse il y a deux ans. Il a fait un temps merveilleux pendant tout mon séjour.

longtemps *a long time*   **depuis** *since*   **début** *beginning*
malheureusement *unfortunately*   **pendant** *for*   **Corse** *Corsica*
il y a deux ans *two years ago*   **merveilleux** *wonderful*

Avez-vous bien compris?

Répondez aux questions suivantes.

1. Depuis combien de temps est-ce que Laurence est sur la Côte d'Azur?
2. Pendant combien de temps est-ce qu'elle va rester à Antibes?
3. Quand est-ce que Thierry a visité la Corse?
4. Quel temps a-t-il fait?

Présentation

To indicate that an action or condition that began in the past is still going on in the present, the present tense is used with the expression **depuis, il y a... que,** or **ça fait... que.**

A. **Depuis, il y a... que,** and **ça fait... que** can be used interchangeably when the condition or action that started in the past continues into the present. In this case their meaning corresponds to *for*. Note that each expression requires a different word order.

Nous habitons ici **depuis trois mois.**
Il y a trois mois que nous habitons ici.
Ça fait trois mois que nous habitons ici.
We've been living here for three months.

Il pleut **depuis trois jours.**
Il y a trois jours qu'il pleut.
Ça fait trois jours qu'il pleut.
It has been raining for three days.

B. To indicate that a condition or action started at a particular time in the past, only **depuis** is used; its meaning corresponds in this case to *since.*

Marie est à Marseille **depuis le premier juillet.**
Marie has been in Marseille since July 1st.

Il neige **depuis minuit.**
It has been snowing since midnight.

C. To ask *since when* something has been going on, use **depuis quand,** and to ask *how long* it has been going on use **depuis combien de temps.** In conversational French, these two expressions are often used interchangeably.

Depuis quand as-tu ton diplôme? (depuis le mois de juin, depuis deux mois, etc.)
Depuis combien de temps travailles-tu ici? (depuis six mois, depuis le premier mars, etc.)

D. **Il y a** without **que** is the equivalent of the English word *ago*. In this case a past tense is used.

Il a fini ses études **il y a deux ans.**
He finished school two years ago.

J'ai visité le Québec **il y a trois mois.**
I visited Quebec three months ago.

E. To speak of an action or condition that has a specific duration or time span, **pendant** (*for, during*) is used.

Pendant combien de temps avez-vous habité au Canada?
How long did you live in Canada?

Nous avons habité au Canada **pendant deux ans.**
We lived in Canada for two years.

Pendant nos vacances nous allons travailler dans un restaurant.
During our vacation we are going to work in a restaurant.

Note the different meanings conveyed by **depuis** and **pendant:**

J'ai étudié à l'université Laval **pendant trois ans.**
I studied at Laval University for three years.

J'étudie à l'université Laval **depuis trois ans.**
I've been studying at Laval University for three years.

Préparation

A. **Interview.** Léon Forestier is applying for an administrative position in Quebec and he is asked questions during the interview. Give his answers as indicated.

MODÈLE Excusez-moi, monsieur, est-ce qu'il y a longtemps que vous êtes ici? (non... seulement dix minutes)
Non, il y a seulement dix minutes que je suis ici.

1. Depuis quand cherchez-vous un nouvel emploi? (janvier)
2. Quand avez-vous fini vos études? (trois ans)
3. Depuis quand habitez-vous à Québec? (deux ans)
4. Pendant combien de temps êtes-vous resté dans votre emploi précédent? (trois mois)
5. Quand avez-vous commencé à travailler pour la première fois? (sept ans)
6. Depuis quand parlez-vous anglais? (l'âge de dix ans)

B. **Cours de traduction.** A professor has asked his students to translate the following sentences. How should they translate them?

1. How long have you been here?
2. How long have you been living in Toronto?
3. I came here six months ago.

4. I worked in Montreal for two years.
5. How long has the weather been bad?
6. It snowed two days ago.
7. It was very cold for three days.
8. Since when has it been raining?

Communication et vie pratique

A. **Depuis quand...** Tell how long you or others you know have been doing the following things.

> EXEMPLE être étudiant(e) dans cette université
> **Je suis étudiant ici depuis un an.**

1. être étudiant(e) dans cette université
2. étudier le français
3. habiter dans cette ville
4. avoir un emploi
5. sortir avec la même personne
6. avoir une voiture

B. **Il y a...** Tell when the following events took place.

> EXEMPLE venir à cette université
> **Je suis venu(e) à cette université il y a deux ans.**

1. venir à cette université
2. faire un voyage intéressant
3. commencer à travailler
4. sortir pour la première fois
5. acheter ma première chaîne stéréo
6. commencer à étudier le français
7. finir mes études au lycée

C. **Points communs...** Ask questions to find out who in your class has done the following things.

Trouvez un(e) étudiant(e)...

1. qui est allé(e) au Canada pendant ses vacances
2. qui a habité dans la même ville pendant dix ans
3. qui est né(e) il y a vingt et un ans
4. qui est sorti(e) avec la même personne pendant plus de six ans
5. qui parle une langue étrangère depuis son enfance
6. qui a habité dans un pays étranger pendant un an ou plus
7. qui n'a jamais été absent(e) pendant tout le trimestre

C*'est votre tour.* Vous êtes à la plage. Vous désirez faire la connaissance d'un jeune homme ou d'une jeune fille que vous trouvez sympathique. Parlez-lui et posez-lui des questions. Utilisez la **Situation** comme point de départ. Pour vous préparer, faites une liste des questions que vous pouvez poser et des commentaires que vous pouvez faire pour engager la conversation. Pensez aussi aux réponses possibles à ces questions si vous désirez continuer la conversation ou si vous désirez la laisser tomber.

Intégration et perspectives

Adieu la pluie, bonjour le soleil

Mme Magnien vient de recevoir une lettre de son neveu Daniel qui fait son service militaire à la Réunion, un des départements français d'outre-mer situé dans l'océan Indien.

Saint-Pierre, le 25 avril

Chère tante,

Ça fait deux mois que je suis à la Réunion où je fais mon service militaire dans la coopération. Je suis arrivé dans cette magnifique *île* au milieu de «notre» hiver. Mais quel contraste! *Adieu* la pluie, la neige et le froid. Bonjour le soleil, la végétation tropicale, le surfing!

Eh oui, je suis devenu un *passionné* de ce sport! Les *vagues* sont si *hautes* et si régulières que c'est un paradis pour les surfistes. *Par contre,* les belles plages de *sable* sont rares *car* la côte est très *sauvage. En fait,* l'île est très montagneuse. C'est une succession de canyons, de *coteaux* couverts de plantations de vanille, et de forêts. Il y a *même* plusieurs volcans qui sont encore en activité.

Je profite de mon temps libre pour visiter l'île (qui est très petite en comparaison avec la France). En voiture, ça prend seulement trois heures pour *faire le tour* de l'île.

Des copains de Lyon sont venus passer huit jours ici. Pendant leur séjour, nous avons *fait l'ascension* d'un des volcans. Nous sommes partis à pied et nous avons marché et campé dans la nature pendant trois jours. Quel *souvenir* merveilleux!

Mon travail est assez agréable. Je suis *conseiller* technique dans une coopérative agricole. Je suis *vite* devenu ami avec les autres employés et les gens ici sont très *accueillants.* Je suis sûr que mes deux années à la Réunion vont passer très vite.

Je viens de recevoir une lettre de mes parents. Ils ont l'intention de venir ici l'an prochain. Quelle surprise ça va être pour *eux* qui n'ont jamais quitté la France!...

Je pense souvent à toi et j'espère que tu es en bonne santé.

Grosses bises,
Daniel

Avez-vous bien compris?

Les commentaires suivants ont été attribués à Daniel. À votre avis, est-ce qu'ils sont plausibles ou non? Basez-vous sur le contenu de sa lettre pour décider.

1. «Je suis ravi de mon séjour à la Réunion.»
2. «Je passe mes week-ends et mon temps libre à regarder la télé.»
3. «Le paysage ici est très monotone et très ennuyeux.»
4. «Les habitants de la Réunion sont froids et distants.»
5. «Mes parents n'ont jamais eu l'occasion de voyager à l'étranger.»
6. «J'ai encore vingt-deux mois à passer ici.»
7. «Je voudrais bien visiter l'île mais c'est impossible parce que ça prend trop longtemps.»
8. «Mes copains ont beaucoup aimé leur visite ici.»
9. «Je suis assez content de mon travail.»
10. «Je n'ai pas encore eu l'occasion de rencontrer des gens du pays.»

Notes culturelles ✣ ✣ ✣ ✣ ✣ ✣ ✣ ✣ ✣

La France métropolitaine et les départements d'outre-mer

*L*a France est divisée en 96 départements, c'est-à-dire en 96 unités administratives. Ces départements sont aussi groupés en régions économiques. En plus des départements de la France métropolitaine, la République française comprend cinq départements d'outre-mer (les DOM) : (1) la Guadeloupe et la Martinique qui sont toutes deux situées dans les Caraïbes; (2) la Guyane française en Amérique du Sud; (3) la Réunion, située dans l'océan Indien; (4) Saint-Pierre-et-Miquelon, deux îles situées dans l'Atlantique près de Terre-Neuve.

La République française comprend aussi quatre territoires d'outre-mer (les TOM) qui ont un statut plus indépendant. Les plus importants de ces territoires sont la Polynésie française et la Nouvelle-Calédonie.

La France garde avec ses anciennes colonies, avec le Tiers Monde et avec ses départements et territoires d'outre-mer, des relations amicales. En plus de l'aide financière accordée à ces pays, il y a 17 000 coopérants français qui travaillent dans ces pays : 13 000 enseignants et 4 000 techniciens. Ainsi, un certain nombre de jeunes Français choisissent de faire leur service national dans la coopération à la place du service militaire qui dure 12 mois. Le service national est obligatoire mais les étudiants peuvent obtenir un sursis.

En plus des *In addition to* **comprend** *includes* **Terre-Neuve** *Newfoundland* **statut** *status* **anciennes** *former* **Tiers Monde** *Third World* **enseignants** *teachers* **Ainsi** *Thus* **sursis** *deferment*

Communication et vie pratique

A. **Souvenirs de voyage.** Imagine that you were one of Daniel's friends who visited him in **la Réunion.** Using Daniel's letter as a guide, tell about your trip. Include information such as the following.

- date d'arrivée
- sites visités
- activités
- réactions
- moyens de transport utilisés
- moments passés avec Daniel et ses amis de la Réunion
- date du départ et du retour en France

B. **Quel temps fait-il?** Prepare a description of the weather in your area in different seasons, including the types of weather that characterize each season and typical seasonal activities.

C. **Il faut attirer les visiteurs.** Imagine that you are a travel agent and are talking with some French-speaking tourists. Try to persuade them to come to the area where your college or university is located.

D. **Questionnaire.** Prepare a questionnaire to be given to French-speaking tourists on their arrival in your area. Find out the length of their visit, the accommodations they would like, the activities they prefer, and so on. With other students playing the role of the tourists, fill out the form based on their responses and role-play a conversation in which you plan a week's activities for them.

INVITATION À ÉCOUTER

Le temps dans la région parisienne. Vous écoutez la météo pour la région parisienne. Écoutez ce qu'on dit et après complétez les phrases suivantes.

1. Ce matin il a fait...
2. Cet après-midi la température est montée jusqu'à...
3. Demain il va...
4. Ce week-end il va faire...

PRONONCIATION ET ORTHOGRAPHE

A. Vowels can be distinguished from one another not only by the shape of the lips (spread vs. rounded) or by the position of the tongue (front vs. back), but also by the degree of opening of the mouth. For example, the vowels **e**, **eu**, and **o** each have two pronunciations that differ only by the degree of opening of the mouth. First, note that the written forms may not even differ. Then note that, in general, closed vowels tend to occur in syllables ending in a vowel sound, whereas open vowels are found in syllables ending in a consonant sound.

Study the examples below and repeat the following pairs of words.

	Closed vowels	Open vowels
e	/e/ les	/ɛ/ l'air
eu	/ø/ deux	/œ/ heure
o	/o/ nos	/ɔ/ note

/e/ vs. /ɛ/	/ø/ vs. /œ/	/o/ vs. /ɔ/
thé / tête	peu / peur	vos / votre
ses / cette	jeu / jeune	sot / sotte
premier / première	ceux / seul	beau / bord

B. Practice repeating words containing the sound /e/, and notice the different spellings associated with this sound.

été	mes	aimer	boulanger
clé	chez	écoutez	épicier
idée	et	préférer	pâtissier

C. Practice repeating words containing the sound /ɛ/ and notice the different spellings associated with this sound.

mère	faire	être	modeste
infirmière	chaîne	tête	vert
terre	chaise	bête	cet / cette
mer	j'aime	vous êtes	quel / quelle
cher / chère	maire	avec	vers

D. Practice repeating words and phrases containing both the sound /e/ and the sound /ɛ/. Note the role of the contrast of the /e/ and /ɛ/ in distinguishing the masculine versus the feminine form of some nouns and adjectives.

/e/	/ɛ/	/ɛ/	/e/
premier	première	cet	été
boulanger	boulangère	cette	clé
épicier	épicière	quel	thé
	célèbre	quelle	idée
	sévère		fermer
	je préfère		chercher

VOCABULAIRE

Noms

le temps et la météo (voir pp. 165–166)

d'autres noms

l'arrivée (f)	arrival
le conseiller, la conseillère	adviser

le contraste	contrast
la côte	coast
le coteau(-x)	small hill
le début	beginning
le degré	degree
le département	department
l'emploi (m)	job, employment
l'employé(e) (m,f)	employee

l'ennui (m)	trouble, difficulty, boredom
l'été (m)	summer
les félicitations (f)	congratulations
l'hiver (m)	winter
l'île (f)	island
la mer	sea
la nature	nature, outdoors
la neige	snow
le neveu	nephew
les nouvelles (f)	news
un, une passioné(e)	fan
le paysage	countryside
la personne	person
la pluie	rain
le sable	sand
le séjour	stay
la sorte	sort, type
le souvenir	memory
la surprise	surprise
la vague	wave

Verbes

arriver	to happen
comprendre	to include
continuer	to continue
décider	to decide
descendre	to go down
devenir	to become
échanger	to exchange
espérer	to hope
monter	to go up, to climb, to get on
mourir	to die
naître	to be born
profiter	to profit, to take advantage
recevoir	to receive
rencontrer	to meet
repartir	to leave again
retourner	to return, to go back again
revenir	to come back, to return
s'arrêter	to stop
sortir	to go out
venir	to come
venir de...	to have just . . .

Adjectifs

accueillant(e)	friendly, hospitable
cher, chère	dear, expensive
fatigant(e)	tiring
haut(e)	high
magnifique	magnificent
merveilleux, merveilleuse	marvelous
militaire	military
précédent(e)	preceding
régulier, régulière	regular
sauvage	wild
situé(e)	situated, located
technique	technical

Adverbes

bientôt	soon
car	because
continuellement	continuously
depuis	since, for
il y a ⟵⟶	ago
longtemps	a long time
malheureusement	unfortunately
même ⎯⎯⎯	even (same?)
pendant	during, for
vite	quickly

Divers

adieu	good-bye
d'outre-mer	overseas
en comparaison	in comparison
en fait	in fact
être en train de	to be in the process of
eux	them
faire le tour	to go around
faire l'ascension	to climb
grosses bises	much love
par contre	on the other hand
tomber en panne	to break down
toutes sortes de	all kinds of

Presque — almost

Chapitre 9

Choix et décisions

Dans ce chapitre vous allez apprendre à...

Parler de votre carrière

1. Parler des intentions, des possibilités et des obligations

2. Parler de quelque chose ou de quelqu'un déjà mentionné

3. Parler de quelqu'un déjà mentionné

Vocabulaire et structures

Mise en train : Professions et métiers

Les verbes **vouloir, pouvoir** et **devoir**

Les pronoms compléments d'objet direct : **le, la, les**

Les pronoms compléments d'objet direct : **me, te, nous, vous**

Mise en train

PROFESSIONS ET MÉTIERS

Je voudrais faire un métier manuel comme...

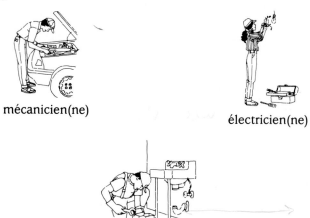

mécanicien(ne)

électricien(ne)

plombier (plombière)

Je préfère un emploi dans l'industrie ou le commerce. Je vais devenir...

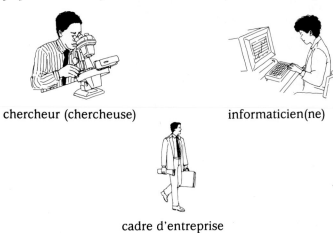

chercheur (chercheuse)

informaticien(ne)

cadre d'entreprise

comptable

ingénieur

Je voudrais travailler dans une profession médicale. Je voudrais être...

dentiste

psychologue

vétérinaire

infirmier, infirmière

médecin

Je préfère une profession libérale comme...

agent publicitaire

avocat(e)

architecte

Je voudrais être mon propre patron. Je voudrais être...

chef d'entreprise

cultivateur (cultivatrice)

commerçant(e)

Je voudrais travailler dans l'enseignement. Je voudrais être...

instituteur, institutrice

professeur de lycée ou d'université

Qu'est-ce qui est important dans le choix d'un emploi?

un salaire élevé *(high salary)*
un horaire souple *(flexible schedule)*
pouvoir travailler à plein temps *(full time)* ou à mi-temps *(part time)*
la sécurité de l'emploi
de bonnes conditions de travail
la place à l'initiative personnelle
le prestige social
le temps libre pour la famille et les loisirs
le contact humain
les possibilités de promotion

Communication et vie pratique

A. **Choix et décisions.** Look at the professions in the **Mise en train.** Choose the professions you find interesting and tell why. Also mention the professions that do not interest you and explain why.

> EXEMPLES **Je voudrais être vétérinaire parce que j'aime les animaux.**
> *ou :* **Je ne voudrais pas être comptable parce que je trouve les maths difficiles.**
> *ou :* **Je voudrais bien être professeur mais je ne suis pas assez patient(e).**

B. **L'important.** What is most important for you in choosing a profession or a job? Examine the following advantages and tell how important each is.

c'est très important	c'est assez important	ce n'est pas très important	c'est sans importance

EXEMPLE   La sécurité de l'emploi...?
Oui, c'est assez important pour moi.

1. la sécurité de l'emploi
2. un salaire assez élevé
3. de bonnes conditions de travail
4. un horaire souple
5. la place à l'initiative personnelle
6. un travail intéressant
7. le prestige social
8. le contact humain
9. les possibilités de promotion
10. un travail qui laisse du temps libre pour la famille et les loisirs
11. la possibilité de voyager

C'est votre tour. Imaginez que vous travaillez pour une agence de placement où vous aidez les gens à trouver du travail. Faites une interview avec un(e) autre étudiant(e) et suggérez des emplois possibles. Préparez une liste des questions que vous allez poser aux candidats (priorités, préférences, aptitudes). Les candidats vont faire un résumé de leurs talents, expérience, etc.

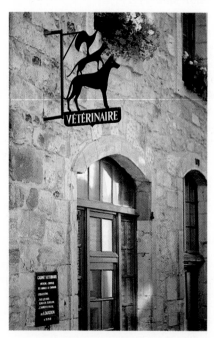

VÉTÉRINAIRE

Exploration 1

POUR PARLER DES INTENTIONS, DES POSSIBILITÉS ET DES OBLIGATIONS

Les verbes **vouloir, pouvoir** et **devoir**

SITUATION
Un petit service

Emmanuel cherche du travail. Il a rendez-vous avec le patron d'une entreprise, et il voudrait emprunter la voiture de sa sœur pour aller à cette interview.

EMMANUEL Dis, Sylvie, est-ce que je pourrais emprunter ta voiture demain?

SYLVIE Et pourquoi veux-tu emprunter ma voiture? Ta voiture ne marche pas?

EMMANUEL Non, elle est en panne, et je dois aller en ville pour une interview. C'est vraiment important, tu sais.

SYLVIE Voyons ce que je peux faire... Je dois faire des courses... mais ça peut attendre.

---

je pourrais emprunter *I could borrow*   **veux-tu** *do you want*
je dois *I have to*   **tu sais** *you know*   **ça peut attendre** *that can wait*

Avez-vous bien compris?

Complétez les phrases suivantes.

1. Qu'est-ce qu'Emmanuel doit faire demain matin?
2. Pourquoi ne peut-il pas utiliser sa voiture?
3. Qu'est-ce qu'il demande à sa sœur?
4. Est-ce que sa sœur accepte?

Présentation

The verbs **pouvoir** *(to be able, can, may)* and **vouloir** *(to want, to wish)* have similar irregularities of form.

pouvoir To be Able /CAN /MAY	
je **peux**	nous **pouvons**
tu **peux**	vous **pouvez**
il / elle / on **peut**	ils / elles **peuvent**
passé composé : j'**ai pu**	

vouloir want/wish	
je **veux**	nous **voulons**
tu **veux**	vous **voulez**
il / elle / on **veut**	ils / elles **veulent**
passé composé : j'**ai voulu**	

Est-ce que je **peux** sortir?	*May I go out?*
Ils **peuvent** faire ce qu'ils veulent.	*They can do what they want.*
Nous ne **voulons** pas rester ici.	*We don't want to stay here.*

A. **Pouvoir** and **vouloir** are often used to make requests. Contrast the direct, almost blunt forms in the first column below with the more polite forms in the second column.

Je veux...	*I want . . .*	Je voudrais...	*I would like . . .*
Je peux...	*I can . . .*	Je pourrais...	*I could . . .*
Peux-tu?	*Can you?*	Pourrais-tu?	*Could you?*
Pouvez-vous?	*Can you?*	Pourriez-vous?	*Could you?*
Veux-tu?	*Do you want?*	Voudrais-tu?	*Would you like?*
Voulez-vous?	*Do you want?*	Voudriez-vous?	*Would you like?*

B. In the **passé composé**, **pouvoir** and **vouloir** have special meanings.[1]

Elle **n'a pas voulu** obéir.	*She refused to obey.*
Ils **n'ont pas pu** venir.	*They were not able to come (though they tried).*
Elle **a pu** trouver un bon travail.	*She succeeded in finding a good job.*

---

[1] For recognition only.

C. **Devoir** *(to have to, must)* is also an irregular verb.

devoir	HAVE TO , Must
je **dois**	nous **devons**
tu **dois**	vous **devez**
il / elle / on **doit**	ils / elles **doivent**
passé composé : j'**ai dû**	

Nous **devons** gagner notre vie. *We must earn our living.*
Tu **dois** rentrer maintenant. *You have to go home now.*
J'**ai dû** parler au patron. *I had to talk to the boss.*
Ils **ont dû** oublier. *They must have forgotten.*

Préparation

A. **Possibilités.** Marc and some friends are talking about possible part-time jobs. What do they say?

MODÈLE David / travailler dans une colonie de vacances
David peut travailler dans une colonie de vacances.

1. je / travailler dans un bureau
2. nous / travailler dans un restaurant
3. tu / garder des enfants
4. mes frères / faire un travail manuel
5. Véronique / donner des leçons d'anglais
6. vous / faire le ménage chez les gens

B. **Intentions.** The following people are talking about what they want to do this weekend. What do they say?

MODÈLE Laurent / aller au cinéma
Laurent veut aller au cinéma.

1. je / inviter des amis à dîner
2. nous / aller voir des amis
3. Virginie et Marc / faire du camping
4. tu / regarder la télévision
5. vous / aller à la campagne
6. Mireille / aller au théâtre

C. **Obligations.** What do Pascale and her friends have to do this weekend?

MODÈLE Pascale / ranger sa chambre
Pascale doit ranger sa chambre.

1. Marc / faire ses devoirs
2. nous / faire des courses
3. Véronique / préparer le dîner
4. tu / aller voir tes amis
5. je / faire la vaisselle
6. mes amis / travailler

D. **Un travail d'été.** Richard is thinking about getting a summer job and is examining his wishes, possibilities, and obligations. Using **pouvoir, vouloir,** or **devoir,** tell what he says.

MODÈLE (possibilité) faire un travail manuel
Je peux faire un travail manuel.

1. (intention) ne pas travailler dans un bureau
2. (possibilité) travailler dans l'usine de mon oncle
3. (possibilité) commencer vers la fin du mois de mai
4. (obligation) revenir à l'université au mois de septembre
5. (obligation) gagner de l'argent pour payer mes études
6. (obligation) travailler pendant tout l'été
7. (intention) ne pas passer tout mon temps à travailler
8. (intention) ne pas faire un travail trop difficile

Communication et vie pratique

A. **Trouvez un(e) étudiant(e)...** Ask questions to find out who in your class can, wants to, or has to do the following things.

Trouvez un(e) étudiant(e)...
1. qui veut aller dans un pays étranger
2. qui veut être journaliste
3. qui veut être riche et célèbre
4. qui peut raconter des histoires amusantes
5. qui peut persuader le prof de changer la date de l'examen
6. qui doit étudier pour un examen ce soir
7. qui doit travailler ce soir

B. **Conflits.** Make a list of the things you (or people you know) have to do next week and then tell whether you want to or can do them.

EXEMPLES **Je voudrais faire du ski, mais je ne peux pas. Je dois travailler.**
ou : **Mon camarade de chambre doit étudier pour un examen de mathématiques, mais il ne veut pas étudier.**

C. **Vouloir, c'est pouvoir.** Using the suggestions below or adding ideas of your own, create sentences that describe what you want to do now or later.

EXEMPLE **Je veux avoir une profession intéressante, mais je ne veux pas habiter dans une grande ville.**

avoir des enfants / être heureux (heureuse) / voyager dans des pays étrangers / faire le tour du monde / avoir une vie simple et tranquille / aider les autres / habiter à la campagne / avoir une belle maison / continuer mes études / avoir un travail intéressant / gagner beaucoup d'argent / ?

C'est votre tour. Votre voiture est en panne mais vous devez aller à un rendez-vous important. Expliquez votre situation à un ami ou à un parent et demandez-lui si vous pouvez emprunter sa voiture. Votre ami(e) ou parent, joué(e) par un(e) autre étudiant(e), veut être sûr(e) que c'est pour une bonne raison.

Exploration 2

POUR PARLER DE QUELQUE CHOSE OU DE QUELQU'UN DÉJÀ MENTIONNÉ

Les pronoms compléments d'objet direct : le, la, les

SITUATION

Travail et famille

En France, les femmes ont seize semaines de congé de maternité pour la naissance d'un bébé et leur emploi est assuré pendant un an. Madame Seguin, qui vient d'avoir son deuxième enfant, a décidé de reprendre son travail, mais elle a besoin de quelqu'un pour garder les enfants. Elle parle avec son mari.

MME SEGUIN J'ai parlé avec la directrice du jardin d'enfants. Je la trouve très bien... Elle a accepté de prendre Corinne.

M. SEGUIN Ils peuvent la garder toute la journée?

MME SEGUIN Oui, je peux la déposer le matin, et toi, tu peux aller la chercher le soir après ton travail.

M. SEGUIN Et le bébé?

MME SEGUIN Je pourrais le mettre dans une crèche, mais maman a accepté de le garder.

---

congé de maternité *maternity leave* **naissance** *birth* **elle a besoin de** *she needs* **jardin d'enfants** *kindergarten* **je la trouve** *I find her* **la déposer** *drop her off* **le mettre** *put him* **crèche** *daycare center*

Avez-vous bien compris?

Est-ce que les phrases suivantes sont vraies ou fausses? Si la phrase est fausse, corrigez-la.

1. Mme Seguin va mettre Corinne dans un jardin d'enfants.
2. C'est son mari qui va déposer Corinne au jardin d'enfants chaque matin.
3. Elle va mettre le bébé dans une crèche.

Présentation

In French, third-person direct object pronouns have the same forms as the definite article (**le** : *him, it;* **la** : *her, it;* and **les** : *them*). They agree in gender and number with the nouns they replace.

Elle fait le ménage.	Elle **le** fait.
Elle fait la vaisselle.	Elle **la** fait.
Elle fait les courses.	Elle **les** fait.

A. Direct object pronouns are placed immediately before the verb. When the verb begins with a vowel or vowel sound, however, **le** and **la** change to **l'**.

Il aime la géographie.	Il **l'**aime.
Il n'aime pas les sciences.	Il ne **les** aime pas.

Note that direct object pronouns can also replace proper nouns or nouns introduced by possessive or demonstrative adjectives.

Nous trouvons Anne intéressante.	Nous **la** trouvons intéressante.
Elles ne font pas bien leur travail.	Elles ne **le** font pas bien.
Préférez-vous cet appartement?	**Le** préférez-vous?

B. With compound tenses such as the **passé composé,** direct object pronouns precede the auxiliary verb. Past participles agree in number and gender with a preceding direct object; thus, they always agree with direct object pronouns.

Est-ce qu'elle a fait **ses études** en France?	Est-ce qu'elle **les** a fait**es** en France?
Ils n'ont pas invité **leurs amis?**	Ils ne **les** ont pas invité**s?**
Avez-vous fini **vos devoirs?**	**Les** avez-vous fini**s?**

C. When an infinitive has a direct object, the direct object pronoun immediately precedes the infinitive.

Je vais acheter ce livre.	Je vais **l'**acheter.
Il n'a pas envie de quitter son emploi.	Il n'a pas envie de **le** quitter.

D. Direct object pronouns can also be used with **voici** and **voilà.**

Voici Paul.	**Le** voici.
Voilà la patronne.	**La** voilà.
Voilà vos amis.	**Les** voilà.

Préparation

A. **Compatibilité.** Anne-Marie is deciding whether or not she and Monique would get along as roommates. Give Monique's answers to her questions.

MODÈLE   Est-ce que tu aimes la musique classique? (oui)
          Oui, je l'aime.

1. Est-ce que tu écoutes souvent la radio? (oui)
2. Est-ce que tu regardes la télé tous les soirs? (non)
3. Est-ce que tu achètes tes provisions au supermarché? (non)
4. Est-ce que tu fais le ménage toutes les semaines? (oui)
5. Est-ce que tu invites souvent tes amis? (non)
6. Est-ce que tu trouves cet appartement agréable? (oui)

B. **En classe d'anglais.** Georges has missed a week of his English class and is asking Monsieur Bacquet how to catch up on his work. Using the cues provided, tell what his teacher suggests.

MODÈLE   Il faut étudier les verbes?
          Oui, vous devez les étudier.

1. Est-ce qu'il faut étudier cette leçon?
2. Est-ce qu'il faut acheter ces livres?
3. Est-ce qu'il faut étudier les verbes?
4. Est-ce qu'il faut écouter les cassettes?
5. Est-ce qu'il faut faire cet exercice?
6. Est-ce qu'il faut apprendre ces mots?

C. **Pense-bête.** Richard is checking off the various items on his reminder list (**pense-bête**). What does he say?

MODÈLES   faire le ménage (oui)
           Je l'ai déjà fait.
   ou :   faire la vaisselle (non)
           Je ne l'ai pas encore faite.

1. acheter les provisions (oui)
2. fermer les fenêtres (oui)
3. faire mon lit (non)
4. préparer le dîner (non)
5. ranger ma chambre (oui)
6. faire la vaisselle (oui)
7. faire mes devoirs (non)
8. finir ce travail (non)

Communication et vie pratique

A. **Conversations.** Answer the following questions or use them to interview another student. Choose one or more of the following topics.

Nourriture et repas
1. Est-ce que tu aimes beaucoup les fruits? et les légumes?
2. Est-ce que tu aimes le poulet? et le poisson?
3. Est-ce que tu aimes le fromage français? et le pain français?
4. Est-ce que tu aimes beaucoup le café? et le thé? et l'eau minérale?
5. ?

Activités de loisir

1. Est-ce que tu écoutes souvent la radio?
2. Est-ce que tu aimes regarder la télé?
3. Est-ce que tu aimes faire la cuisine?
4. Est-ce que tu invites souvent tes amis à dîner?
5. ?

Obligations

1. Est-ce que tu as appris tes leçons pour aujourd'hui?
2. Est-ce que tu as fait tes devoirs pour demain?
3. Est-ce que tu as fait la vaisselle hier soir?
4. Est-ce que tu as fait ton lit ce matin?
5. ?

Vacances

1. Où est-ce que tu as passé tes vacances l'été dernier?
2. Où est-ce que tu vas passer tes vacances cette année?
3. Est-ce que tu as déjà visité le Canada? le Mexique? l'Europe?
4. Est-ce que tu as envie de visiter la France un jour?
5. ?

B. **Il faut les aider!** Some naive first-year students seem to be puzzled about various things. What advice would you give them?

EXEMPLE   nos devoirs / les faire maintenant ou plus tard?
        Il faut les faire maintenant.

1. nos leçons / les étudier chaque jour ou le jour avant l'examen?
2. nos provisions / les acheter dans les petits magasins ou au super-marché?
3. le ménage / le faire chaque semaine ou seulement une fois par mois?
4. la vaisselle / la faire tous les jours ou seulement quand c'est nécessaire?
5. nos amis / les inviter tout le temps ou seulement pendant le week-end?
6. nos devoirs / les faire le matin ou le soir?

C'est votre tour. Vous avez décidé d'aller passer le week-end dans une autre ville. Vous avez un chien et un chat et vous avez besoin de quelqu'un pour les garder. Vous demandez aux autres étudiants de la classe s'ils peuvent le faire. Tout le monde a des excuses, mais insistez.

Exploration 3

POUR PARLER DE QUELQU'UN DÉJÀ MENTIONNÉ

Les pronoms compléments d'objet direct : **me, te, nous, vous**

SITUATION
Voyage d'affaires

Le patron de Michel Maréchal doit aller aux États-Unis en voyage d'affaires. Il invite Michel à l'accompagner.

LE PATRON   Maréchal, je pars aux États-Unis la semaine prochaine. Je vous invite à m'accompagner.

MICHEL   Moi? Vous m'invitez à aller aux USA avec vous?

LE PATRON   Oui, j'ai besoin de quelqu'un pour m'aider et vous parlez très bien anglais, n'est-ce pas?

MICHEL   Vous me flattez, monsieur!

LE PATRON   Non, non, pas du tout. Je vous trouve dynamique et débrouillard. J'aime ça.

MICHEL   Je vous remercie.

LE PATRON   Inutile de me remercier. Maintenant, je vous quitte. Il y a un client qui veut me voir.

Je vous invite à m'accompagner *I invite you to accompany me*
débrouillard *resourceful*   **je vous remercie** *I thank you*
inutile de *no need to*

Avez-vous bien compris?

Répondez aux questions suivantes.

1. Où est-ce que le patron de Michel doit aller?
2. Pourquoi l'invite-t-il à l'accompagner?
3. Comment est-ce qu'il trouve Michel?

Présentation

The first- and second-person direct object pronouns are used only to refer to people.

Les pronoms compléments d'objet direct

Singular		
Subject	*Direct Object*	*Examples*
je	**me (m')**	Ils **me** cherchent.
tu	**te (t')**	Ils **te** cherchent.
il	**le (l')**	Ils **le** cherchent.
elle	**la (l')**	Ils **la** cherchent.

Plural		
Subject	*Direct Object*	*Examples*
nous	**nous**	Ils **nous** cherchent.
vous	**vous**	Ils **vous** cherchent.
ils	**les**	Ils **les** cherchent.
elles	**les**	Ils **les** cherchent.

A. Like **le, la,** and **les,** these pronouns are placed directly before the conjugated verb or the infinitive of which they are the object.

Elle **te** cherche.
Tu ne **nous** comprends pas.
Elle va **les** accompagner.

B. As you have already seen, the past participle of a verb in the **passé composé** agrees with the direct object pronoun.

Il ne m'a pas **regardé(e).**
Elle ne nous a pas **aidé(e)s.**

C. Direct object pronouns are often used with verbs that describe interactions between people.

accepter	comprendre	insulter
admirer	critiquer	intéresser
aider	embêter *(to annoy)*	inviter
aimer	emmener *(to take along)*	respecter

Préparation

A. Est-ce que tu m'aimes? Danielle's boyfriend is very insecure and needs a lot of reassurance. Give Danielle's answers to his questions.

> MODÈLE   Est-ce que tu m'aimes?
> **Mais oui, je t'aime.**

1. Est-ce que tu m'aimes beaucoup?
2. Est-ce que tu m'admires un peu?
3. Est-ce que tu me comprends?
4. Est-ce que tu me trouves amusant?
5. Est-ce que tu vas m'inviter chez tes parents ce week-end?
6. Est-ce que tu viens me chercher ce soir?

B. Réciprocité. Violette is talking about what she and her friends do for each other. Complete her statements.

> MODÈLE   Je les écoute...
> **Je les écoute et ils m'écoutent.**

1. Je les respecte...
2. Je les aime bien...
3. Je les laisse tranquilles...
4. Je ne les critique pas...
5. Je les aide...
6. Je les trouve intéressants...
7. Je ne les oublie pas...
8. Je ne les embête pas... .

C. Ce n'est pas juste. Christophe and Michel are not happy with the way their friends are treating them. Complete their statements.

> MODÈLE   Nous les aimons bien...
> **Nous les aimons bien, mais ils ne nous aiment pas.**

1. Nous les respectons...
2. Nous les écoutons...
3. Nous les trouvons intéressants...
4. Nous les comprenons...
5. Nous les aidons...
6. Nous les invitons souvent...

D. Opinions. Marc has been asked how his sister feels about different people and things. How does he answer these questions?

> MODÈLE   Est-ce que Véronique trouve Michel amusant? (oui, assez)
> **Oui, elle le trouve assez amusant.**

1. Est-ce que Véronique nous apprécie? (non, pas assez)
2. Est-ce qu'elle te comprend? (oui, en général)
3. Est-ce qu'elle aime ses cours? (oui, beaucoup)
4. Est-ce qu'elle me trouve sympathique? (oui, très)
5. Est-ce qu'elle te trouve sympa aussi? (bien sûr)
6. Est-ce qu'elle t'embête? (oui, quelquefois)
7. Est-ce qu'elle aime son prof d'anglais? (oui, beaucoup)

Communication et vie pratique

A. **Conversations.** Answer the following questions or use them to interview another student. Pick several of the topics below.

Loisirs
1. Est-ce que tu invites quelquefois chez toi tes amis?
2. Est-ce qu'ils t'invitent aussi?
3. Est-ce que tu aimes les films étrangers?
4. Est-ce que tes amis et toi, vous aimez regarder la télé ensemble?
5. Est-ce que tu regardes les informations tous les jours?

L'amitié
1. Est-ce que tes amis t'aident quand tu as des problèmes?
2. Est-ce que tu les aides aussi?
3. Est-ce qu'ils t'embêtent quelquefois?
4. Et toi, est-ce que tu les embêtes aussi?
5. Est-ce que tes amis te comprennent?
6. Et toi, est-ce que tu les comprends?

Et les profs?
1. En général, est-ce que tu aimes tes profs?
2. Est-ce que tu trouves tes profs sympathiques?
3. Est-ce qu'ils t'aident quand tu ne comprends pas?
4. Est-ce que tu comprends toujours le prof de français?

B. **Décisions.** Ask other students whether or not the following suggestions for summer activities interest them, and why.

EXEMPLE   travailler dans un restaurant
— **Travailler dans un restaurant, ça t'intéresse?**
— **Oui, ça m'intéresse beaucoup parce que j'aime être libre pendant une partie de la journée.**
ou : — **Non, ça ne m'intéresse pas du tout. C'est un travail que je déteste.**

1. passer l'été dans un pays où on parle français
2. rester à l'université
3. passer l'été à la plage
4. rester à la maison
5. travailler dans une usine
6. faire du camping
7. étudier dans un pays étranger
8. travailler dans un hôpital

 C'est votre tour. Un de vos professeurs—joué(e) par un(e) autre étudiant(e)—travaille sur un projet important. Il (Elle) a une très bonne opinion de vous et surtout, il (elle) a besoin de quelqu'un pour l'aider. Utilisez la **Situation** comme modèle.

Intégration et perspectives

Vive l'initiative personnelle

Si votre formation ne vous offre pas les débouchés que vous désirez ou si le travail que vous faites ne vous satisfait pas, la solution est peut-être d'inventer votre emploi comme l'ont fait ces jeunes Québécois.

Caroline Dubost

Professeur d'histoire dans un CEGEP[2], Caroline Dubost a des élèves qui ne sont pas très studieux. Elle est fatiguée d'enseigner à des jeunes qui n'ont pas vraiment envie d'apprendre. Elle choisit d'abandonner l'enseignement et de travailler dans une agence immobilière. Ça réussit. Les affaires marchent si bien qu'elle décide de créer sa propre agence. Elle a maintenant une douzaine d'employés qui travaillent pour elle. Elle peut organiser son temps comme elle veut et elle gagne quatre fois plus que dans l'enseignement.

---

[2] **Collège d'enseignement général et professional :** une école intermédiaire entre l'école polyvalente et l'université.

François Joyet

François Joyet grandit dans un petit village sur la côte de Gaspésie. Il passe des journées entières sur l'eau avec son grand-père. Il est heureux. Mais il doit aussi gagner sa vie. Il quitte son village pour aller faire des études de mathématiques supérieures à l'université. Il entre dans la marine dans l'espoir de réaliser son rêve : passer sa vie sur un bateau. En réalité, il passe presque tout son temps dans un bureau et le travail qu'il fait l'embête. Il décide de quitter son poste et d'acheter un bateau. Pour gagner sa vie il loue son bateau et ses services aux visiteurs qui veulent explorer la côte ou faire des mini-croisières. Les débuts sont difficiles et ses revenus sont irréguliers mais maintenant il est son propre patron et il mène une vie qu'il aime.

Marie Magnien

Marie Magnien est diplômée d'une grande école de cuisine. Elle travaille d'abord dans le restaurant d'un grand hôtel. Mais c'est un travail qu'elle partage avec une dizaine d'autres cuisiniers. Ce n'est pas ce qu'elle veut. Acheter son propre restaurant est un rêve qu'elle n'a pas les moyens de réaliser. Que faire? Elle finit par avoir une idée. Beaucoup de gens n'ont pas toujours le temps ni le talent nécessaire pour préparer les plats qu'ils veulent servir[3] à leurs invités. Elle place une annonce dans le journal. Au début, les clients sont rares. Il faut du temps pour établir sa réputation. Mais maintenant ses affaires marchent si bien qu'elle a une longue liste d'attente et elle va embaucher plusieurs assistants.

---

formation *training, education* **débouchés** *job openings* **enseigner** *teaching* **n'ont pas envie** *don't want* **abandonner** *to give up* **immobilière** *real-estate* **marine** *navy* **espoir** *hope* **bateau** *boat* **loue** *rents* **mini-croisières** *mini-cruises* **mène** *leads* **d'abord** *at first* **finit par** *ends up* **ni** *nor* **annonce** *advertisement* **journal** *newspaper* **liste d'attente** *waiting list* **embaucher** *to hire*

Avez-vous bien compris?

Répondez aux questions suivantes selon les renseignements donnés dans le texte.

1. En quoi consiste le premier travail de Caroline et pourquoi n'est-elle pas satisfaite de ce travail?
2. Qu'est-ce qu'elle a décidé de faire? Est-ce qu'elle est contente de son choix? Pourquoi ou pourquoi pas?
3. Quel est le rêve de François et comment a-t-il réalisé son rêve?

---

[3] **Servir** is conjugated like **partir** and **sortir**.

4. Pourquoi Marie Magnien n'est-elle pas satisfaite de son premier travail? Quelle solution finit-elle par trouver?
5. François et Marie sont-ils contents des emplois qu'ils ont créés? Expliquez votre réponse.
6. Suggérez un nom pour la nouvelle entreprise de François et pour la nouvelle entreprise de Marie.

Notes culturelles ✣ ✣ ✣ ✣ ✣ ✣ ✣ ✣ ✣

Choix d'un métier

«*P*our vous, qu'est-ce qui compte le plus dans le choix d'un métier?» C'est la question qu'on a posée aux jeunes Français au cours d'un récent sondage. Voici leurs réponses. Notez les différences d'opinion entre les filles et les garçons.

	Garçons	Filles
Salaire	71,7%	57,7%
Temps consacré à la famille	56,3	65,6
Stabilité de l'emploi	56,0	56,8
Contacts humains	24,7	40,9
Activités de loisir	28,9	26,7
Avantages sociaux	26,9	16,2
Travail intéressant	17,2	22,6
Possibilité de promotion	10,3	4,8
Prestige social	1,8	1,6

En général, pour les filles, la considération la plus importante est le temps libre pour la famille. Cette différence reflète le double rôle que les femmes jouent dans la société moderne. Elles travaillent et elles désirent avoir une carrière intéressante mais elles savent aussi que, malgré les énormes progrès accomplis, les responsabilités familiales reposent surtout sur les femmes. Le sondage révèle aussi que les filles acceptent plus facilement les responsabilités dans leur travail aussi bien que dans la famille. Les contacts humains sont aussi plus importants pour les filles que pour les garçons. La majorité des femmes continuent à travailler dans des domaines tels que l'enseignement, les professions para-médicales, les services sociaux et les services publics. Il faut mentionner cependant que toutes les professions sont ouvertes aux femmes et qu'un nombre de plus en plus grand de femmes choisissent des professions non traditionnelles. Les garçons, par contre, ont tendance à préférer les carrières dans l'industrie, la technologie, les sciences et le commerce.

---

consacré *devoted*   **savent** *know*   **malgré** *despite*   **reposent** *rest*   **plus** *more*   **aussi bien que** *as well as*   **que** *than*   **tels que** *such as*   **l'enseignement** *teaching*   **cependant** *however*

Communication et vie pratique

A. **Offres d'emploi.** Voici des offres d'emploi pour étudiants. Elles viennent d'un journal français. Remarquez qu'on utilise des abréviations dans ces annonces (e.g., pr. : pour; ang. : anglais; sér. : sérieux; sem. : semaine). Étudiez d'abord ces annonces et ensuite choisissez l'emploi qui vous intéresse le plus. Il faut aussi expliquer votre choix (e.g., intérêts, qualifications, expérience).

Étudiant(e) pr. accomp. dame âgée aller retour Paris Orléans les me. et sa. chaq. sem. juill. et août. tél. 426 46 27 mat.

Étudiant(e) parlant espagnol pr aider mère fam. garder enfs à la campagne et bord de mer, juil., sept., tél. OPE 1973.

Étudiant(e) pour garder 3 enfants, pendt. qq mois, Côte d'Azur, Mme Junot, tél. PAS 22 41.

Étudiant(e) parlant ang. pr réception, hôtel, trav. de nuit. Hôtel Terminus, 42 Rue de Vaugirard, Paris, 15e.

Étud. aimant livres pr. passer été en famil. Bretagne, contacter Mme Carnot, 764 Rue des Martyrs, Paris, 18e.

Étudiant sér. énerg. sportif, travail de moniteur pr groupe garçons 12 ans, colonie de vacances Alpes, 3 sem. août. Contacter Directeur, Centre Bel Air, 12 Av. du Mont Blanc, Chamonix.

EXEMPLE   **Je voudrais travailler comme moniteur (monitrice) dans une colonie de vacances parce que j'aime les enfants et je suis très sportif (sportive).**

B. **Inventez votre emploi!** Alone or with other students, create a job based on your individual or combined talents. Use the guidelines below to assess your possibilities.

Vos qualités :
Nous sommes très indépendants, etc.

Vos aptitudes :
Nous pouvons parler français, etc.

Vos préférences :
Le prestige social ne compte pas beaucoup pour nous, etc.

Solution :
Nous pouvons enseigner le français aux enfants le samedi matin.

C. **Lettre de demande d'emploi.** Vous avez trouvé dans le journal une offre d'emploi qui vous intéresse et vous avez décidé de poser votre candidature. (Choisissez une des offres d'emploi dans la Communication A ou bien trouvez dans un journal français une autre offre qui vous intéresse.) Voici le commencement et la fin d'une lettre de demande d'emploi. Complétez le reste de la lettre.

Votre nom et adresse   La date

                                                  Le nom et l'adresse de
                                                  votre correspondant(e)
Monsieur (Madame),

En réponse à l'annonce d'offre d'emploi que vous avez mise dans le journal, je voudrais me présenter comme candidat(e)...

Veuillez agréer, Monsieur (Madame), mes salutations respectueuses.

                                                  Signature

D. **Interview.** Vous avez un rendez-vous avec vos employeurs éventuels. D'autres étudiants vont jouer le rôle des employeurs. Voici quelques questions que vous pouvez utiliser.

Questions que l'employeur peut poser :
1. Quel âge avez-vous?
2. Quelle est votre nationalité?

3. Est-ce que vous avez de l'expérience? Est-ce que vous avez déjà travaillé?
4. Avez-vous des lettres de recommandation?
5. Quel salaire espérez-vous gagner?
6. Est-ce que vous avez des talents particuliers?
7. Aimez-vous les enfants? (les livres, les animaux, etc.?)
8. ?

Suggestions pour le candidat :
1. Est-ce que je dois travailler tous les jours?
2. Quelles vont être mes heures de travail?
3. Quel va être mon salaire?
4. Est-ce que je peux faire des heures supplémentaires?
5. Quelles vont être mes responsabilités?
6. Quand est-ce que je peux commencer à travailler?
7. ?

DEMANDE D'EMPLOI

I - ÉTAT CIVIL ET SITUATION DE FAMILLE

Nom : . . . . Prénoms : . . . .

Nationalité : . . . .

Date et lieu de naissance : . . . .

Adresse : . . . .

Téléphone : . . . .

Situation de famille :   célibataire - marié(e) -
        séparé(e)-divorcé(e) -
Nombre d'enfants :
NOM, Prénoms, sexe, date de naissance des enfants :
1 -   4 -
2 -   5 -
3 -   6 -

II - SITUATION MILITAIRE

Avez-vous accompli votre Service National?   Oui - Non

Si oui, durée du service accompli : . . . . an(s) . . . . mois

III - ÉTUDES

École fréquentée :

Diplômes obtenus :

IV - SITUATION ACTUELLE

Emploi actuellement occupé par le candidat :

Employeur :

Salaire moyen :

E. **Demande d'emploi.** Vous travaillez dans une administration où vous êtes chargé(e) du recrutement des futurs employés (joués par d'autres étudiants de la classe). Votre rôle est d'interviewer des candidats et de remplir (*fill out*) la fiche de demande d'emploi de la page 210. Déterminez aussi le genre de travail que les candidats cherchent et les qualifications qu'ils possèdent. Ensuite faites un rapport de l'interview. N'oubliez pas de mentionner votre opinion du candidat.

INVITATION À ÉCOUTER

Choix d'un métier. Michel voudrait devenir professeur mais son père préfère qu'il étudie le droit pour pouvoir travailler dans sa compagnie. Au début, Michel fait ce que son père veut, mais après il commence à avoir ses doutes. Écoutez Michel et ensuite répondez aux questions suivantes.

1. Pourquoi est-ce que Michel étudie le droit?
2. Qu'est-ce que Michel pense du commerce?
3. Qu'est-ce que Michel trouve important dans un métier?
4. Quelle profession préfère-t-il?
5. Qui veut être cadre dans la compagnie du père de Michel?

PRONONCIATION ET ORTHOGRAPHE

A. Certain French vowels are pronounced with the lips rounded and the tongue forward (i.e., resting against the back of the lower front teeth). These vowels in order of increasing openness are:

/y/ as in **du**
/ø/ as in **deux**
/œ/ as in **jeune**

Since these vowels do not exist in English, learning to pronounce them requires special care. Make sure that your tongue is pressed against your teeth when you pronounce these sounds. Practice repeating the following sequences:

/y/ $\longrightarrow$ /ø/ $\longrightarrow$ /œ/

1.	su	ceux	seul
2.	jus	jeu	jeune
3.	pu	peu	peur
4.	plu	pleut	pleure

B. The sounds /ø/ and /œ/ are usually written as **eu**. Whereas /œ/ always occurs in a syllable ending in a consonant sound, /ø/ occurs in syllables ending in a vowel sound or /z/ sound. Compare and repeat the following pairs. Note the role of the /ø/ versus /œ/ contrast in distinguishing the singular and plural of certain verbs as well as the masculine and feminine of certain adjectives and nouns.

	/ø/	/œ/
1.	il veut	ils veulent
2.	il peut	ils peuvent
3.	chanteuse	chanteur
4.	vendeuse	vendeur
5.	menteuse	menteur

Repeat words containing the sound /ø/:

il pleut   sérieux   sérieuse   je veux

Repeat words containing the sound /œ/:

heure   beurre   sœur   moteur

VOCABULAIRE

Noms

les métiers et les professions (voir pp. 189 – 191)

l'**annonce** (f)	*advertisement*
l'**assistant(e)**	*assistant*
le **bateau**	*boat*
le **bébé**	*baby*
le **cadre**	*executive*
le **collège**	*secondary school*
le **commerce**	*business, commerce*
le **congé**	*leave*
le **contact**	*contact*
le **débouché**	*job opening, opportunity*
la **dizaine**	*about ten*
l'**élève** (m,f)	*elementary or secondary school student*
l'**enseignement** (m)	*teaching*
l'**espoir** (m)	*hope*
l'**étude** (f)	*study*
la **formation**	*education, training*
le **journal**	*newspaper, journal*
les **loisirs** (m)	*leisure time, leisure activities*
la **naissance**	*birth*
la **place**	*place, room*
le **poste**	*job, position*
la **promotion**	*promotion*
la **réputation**	*reputation*
la **solution**	*solution*
le **talent**	*talent*
le **village**	*town, village*

Verbes

abandonner	*to give up, to abandon*
accompagner	*to accompany*
admirer	*to admire*
aider	*to help*
apprécier	*to appreciate*
créer	*to create*
critiquer	*to criticize*
devoir	*to have to, must*
embêter	*to annoy*
emprunter	*to borrow*
enseigner	*to teach*
gagner	*to earn, to win*
insulter	*to insult*
intéresser	*to interest*
louer	*to rent*
mener	*to lead*
organiser	*to organize*
pouvoir	*to be able, can*
réaliser	*to achieve, to realize*
remercier	*to thank*
respecter	*to respect*
servir	*to serve*
vouloir	*to want, wish*

Adjectifs

assuré(e)	*assured*
content(e)	*happy, content, glad*
débrouillard(e)	*resourceful*
dynamique	*dynamic*
élevé(e)	*high*
entier, entière	*whole, entire*
humain(e)	*human*
long(ue)	*long*
nécessaire	*necessary*
occupé(e)	*busy, occupied*
propre	*own*
rare	*rare*
satisfait(e)	*satisfied*
social(e), sociaux	*social*

Divers

avoir envie de	*to want, to feel like*
avoir besoin de	*to need*
d'abord	*first*
d'ailleurs	*besides*
être de retour	*to be back*
finir par	*to end up*
gagner sa vie	*to earn a living*
il vaut mieux	*it's better*
inutile de	*no need to*
selon	*according to*

Chapitre 10

Français! Achetez et consommez!

Dans ce chapitre vous allez apprendre à...

Parler de ce qu'on achète dans certains magasins

1. Parler des achats et des ventes

2. Donner des ordres, des suggestions et des conseils

3. Indiquer clairement de qui on parle

Vocabulaire et structures

Mise en train : Les magasins et les marchandises

Vendre et les verbes de la troisième conjugaison

L'impératif

Les pronoms disjoints

Mise en train

LES MARCHANDISES

des revues (f) ou des journaux (m)

un sac à main, un portefeuille, un parapluie

des médicaments (m)

des vêtements (m)

des bijoux (m) et une montre (f)

des chaussures (f)

des jouets (m)

des lunettes (f) et des verres (m)
de contact

du dentifrice, une brosse à dents,
du shampooing, du papier
hygiénique ou d'autres produits
(m) de ce genre

un sèche-cheveux, un rasoir, et
d'autres appareils (m) électriques

des livres (m) ou du papier à lettres

des produits d'entretien pour la maison

du parfum, du maquillage et des produits de beauté

LES MAGASINS

Communication et vie pratique

A. Chez quel marchand? Indiquez ce qu'on achète dans les magasins suivants.

> EXEMPLE   chez un électricien
> **Chez un électricien, on peut acheter des appareils électriques comme un sèche-cheveux ou un rasoir.**

1. dans une pharmacie
2. dans un magasin de chaussures
3. dans un magasin de jouets
4. dans un magasin de vêtements
5. chez un marchand de journaux
6. dans une librairie-papeterie
7. dans une maroquinerie
8. dans une droguerie
9. dans une bijouterie
10. dans une parfumerie
11. chez un opticien

---

[1] A **droguerie** sells household and personal hygiene products; prescription drugs and over-the-counter medications must be purchased at a **pharmacie**.

B. **On fait des courses.** Vous allez faire des courses avec des amis et vous parlez de ce que vous devez acheter. Choisissez l'une des situations suivantes et créez une conversation à ce sujet.

1. Vous allez partir en voyage. De quoi avez-vous besoin et où pouvez-vous acheter ces choses?
2. C'est le début de l'année scolaire et vous avez besoin de différentes choses. Qu'est-ce que vous allez acheter et où allez-vous acheter ces choses?
3. Deux de vos amis viennent de louer un appartement. De quoi ont-ils besoin pour l'appartement et où vont-ils trouver ces choses?

C'est votre tour. Un(e) autre étudiant(e) et vous avez été chargé(e)s d'acheter un cadeau pour un de vos professeurs. Vous examinez les choix possibles, mais vous avez des opinions très différentes.

POUR PARLER DES ACHATS ET DES VENTES

Vendre et les verbes de la troisième conjugaison

SITUATION

Au bureau des objets trouvés

Catherine a perdu son portefeuille. Elle va au bureau des objets trouvés pour voir si quelqu'un l'a trouvé. L'employé est très occupé.

CATHERINE   Monsieur! Monsieur! Il y a un quart d'heure que j'attends!

L'EMPLOYÉ   Ne perdez pas patience, madame! Je suis à vous dans un instant. Voilà... Qu'est-ce que je peux faire pour vous?

CATHERINE   J'ai perdu mon portefeuille.

L'EMPLOYÉ   Où et quand l'avez-vous perdu?

CATHERINE   Je ne sais pas... Hier soir, j'ai rendu visite à une amie qui est à l'hôpital. Avant ça, je suis allée dans un magasin où on vend des cadeaux. J'ai payé avec un billet de 100 francs. Le marchand m'a rendu la monnaie... Ça veut dire que c'est après ça que je l'ai perdu.

L'EMPLOYÉ   Comment est-il, ce portefeuille?

CATHERINE   C'est un portefeuille rouge, avec mes initiales dessus : C. M.

---

j'attends *I've been waiting*   **Ne perdez pas** *Don't lose*   **j'ai rendu visite** *I visited*   **on vend** *they sell*   **cadeaux** *gifts*   **billet** *bill, banknote*   **m'a rendu la monnaie** *gave me back the change*   **dessus** *on it*

Avez-vous bien compris?

Est-ce que les phrases suivantes sont vraies ou fausses? Si la phrase est fausse, corrigez-la.

1. Catherine a perdu son parapluie.
2. Elle va au bureau des objets trouvés pour demander si quelqu'un a trouvé son portefeuille.
3. Hier soir elle a rendu visite à sa grand-mère.
4. Le portefeuille qu'elle a perdu porte ses initiales.

Présentation

Vendre *(to sell)* belongs to a group of French verbs that have infinitives ending in **-re.** The present tense of these verbs is formed by dropping the **-re** from the infinitive and adding the endings shown.

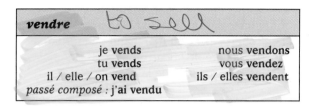

vendre	to sell
je **vends**	nous **vendons**
tu **vends**	vous **vendez**
il / elle / on **vend**	ils / elles **vendent**
passé composé : j'ai **vendu**	

Qu'est-ce qu'on **vend** dans une droguerie?
Janine **a vendu** son vieux vélo.

Note that the **d** is not pronounced in the singular **(il vend)** but is pronounced in the plural **(ils vendent).** In the third-person singular inversion **(vend-il),** the liaison sound is /t/.
    Other **-re** verbs that follow this pattern are:

attendre	*to wait for, to expect*	Georges **attend** Alice devant la bijouterie.
entendre	*to hear*	Répétez, s'il vous plaît. Je n'ai pas bien **entendu.**
perdre	*to lose, to waste*	Vous **perdez** votre temps.
répondre (à)	*to answer*	Est-ce que tu **as répondu** à sa lettre?
rendre + NOUN	*to hand back, to return*	Est-ce que le prof **a rendu** les examens?
rendre + NOUN + ADJECTIVE	*to make*	L'argent ne **rend** pas les gens heureux.
rendre visite à	*to visit (a person)*	Ils **ont rendu visite** à leurs amis canadiens.

Préparation

A. **Au marché aux puces.** On vend un peu de tout au marché aux puces. Que vendent les marchands suivants?

> MODÈLE Annette / livres
> **Annette vend des livres.**

1. les Leclerc / affiches
2. tu / revues
3. nous / chaussures
4. je / vêtements
5. Marcel / bijoux
6. vous / jouets

B. **Où est-ce qu'ils ont attendu?** André va faire des courses avec ses amis. Mais il a oublié où il est supposé les retrouver. Où ont-ils attendu?

MODÈLE Monique / devant le magasin de vêtements
Monique l'a attendu devant le magasin de vêtements.

1. je / près de la pharmacie
2. nous / en face de la bijouterie
3. vous / devant le grand magasin
4. Robert / près du marchand de journaux
5. tu / à côté de la parfumerie
6. les autres / près de la droguerie

Communication et vie pratique

A. **Opinions.** Qu'est-ce qui rend les gens heureux ou malheureux? Répondez aux questions et ensuite comparez vos réponses avec celles *(those)* des autres étudiants.

1. Est-ce que l'argent rend les gens heureux? Si oui, pourquoi? Si non, qu'est-ce qui les rend heureux?
2. Qu'est-ce qui rend les étudiants heureux? Qu'est-ce que les professeurs peuvent faire pour les rendre heureux?
3. Et qu'est-ce que les étudiants peuvent faire pour rendre les professeurs heureux?
4. Qu'est-ce qui rend les parents heureux? Qu'est-ce que les enfants peuvent faire pour rendre leurs parents heureux?
5. Qu'est-ce qui rend les enfants heureux? Qu'est-ce que leurs parents peuvent faire pour les rendre heureux?

B. **Habitudes et préférences.** Répondez aux questions suivantes ou utilisez-les pour interviewer un(e) autre étudiant(e).

1. Est-ce que tu perds souvent patience? Si oui, quand?
2. Est-ce que tu es irrité(e) quand tu perds quelque chose? Est-ce que tu as tendance à perdre tes clés, tes livres, tes notes de classe?
3. As-tu perdu quelque chose récemment? Est-ce que ça t'embête quand une autre personne perd toujours quelque chose?
4. Quelle est ta réaction quand tu es obligé(e) d'attendre?
5. Quand on te téléphone, est-ce que tu réponds toujours?
6. Est-ce que tu rends toujours les choses que tu as empruntées ou est-ce que tu oublies quelquefois de les rendre?

C. **Des produits internationaux.** Dites quels sont les produits étrangers (e.g., **chaussures, journaux, voitures**) qu'on vend dans votre ville.

EXEMPLE **On vend des fromages français et des fromages suisses dans plusieurs magasins.**

C'est votre tour. Imaginez que vous avez perdu quelque chose. Vous expliquez à l'employé(e) du service des objets trouvés ce que vous avez perdu. L'employé(e), joué(e) par un(e) autre étudiant(e), va vous poser des questions pour avoir une bonne description de l'objet perdu et pour savoir où et quand vous l'avez perdu.

Exploration 2

POUR DONNER DES ORDRES, DES SUGGESTIONS ET DES CONSEILS

L'impératif

SITUATION

Dans un grand magasin

Michel travaille dans un grand magasin où il aide les gens à trouver ce qu'ils cherchent. Une cliente et son petit garçon lui demandent des renseignements.

LA CLIENTE	Pardon, monsieur, à quel rayon sont les parapluies?
MICHEL	Au troisième étage, au rayon maroquinerie. Prenez l'ascenseur si vous voulez.
LA CLIENTE	Où est l'ascenseur?
MICHEL	Tournez à droite. Vous ne pouvez pas le manquer.
LA CLIENTE	Est-ce que vous vendez des montres?
MICHEL	Oui, bien sûr. Descendez au sous-sol et allez tout droit jusqu'au fond.
LA CLIENTE *(à son fils)*	Voyons, Gérard, sois sage. Ne touche pas à tout!

renseignements *information* **rayon** *counter, department* **étage** *floor* **ascenseur** *elevator* **sous-sol** *basement* **jusqu'au fond** *to the back* **sois sage** *be good*

Avez-vous bien compris?

Répondez aux questions suivantes.

1. En quoi consiste le travail de Michel?
2. Qu'est-ce que la cliente cherche?
3. Où est le rayon des montres?
4. Est-ce que le fils de la cliente est très sage?

Présentation

Imperative verb forms are used to give orders and advice, to make requests, or to explain how to do something. They are identical to the **tu, nous,** and **vous** forms of the present indicative, with one exception: the final **-s** is dropped from the **tu** form of **-er** verbs, including **aller.** They are used without subject pronouns.

L'impératif		
-er verbs	*-ir verbs*	*-re verbs*
écoute	finis	vends
écoutons	finissons	vendons
écoutez	finissez	vendez

Finis tes études.	*Finish your studies.*
Va chez le médecin.	*Go to the doctor.*
Prends un taxi.	*Take a taxi.*

Note that the negative of the imperative is regular.

Ne **travaillez** pas trop.	*Don't work too much.*
Ne **choisissez** pas ce métier.	*Don't choose that career.*
Ne **perds** pas ton argent.	*Don't lose your money.*

A.   The **nous** form of the imperative is used for the *let's* form of command.

Finissons notre travail.	*Let's finish our work.*
Ne **perdons** pas notre temps!	*Let's not waste time!*
N'**attendons** pas ici.	*Let's not wait here.*

B.   The verbs **être** and **avoir** have irregular imperatives.

être	*avoir*
sois	aie
soyons	ayons
soyez	ayez

Sois calme!	*Be calm!*
Soyons prudents.	*Let's be careful.*
N'**aie** pas l'air si triste.	*Don't look so sad.*

C.   In affirmative commands, direct object pronouns follow the verb and **moi** and **toi** replace **me** and **te**. In negative commands, the direct object pronoun remains in its usual place before the verb, and its form does not change.

Achetez-**le**.	Ne **l'**achetez pas.
Vendez-**les**.	Ne **les** vendez pas.
Attendez-**moi**.	Ne **m'**attendez pas.

D. The imperative is used in common expressions.

Sois sage!	*Be good!*
Sois gentil!	*Be nice!*
Allons-y!	*Let's go!*
Voyons.	*Let's see.*
Faites attention!	*Be careful! (Pay attention!)*
Ne faites pas de bruit.	*Don't make any noise.*

Préparation

A. **Un homme difficile à satisfaire.**   Lucette pense aux choses qu'elle va peut-être faire. Antoine, qui est de mauvaise humeur *(in a bad mood)*, contredit tout ce qu'elle dit. Qu'est-ce qu'il répond?

MODÈLE   Je vais rester à la maison.
Ne reste pas à la maison.

1. Je vais étudier ce matin.
2. Je vais prendre l'autobus.
3. Je vais faire la cuisine.
4. Je vais aller à la boulangerie.
5. Je vais regarder la télé.
6. Je vais être en retard.
7. Je vais finir mon travail maintenant.

B. **À l'agence publicitaire.**   Des agents publicitaires sont en train de préparer des slogans pour encourager les gens à voyager. Quels sont ces slogans?

MODÈLES   choisir notre hôtel
Choisissez notre hôtel.

ne pas prendre de risques
Ne prenez pas de risques.

1. faire le voyage de vos rêves
2. choisir Air France
3. prendre le train
4. descendre sur la côte
5. louer une voiture de sport
6. oublier vos ennuis
7. ne pas partir sans votre carte de crédit
8. ne pas rester chez vous
9. venir respirer le bon air des montagnes
10. ne pas travailler tout le temps

C. **Suggestions.** André demande conseil à Daniel. Qu'est-ce que Daniel lui répond?

MODÈLES Je vends ma voiture? (oui)
Oui, vends-la.

Je vends mon vélo? (non)
Non, ne le vends pas.

1. J'achète cette affiche? (non)
2. Je fais la vaisselle maintenant? (oui)
3. J'attends Micheline? (non)
4. Je prends le train? (oui)
5. J'écris cette lettre? (oui)
6. Je finis ce rapport maintenant? (non)
7. Je t'attends après la classe? (oui)
8. Je t'attends devant la bibliothèque? (non)

Communication et vie pratique

A. **Conseils.** Quels conseils allez-vous donner à des étudiants qui commencent leurs études dans votre université? Utilisez les questions suivantes comme point de départ.

EXEMPLE habiter dans une résidence universitaire
N'habitez pas dans une résidence universitaire. Habitez dans un appartement.

1. être patient
2. choisir des cours faciles
3. passer tout votre temps à étudier
4. habiter près de l'université
5. passer votre temps dans les cafés
6. oublier de rendre vos devoirs
7. faire bien attention en classe
8. attendre la fin du trimestre pour étudier

B. **Et encore des conseils.** Quels conseils allez-vous donner aux personnes suivantes?

EXEMPLE aux professeurs
Ne donnez pas d'examens le lundi ou le vendredi.

1. aux professeurs
2. aux futurs parents
3. aux enfants
4. aux touristes français qui viennent aux États-Unis
5. aux touristes américains qui vont en France
6. à l'administration de votre université

C. **Slogans.** Préparez des slogans publicitaires pour des produits ou des services susceptibles d'intéresser différents groupes de consommateurs. Vous pouvez travailler seul ou en petits groupes.

EXEMPLE **Allez au cinéma sans sortir de chez vous; achetez un magnétoscope et louez des vidéo-disques.**

C'est votre tour. Vous travaillez dans un grand magasin et votre travail est d'indiquer aux clients où ils peuvent trouver certains produits. Basé sur le document ci-dessous, quelles réponses allez-vous donner aux questions posées par les clients (joués par les autres étudiants de la classe)?

9	Terrasse. Bar. Roof terrace. Fast food.	Terraza - Cafetería. Dachgarten - Schnellimbis.
8	Camping. Cycles. Camping. Bicycles.	Camping. Bicicletas. Campingausrüstung. Fahrräder.
7	TV, radio, Hi-Fi. TV, radio, Hi-Fi. Meubles. Furniture.	Televisores, radio. Fernsehen, Radio. Muebles. Möbel.
6	Rideaux, tissus ameublement. Curtains, furnishing fabrics.	Cortinas, Guarnición de decoración. Gardinenvorhänge, Möbelstoffe.
5	Meubles. Furniture.	Muebles. Möbel.
4	Tapis - Éclairage. Carpets - Lamps and shades.	Alfombras - Alumbrado. Teppiche - Beleuchtung.
3	Boutique "Primavera" - Jouets. Bagages. Gift boutique Primavera - Toys - Luggage.	Primavera (regalos) - Juguetes - Equipaje. Primavera (Geschenkboutique)- Spielwaren - Koffer.
2	Linge de maison- Literie. Linen - Beds.	Mantelería- Camas. Haushaltswäsche - Betten.
1	Photo - Librairie - Disques - Papeterie. Cameras - Books - Records - Stationery.	Foto - Libros - Discos - Papelería. Foto - Buchhandel - Schallplatten - Papierwaren.
R.-de-C. Street Planta baja Erdgeschoss	Parfums - Cadeaux - Horlogerie - Joaillerie. Perfumes - Souvenirs - Jewellery - Clocks and watches.	Perfumes - Regalos - Relogería - Joyería. Parfümerie - Geschenke - Uhren - Juwelierkunst.
S.S. Basement Sótano Keller	Arts de la table. Orfèvrerie. China. Crystalware. Silverware.	Porcelana. Cristalería. Orfebrería. Porzellan. Kristallwaren. Silberwaren.

Exploration 3

POUR INDIQUER CLAIREMENT DE QUI ON PARLE

Les pronoms disjoints

SITUATION

Un cadeau

Monique vient de rentrer du centre commercial et elle parle avec Sylvie, sa camarade de chambre.

SYLVIE   Te voilà, toi! Tu es allée en ville?

MONIQUE   Oui, Marc et moi, nous sommes allés au centre commercial et après nous sommes allés chez lui.

Français! Achetez et consommez! **225**

SYLVIE	Tu as acheté quelque chose?
MONIQUE	Oui, un petit cadeau.
SYLVIE	Pour qui? Pour moi?
MONIQUE	Non, ce n'est pas pour toi.
SYLVIE	Alors, c'est pour tes parents?
MONIQUE	Non, ce n'est pas pour eux non plus.

---

centre commercial *shopping center, mall* **eux** *them* **non plus** *(not) either*

Avez-vous bien compris?

Répondez aux questions suivantes.

1. Qu'est-ce que Monique a fait aujourd'hui?
2. Est-ce qu'elle est rentrée directement chez elle?
3. Qu'est-ce qu'elle a acheté?
4. Est-ce que ce cadeau est pour ses parents?

Présentation

The disjunctive, or stress, pronouns are:

Les pronoms disjoints			
moi	*I, me*	nous	*we, us*
toi	*you*	vous	*you*
lui	*he, him, it*	eux	*they, them* (m)
elle	*she, her, it*	elles	*they, them* (f)

These pronouns are used:

A. After prepositions.

   Est-ce que tu peux faire ça **pour moi?**
   Voulez-vous venir **avec nous?**
   Ils sont restés **chez eux.**

B. After **c'est** or **ce sont.**

   —Qui a fait cela?
   —**C'est moi.**

   —Est-ce que c'est Jacques?
   —Oui, **c'est lui.**

C. Alone or in short phrases where there is no verb.

—Qui veut encore de la glace?
—**Moi.**

—Qui va faire la vaisselle?
—Pas **moi!**

D. To emphasize the subject of the verb.

Eux, ils ont bu du thé, mais **nous,** nous avons bu du café.
Moi, je suis français. **Lui,** il est suisse.

E. In compound subjects where a pronoun is used for at least one of the persons or items.

Philippe et moi, nous avons faim.
Elle et toi, vous êtes de bonnes amies, n'est-ce pas?

F. With the expression **être à** to indicate possession.
Ce livre n'**est** pas **à moi;** est-ce qu'il **est à toi?**

G. With **-même(s)** to talk about oneself or others (*myself, yourself,* etc.).[2]

Tu l'as fait **toi-même,** n'est-ce pas?
Il fait sa cuisine **lui-même.**

Préparation

A. **Je t'invite.** Monique a reçu plusieurs invitations. Marc lui demande quelle invitation elle va accepter. Qu'est-ce qu'il dit?

MODÈLE   Serge t'invite.
       Veux-tu sortir avec lui?

1. Je t'invite.
2. Madeleine t'invite.
3. Nous t'invitons.
4. Tes amies t'invitent.
5. Laurent et Emmanuel t'invitent.

B. **Quel désordre!** Henri et ses camarades de chambre ont décidé de faire le ménage. Henri veut savoir à qui appartiennent certaines choses.

MODÈLE   Jérôme, il est à toi ce vieux parapluie? (non)
       Non, il n'est pas à moi.

1. Ce portefeuille, il est à toi, Alain? (non)
2. Il est à ta petite amie? (oui... peut-être)
3. Cette montre est à toi? (oui)
4. Et ces vêtements, ils sont à toi, Michel? (non)

---

[2] For recognition only.

5. Et ces cassettes, est-ce qu'elles sont à moi? (oui)
6. Elle est à nous, cette affiche? (non)
7. Ces lunettes sont à Alain? (oui)
8. Et ces disques, est-ce qu'ils sont à tes frères? (oui)

C. **Qui a fait cela?** Monsieur Savabarder n'est pas content et pose toutes sortes de questions à ses enfants. Que répondent-ils?

MODÈLE   C'est toi qui as laissé tes vêtements dans la salle de bains? (non)
Non, papa, ce n'est pas moi.

1. C'est toi qui as pris mon journal? (non)
2. Alors, c'est ta sœur? (oui)
3. C'est toi qui fais la vaisselle aujourd'hui? (non)
4. C'est vous, les enfants, qui avez mangé toute la glace? (non)
5. C'est moi qui ai laissé la porte du frigo ouverte? (non)
6. C'est le chien qui a fait ça? (oui)
7. C'est toi qui as perdu mes clés? (non)
8. Alors, c'est ton petit frère? (oui)

Communication et vie pratique

A. **Points communs et différences.** Répondez aux questions suivantes.

EXEMPLE   Certaines personnes dépensent trop d'argent. Et vous?
Moi aussi, je dépense trop d'argent.
ou : **Pas moi. Moi, je suis très économe.**

1. Beaucoup d'étudiants vendent leurs livres à la fin du trimestre. Et vous?
2. Certains étudiants perdent toujours leurs livres ou leurs notes de classe. Et vous?
3. Il y a des gens qui détestent attendre. Et vous?
4. Il y a des gens qui sont très impatients. Et vous, perdez-vous souvent patience? Et vos professeurs?
5. La plupart des étudiants détestent les examens. Et vous? Et vos amis?
6. Beaucoup d'étudiants mangent au restaurant universitaire. Et vous?
7. En général, les Français boivent du vin avec leurs repas. Et vous?
8. Il y a des étudiants qui passent peu de temps à étudier. Et vous? Et vos amis?
9. Certains étudiants ont peur de répondre en classe. Et vous?

B. **Ne soyez pas modeste!** On dit souvent que les Marseillais ont tendance à exagérer un peu. Essayez de les imiter en parlant de vos propres qualités et talents aussi bien que ceux de vos amis et de vos connaissances.

EXEMPLES   **Nous, nous n'avons pas besoin d'étudier.**
ou : **Moi, je suis parfait(e).**

C. **Questions / interview.** Répondez aux questions suivantes ou utilisez-les pour interviewer un(e) autre étudiant(e).

1. Est-ce que tu habites encore chez tes parents?
2. Est-ce que tu passes beaucoup de temps avec eux?
3. Est-ce que tu parles souvent avec eux?
4. De quoi parles-tu avec eux?
5. Passes-tu beaucoup de temps avec tes amis?
6. Est-ce que tu les invites souvent chez toi?
7. Est-ce qu'ils t'invitent souvent chez eux?
8. De quoi parles-tu avec tes amis?
9. Est-ce que tu sors souvent avec tes amis pendant le week-end?
10. Où est-ce que tu vas avec eux?

C'est votre tour. Un(e) de vos ami(e)s est allé(e) en ville pour faire des achats et vous lui demandez pour qui il (elle) a acheté certains cadeaux. Utilisez la **Situation** comme modèle pour jouer la scène avec un(e) autre étudiant(e).

Intégration et perspectives

La publicité

Pour vendre, il faut de la publicité. Les produits varient mais le message final reste toujours le même : achetez et consommez!

La publicité vous encourage à dépenser votre argent et elle vous donne toujours de bonnes raisons de ne pas attendre.

Soldes de fin d'année!

Profitez de l'occasion!

Prix réduits!

Quelquefois, elle vous encourage même à économiser :

Ne laissez pas dormir votre argent. Placez-le.

Si vous n'avez pas l'argent nécessaire pour acheter ce que vous voulez, empruntez-le. Les banques sont là pour vous prêter tout l'argent que vous voulez.

Prêt à 8,7%

Si vous n'avez pas assez d'argent pour acheter une voiture neuve, vous pouvez acheter une voiture d'occasion.

Et si vous trouvez que c'est trop cher, vous pouvez toujours essayer de marchander!

La publicité est partout : le long des routes, sur les murs des maisons, dans les journaux et dans les revues.

---

soldes *sales*   **fin** *end*   **profitez de** *take advantage of*   **économiser** *to save money*   **Placez** *Invest*   **prêt** *loan*   **neuve** *new* **d'occasion** *used*   **cher** *expensive*   **marchander** *to bargain*   **murs** *walls*

SPACIEUSEMENT VOTRE.

Pour des vacances heureuses.

Voici enfin Chatisfaction.

Pour des chats-tisfaits du matin au soir.

* without a hitch

Avez-vous bien compris?

Créez un nouveau slogan pour chacun des produits représentés.

Notes culturelles ❧ ❧ ❧ ❧ ❧ ❧ ❧ ❧ ❧

Les petits commerçants

Au cours des vingt-cinq dernières années, les habitudes de vie des Français ont beaucoup changé, surtout en ce qui concerne les achats. Par exemple, les petits magasins de quartier ont dû faire face à la concurrence des supermarchés, des hypermarchés, des grands magasins et des centres commerciaux qui ont fait leur apparition un peu partout en France. En dépit des prédictions, un grand nombre de petits magasins ont réussi à survivre. Les Français apprécient le charme, la qualité du service et aussi la proximité de ces petits magasins malgré les prix un peu plus élevés. Les économistes pensent aussi que l'augmentation du chômage, le désir d'être son propre patron, et de

meilleures techniques de vente ont contribué au renouveau des petits commerces.

En plus des magasins et supermarchés, la plupart des villes ont une ou deux fois par semaine des marchés en plein air où on peut acheter toutes sortes de provisions et même des vêtements et des chaussures. Certaines villes ont des halles ou des marchés couverts où les gens peuvent acheter chaque jour leurs provisions. La variété et la qualité des produits ainsi que l'animation de ces marchés offrent un spectacle très pittoresque.

Les marchés aux puces constituent un autre spectacle fascinant. Le marché aux puces de Paris couvre plusieurs hectares[3] et on peut y trouver toutes les marchandises possibles et imaginables.

---

au cours de *in the course of*   **faire face à** *to face up to*   **concurrence** *competition*   **cependant** *however*   **en dépit** *despite*   **survivre** *to survive*   **malgré** *despite*   **chômage** *unemployment*   **renouveau** *renewal*   **en plein air** *outdoors*   **couverts** *indoor*   **ainsi que** *as well as*   **marchés aux puces** *flea markets*   **y** *there*

Communication et vie pratique

A. **Soyez persuasif!**   Créez des spots publicitaires (durée : 30 secondes) en utilisant les mots de vocabulaire et les structures que vous avez déjà appris. Soyez prêts à présenter votre publicité devant la classe.

---

[3] One hectare is about 2.5 acres.

B. Économe ou dépensier? Est-ce que vous avez tendance à être économe ou dépensier / dépensière? Pour le savoir, faites le test suivant et consultez l'interpretation à la fin du test. Vous pouvez répondre vous-même à ces questions ou les utiliser pour interviewer un(e) autre étudiant(e).

1. Quand vous avez de l'argent, en général, est-ce que...?
   a. vous le placez
   b. vous le dépensez

2. Quand vous avez besoin d'une nouvelle voiture, est-ce que vous achetez...?
   a. une voiture d'occasion
   b. une voiture neuve

3. Quand vous avez envie d'un livre, est-ce que...?
   a. vous allez à la bibliothèque
   b. vous l'achetez dans une librairie

4. Quand vous avez besoin de nouveaux vêtements, est-ce que vous les achetez...?
   a. quand ils sont en solde
   b. quand ils sont vendus au prix normal

5. Quand vous cherchez un appartement, est-ce que vous choisissez...?
   a. un appartement modeste mais confortable
   b. un appartement luxueux qui possède tout le confort moderne

6. Comment organisez-vous votre budget? En général, est-ce que...?
   a. vous établissez votre budget au début de chaque mois
   b. vous dépensez votre argent sans compter

7. Il y a quelque chose que vous voulez acheter mais votre budget est très limité en ce moment. Est-ce que...?
   a. vous attendez d'avoir l'argent nécessaire
   b. vous l'achetez à crédit ou vous empruntez de l'argent

8. Quand vous utilisez une carte de crédit, est-ce que...?
   a. vous payez chaque mois ce que vous devez
   b. vous continuez à acheter ce que vous voulez sans penser à vos dettes

9. Quand vous empruntez de l'argent à un(e) ami(e), est-ce que...?
   a. vous rendez immédiatement l'argent qu'on vous a prêté
   b. vous oubliez que vous avez emprunté de l'argent

10. À la fin du mois, est-ce que...?
    a. vous avez toujours assez d'argent pour finir le mois
    b. vous devez emprunter de l'argent ou vous devez faire très attention à ce que vous dépensez

Interprétation

Combien de fois avez-vous choisi la réponse **a**?

8 – 10	Vous êtes très économe et c'est une bonne chose. Mais ne soyez pas obsédé(e) par les questions d'argent.
6 – 7	Vous êtes économe, mais sans excès. Et vos amis peuvent compter sur vous quand ils ont besoin d'argent!
3 – 5	Vous aimez dépenser sans compter, mais n'espérez pas être un jour ministre des Finances.
0 – 4	Si dépenser de l'argent rend les gens heureux, vous avez trouvé le bonheur!

INVITATION À ÉCOUTER

Au Monoprix. Vous écoutez la radio et vous entendez une annonce publicitaire pour Monoprix, un magasin qu'on trouve dans toutes les grandes villes françaises. Écoutez ce qu'on dit et répondez aux questions suivantes.

1. Quelles sont les dates des soldes de printemps?
2. Dans quels Monoprix est-ce qu'il y a des soldes?
3. Qu'est-ce qu'on peut trouver en solde au rayon maroquinerie?
4. Combien coûtent les chaussures de tennis *Le Coq*?
5. Pourquoi est-ce qu'on ne doit pas oublier ses enfants?

PRONONCIATION ET ORTHOGRAPHE

A. The letter **e** (without an accent mark) is usually pronounced /ə/, as in the following words:

le   de   me   ce   demain   regarder

The letter **e** is not always pronounced, however. Whether it is pronounced or not depends upon its position in a word or group of words and upon its "phonetic environment." It is not pronounced:

1. At the end of a word:

ouverté   chancé   voituré   anglaisé

2. When it is preceded by only one consonant sound:

samédi   tout dé suite   seulément   je lé sais

Listen and repeat:

achéter	chez lé marchand
boulangérie	ça né fait rien
épicérie	en cé moment
heureusément	un kilo dé pain
tout lé monde	je n'ai pas lé temps

B. The letter **e** is pronounced when it is preceded by two consonant sounds and followed by a third:

vendredi   quelque chose   mon propre patron

Listen and repeat:

mercredi	pour demain
quelquefois	ça marche bien
premier	faire le marché
votre livre	pomme de terre
notre voiture	une autre personne

VOCABULAIRE

les magasins et les marchandises (voir pp. 215–216)

Noms

l'**appareil** (m)	*device, machine*
l'**ascenseur** (m)	*elevator*
le **billet**	*bill (currency)*
le **cadeau** (-x)	*gift*
le **centre commercial**	*shopping center, mall*
l'**étage** (m)	*floor*
le **fond**	*back*
l'**instant** (m)	*instant*
le, la **marchand(e)**	*merchant*
la **monnaie**	*change (coin)*
l'**objet** (m)	*object*
le **prêt**	*loan*
le **produit**	*product*
le **rayon**	*counter, department*
la **solde**	*sale*
le **sous-sol**	*basement*

Divers

assieds-toi, asseyez-vous	*sit down*
bon marché	*cheap, a good buy*
dessus	*on it*
ouvert(e)	*open*
réduit(e)	*reduced*
rendre visite à	*to visit (a person)*
sage	*good, well-behaved*

Verbes

attendre	*to wait, wait for*
dépenser	*to spend*
économiser	*to save (money)*
encourager	*to encourage*
entendre	*to hear*
essayer	*to try*
payer	*to pay*
perdre	*to lose, to waste*
prêter	*to lend*
rendre	*to give back, to make*
répondre	*to answer*
vendre	*to sell*

Chapitre 11

Santé et habitudes personnelles

Dans ce chapitre vous allez apprendre à...

Dire comment vous vous sentez

1. Parler des activités quotidiennes
2. Parler des activités passées
3. Donner des conseils, des suggestions et des ordres

Vocabulaire et structures

Mise en train : Le corps et les maladies

Le présent des verbes réfléchis

Le passé composé des verbes réfléchis

L'impératif des verbes réfléchis

Mise en train

LE CORPS ET LES MALADIES

Les parties du corps

les cheveux

la tête

le nez

les dents

l'oreille

l'oeil (les yeux)

la bouche

la gorge

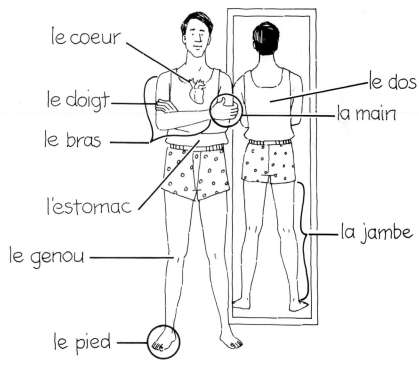

le coeur

le doigt

le bras

l'estomac

le genou

le pied

le dos

la main

la jambe

La condition physique et les problèmes de santé

être en bonne santé

avoir faim

être en mauvaise santé

avoir soif

avoir froid

avoir mal à la gorge (à la tête,
aux pieds, etc.)

avoir chaud

avoir de la fièvre

tousser

avoir sommeil

avoir envie de vomir

Les maladies

un rhume	*a cold*	une crise cardiaque	*a heart attack*
la grippe	*the flu*	le SIDA	*AIDS*
le cancer	*cancer*	une bronchite	*bronchitis*
une pneumonie	*pneumonia*	une infection	*an infection*

Les remèdes

donner une ordonnance

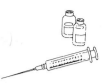

faire une piqûre

prendre un médicament

Communication et vie pratique

A. Chez le médecin. Vous êtes dans la salle d'attente du médecin. Il y a plusieurs autres personnes qui attendent leur tour. Où ont-ils mal?

B. C'est bon pour la santé? Quels sont les avantages et les inconvénients des activités suivantes?

EXEMPLE   faire du jogging
           C'est bon pour le cœur mais ce n'est pas toujours bon pour les genoux.

1. marcher
2. boire de la bière
3. nager
4. manger beaucoup de viande rouge
5. faire du vélo
6. danser
7. boire beaucoup de café
8. ?

C'est votre tour. Vous expliquez au médecin—joué(e) par un(e) autre étudiant(e)—où vous avez mal et quels sont vos symptômes. Le médecin, de son côté, va vous donner des conseils et des médicaments appropriés.

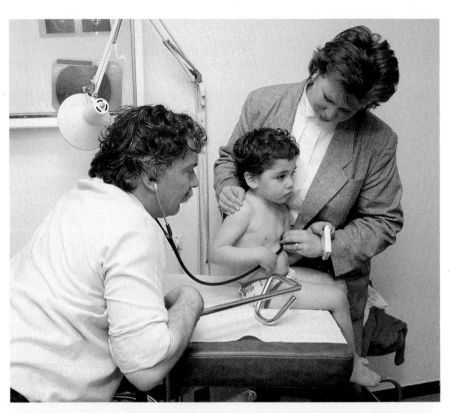

Exploration 1

POUR PARLER DES ACTIVITÉS QUOTIDIENNES

Le présent des verbes réfléchis

SITUATION

Chez le médecin

Monsieur Verdier ne se sent pas bien. Il vient consulter son médecin, le docteur Dupas.

LE MÉDECIN   Comment vous sentez-vous aujourd'hui?

M. VERDIER   Pas trop bien. Je me sens très fatigué et je n'ai pas d'énergie...

LE MÉDECIN   Vous ne vous reposez pas bien?

M. VERDIER   Non, je me réveille souvent pendant la nuit.

LE MÉDECIN   À quelle heure vous couchez-vous?

M. VERDIER   Vers minuit.

LE MÉDECIN   Et à quelle heure vous levez-vous?

M. VERDIER   À cinq heures.

LE MÉDECIN   Hmmm... Vous prenez le temps de déjeuner le matin, j'espère...?

M. VERDIER   Non, je n'ai pas le temps. Je me lève, je prends une douche, et je me dépêche d'aller à mon travail.

---

comment vous sentez-vous? *how do you feel?* **vous vous reposez** *you rest* **je me réveille** *I wake up* **vous couchez-vous** *do you go to bed* **vous levez-vous** *do you get up* **douche** *shower* **je me dépêche** *I hurry*

Avez-vous bien compris?

Imaginez que M. Verdier décrit sa journée. Qu'est-ce qu'il dit? Mettez les activités suivantes en ordre.

1. je rentre à la maison
2. je me dépêche d'aller au travail
3. je prends une douche
4. je me lève
5. je me couche
6. je me réveille

Reflexive verbs

Repeats pronoun *reflexive*

Je me
Tu te
Il se
nous nous
vous vous
Elles se

Same subject + object

Présentation

In both French and English, an action can be performed on an object or on another person.

Performed

Je lave la voiture.   *I wash the car.*
J'habille le bébé.   *I'm dressing the baby.*

When the action is performed on oneself — that is, when the object of the verb is the same as the subject — a reflexive construction is used in French.

ON MYSELF

Je me lave.   *I wash (myself).*
Je m'habille.   *I'm getting dressed.*

Reflexive verbs are conjugated with reflexive pronouns:

se laver (to wash oneself)	
je me lave	nous **nous lavons**
tu te laves	vous **vous lavez**
il / elle / on se lave	ils / elles **se lavent**

3/25/93

s'habiller (to get dressed, to dress oneself)	
je m'habille	nous **nous habillons**
tu t'habilles	vous **vous habillez**
il / elle / on s'habille	ils / elles **s'habillent**

A. Reflexive verbs fall into three main categories.

1. Some reflexive verbs, such as **se laver** and **s'habiller,** indicate that the subject performs the action on himself or herself.

Action on self

s'arrêter	*to stop*	se peigner	*to comb one's hair*
se coucher	*to go to bed*	se préparer	*to get ready*
se détendre	*to relax*	se reposer	*to rest*
se lever[1]	*to get up*	se réveiller	*to wake up*

2. Many verbs can be made reflexive to indicate a reciprocal action.

Reciprocal

s'aimer	*to like, to love each other*
s'embrasser	*to kiss, to kiss each other*

---

[1] **Se lever** is a regular **-er** verb except for the spelling changes in its stem. It is conjugated like **acheter** : je me lève, tu te lèves, il / elle / on se lève, nous nous levons, vous vous levez, ils / elles se lèvent.

3. Some reflexive verbs have an idiomatic meaning.

s'amuser	*to have a good time*	On **s'amuse** bien ici.
s'appeler[2]	*to be named*	Comment **vous appelez-vous**?
se débrouiller	*to manage, get along*	Est-ce que tu **te débrouilles** bien en français?
se dépêcher (de)	*to hurry*	Nous **nous dépêchons** de finir notre travail.
s'entendre (avec)	*to get along with*	Henri ne **s'entend** pas très bien avec son frère.
s'intéresser à	*to be interested in*	Est-ce que tu **t'intéresses** à la politique?
se marier (avec)	*to get married (to)*	Ils **se marient** samedi.
s'occuper de	*to be busy with, to take care of*	Qui **s'occupe** des enfants?
se souvenir de	*to remember*	Je ne **me souviens** pas de son adresse.
se sentir	*to feel*	Monique ne **se sent** pas bien aujourd'hui.

B. To form the negative of reflexive verbs, the **ne** is placed before the reflexive pronoun and the **pas** after the verb.

Je me lève très tôt.   Je **ne** me lève **pas** très tôt.
Nous nous entendons bien.   Nous **ne** nous entendons **pas** bien.

Questions are formed by using **est-ce que** or by inversion:

Est-ce qu'il se débrouille bien?
Se débrouille-t-il bien?

C. When reflexive verbs are used in the infinitive, the reflexive pronoun is always in the same person and number as the subject, and it precedes the infinitive.

Tu n'as pas l'air de **te** sentir bien.
On va bien **s'**amuser.
Je n'ai pas envie de **me** lever.

D. Certain reflexive verbs can also be used with parts of the body: **se laver les mains, se brosser** *(to brush)* **les dents,** etc. Note that in this case the noun is preceded by an article, not by a possessive adjective as in English.[3]

Elle se lave **les** mains.
Nous nous brossons **les** dents trois fois par jour.

---

[2] S'appeler also has spelling changes: je m'appelle, tu t'appelles, il / elle / on s'appelle, nous nous appelons, vous vous appelez, ils / elles s'appellent.
[3] For recognition only.

Préparation

A. C'est l'heure! À quelle heure est-ce que ces étudiants se lèvent d'habitude pour aller à l'université?

MODÈLE   Paul / 6 h 30
Paul se lève à six heures et demie.

nous
1. nous / 6 h
2. Catherine / 9 h 15
vous
3. vous / 5 h
4. tu / 7 h 30   *Te*
5. Roger et Serge / 8 h 45   *Ils se*
6. je / 9 h   *me*

B. Tout va mal. Monsieur Michalet ne va pas très bien et décide d'aller chez le médecin. Donnez ses réponses aux questions du médecin.

MODÈLE   Est-ce que vous vous sentez bien aujourd'hui? (non... pas très bien)
Non, je ne me sens pas très bien.

non, je ne me repose pas assez.
1. Est-ce que vous vous reposez assez? (non)
non, je ne me couche pas assez tôt.
2. Est-ce que vous vous couchez assez tôt? (non)
non, Je ne me lève pas très tôt.
(3.) Est-ce que vous vous levez très tôt? (oui)
non, Je ne me intéresse à mon travaille (pas)
4. Est-ce que vous vous intéressez à votre travail? (non)
non, Mes enfants ne se debr pas bien a l'ecole
5. Est-ce que vos enfants se <u>débrouillent</u> bien à l'école? (non)
non, Ils ne se couche pas assez tôt.
6. Est-ce qu'ils se couchent assez tôt? (non)
non, Je ne me entendes pas bien avec mon enfants.
(7.) Est-ce que vous vous entendez bien avec vos enfants? (oui)

C. Différences. Il y a des gens qui aiment se coucher tôt et d'autres qui n'aiment pas ça. Utilisez les suggestions suivantes pour décrire la situation de chaque personne.

MODÈLE   Marc n'aime pas...
Marc n'aime pas se coucher tôt.

TAPE 1/11/93

1. Thérèse préfère...
2. Tu as besoin de...
nous 3. Nous ne voulons pas...
4. Je voudrais...
5. Ils ont l'intention de...
6. Vous n'avez pas envie de...

Communication et vie pratique

A. Êtes-vous d'accord? Si vous n'êtes pas d'accord avec l'opinion exprimée, modifiez la phrase.

1. Les médecins ne s'occupent pas assez de leurs malades.
2. Les Américains ne prennent pas le temps de se détendre.
3. On se sent bien quand on fait du sport.
4. Les jeunes s'entendent bien avec leurs parents.
5. On se marie trop jeune aux États-Unis.
6. Quand on est étudiant, on est toujours obligé de se dépêcher.
7. Les étudiants américains ne s'intéressent pas assez à leurs études.
8. Il faut prendre le temps de s'amuser.

B. Habitudes et préférences. Répondez aux questions suivantes ou utilisez-les pour interviewer un(e) autre étudiant(e).

1. Est-ce que tu te lèves tard d'habitude? Et le dimanche?
2. En général, à quelle heure est-ce que tu te couches?
3. Est-ce que tu t'amuses bien pendant les week-ends?
4. Est-ce que tu te souviens toujours de l'anniversaire de tes amis?
5. Est-ce que tu t'intéresses à la politique? Et au sport? Et à la musique?
6. Est-ce que tu te débrouilles bien en français? Et en mathématiques? Et en sciences?
7. Est-ce que tu t'entends bien avec tes professeurs? Et avec tes camarades de chambre?
8. Est-ce que tu prends le temps de te détendre?

C. **Votre routine matinale.** Décrivez ce que vous faites généralement chaque matin. Utilisez autant de verbes réfléchis que possible.

EXEMPLE **Je me lève tôt parce que j'ai un cours à huit heures. Le soir, j'ai besoin de me coucher assez tôt parce que je suis fatigué(e).**

 C'est votre tour. Imaginez une conversation entre une personne qui est un malade imaginaire *(hypochondriac)* et son médecin. Jouez les rôles respectifs.

Exploration 2

POUR PARLER DES ACTIVITÉS PASSÉES

Le passé composé des verbes réfléchis

3/25

SITUATION

Une histoire d'amour

Claude et Josselyne viennent de se marier. Claude parle avec sa cousine Nathalie.

NATHALIE Josselyne et toi, où est-ce que vous vous êtes rencontrés...?

CLAUDE À une conférence. Nous nous sommes regardés, et tout de suite ça a été le coup de foudre! Après ça, je me suis débrouillé pour avoir son adresse. Je l'ai invitée à aller faire du ski. Nous nous sommes amusés comme des fous...!

NATHALIE C'est à ce moment-là que tu as eu ton accident?

CLAUDE Oui, je me suis cassé la jambe. Josselyne s'est occupée de moi et après ça, nous ne nous sommes plus jamais quittés!

---

vous vous êtes rencontrés *you met (by chance)*   **conférence** *lecture*
le coup de foudre *love at first sight*   **je me suis cassé la jambe** *I broke my leg*

Avez-vous bien compris?

Répondez aux questions suivantes.

1. Où Josselyne et Claude se sont-ils rencontrés?
2. Quel a été le résultat de cette première rencontre?
3. Où sont-ils allés ensemble?
4. Qu'est-ce qui est arrivé à Claude?

Présentation

The auxiliary verb **être** is used in the **passé composé** of reflexive verbs. The past participle agrees in gender and in number with the preceding direct object, which is usually the reflexive pronoun.

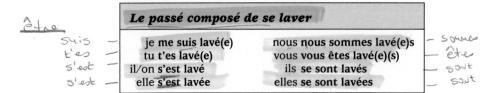

être
suis
t'es
s'est
s'est

Le passé composé de se laver	
je me suis lavé(e)	nous nous sommes lavé(e)s
tu t'es lavé(e)	vous vous êtes lavé(e)(s)
il/on s'est lavé	ils se sont lavés
elle s'est lavée	elles se sont lavées

sommes
êtes
sont
sont

Ils **se sont mariés** l'été dernier.
Nous **nous sommes** bien **amusés.**
Elle **s'est** bien **débrouillée** à l'examen.

A. The negative is formed by placing the **ne** before the reflexive pronoun and the **pas** after the auxiliary verb.

Look → Je **ne** me suis **pas** souvenu de son anniversaire.
Nous **ne** nous sommes **pas** réveillés assez tôt.
Claude **ne** s'est **pas** bien reposé.

B. As with other verbs, questions with reflexives in the **passé composé** can be formed through intonation, by using **est-ce que,** or by using inversion. To form questions using inversion, the subject pronoun is placed after the auxiliary verb and the reflexive pronoun stays before the auxiliary verb.

Est-ce que Marie s'est bien débrouillée?

Marie **s'est-elle** bien **débrouillée?**

meet — Où est-ce que vous vous êtes rencontrés?

Où **vous êtes-vous rencontrés?**

C. Sometimes the reflexive pronoun is not a direct but an indirect object. In this case, there is no agreement.[4]

Ils se sont **téléphoné.**   (on téléphone à quelqu'un)
Ils se sont **parlé.**   (on parle à quelqu'un)

---

[4] For recognition only.

Préparation

A. **Un matin comme les autres.** Ce que Marie-Josée a fait ce matin n'est pas différent de ce qu'elle fait tous les matins. Qu'est-ce qu'elle dit?

MODÈLE se réveiller à six heures
Je me suis réveillée à six heures. *comb*

1. se lever
2. se préparer
3. se laver
Je me suis — 4. se brosser les dents
5. se peigner
6. s'occuper du chat
7. se dépêcher de partir
8. s'arrêter à la boulangerie *bakery*

B. **Et un matin pas comme les autres.** Marie-Josée est fatiguée de sa routine habituelle et elle a décidé de prendre un jour de repos. Qu'est-ce qu'elle dit?

MODÈLE se réveiller avant 10 h
Je ne me suis pas réveillée avant 10 h.

1. se lever tout de suite
2. se dépêcher de se préparer
3. se brosser les dents
4. se peigner
5. s'occuper du chat
6. s'habiller pour sortir

C. **On part en voyage.** Il y a beaucoup de choses à faire quand on part en voyage. Indiquez ce que chaque membre de la famille Bertrand a fait le matin de leur départ.

MODÈLE nous / se réveiller à 5 heures
Nous nous sommes réveillés à cinq heures.

1. je / se lever immédiatement *me suis*
2. nous / se dépêcher *nous sommes*
3. Solange / s'occuper des enfants *s'est*
4. elle / se préparer *s'est*
5. les enfants / s'habiller *se sont*
6. Pierre / se <u>brosser</u> les dents *s'est*
7. tu / se souvenir de fermer les fenêtres *t'es*
8. vous / s'occuper des valises *vous êtes*

D. **Mère poule et papa poule.** Il y a <u>des</u> parents qui sont de vraies mères poules *(mother hens)*. Monsieur Charrier est un de ces parents. Qu'est-ce qu'il dit à sa fille?

MODÈLE se peigner
Est-ce que tu t'es peignée?

1. se brosser les dents
2. se laver les mains
3. se brosser les cheveux
4. bien s'amuser chez ses amis
5. se dépêcher de rentrer de l'école
6. bien se débrouiller à l'école

E.   **Au club de gymnastique.**   Isabelle travaille dans un club de gymnastique. Elle parle de ce qu'elle a fait hier. (Notez que certains verbes ne sont pas réfléchis.)

MODÈLE   se lever très tôt
Je me suis levée très tôt.

1. arriver au club à dix heures
2. s'occuper de ses clients
3. prendre une douche
4. se reposer un peu
5. quitter le club à six heures et demie
6. s'arrêter chez des amis
7. rentrer à dix heures
8. se coucher vers onze heures

Communication et vie pratique

A.   **Interview.**   Utilisez les phrases suivantes pour formuler des questions à poser à un(e) autre étudiant(e) de votre classe.

EXEMPLE   bien s'amuser hier
Est-ce que tu t'es bien amusé(e) hier?

1. bien s'amuser hier
2. se réveiller tôt
3. se lever tout de suite
4. se dépêcher
5. s'arrêter chez des amis après les cours
6. se détendre un peu après le dîner
7. se coucher avant minuit
8. se reposer pendant le week-end

B.   **Hier...**   Racontez votre journée d'hier. Utilisez autant de verbes réfléchis que possible dans votre description.

EXEMPLE   **Je me suis réveillé(e) à sept heures. Après ça...**

C'est votre tour.   Imaginez que vous êtes un des personnages d'un feuilleton romantique. Racontez votre histoire, décrivez la personne que vous aimez, et répondez aux questions des autres étudiants. Indiquez, par exemple, où vous vous êtes rencontrés, ce qui s'est passé, etc.

Exploration 3

POUR DONNER DES CONSEILS, DES SUGGESTIONS ET DES ORDRES

L'impératif des verbes réfléchis

SITUATION		*C'est l'heure de se lever, mais Stéphanie a encore sommeil...*
C'est l'heure!	MME CHEVRIER	Réveille-toi, Stéphanie!... Allez, vite, lève-toi, c'est l'heure!
	STÉPHANIE	Laisse-moi dormir encore un peu... J'ai sommeil!
	MME CHEVRIER	Stéphanie, voyons! Ne te recouche pas...! Tu exagères!
	STÉPHANIE	Bon, bon, ne te fâche pas! Je me lève...
	MME CHEVRIER	Dépêche-toi de faire ta toilette.
	STÉPHANIE	Je n'ai pas envie de me préparer. J'ai mal au dos.

ne te fâche pas *don't get mad*   **faire ta toilette** *to get washed up*

Avez-vous bien compris?

Répondez aux questions suivantes.

1. Est-ce que Stéphanie a de la difficulté à se réveiller le matin?
2. Pourquoi est-ce que sa mère dit que Stéphanie exagère?
3. Pour quelle raison est-ce que Stéphanie n'a pas envie de se préparer?

Présentation

In the affirmative imperative, the reflexive pronoun follows the verb. In the negative imperative, it precedes the verb.

Dépêchez-**vous**!	Ne **vous** dépêchez pas!
Brossez-**vous** les dents!	Ne **vous** brossez pas les dents!

The reflexive pronoun **te** changes to **toi** in the affirmative imperative.

Lève-**toi**!	**Ne te** lève pas!
Amuse-**toi**!	**Ne t'**amuse pas!

Préparation

A. Conseils. Gilbert va partir en vacances parce qu'il a envie de se reposer. Il parle avec ses amis qui lui donnent toutes sortes de conseils.

MODÈLES   Je vais me réveiller tôt. (mais non)
                  Mais non, ne te réveille pas tôt.
      ou :   Je vais bien m'amuser. (oui)
                  Oui! Amuse-toi bien.

1. Je vais bien me reposer. (oui)
2. Je vais m'occuper un peu de mon jardin. (mais non)
3. Je vais me préparer à partir. (oui)
4. Je vais me dépêcher de revenir. (mais non)
5. Je vais me détendre. (oui)
6. Je vais me lever tôt. (mais non)

B. Chez le médecin. Jean-Luc ne se sent pas bien. Quels conseils est-ce que le médecin lui donne? (Notez que certains verbes ne sont pas réfléchis.)

MODÈLES   se coucher tôt
                  Couchez-vous tôt.
      ou :   manger trois repas par jour
                  Mangez trois repas par jour.

1. se détendre un peu
2. faire du sport
3. ne pas boire trop de vin
4. ne pas avoir peur de dire ce que vous pensez
5. ne pas se dépêcher tout le temps
6. sortir plus souvent
7. se débrouiller pour avoir du temps libre
8. oublier vos problèmes de temps en temps

Communication et vie pratique

A. Avez-vous de l'autorité? Est-ce que vous aimez donner des ordres? Si oui, profitez de l'occasion et donnez des ordres à un(e) autre étudiant(e). Utilisez autant de verbes réfléchis que possible. L'autre étudiant(e) va décider s'il/elle va accepter ou refuser ces ordres.

EXEMPLE   ÉTUDIANT(E) N° 1 : **Lève-toi à cinq heures du matin.**
             ÉTUDIANT(E) N° 2 : **Non, je refuse de me lever à cinq heures du matin.**
                     ou : **Oui, c'est une bonne idée. Je vais me lever à cinq heures du matin.**

B. Conseils. Imaginez qu'un(e) ami(e) français(e) — joué(e) par un(e) autre étudiant(e) — vous parle de ses problèmes de santé. Écoutez-le / la avec sympathie et donnez-lui quelques conseils.

EXAMPLE —Je ne me sens pas très bien. J'ai mal à la gorge et j'ai très sommeil.
—**Tu as peut-être la grippe. Couche-toi tôt ce soir et va chez le médecin demain matin.**

C'est votre tour. Imaginez que vous êtes moniteur ou monitrice dans une colonie de vacances. Vous êtes chargé(e) d'un groupe de garçons / filles (joués par d'autres étudiants de la classe). C'est l'heure du réveil, mais ils / elles n'ont pas envie de se lever. Imaginez la conversation.

Intégration et perspectives

La nouvelle culture, c'est la culture physique

Confessions d'un nouveau converti

J'ai résisté longtemps. Mais c'est fini, j'abandonne. Les conseils de mes amis, les messages qu'on peut voir sur les pages des magazines et sur les écrans de télévision, les livres dans les vitrines des librairies, mes voisins qui, chaque matin, font quinze fois le tour de notre pâté de maisons, tout cela a fini par me persuader.

Je suis maintenant membre d'un club de gymnastique. Je suis parmi les millions de Français qui veulent «se sentir bien dans leur peau».

Me voilà donc parti à la conquête de mon corps. La route n'est pas facile. Je fais des exercices pour mes muscles pectoraux et des abdominaux pour mon ventre. Je soulève des poids pour développer mes biceps. Je fais du jogging pour mes poumons, mon cœur et mes artères. Je prends des vitamines, je bois de l'eau minérale et je mange de la cuisine diététique. Mon médecin m'assure que c'est bon pour ma santé, alors... je sue. Je sue donc je suis.[5]

(Inspiré d'un article de *l'Express*)

CLUB DE GYMNASTIQUE
JARDINS DE LA FORME
305 rue Saint Martin

cours de gymnastique

gymnastique collective

piscine

massages

cure d'amaigrissement

exercices de respiration et de relaxation

leçons de yoga

danse aérobique

jazz dance

sauna

solarium

---

conseils *advice* **écrans** *screens* **vitrines** *display windows* **pâté block** **parmi** *among* **se sentir bien dans leur peau** *to feel good about themselves* **abdominaux** *sit-ups* **ventre** *abdomen* **soulève des poids** *lift weights* **poumons** *lungs* **Je sue** *I sweat* **donc** *therefore* **cure d'amaigrissement** *weight-loss program* **respiration** *breathing*

Avez-vous bien compris?

Répondez aux questions suivantes selon les renseignements donnés dans le texte.

1. Est-ce que l'auteur a toujours fait de la culture physique?
2. Qu'est-ce qui l'a persuadé de changer son style de vie?
3. Qu'est-ce que ses voisins font chaque matin?
4. À quel club est-ce qu'il appartient maintenant?
5. Selon l'auteur, est-ce que c'est facile de retrouver la forme?
6. Qu'est-ce qu'il fait pour être en forme et pour développer ses muscles?
7. Qu'est-ce que son médecin pense de tout ça?

---

[5] A play on words based on Descartes' famous statement, **Je pense donc je suis** (*I think therefore I am*).

Notes culturelles ❈ ❈ ❈ ❈ ❈ ❈ ❈ ❈

Santé et forme

Est-ce vrai qu'en France la nouvelle culture, c'est la culture physique? C'est peut-être un peu exagéré mais ce qui est évident, c'est que les Français, traditionnellement assez peu sportifs et grands amateurs de bonne cuisine, s'intéressent de plus en plus à leur santé et à leur forme. Par exemple, de récentes statistiques indiquent qu'environ 20% des habitants des villes pratiquent régulièrement le jogging. Chaque année, de nouveaux clubs de gymnastique ouvrent leur porte et de nombreux livres sur la santé, la forme, les régimes et la cuisine minceur font leur apparition à la vitrine des librairies. Les stations thermales, populaires depuis longtemps en France, continuent à attirer un grand nombre de gens qui viennent là pour soigner leur foie, leurs reins, leurs bronches ou leurs rhumatismes. Chaque jour, ils boivent l'eau de la source thermale, prennent des bains ou des douches d'eau ou de vapeur thermale et suivent un régime spécial. À cela, on ajoute maintenant tout un programme d'activités physiques.

---

ouvrent *open*   **régimes** *diets*   **minceur** *low-calorie*   **stations thermales** *spas*   **attirer** *to attract*   **soigner** *to take care of*   **foie** *liver*   **reins** *kidneys*   **bronches** *respiratory system*   **suivent** *follow*   **ajoute** *add*

Communication et vie pratique

A. **Et vous?** Que faites-vous pour rester en forme?

1. Est-ce que vous aimez faire de la culture physique?
2. Est-ce que vous êtes membre d'un club de gymnastique? Si oui, quel est le nom du club?
3. Quand vous faites de la gymnastique, quels exercices faites-vous?
4. Est-ce que vous faites de la danse aérobique? Si oui, combien de fois par semaine?
5. Est-ce que vous faites du jogging? Si oui, combien de fois par semaine?
6. Est-ce que vous soulevez des poids?
7. Est-ce que vous prenez des vitamines?
8. Est-ce que vous faites attention à ce que vous mangez?

B. **Club de gymnastique.** Quelques autres étudiants et vous avez décidé d'ouvrir votre propre club de gymnastique. Quel va être le nom de votre club, votre slogan publicitaire, et les activités que vous allez proposer?

C. **Des résolutions.** Vous sentez-vous bien dans votre peau? Prenez cinq résolutions pour vous sentir en bonne forme.

EXEMPLE **Je vais me lever à six heures chaque matin pour faire du jogging.**

D. **Apprenez à vous débrouiller.** Comment allez-vous vous débrouiller si vous vous trouvez dans les situations suivantes? Si vous n'avez pas encore le vocabulaire nécessaire pour expliquer votre situation, employez d'autres mots et même quelquefois des gestes si c'est nécessaire.

1. You have a bad cold and need to buy some cough medicine.
2. You broke a tooth and need to have it taken care of.
3. You have to explain to a doctor that you have a cut that is infected and that you may need a shot.
4. You have a splinter in your finger and need help to get it out.
5. You have a prescription for airsickness pills that you need to have refilled.
6. You lost your glasses and need to have them replaced.

INVITATION À ÉCOUTER

Chez le médecin. Écoutez la conversation entre M. Leclerc et le médecin. Ensuite répondez aux questions suivantes.

1. Quels sont les symptômes de M. Leclerc?
2. Depuis quand a-t-il ces symptômes?
3. Quelle maladie a-t-il?
4. Quand est-ce qu'il doit prendre une pilule?
5. Quand est-ce qu'il va pouvoir retourner à son travail?
6. Qu'est-ce qu'il doit faire pour l'instant?

VOCABULAIRE

Noms

les parties du corps (voir p. 237)

les douleurs, les symptômes et la condition physique (voir p. 238)

les maladies et les remèdes (voir pp. 238–239)

le corps et la santé

le **club de gymnastique**	*health club*
la **cure** d'amaigrissement	*weight-loss program*
la **douche**	*shower*
la **gymnastique**	*exercises*
l'**infection** (f)	*infection*
le **poids**	*weight*
le **poumon**	*lung*
le **remède**	*remedy, treatment*
la **respiration**	*breathing*
le **ventre**	*abdomen, stomach*
la **vitamine**	*vitamin*
la **vue**	*sight*

d'autres noms

la **conférence**	*lecture*
la **confession**	*confession*
la **conquête**	*conquest*
le **conseil**	*advice*
le **coup de foudre**	*love at first sight*
l'**écran** (m)	*screen*
l'**habitude** (f)	*habit*
le **magazine**	*magazine*
le **membre**	*member*
le **pâté (de maisons)**	*block (of houses)*
la **route**	*route, way*
la **vitrine**	*display window*

Verbes

les verbes réfléchis (voir pp. 242–243)

d'autres verbes

faire du jogging	*to jog*
résister	*to resist*
se fâcher	*to get angry*
se recoucher	*to go back to bed*
soulever	*to lift*
suer	*to sweat*
tousser	*to cough*

Adjectifs

allergique	*allergic*
physique	*physical*

Divers

donc	*therefore*
en route	*on the way*
parmi	*among*

Chapitre 12

L'apparence

Dans ce chapitre vous allez apprendre à...

Décrire vos vêtements

1. Parler de quelqu'un déjà mentionné
2. Parler de ce qu'on porte
3. Faire des comparaisons

Vocabulaire et structures

Mise en train : L'habillement

Les compléments d'objet indirect

Les verbes conjugués comme **mettre**

Le comparatif et le superlatif

Mise en train

L'HABILLEMENT

Les vêtements et les chaussures

un jean

un pantalon

une jupe

une robe

une chemise

un tee-shirt

des sous-vêtements

un pyjama

un pull-over

un chemisier

une veste

un costume

un manteau

des chaussettes

un jogging ou un sweat

des chaussures

un short

un maillot de bain

une cravate

Les commentaires et les compliments

Ça vous (te) va bien. *(That looks good on you.)*
Cette couleur (ce style) vous (te) va bien.
C'est trop grand / petit.
C'est trop long / court *(short)*.
C'est très à la mode *(in fashion)*.
C'est très chic.
C'est très élégant.

Les mesures

La taille : pour les vêtements, on dit «Quelle est votre taille?»
La pointure : pour les chaussures, on dit «Quelle est votre pointure?»
Notez que les tailles et les pointures sont différentes en Europe. Pour les équivalents, consultez le tableau suivant.

Table de comparaison de tailles

Robes, chemisiers et *tricots* femmes *(sweaters, knits)*

France	36	38	40	42	44	46
États-Unis	8	10	12	14	16	18

Chaussures femmes

France	36½	37	37½	38	39
États-Unis	5	5½	6	6½	7½

Chaussures hommes

France	41	42	43	44	45
États-Unis	7½	8½	9	10	11

Chemises hommes

France	37	38	39	40	41	42
États-Unis	14½	15	15½	16	16½	17

Les couleurs

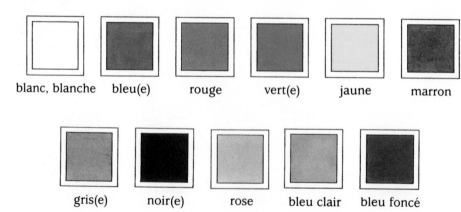

blanc, blanche   bleu(e)   rouge   vert(e)   jaune   marron

gris(e)   noir(e)   rose   bleu clair   bleu foncé

Pour les cheveux, on dit «Elle a les cheveux bruns *(dark)*.»

blonds
châtains   *(brown)*
roux   *(red)*

Pour les yeux, on dit «Il a les yeux bleus.»

verts   *(green)*
bruns   *(brown)*

Communication et vie pratique

A. **Que portez-vous?** Décrivez les vêtements que vous portez dans les circonstances suivantes :

1. pour venir à l'université
2. pour rester chez vous pendant le week-end
3. pour faire du sport
4. pour aller dîner dans un restaurant élégant
5. pour aller à la plage

B. **Nouveaux vêtements.** Imaginez que vous êtes dans une boutique de mode. Expliquez au vendeur ou à la vendeuse — joué(e) par un(e) autre étudiant(e) — ce que vous cherchez (pour vous ou pour une autre personne). Répondez aux questions et suggestions du vendeur ou de la vendeuse et donnez votre opinion sur les différents vêtements qu'on vous propose.

C'est votre tour. Imaginez que vous êtes à la terrasse d'un café. Vous regardez et vous décrivez les gens qui passent.

Exploration 1

POUR PARLER DE QUELQU'UN DÉJÀ MENTIONNÉ

Les compléments d'objet indirect

Madame et Monsieur Humbert se demandent ce qu'ils vont acheter comme cadeaux de Noël pour leurs enfants.

M. HUMBERT	Tu as déjà acheté les cadeaux pour les enfants?
MME HUMBERT	Non, je ne sais pas ce que je vais leur acheter... On ne peut pas leur offrir[1] des jouets; ils sont trop grands.
M. HUMBERT	Achetons-leur des vêtements...
MME HUMBERT	Ce n'est pas une mauvaise idée. Henri grandit si vite. Les vêtements que je lui ai achetés l'hiver dernier ne lui vont plus...
M. HUMBERT	Alors, achète-lui un anorak. Et pour Annette, tu as une idée?
MME HUMBERT	Je pense que je vais lui acheter une guitare.
M. HUMBERT	Et à toi? Qu'est-ce que je vais te donner?
MME HUMBERT	Si tu veux me faire plaisir, offre-moi un lave-vaisselle!

leur *them* **offrir** *to offer, to give* **lui** *him/her* **anorak** *ski jacket* **me faire plaisir** *to please me*

Avez-vous bien compris?

Répondez aux questions suivantes.

1. Pourquoi est-ce que les Humbert ne veulent pas acheter des jouets pour leurs enfants?
2. Qu'est-ce qu'ils vont leur acheter?
3. Est-ce que Mme Humbert veut des vêtements pour Noël?

---

[1] **Offrir** and **ouvrir** *(to open)* are **-ir** verbs that are conjugated like regular **-er** verbs in the present tense: j'offre, tu offres, il / elle / on offre, nous offrons, vous offrez, ils / elles offrent.

Présentation

The object of a verb can be direct:

Nous avons vendu **notre voiture.**

or indirect:

Nous avons vendu notre voiture **à M. Gérard.**

Indirect objects are generally introduced by the preposition **à** :

Je donne les livres **à Pierre.**
Elle parle **aux étudiants.**

The following indirect object pronouns can replace **à** + A NOUN:

Les pronoms compléments d'objet indirect	
Il **me** parle.	Il **nous** parle.
Il **te** parle.	Il **vous** parle.
Il **lui** parle.	Il **leur** parle.

Note that only the third-person indirect object pronouns differ from direct object pronouns. **Lui** means either to him or to her; **leur** means to them.

Je parle **à Anne.**	Je **lui** parle.
Je parle **à Paul.**	Je **lui** parle.
Je parle **à mes amis.**	Je **leur** parle.

A. Indirect object pronouns, like direct object pronouns, are placed directly before the verb of which they are the object.

Présent	**Passé composé**	**Infinitif**
Il **te** téléphone.	Il **t'**a téléphoné.	Il va **te** téléphoner.
Il ne **te** répond pas.	Il ne **t'**a pas répondu.	Il ne va pas **te** répondre.
Te téléphone-t-il?	**T'**a-t-il téléphoné?	Va-t-il **te** téléphoner?

B. In affirmative commands, the indirect object pronoun follows the verb, and **moi** and **toi** replace **me** and **te**. In negative commands, the indirect object pronoun remains in its usual place before the verb, and its form does not change.

Affirmatif	**Négatif**
Répondez-**lui.**	Ne **lui** répondez pas.
Apportez-**moi** votre livre.	Ne **m'**apportez pas votre livre.
Expliquez-**lui** vos problèmes.	Ne **lui** expliquez pas vos problèmes.
Donnez-**leur** un cadeau.	Ne **leur** donnez pas de cadeau.

C. When both direct and indirect object pronouns occur in the same sentence, they are placed in the following order in all uses except affirmative commands.[2]

me			le			
te	}	*before*	la	}	*before*	lui
nous			l'			leur
vous			les			

Il **me l'**a montré.
Je **la leur** ai expliquée.
Nous ne **les lui** avons pas vendus.
Ne **nous les** apporte pas maintenant.

D. In affirmative commands the two pronouns are separated by hyphens and are placed in the following order:[2]

le			moi
la	}	*before*	lui
les			nous
			leur

Expliquez-**le-moi**.   Ne **me l'**expliquez pas.
Apportez-**les-nous**.   Ne **nous les** apportez pas.
Rendez-**le-lui**.   Ne **le lui** rendez pas.
Montrez-**les-leur**.   Ne **les leur** montrez pas.

Préparation

A. **Générosité.** Monsieur Robert, un homme d'affaires, a acheté des cadeaux pour sa famille et ses employés. Qu'est-ce qu'il leur a acheté?

MODÈLE   à ses parents / un magnétoscope
          Il leur a donné un magnétoscope.

1. à son fils / des jouets
2. à sa secrétaire / du parfum
3. à ses clients / du vin
4. à ses employés / des chocolats
5. à sa femme / des bijoux
6. aux enfants du quartier / des bonbons

---

[2] For recognition only.

B. **Conversation.** Jean interroge Michelle au sujet de ce qui s'est passé pendant la journée. Donnez les réponses de Michelle.

MODÈLE   Est-ce que tu as téléphoné à tes parents? (non)
Non, je ne leur ai pas téléphoné.

1. Est-ce que tu as montré ton article à ton patron? (oui)
2. Est-ce que mon client suisse m'a téléphoné? (oui)
3. Est-ce qu'il t'a parlé de ses problèmes? (non)
4. Est-ce qu'il va me téléphoner demain? (oui)
5. Est-ce que tes parents vont nous rendre visite dimanche? (non)
6. Est-ce que Paul nous a rendu nos disques? (non)
7. Est-ce que je t'ai rendu ton argent? (oui)

C. **J'ai changé d'avis.** Il y a des gens qui changent d'avis comme ils changent de chemise. Jean-Luc est une de ces personnes. Une minute, c'est «oui», l'autre c'est «non». Qu'est-ce qu'il dit?

MODÈLE   Apportez-moi un sandwich.
Ne m'apportez pas de sandwich.

1. Téléphone-nous ce soir.
2. Parle-moi de tes voyages.
3. Montre-leur tes revues.
4. Donnez-moi votre opinion.
5. Demandez-lui pourquoi elle est triste.
6. Répondez-moi.

Communication et vie pratique

A. **Interview.** Utilisez les suggestions suivantes pour poser des questions aux autres étudiants.

EXEMPLE   tes parents / te rendre quelquefois visite à l'université
Est-ce que tes parents te rendent quelquefois visite à l'université?

1. tes amis / te téléphoner souvent
2. ta famille / te rendre souvent visite
3. tes amis / te parler de leurs problèmes
4. tes professeurs / te poser des questions difficiles
5. tes amis / t'acheter quelque chose pour ton anniversaire
6. tes amis / te donner quelquefois des conseils

B. **J'ai une autre suggestion.** Un(e) ami(e) vous a fait les propositions suivantes. Allez-vous accepter ou suggérer quelque chose d'autre?

EXEMPLE   Est-ce que je peux te parler de mon travail?
Oui, parle-moi de ton travail.
ou :   **Non, ne me parle pas de ton travail. Parle-moi de tes voyages.**

1. Est-ce que je peux te téléphoner ce soir?
2. Est-ce que je peux te montrer mes photos de voyage?

3. Est-ce que je peux te donner mon numéro de téléphone?
4. Est-ce que je peux t'apporter un sandwich?
5. Est-ce que je peux te rendre visite pendant l'été?
6. Est-ce que je peux t'acheter des fleurs?

C'est votre tour. Discutez avec un(e) ami(e) ce que vous allez offrir comme cadeau de Noël ou comme cadeau d'anniversaire à différentes personnes. Commencez par faire une liste des différentes personnes à qui vous voulez donner quelque chose, et une liste de cadeaux possibles. Ensuite, expliquez ces choix à votre ami(e) et demandez-lui ce qu'il (elle) pense de vos choix et s'il (elle) a d'autres suggestions à vous faire.

Exploration 2

POUR PARLER DE CE QU'ON PORTE

Les verbes conjugués comme **mettre**

SITUATION

Un compromis acceptable

Martine a envie de sortir ce soir, mais Sébastien a déjà d'autres projets. Heureusement, ils trouvent une solution.

MARTINE Tu es libre ce soir?

SÉBASTIEN Non, j'ai promis à ma sœur de l'accompagner à une soirée. Ma mère ne lui permet pas de sortir seule le soir.

MARTINE Zut... C'est dommage...

SÉBASTIEN Si tu veux, tu peux venir avec nous.

MARTINE Oui, mais qu'est-ce que je vais mettre? Je n'ai rien de joli.

SÉBASTIEN Mais si! Mets ta petite robe bleue; elle te va si bien!

MARTINE Bon, alors... Vous pouvez venir me chercher vers huit heures?

SÉBASTIEN C'est promis.

---

heureusement *fortunately* **j'ai promis** *I promised* **soirée** *party*
permet *permit* **c'est dommage** *that's too bad* **mettre** *to put on*

Avez-vous bien compris?

Complétez les phrases suivantes.

1. Sébastien a promis de...
2. La mère de Sébastien ne permet pas à sa sœur de...
3. Pour aller à la soirée, Martine va mettre...
4. Sébastien va aller chercher Martine vers...

Présentation

The verb **mettre** *(to place, to put, to put on)* is irregular:

mettre	
je **mets**	nous **mettons**
tu **mets**	vous **mettez**
il / elle / on **met**	ils / elles **mettent**
passé composé : j'**ai mis**	

Qu'est-ce que tu vas **mettre** pour sortir?
Mets ton joli pantalon gris.
Je ne **mets** pas de sucre dans mon café.
Où est-ce que tu **as mis** mon stylo?

A. **Mettre** has several idiomatic uses:

se mettre à	*to start to*	Il **s'est mis à** pleuvoir.
se mettre en colère	*to get angry*	Il **se met** facilement **en colère**.

B. Other verbs conjugated like **mettre** are:

permettre	*to allow, permit*	Elle ne **permet** pas à sa fille de sortir seule.
promettre	*to promise*	J'**ai promis** à mes parents de leur rendre visite.
admettre	*to admit*	J'**admets** que j'ai eu tort.
remettre	*to hand in, to postpone*	**Remettez**-moi vos devoirs. Ne **remettez** pas à demain ce que vous pouvez faire aujourd'hui.

Note that both **permettre** and **promettre** take indirect object pronouns in French: **permettre à quelqu'un de faire quelque chose; promettre à quelqu'un de faire quelque chose.**

Préparation

A. **Qu'est-ce qu'on va mettre?** Véronique et ses amis parlent de ce qu'ils vont mettre pour aller au concert ce soir. Qu'est-ce qu'ils disent?

MODÈLE   Henri / pantalon gris
          Henri met un pantalon gris.

1. vous / jupe verte
2. Roger / chemise blanche
3. Suzanne / robe noire
4. nous / cravate bleue
5. je / chemisier blanc
5. tu / costume bleu

B. **Promesses.** Il n'est jamais trop tard pour prendre de bonnes résolutions. Voici ce que différentes personnes ont promis de faire.

MODÈLE   Pierre / sa mère / écrire plus souvent
          Pierre a promis à sa mère d'écrire plus souvent.

1. je / ma petite sœur / réparer son vélo
2. nous / le professeur / faire nos devoirs
3. tu / ton patron / arriver à l'heure
4. les enfants / leurs parents / ranger leur chambre
5. Catherine / son fiancé / prendre une décision
6. vous / votre mère / aider un peu à la maison

Communication et vie pratique

A. **On change de rôle.** Imaginez que vous êtes le professeur. Qu'est-ce que vous allez permettre et ne pas permettre à vos étudiants? Par exemple, est-ce que vous allez leur permettre de dormir en classe? De ne pas remettre leurs devoirs? D'être souvent en retard? De venir en classe sans leurs livres? D'être quelquefois absent? De s'amuser en classe? De parler anglais en classe?

B. **Les bonnes résolutions.** Le début du trimestre est le temps des bonnes résolutions. Qu'est-ce que vous avez promis de faire ou de ne pas faire ce trimestre?

EXEMPLE   **J'ai promis de mieux écouter en classe et de ne pas remettre mon travail à la dernière minute.**

 C'est votre tour. Vous avez oublié que vous avez promis à un(e) ami(e) d'aller à un concert avec lui (elle) et à un(e) autre d'aller ensemble à une soirée. Expliquez-leur la situation et essayez de trouver une solution acceptable pour chaque personne.

Exploration 3

POUR FAIRE DES COMPARAISONS

Le comparatif et le superlatif

SITUATION	*Thierry veut acheter une veste. Il a déjà essayé plusieurs modèles.*
Dans une boutique de vêtements	LE VENDEUR À mon avis, cette veste-ci vous va mieux. Elle est plus longue et elle est moins serrée à la taille.
	THIERRY Oui, mais j'aime mieux l'autre. Le tissu est de meilleure qualité et je la trouve plus élégante. Vous ne l'avez pas dans une taille plus grande?

LE VENDEUR	Non, il n'y a pas autant de choix maintenant qu'au début de la saison.
THIERRY	Qu'est-ce que vous avez d'autre?
LE VENDEUR	Nous avons d'autres modèles, mais ils sont plus habillés et ils coûtent plus cher.
THIERRY	Alors, il vaut mieux que je regarde ailleurs.

il a déjà essayé *he has already tried on* **mieux** *better* **moins serrée à la taille** *less tight in the waist* **tissu** *fabric* **habillés** *dressy* **il vaut mieux** *it's better* **ailleurs** *elsewhere*

Avez-vous bien compris?

Répondez aux questions suivantes.

1. Pourquoi est-ce que la veste que Thierry essaie lui va mieux que l'autre?
2. Pourquoi est-ce que Thierry préfère l'autre?
3. Est-ce qu'il y a quelque chose d'autre dans sa taille?
4. Qu'est-ce que Thierry décide de faire?

Présentation

Comparative constructions are used to compare two things, individuals, or actions. In English, comparatives are formed by adding the suffix *-er* (*faster, longer*) or by using the adverbs *more, less,* or *as* (*more quickly, less intelligent, as big*).

A. In French, comparisons of adjectives or adverbs can take three forms:

aussi... que	*as . . . as*	Il est **aussi** grand **que** sa sœur. Je marche **aussi** vite **que** Robert.
plus... que	*more (-er) . . . than*	Il est **plus** grand **que** son frère. Je marche **plus** vite **que** Michel.
moins... que	*less (-er) . . . than*	Il est **moins** grand **que** son père. Je marche **moins** vite **que** Monique.

B. The following expressions of quantity are combined with **que** to compare amounts of things.

autant de + NOUN + **que**   *as much (many)* + NOUN + *as*
Tu as **autant** d'argent **que** Jean.

plus de + NOUN + **que**   *more* + NOUN + *than*
Tu as **plus** d'argent **que** Suzanne.

moins de + NOUN + **que**   *less* + NOUN + *than*
Tu as **moins** d'argent **que** Mireille.

C. **Bon** has an irregular comparative form, which is equivalent to *better* in English.

Le comparatif de bon		
	Singular	*Plural*
Masculine	meilleur	meilleurs
Feminine	meilleure	meilleures

Cette boutique est **meilleure** que l'autre.
Les prix sont **meilleurs** ici.

D. The adverb **bien** also has an irregular form, **mieux,** which means *better.*

Est-ce vrai que les Français s'habillent **mieux** que les Américains?
Ça va **de mieux en mieux!**

E. The superlative is used to express the idea of *the most, the least, the best.* In English, *-est* communicates the superlative (*greatest, fastest*). In French, the superlative of adjectives is formed by simply adding the definite article to the comparative form. Note that **de** after the superlative corresponds to the English *in.*

C'est la ville **la plus** intéressante
   de la région.

It's the most interesting city in the region.

C'est **le meilleur** magasin **du** quartier.

It's the best store in the neighborhood.

When used with adverbs, the definite article is always **le** since adverbs do not have number or gender.

C'est la robe que j'aime **le moins.**
Voici les vêtements que je porte **le plus souvent.**

Préparation

A. **Paris et la province.** Madame Chanet, une Marseillaise qui vient de faire un séjour dans la capitale, a décidé qu'elle préfère la vie en province. Comment compare-t-elle les deux?

MODÈLE   les gens / moins heureux
       Les gens sont moins heureux que chez nous.

1. la vie / moins agréable
2. les prix / plus élevés
3. les vêtements / aussi chers
4. les restaurants / moins bons

5. les gens / plus froids
6. les magasins / moins intéressants
7. le climat / beaucoup plus froid
8. les maisons / moins jolies

B. **Le nouveau prof.** Véronique est assez contente de Mlle Villiers, son nouveau professeur d'anglais, surtout par rapport à ses autres professeurs.

MODÈLES   Elle est dynamique.
           Elle est plus dynamique que les autres professeurs.
    ou : Elle explique bien.
           Elle explique mieux que les autres professeurs.

1. Elle est gentille.
2. Elle s'habille bien.
3. Elle parle vite.
4. Elle est sympathique.

5. Elle est facile à comprendre.
6. Elle enseigne bien.
7. Elle est jeune.
8. Elle est amusante.

C. **Évian ou Vittel?** Monsieur Achard fait chaque année une cure à Vittel. Madame Simon préfère aller à Évian. Pourquoi?

MODÈLES   On mange bien à Vittel.
           On mange mieux à Évian.
    ou : Il y a beaucoup de piscines à Vittel.
           Il y a plus de piscines à Évian.

1. Les hôtels sont bons à Vittel.
2. L'eau de Vittel est très bonne pour la santé.
3. La vie est très agréable à Vittel.
4. On se repose bien à Vittel.
5. On s'amuse bien à Vittel.
6. Les gens sont très gentils à Vittel.
7. Il y a beaucoup de nouveaux hôtels à Vittel.
8. Il y a beaucoup de jolis parcs à Vittel.
9. Il y a beaucoup de gens qui vont à Vittel.

D. **Paris.** Monsieur Lefort pense que Paris est la plus belle ville du monde. Qu'est-ce qu'il dit?

MODÈLES   des gens intéressants
           C'est à Paris qu'on trouve les gens les plus intéressants.
    ou : on s'amuse bien
           C'est à Paris qu'on s'amuse le mieux.

1. des femmes élégantes
2. de beaux quartiers
3. de jolis parcs
4. de bons théâtres
5. de bonnes écoles

6. on s'amuse bien
7. des musées intéressants
8. on mange bien
9. de beaux vêtements
10. des monuments célèbres

Communication et vie pratique

A. Questions / Interview. Répondez aux questions suivantes ou utilisez-les pour interviewer un(e) autre étudiant(e).

1. Est-ce que tu as l'impression que le français est plus facile ou plus difficile que l'anglais?
2. Est-ce que ton cours de français est plus facile ou plus difficile que tes autres cours?
3. Pour toi, est-ce que les maths sont plus faciles que les langues?
4. Est-ce que tu as autant de travail maintenant qu'à la fin du trimestre?
5. Est-ce que tes cours à l'université sont plus faciles ou plus difficiles que tes cours au lycée?
6. Est-ce qu'il y a autant d'étudiants dans ta classe de français que dans tes autres classes?
7. Est-ce que tu as plus de temps libre ou moins de temps libre ce trimestre?
8. En comparaison avec le trimestre passé, comment sont tes classes? Est-ce qu'elles sont plus intéressantes ou moins intéressantes? Plus difficiles ou moins difficiles?
9. Et les étudiants, est-ce qu'ils travaillent mieux ou moins bien?
10. Et les professeurs? Est-ce qu'ils expliquent mieux ou moins bien? Est-ce qu'ils sont plus intéressants ou moins intéressants? Plus sympas ou moins sympas? Est-ce qu'ils donnent autant de devoirs ou moins de devoirs?
11. Et les livres qu'il faut acheter—est-ce qu'ils coûtent plus cher ou moins cher?
12. Et toi, est-ce que tu comprends mieux ou moins bien? Est-ce que tu passes plus de temps ou moins de temps à étudier? Est-ce que tu es plus satisfait(e) ou moins satisfait(e) de ton travail?

B. Comparaisons. Utilisez les expressions ou les adjectifs suggérés pour exprimer votre opinion sur les sujets suivants. Notez les différentes possibilités dans l'exemple suivant.

EXEMPLE   l'avion ↔ le train
rapide / dangereux / confortable / pratique / cher / aller vite / coûter cher / ?
Le train est moins rapide que l'avion.
ou :   **Le train n'est pas aussi dangereux que l'avion.**
ou :   **Le train coûte moins cher que l'avion.**

1. la cuisine américaine ↔ la cuisine française
variée / bonne / mauvaise / simple / de bonne qualité / ?
2. les Américains ↔ les Européens
accueillants / conformistes / grands / naïfs / optimistes / s'habiller bien / ?

3. les voitures étrangères ↔ les voitures américaines
   économiques / chères / confortables / pratiques / de bonne qualité / rapides / coûter cher / marcher bien / ?
4. les hommes ↔ les femmes
   courageux (courageuses) / capables / sportifs (sportives) / ambitieux (ambitieuses) / indépendant(e)s / intelligent(e)s / ?

C. **À votre avis.** Utilisez les suggestions suivantes pour formuler des questions que vous allez poser à un(e) autre étudiant(e). L'autre étudiant(e) va répondre à vos questions.

> EXEMPLE   la plus belle région des États-Unis
> —À votre avis, quelle est la plus belle région des États-Unis?
> —À mon avis, le Sud-Ouest est la plus belle région des États-Unis.

1. le meilleur chanteur ou la meilleure chanteuse
2. le meilleur acteur ou la meilleure actrice
3. la plus belle ville des États-Unis
4. le meilleur restaurant de la ville
5. le plus mauvais restaurant de la ville
6. le cours le plus difficile
7. le cours le plus facile
8. le film le plus amusant
9. le plus beau pays du monde
10. ?

D. **Avantages et inconvénients.** Comparez les avantages et les inconvénients des options suivantes.

1. Où préférez-vous faire vos études? Dans une grande université ou dans une petite université? Pourquoi?
2. Où préférez-vous manger? Chez vous ou au restaurant? Pourquoi?
3. Où préférez-vous habiter? Dans une résidence universitaire ou dans un appartement? Pourquoi?
4. Où préférez-vous faire vos achats? Dans un grand magasin ou dans une petite boutique? Pourquoi?
5. Où préférez-vous passer vos vacances? Aux États-Unis ou dans un pays étranger? Où préférez-vous rester? Dans un camping, chez des amis ou dans un hôtel? Pourquoi?

 C'est votre tour. Vous allez dans un magasin pour acheter un complet / un tailleur (ou un autre vêtement de votre choix) mais vous avez un peu de difficulté à trouver ce que vous voulez. Vous essayez plusieurs modèles et vous comparez le prix, la qualité, la couleur, etc. Le vendeur ou la vendeuse — joué(e) par un(e) autre étudiant(e) — essaie de vous aider.

Mannequin et maçon... Et pourquoi pas?

Mannequin et maçon. Voilà des métiers qui n'ont rien en commun. Un maçon répare ou construit des maisons. Il doit monter sur des échafaudages, construire des murs, porter de lourds sacs de ciment. Un mannequin, par contre, ne porte rien de plus lourd qu'un manteau de fourrure. Mais il faut le porter avec chic et élégance! Entre ces deux professions, Laurence n'a pas voulu choisir. Pendant la journée, elle est maçon et porte sur ses épaules des sacs de ciment de 50 kilos. Le soir, elle est mannequin et porte des vêtements dessinés par les meilleurs couturiers de la ville. Elle est aussi à l'aise sur un échafaudage de cinq étages que dans une présentation de robes de haute couture.

Laurence a 27 ans. Elle est grande et blonde. Elle a les yeux bleus. Elle est pleine de joie de vivre et de santé. Et elle a autant de force et de volonté que de charme et d'élégance naturelle!

À l'âge de 17 ans, elle prend la décision de suivre les traces de son père, un maçon italien, plutôt que de faire des études pour devenir avocate. C'est le début d'un dur apprentissage. Été comme hiver, il faut être sur les chantiers. Elle se trouve plongée dans un univers d'hommes qui se sentent menacés par sa présence. Ils sont plus forts et mieux préparés qu'elle pour ce métier. Mais ça ne l'arrête pas, même si, le soir, elle rentre épuisée. «J'ai souvent pleuré,» admet-elle. «Il y a eu des moments difficiles, mais je n'ai jamais abandonné.»

Quand Laurence a fini son apprentissage, elle décide de se mettre à son compte. Son père promet de l'aider un peu. Elle embauche plusieurs ouvriers et monte une entreprise spécialisée dans la restauration des maisons anciennes. Son travail lui donne l'occasion de rencontrer des gens de tous les milieux. Elle aime la vie mondaine et les soirées. Parmi ses clients il y a des directeurs de maisons de haute couture. Ils lui proposent de présenter leurs collections à temps perdu. Elle accepte. Et voilà, c'est comme ça qu'elle est devenue mannequin.

Maintenant, sa vie est partagée entre ces deux métiers. Après huit ou dix heures de travail sur les chantiers, elle rentre vite chez elle et change de rôle. Un passage à la salle de bains et la voilà coiffée, maquillée et habillée comme une des plus belles femmes de la ville. Elle porte les créations des plus grands couturiers et elle est en train de devenir un des mannequins les plus recherchés.

Adapté d'un article du *Progrès*

---

mannequin *model*   **maçon** *mason*   **construit** *builds*
échafaudages *scaffolding*   **murs** *walls*   **porter** *to carry*   **lourds**
heavy   **fourrure** *fur*   **dessinés** *designed*   **couturiers** *fashion
designers*   **à l'aise** *at ease*   **volonté** *willpower*   **suivre** *to follow*
dur *hard*   **chantiers** *construction sites*   **épuisée** *exhausted*   **j'ai
souvent pleuré** *I have often cried*   **se mettre à son compte** *to start her
own business*   **à temps perdu** *in her spare time*   **habillée** *dressed*
recherchés *sought after*

Avez-vous bien compris?

Répondez aux questions suivantes selon les renseignements donnés dans le texte.

1. En quoi Laurence est-elle une personne assez exceptionnelle?
2. Pourquoi Laurence exerce-t-elle deux métiers si différents l'un de l'autre? Quels sont les avantages et les inconvénients de ces deux métiers?
3. Faites le portrait de Laurence. Décrivez sa personnalité et son apparence.
4. Décrivez une journée typique dans la vie de Laurence.

Notes culturelles ✣ ✣ ✣ ✣ ✣ ✣ ✣ ✣ ✣

La mode

*L*a France est depuis longtemps la capitale de la haute couture et les noms des grands couturiers et couturières français sont connus partout dans le monde. Courrèges, Chanel, Givenchy, Saint-Laurent, Cardin évoquent l'image de vêtements élégants et chers.

Mais la mode française est en train d'évoluer. Le fait que la haute couture coûte très cher et n'est pas à la portée de tout le monde explique le développement du «prêt-à-porter». Mais le prêt-à-porter a aussi ses couturiers — Cacharel, Hechter, Sonia Rykiel, par exemple — qui maintiennent la qualité et l'esthétique de leurs créations.

Depuis les années 60, les blue-jeans, les tee-shirts et les sweat-shirts (beaucoup portent le nom d'une université américaine) font partie de la garde-robe des jeunes Français. Le blue-jean et le tee-shirt sont des vêtements démocratiques : ils cachent les différences sociales tandis que la haute couture les met en évidence. Mais pour les Français, même un tee-shirt se porte avec style. L'élégance et le chic traditionnels des Français n'ont pas disparu.

---

haute couture *high fashion*   **connus** *known*   **fait** *fact*   **à la portée** *within reach*   **prêt-à-porter** *ready-to-wear*   **maintiennent** *maintain* **garde-robe** *wardrobe*   **tandis que** *whereas*   **se porte** *is worn* **n'ont pas disparu** *haven't disappeared*

Communication et vie pratique

A. Opinions. Quelle est votre opinion sur les questions suivantes?

1. À votre avis, quel métier est le plus facile? Le plus intéressant? Le mieux payé?
2. En général, est-ce que les femmes gagnent autant que les hommes qui exercent le même métier?
3. Est-ce que le travail d'une femme qui choisit de rester à la maison a autant de valeur que le travail d'une femme qui exerce un métier?
4. Est-ce qu'il y a autant de femmes que d'hommes qui occupent des postes importants dans le commerce? Dans l'industrie? Dans les professions libérales (médecins, avocats, etc.)? Dans le gouvernement?
5. À votre avis, dans quels domaines les femmes ont-elles fait le plus de progrès au cours des 20 dernières années? Et dans quels domaines y a-t-il des choses qui restent à faire?

B. Description. Vous avez remarqué un individu suspect dans votre quartier. Faites son signalement (c'est-à-dire, donnez sa description) à la police.

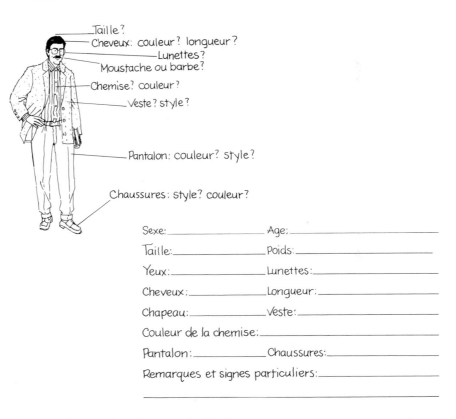

Taille?
Cheveux: couleur? longueur?
Lunettes?
Moustache ou barbe?
Chemise? couleur?
Veste? style?
Pantalon: couleur? style?
Chaussures: style? couleur?

Sexe: _____ Age: _____
Taille: _____ Poids: _____
Yeux: _____ Lunettes: _____
Cheveux: _____ Longueur: _____
Chapeau: _____ Veste: _____
Couleur de la chemise: _____
Pantalon: _____ Chaussures: _____
Remarques et signes particuliers: _____

C. Portraits. Faites le portrait (1) d'une personne que vous connaissez, (2) d'un personnage célèbre ou (3) de la femme idéale ou de l'homme idéal.

D. **Opinions.** Choisissez une (ou plusieurs) des catégories suivantes et indiquez ce que vous considérez le meilleur et le plus mauvais dans chaque cas. Expliquez vos choix.

1. Dans votre ville (restaurants, cinémas, parcs, écoles, etc.)
2. Dans votre université et près du campus (librairies, cours, restaurants, résidences, etc.)
3. À la télévision (acteurs, actrices, jeux télévisés, feuilletons, etc.)

INVITATION À ÉCOUTER

Aux Galeries Lafayette. Micheline et Robert ont décidé d'aller faire des courses aux Galeries Lafayette. Écoutez les conversations qu'ils ont eues aux différents rayons et répondez aux questions suivantes.

1. Où se trouve le rayon des vêtements de sport?
2. Où se trouvent les chaussures?
3. Qu'est-ce que Robert a l'intention d'acheter?
4. Quelle est sa taille?
5. Qu'est-ce que Micheline a l'intention d'acheter?
6. Quelle est sa pointure?
7. Qu'est-ce que Robert et Micheline vont faire après?

Noms

les vêtements (voir p. 257)

    d'autres noms

l'**apparence** (f)	*appearance, look*
le **couturier,**	*fashion designer*
la **couturière**	
l'**élégance** (f)	*elegance, stylishness*
la **fourrure**	*fur*
l'**habillement** (m)	*clothing*
l'**inconvénient** (m)	*disadvantage*
le **maçon**	*mason, builder*
le **mannequin**	*model*
le **métier**	*trade, craft*
le **modèle**	*model, style*
Noël (m)	*Christmas*
la **pointure**	*size (shoes)*
le **rayon**	*department*
la **soirée**	*evening, evening party*
la **taille**	*size (clothing), waist*
le **tissu**	*fabric*
la **volonté**	*willpower*

Verbes

admettre	*to admit*
construire	*to build*
dessiner	*to design, to draw*
disparaître	*to disappear*
essayer	*to try, to try on*
mettre	*to place, to put, to put on*
offrir	*to offer, to give (a gift)*
permettre	*to allow, permit*
pleurer	*to cry*
porter	*to carry, to wear*
promettre	*to promise*
remettre	*to hand in, to postpone*
suivre	*to follow*

Adjectifs

les couleurs (voir p. 258)

    d'autres adjectifs

chic	*stylish*
dur(e)	*hard*
habillé(e)	*dressy; dressed*
lourd(e)	*heavy*

Adverbes

ailleurs	*elsewhere*
aussi... que	*as . . . as*
autant de	*as much (many) . . . as*
heureusement	*fortunately, happily*
mieux	*better*

Divers

à l'aise	*at ease*
à la mode	*in style*
à temps perdu	*in one's spare time*
ça vous (te) va bien	*that looks good on you*
c'est dommage	*that's too bad*
faire plaisir à quelqu'un	*to please someone*
se mettre à	*to start*
se mettre en colère	*to get angry*

Chapitre 13

Le passé et les souvenirs

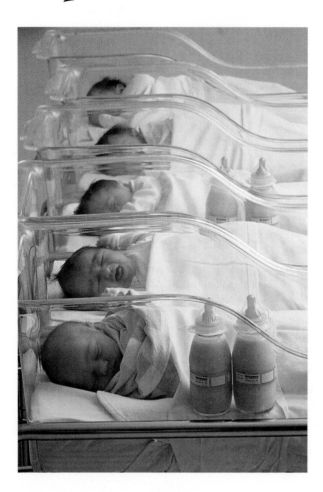

Dans ce chapitre vous allez apprendre à...

Parler des grands événements de la vie

1. Décrire des situations passées
2. Parler du passé
3. Parler de vos connaissances

Vocabulaire et structures

Mise en train : La vie et les sentiments

L'imparfait

L'imparfait et le passé composé

Les verbes **connaître** et **savoir**

Mise en train

LA VIE ET LES SENTIMENTS

Les étapes de la vie

la naissance

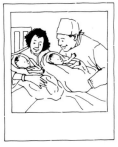

On est né(e).

l'enfance

On grandit.

la jeunesse

On est jeune.

l'âge adulte

On devient adulte. Souvent, on se marie, on élève des enfants, et si ça ne marche pas, parfois on divorce.

la vieillesse

On vieillit.

la mort

On meurt.

Les réactions et les sentiments

On est heureux.

le bonheur

On espère.

l'espoir

On est triste.

la tristesse

On est surpris.

la surprise

On est inquiet.

l'inquiétude

On est amoureux.
On est jaloux.

l'amour   la jalousie

Les vœux et les condoléances

Félicitations!	*Congratulations!*
Bon anniversaire!	*Happy birthday!*
Bonne Fête![1]	*Happy Saint's Day!*
Meilleurs vœux!	*Best wishes!*
Sincères regrets.	*My deepest regrets.*
Mes condoléances.	*My sympathies.*

---

[1] France is a country with strong Catholic traditions. Thus, many children tend to be named after saints, and they celebrate both their birthday and their saint's day.

Communication et vie pratique

A. **Célébrités.** Choisissez un ou deux personnages célèbres et donnez un résumé de leur vie. (Si vous préférez, vous pouvez raconter la vie d'un membre de votre famille ou d'une personne que vous trouvez particulièrement intéressante.)

B. **Sentiments.** Décrivez une situation, réelle ou imaginaire, où vous avez les sentiments suivants.

> MODÈLE   le bonheur
> **Je suis heureux (heureuse) quand je peux passer les fêtes avec mes parents.**

1. le bonheur
2. la surprise
3. l'inquiétude
4. la jalousie
5. la tristesse

C. **Une carte.** Vous envoyez une carte à un(e) ami(e). Qu'allez-vous mettre sur la carte?

1. C'est son anniversaire.
2. Un membre de sa famille est mort.
3. C'est le Nouvel An.
4. Il (Elle) vient de réussir à un examen important.

Exploration 1

POUR DÉCRIRE DES SITUATIONS PASSÉES

L'imparfait

SITUATION *Souvenirs* *d'autrefois*	*Catherine Gagnon, une jeune Québécoise, parle avec son arrière-grand-mère, Francine Hébert, âgée maintenant de 83 ans.*

CATHERINE   Parle-moi du temps où tu étais petite... Vous habitiez déjà ici, à Jonquière?

MME HÉBERT   Non, nous habitions près de Roberval. Il y avait huit enfants dans la famille...

CATHERINE   Tu étais l'aînée?

MME HÉBERT   Non, non, j'étais la cadette. Les autres enfants étaient déjà grands quand je suis née. Ma mère était souvent malade, la pauvre, alors les plus âgés faisaient ce qu'ils pouvaient pour l'aider.

CATHERINE   Et ton père?

MME HÉBERT   Il était bûcheron. Pendant toute la belle saison, il travaillait dans des camps. Il revenait passer l'hiver avec nous.

arrière-grand-mère *great-grandmother*   **l'aînée** *the eldest*   **la cadette** *the youngest*   **bûcheron** *logger*

Avez-vous bien compris?

Est-ce que les phrases suivantes sont vraies ou fausses? Corrigez les phrases fausses.

1. Mme Hébert habitait près de Jonquière quand elle était jeune.
2. Elle était plus jeune que ses frères et sœurs.
3. Son père travaillait dans une boucherie.
4. Il passait seulement l'hiver avec sa famille.

Présentation

The imperfect tense (**l'imparfait**) provides another way of talking about the past. It is formed by dropping the **-ons** ending from the **nous** form of the present tense and adding the endings shown below.

nous parlons   **parl-** + IMPERFECT ENDINGS
nous avons   **av-** + IMPERFECT ENDINGS
nous finissons   **finiss-** + IMPERFECT ENDINGS

The only exception is **être**, whose imperfect stem is **ét-**.

L'imparfait de *parler*	
je parlais	nous parlions
tu parlais	vous parliez
il / elle / on parlait	ils / elles parlaient

L'imparfait d'*être*	
j'étais	nous étions
tu étais	vous étiez
il / elle / on était	ils / elles étaient

All the singular forms and the **ils / elles** form are pronounced the same: [parlɛ] and [etɛ].

Depending on the context used, the imperfect has several translations in English:

j'habitais $\begin{cases} I\ was\ living \\ I\ used\ to\ live \\ I\ lived \end{cases}$

A. There are two main uses of the imperfect:

1. To indicate a habitual past action:

   Nous **allions** en Bretagne **tous les étés.**
   Chaque matin je **me levais** à huit heures.
   Ma mère m'**emmenait** au marché aux poissons.

2. To describe a situation or condition that existed in the past:

   Quand il **était** petit, il **était** souvent malade.
   J'**étudiais** quand ils sont rentrés.
   Ils **avaient** une petite maison à la campagne.
   Il **portait** un complet gris.

B. Certain time expressions are often used with the imperfect:

à cette époque-là	*at that time, in those days*
autrefois	*in the past, long ago*
d'habitude	*generally, usually*
chaque année, mois, etc.	*every year, month, etc.*
tous les jours	*every day*

Préparation

A. Pourquoi? Catherine voulait inviter ses amis à dîner mais tout le monde était occupé. Pourquoi ne pouvaient-ils pas venir?

MODÈLE   Serge / avoir mal à la tête
Serge avait mal à la tête.

1. tu / être malade
2. vous / ne pas être libres
3. Pierre / attendre la visite de sa mère
4. nous / avoir du travail à faire
5. Hélène / avoir besoin de se reposer
6. je / vouloir regarder une émission spéciale à la télé
7. Bruno / faire le ménage
8. Roger et Claudine / être en voyage

B. Souvenirs d'enfance. Au cours d'une visite dans le quartier du vieux Lyon où il a grandi, Monsieur Berger évoque quelques souvenirs de son enfance.

MODÈLE   je / jouer souvent dans cette rue
Je jouais souvent dans cette rue.

1. mes parents / habiter dans ce quartier
2. ma mère / faire les courses chaque matin
3. je / aller toujours avec elle
4. nous / s'arrêter dans chaque magasin
5. elle / prendre le temps de parler avec les marchands
6. ils / parler de la pluie et du beau temps
7. nous / passer ensuite devant le magasin de Monsieur Giraud
8. je / vouloir être boulanger comme lui
9. il / répondre à toutes mes questions
10. ma mère / attendre patiemment

C. De bons souvenirs. Michel et Raymonde ont passé leurs vacances à Antibes. Qu'est-ce qu'ils disent?

MODÈLE   Il fait du soleil.
Il faisait du soleil.

1. Il fait beau.
2. La mer est bonne.
3. Les gens sont sympathiques.
4. L'hôtel se trouve près de la mer.
5. Nous avons une grande chambre.
6. Notre chambre donne sur la mer.
7. La cuisine est excellente.
8. Nous prenons notre petit déjeuner à l'hôtel.
9. Chaque matin nous faisons une petite promenade.
10. L'après-midi nous allons à la plage.

Communication et vie pratique

A. Souvenirs d'enfance. Répondez aux questions suivantes ou utilisez-les pour interviewer un(e) autre étudiant(e).

1. Où habitait ta famille quand tu étais petit(e)?
2. Quel était ton programme de télévision favori?
3. Quelle était ta classe préférée?
4. Quelles étaient tes distractions favorites?
5. Quels étaient tes disques et tes livres préférés?
6. Est-ce que tu avais un chien ou un chat?
7. Où est-ce que tu allais en vacances?
8. Qu'est-ce que tu faisais pendant tes vacances?
9. Qu'est-ce que tu faisais après tes classes?

B. Le monde de votre enfance. Faites une description d'un ou de plusieurs aspects du monde de votre enfance.

1. Un quartier ou une ville où vous avez habité (ou que vous avez visité) autrefois.
2. La maison où vous avez grandi. Comment était-elle?
3. Un(e) ami(e) d'enfance. Comment était cette personne?
4. Le lycée où vous avez fait vos études. Comment étaient les étudiants, les professeurs, les cours?
5. Les dimanches de votre enfance. Que faisiez-vous d'habitude?

C'est votre tour. Imaginez que dans trente ou quarante ans, un de vos petits-enfants vous demande de lui parler du temps où vous étiez étudiant(e). Décrivez-lui votre vie (études, vie universitaire, activités, amis, famille, etc.)

Exploration 2

POUR PARLER DU PASSÉ

L'imparfait et le passé composé

SITUATION	*Christine et sa mère parlent du jour de sa naissance.*
La naissance de Christine	CHRISTINE Maman, parle-moi du jour où je suis née.
	MME FOURNIER Bon, vers deux heures du matin j'ai commencé à avoir des douleurs.
	CHRISTINE Et papa, il était là?
	MME FOURNIER Oui, il dormait, alors je l'ai réveillé et nous avons téléphoné au médecin. Tout était prêt. Papa a vite sorti la voiture et il m'a emmenée à l'hôpital. Il faisait très froid et il pleuvait ce jour-là.
	CHRISTINE Et je suis née à quelle heure?
	MME FOURNIER Apparemment tu n'étais pas très pressée. Il était presque minuit quand tu es finalement venue au monde.

douleurs *labor pains*   **apparemment** *apparently*   **pressée** *in a hurry*   **presque** *nearly*

Avez-vous bien compris?

Répondez aux questions suivantes.

1. Qu'est-ce que M. Fournier faisait quand sa femme a commencé à avoir des douleurs?
2. Quel temps est-ce qu'il faisait quand ils sont partis pour l'hôpital?
3. Pendant combien de temps est-ce que Mme Fournier a dû attendre la naissance de sa fille?
4. Quelle heure était-il quand Christine est née?

Présentation

Although the imperfect and the **passé composé** are both past tenses, they have different purposes. Whether the imperfect or **passé composé** is used depends on the speaker's view or perception of a past action.

Imperfect

Background

The imperfect is used to describe a situation that existed in the past. There is no concern for the time when the situation began or ended. For example, it can describe:

- a condition

  Il **pleuvait**.
  It was raining.

- a state of mind or reason for an action

  Elle **était** très malheureuse.
  She was very unhappy.

- an action that was continuing or was in progress

  Il **finissait** ses devoirs.
  He was finishing his homework.

  À cette époque-là, il **travaillait** dans une usine.
  At that time he was working in a factory.

Passé composé

Event

In contrast, the **passé composé** is used to describe specific events. It expresses:

- an action that is a completed event

  Il **a fini** ses devoirs.
  He finished his homework.

- an event that had a known beginning or end, or a specific duration, whether the duration was a few moments or many years

  Nous **avons attendu** pendant deux heures.
  We waited for two hours.

- a change in state of mind or a reaction to an event

  J'**ai été** très surprise quand j'**ai appris** la nouvelle.
  I was very surprised when I heard the news.

- a succession of events, each event moving the story forward

  Elle **s'est réveillée**, elle **s'est habillée**, et elle **a quitté** la maison.
  She woke up, got dressed, and left the house.

Repeated action

The imperfect describes a habitual action in the past; the **passé composé** describes a specific event. Compare:

Hier mon père **a fait** la cuisine.
Yesterday my father did the cooking.
Le samedi, mon père **faisait** la cuisine.
My father used to do the cooking on Saturdays.

Je **suis allé(e)** quatre fois au cinéma **la semaine dernière.**
I went to the movies four times last week.
Autrefois, j'**allais** rarement au cinéma.
In the past, I rarely went to the movies.

The **passé composé** and imperfect are frequently contrasted when a continuing action is interrupted by a specific event and when a reason for a specific action is given.

Nous **parlions** quand le professeur **est entré.**
Ils **étaient** en train de manger quand nous **sommes arrivés.**
Il **faisait** froid quand je **suis sortie** ce matin.
Je **suis allé(e)** chez le dentiste parce que j'**avais** mal aux dents.
Elle **s'est dépêchée** parce qu'elle **était** en retard.

Préparation

A. **Pourquoi?** Bertrand veut toujours savoir pourquoi son ami Philippe fait ce qu'il fait. Donnez ses réponses aux questions de Bertrand.

MODÈLE   Pourquoi as-tu acheté un sandwich? (avoir faim)
J'ai acheté un sandwich parce que j'avais faim.

1. Pourquoi es-tu allé chez le médecin? (être malade)
2. Pourquoi t'es-tu couché à 9 heures? (être fatigué)
3. Pourquoi t'es-tu levé si tôt? (avoir beaucoup de travail)
4. Pourquoi es-tu allé à la poste? (vouloir acheter des timbres)
5. Pourquoi as-tu vendu ta vieille voiture? (ne pas bien marcher)
6. Pourquoi es-tu resté à la maison? (avoir mal à la tête)
7. Pourquoi as-tu décidé de faire une promenade? (faire beau)
8. Pourquoi t'es-tu dépêché? (être en retard)

B. **Que faisiez-vous?** L'accident de la navette spatiale *(space shuttle) Challenger* est un événement qui a choqué beaucoup de gens. Beaucoup se souviennent exactement de ce qu'ils faisaient au moment où ils ont appris la nouvelle.

MODÈLE   je / être chez des amis
J'étais chez des amis quand j'ai appris la nouvelle.

1. nous / être dans un magasin
2. mon père / venir de rentrer à la maison
3. vous / faire la vaisselle
4. je / travailler dans le resto-U
5. tu / s'habiller
6. mes amis / finir leur dîner
7. tu / attendre l'autobus
8. vous / écouter la radio

C. **L'histoire de Cendrillon** *(Cinderella).* Pour compléter l'histoire, mettez les verbes suggérés à l'imparfait ou au passé composé selon le cas.

Il était une fois une jeune fille qui _____ (s'appeler) Cendrillon. Elle _____ (avoir) deux demi-sœurs qui n' _____ (être) pas gentilles avec elle. C' _____ (être) Cendrillon qui _____ (faire) tout le travail à la maison.

Un jour, le prince _____ (décider) de donner un grand bal. Mais Cendrillon ne _____ (pouvoir) pas aller au bal parce qu'elle n' _____ (avoir) pas de jolis vêtements.

Cendrillon _____ (être) en train de pleurer quand sa marraine *(god-mother)* _____ (arriver). Elle _____ (posséder) une baguette magique *(magic wand).* La marraine _____ (toucher) les vêtements de Cendrillon et ils _____ (devenir) très beaux. Cendrillon _____ (promettre) à sa marraine de rentrer avant minuit et elle _____ (partir) au bal.

Le prince _____ (inviter) à danser la mystérieuse jeune fille et ils _____ (danser) pendant tout le bal. Cendrillon _____ (être) si heureuse qu'elle _____ (oublier) l'heure. Quand elle _____ (entendre) minuit sonner *(ring),* elle _____ (partir) si vite qu'elle _____ (perdre) une de ses chaussures.

Le prince, qui _____ (aimer) Cendrillon, _____ (aller) dans toutes les maisons de son pays pour essayer de la retrouver. Finalement, le prince _____ (venir) à la maison où Cendrillon et ses sœurs _____ (habiter). Les deux sœurs _____ (essayer) la chaussure mais elle _____ (être) beaucoup trop petite pour elles. Timidement Cendrillon _____ (demander) : «Est-ce que je peux l'essayer?» La chaussure lui allait parfaitement. Il _____ (être) évident que la belle jeune fille du bal et Cendrillon _____ (être) la même personne. Le prince et Cendrillon _____ (se marier) et ils _____ (avoir) beaucoup d'enfants.

Communication et vie pratique

A. **Cendrillon! Tu viens de loin, ma petite!** L'histoire de Cendrillon appartient au folklore international et reflète les valeurs traditionnelles de notre culture. Transformez-la pour la rendre plus moderne, moins sexiste, plus amusante, etc. Vous pouvez changer les personnages, le pays où l'action a lieu, le développement de l'histoire ou sa conclusion. Si vous préférez, inventez une autre histoire.

B. **Alors, raconte...** Répondez aux questions suivantes ou utilisez-les pour interviewer un(e) autre étudiant(e). Choisissez un ou plusieurs des sujets suggérés.

La famille
Où et quand es-tu né(e)? Est-ce que tu as grandi dans cette ville? Est-ce que tu avais des frères et des sœurs? Dans combien de villes différentes est-ce que tu as habité?

Les amis

Comment s'appelaient tes meilleur(e)s ami(e)s? Habitaient-ils (elles) près de chez toi? Veux-tu me raconter quelques aventures qui vous sont arrivées? Est-ce que tu es resté(e) en contact avec ces ami(e)s? Que sont-ils (elles) devenu(e)s?

Les gens

Est-ce que tu te souviens d'une personne de ton enfance avec un plaisir particulier? Qui était cette personne? Pourquoi est-ce que tu te souviens de cette personne? Est-ce que tu l'admirais beaucoup? Comment était-il (elle)?

Les études

Comment était le lycée où tu es allé(e)? Quel âge avais-tu quand tu es entré(e) au lycée? Quels étaient tes cours et tes professeurs préférés? Est-ce que tu avais un travail après l'école? En quoi consistait ce travail? Quelles étaient tes responsabilités à la maison? En quelle année est-ce que tu as fini tes études secondaires? Qu'est-ce que tu as fait après? Pourquoi as-tu décidé de venir faire tes études à cette université?

Les voyages

Raconte-moi un voyage que tu as fait récemment ou quand tu étais petit(e). Où est-ce que tu es allé(e)? Avec qui? Qu'est-ce que tu as fait? Comment est-ce que c'était? Est-ce que tu t'es bien amusé(e)?

C. **Les étapes de la vie.** Racontez votre vie jusqu'au moment présent. Utilisez le vocabulaire présenté dans la **Mise en train**.

 C'est votre tour. Décrivez à un(e) autre étudiant(e) un événement important dans la vie de votre famille, comme une naissance ou un mariage. Donnez autant de détails que possible et répondez aux questions de votre camarade de classe.

Exploration 3

POUR PARLER DE VOS CONNAISSANCES

Les verbes **connaître** et **savoir**

SITUATION

Des nouveaux-venus dans le quartier

Deux habitants du quartier ont remarqué la présence de deux personnes qu'ils ne connaissent pas. Ils se demandent qui sont ces nouveaux-venus.

M. FAVRE   Qui est-ce?

MME THOMAS   Je ne sais pas... Je ne les connais pas. Demandez donc à la concierge, elle connaît tout le monde...

M. FAVRE	Dites, Madame Lebrun, ces jeunes gens à la terrasse du café, vous les connaissez?
MME LEBRUN	Bien sûr que je les connais! C'est ma fille et son fiancé. Vous ne la reconnaissez pas?
M. FAVRE	Eh bien, non, je ne l'ai pas reconnue...!
MME THOMAS	Moi non plus! Où est-ce qu'elle a fait la connaissance de son fiancé?
MME LEBRUN	Ils se sont connus à l'université...
MME THOMAS	Ah, bon...! Je ne savais pas qu'elle faisait des études!

connaissent *know*   **reconnaissez** *recognize*   **connaissance**
acquaintance   **ils se sont connus** *they met*   **Je ne savais pas** *I didn't know*

Avez-vous bien compris?

Est-ce que les phrases suivantes sont vraies ou fausses? Si la phrase est fausse corrigez-la.

1. La concierge a la réputation de connaître tout le monde dans le quartier.
2. Mme Lebrun, la concierge, ne connaît pas les jeunes qui sont à la terrasse du café.
3. M. Favre a tout de suite reconnu la jeune fille.
4. La jeune fille et son fiancé ont fait connaissance à l'université.

Présentation

The irregular verbs **connaître** and **savoir** correspond to the English verb *to know;* however, they cannot be used interchangeably.

connaître	
je **connais**	nous **connaissons**
tu **connais**	vous **connaissez**
il / elle / on **connaît**	ils / elles **connaissent**
passé composé : **j'ai connu**	

savoir	
je **sais**	nous **savons**
tu **sais**	vous **savez**
il / elle / on **sait**	ils / elles **savent**
passé composé : **j'ai su**	

A. **Connaître** is used in the sense of *to be familiar with* or *to be acquainted with*. It is always used with a direct object (e.g., people, places, etc.).

Est-ce que vous **connaissez** le vieux Lyon?
À cette époque-là, je **connaissais** bien Madame Bertrand.
Je n'**ai** jamais **connu** mon grand-père.

Faire la connaissance de is another frequently used expression meaning *to become acquainted with* in the sense of *to meet*.

Est-ce que vous **avez fait la connaissance de** mon cousin?
J'**ai fait sa connaissance** à Paris.

B. **Savoir** is used in the sense of *to know facts* or *to know how to do something*. It can be used with a direct object, a clause, an infinitive, or by itself.

Il ne **sait** pas nager.
—Est-ce que tu **sais** qui est Jules Verne? —Non, je ne **sais** pas qui c'est.
Savez-vous la date de son anniversaire?
—Paul sort avec Anne. —Oui, je le **sais**.

C. In the **passé composé, savoir** and **connaître** may have idiomatic meanings.[2]

J'**ai su** qu'ils étaient en Belgique.	*I learned that they were in Belgium.*
Comment est-ce que tu l'**as su?**	*How did you find it out?*
Elle l'**a connu** à Dijon.	*She met him (made his acquaintance) in Dijon.*
Ils **se sont connus** à Dijon.	*They met in Dijon.*

D. The following verbs are conjugated like **connaître** :

reconnaître	*to recognize*	Je l'**ai reconnu(e)** tout de suite.
disparaître	*to disappear*	Mon parapluie **a disparu.**

Préparation

A. **Est-ce que vous les connaissez?** Catherine veut savoir si les étudiants français connaissent bien leurs professeurs. Qu'est-ce qu'ils répondent?

MODÈLE nous / pas très bien
Nous ne les connaissons pas très bien.

1. je / très bien
2. Marc / assez bien
3. certains étudiants / pas bien
4. nous / un peu
5. tu / pas très bien
6. vous / assez bien

---

[2] For recognition only.

B. **Qui sait nager?** Roger veut organiser une excursion en bateau sur le lac d'Annecy et il veut savoir qui sait bien nager. Que répondent ses amis?

> MODÈLES   Daniel (oui)
> **Daniel sait nager.**
> *ou :*   Hervé (non)
> **Hervé ne sait pas nager.**

1. je (oui)
2. Michelle (non)
3. tu (non)
4. nous (oui)
5. Armand (oui)
6. vous (non)
7. les autres (oui)

C. **Quelqu'un qui sait toujours tout.** Jean-Paul Saitout est une de ces personnes qui sait tout et qui connaît tout le monde. Utilisez les indications données pour formuler ses réactions aux différents sujets mentionnés.

> MODÈLES   la réponse
> **Bien sûr que je sais la réponse.**
> *ou :*   Pierre
> **Bien sûr que je connais Pierre.**

1. la date de l'examen
2. les parents de Julien
3. nager
4. Marseille
5. le numéro de téléphone de Françoise
6. cette ville
7. faire la cuisine
8. un bon restaurant
9. l'adresse de Michelle
10. la femme de Robert

Communication et vie pratique

A. **Savoir n'est pas connaître.** Utilisez les suggestions suivantes pour poser des questions aux autres étudiants de votre classe au sujet de ce qu'ils savent et des gens ou des endroits qu'ils connaissent.

> EXEMPLES   des Français
> **Est-ce que tu connais des Français?**
> *ou :*   danser
> **Est-ce que tu sais danser?**

1. nager
2. les différents quartiers de ta ville
3. où on peut acheter des disques français
4. tes voisins
5. une personne célèbre
6. faire du ski
7. parler chinois
8. ce que tu vas faire l'année prochaine
9. qui a inventé la bombe atomique

B. **Inventaire.** Comparez avec un(e) autre étudiant(e) les gens et les endroits que vous connaissez et que vous ne connaissez pas.

EXEMPLE Je ne connais pas le nouveau restaurant près du campus. Et toi, est-ce que tu le connais?

C'est votre tour. Imaginez que vous venez d'une petite ville de France où tout le monde se connaît. Vous avez invité quelques ami(e)s américain(e)s que vous avez connu(e)s à l'université à venir vous rendre visite. Tout le monde se demande qui sont ces inconnu(e)s. Imaginez le dialogue entre différents habitants de la ville (joués par des autres étudiants) et jouez la scène.

Intégration et perspectives

Jacques Prévert

Jacques Prévert

Jacques Prévert (1900–1977) a été le poète de la vie de tous les jours, des choses simples et familières, de la solidarité humaine. Il prend le temps d'écouter, de regarder, de sentir les gens et les choses vivre autour de lui. Et ensuite il les exprime avec des mots de tous les jours, dans un style simple et spontané, mais plein de fantaisie et de tendresse.

Dans ses poèmes et ses chansons, Prévert parle des choses et des gens qu'il aime. Parfois, il est aussi le témoin discret des drames de la vie, comme, par exemple, dans le poème suivant.

Déjeuner du matin

Il a mis le café
Dans la tasse
Il a mis le lait
Dans la tasse de café
Il a mis le sucre
Dans le café au lait
Avec la petite cuiller
Il a tourné
Il a bu le café au lait
Et il a reposé la tasse
Sans me parler
Il a allumé
Une cigarette
Il a fait des ronds
Avec la fumée
Il a mis les cendres
Dans le cendrier
Sans me parler
Sans me regarder
Il s'est levé
Il a mis
Son chapeau sur sa tête
Il a mis
Son manteau de pluie
Parce qu'il pleuvait
Et il est parti
Sous la pluie
Sans une parole
Sans me regarder
Et moi j'ai pris
Ma tête dans ma main
Et j'ai pleuré

—JACQUES PRÉVERT, «Déjeuner du matin»
extrait de *Paroles,* © Éditions GALLIMARD.

---

vivre *live*   **exprime** *expresses*   **mots** *words*   **Parfois** *At times*
témoin *witness*   **il a reposé** *he put back down*   **Il a allumé** *He lit*
ronds *rings*   **fumée** *smoke*   **cendres** *ashes*   **cendrier** *ashtray*
parole *word*   **j'ai pleuré** *I cried*

Avez-vous bien compris?

A. Répondez aux questions suivantes selon les renseignements donnés dans le texte.

1. Où et quand ce drame de la vie a-t-il lieu?
2. À votre avis, qui sont les deux personnages du poème?
3. Quelles sont les actions principales de l'homme?
4. Est-ce que ses actions sont des actions ordinaires et habituelles ou des actions inhabituelles? Donnez des exemples.
5. À votre avis, quelle attitude est-ce que ces gestes et ces actions révèlent?
6. Quelle est la réaction de l'autre personne?
7. À votre avis, quel est le problème principal entre ces deux personnes?
8. Quelle est votre réaction personnelle devant l'attitude de chaque personne?
9. Est-ce que vous pouvez suggérer une solution à leur problème?
10. Refaites le poème du point de vue de l'homme qui quitte l'autre personne.

B. À votre avis, quels sont les différents sentiments de chaque personnage du poème de Prévert? Quels sentiments semblent absents de leur vie?

Notes culturelles ✣ ✣ ✣ ✣ ✣ ✣ ✣ ✣ ✣

Rites et coutumes

*E*n France, comme dans la plupart des autres cultures, les étapes et les événements importants de la vie sont marqués par des rites particuliers. La France étant un pays de tradition catholique, la plupart de ces cérémonies ont une origine religieuse. Les enfants, par exemple, sont généralement baptisés dans les quelques mois qui suivent leur naissance. Jusqu'à une époque récente, l'Église exigeait même qu'on donne aux enfants des noms de saints, tels que Jean, Paul, Thérèse ou Marie. Ainsi en France, on célèbre non seulement l'anniversaire mais aussi la fête d'une personne. Le baptême est suivi d'un dîner qui réunit toute la famille et le parrain et la marraine. Il y a également une cérémonie religieuse suivie d'un dîner de famille quand l'enfant fait sa première communion, généralement à l'âge de onze ou douze ans. Selon les statistiques, la plupart des Français se marient entre l'âge de vingt-quatre et vingt-six ans. Pour être marié légalement, il faut se marier à la mairie mais un grand nombre de couples choisissent également d'avoir une cérémonie religieuse.

étapes *stages* **étant** *being* **exigeait** *required* **tels que** *such as* **parrain** *godfather* **marraine** *godmother* **également** *also*

Communication et vie pratique

A. **Souvenirs d'enfance.** Racontez vos propres souvenirs d'enfance ou les souvenirs d'une autre personne (parents, grands-parents, ami(e), personne imaginaire).

B. **Rapports des témoins.** Vous étiez présent(e) quand les événements suivants ont eu lieu *(took place)*. Répondez aux questions de l'agent de police, joué(e) par un(e) autre étudiant(e). Les autres étudiants écoutent et prennent des notes. Ensuite ils vont préparer un rapport oral ou écrit.

Suggestions:
1. Un piéton *(pedestrian)* qui traversait la rue a été renversé *(run over)* par un cycliste.
2. Il y a eu un cambriolage *(burglary)* dans votre quartier.
3. Il y a eu une dispute dans un des bars du quartier.

C. **Portraits.** Racontez la vie de différentes personnes célèbres ou de différents personnages historiques sans mentionner leurs noms. Les autres étudiants vont deviner l'identité de ces personnes.

D. **Voyage dans le temps.** «Cela se passait il y a vingt siècles sur une planète qui s'appelait la Terre...» Ainsi commence le rapport d'un historien du 40ᵉ siècle décrivant la vie telle qu'elle existait sur la Terre vingt siècles plus tôt. Complétez son rapport.

INVITATION À ÉCOUTER

Souvenirs d'enfance de Kiwele Shamavu. Kiwele Shamavu, un Africain né au Zaïre, parle de son enfance avec un reporter. Écoutez leur conversation et ensuite répondez aux questions suivantes.

1. Où est-ce que Kiwele a passé son enfance?
2. Est-ce qu'il habitait dans une grande ville?
3. Combien de langues est-ce que Kiwele parle?
4. Pourquoi est-ce qu'il est parti en Belgique quand il avait douze ans?
5. Est-ce que Kiwele est resté longtemps sans retourner dans son pays?
6. Quelle a été sa réaction quand il est arrivé à Bruxelles?

VOCABULAIRE

Noms

l'**amour** (m)	*love*
l'**arrière-grand-mère** (f)	*great-grandmother*
le **bonheur**	*happiness*
les **cendres** (f)	*ashes*
le **cendrier**	*ashtray*
les **condoléances** (f)	*condolences, sympathy*
le **divorce**	*divorce*
la **douleur**	*pain*
le **drame**	*drama*
l'**enfance** (f)	*childhood*
les **félicitations** (f)	*congratulations*
la **fête**	*patron saint's day*
la **fumée**	*smoke*
l'**inquiétude** (f)	*anxiety, worry, restlessness*
la **jeunesse**	*youth*
le **mariage**	*marriage, wedding*
la **messe**	*mass*
la **mort**	*death*
le **mot**	*word*
la **naissance**	*birth*
la **parole**	*word (spoken)*
le **poète**	*poet*
le **regret**	*regret*
le **rond**	*ring*
la **surprise**	*surprise*
le **témoin**	*witness*
la **tendresse**	*tenderness*
la **vieillesse**	*old age*
les **vœux** (m)	*wishes*

Verbes

allumer	*to light, turn on*
connaître	*to know, to be acquainted with*
disparaître	*to disappear*
élever	*to bring up, to raise*
exprimer	*to express*
pleurer	*to cry*
reconnaître	*to recognize*
reposer	*to put back down*
savoir	*to know, know how to*
vieillir	*to age, to get old*
vivre	*to live*

Adjectifs

adulte	*adult*
aîné(e)	*elder*
cadet, cadette	*younger*
discret, discrète	*discreet, unobtrusive*
inquiet, inquiète	*worried*
jaloux, jalouse	*jealous*
spontané(e)	*spontaneous*

Divers

apparemment	*apparently*
faire la connaissance de	*to meet, to make the acquaintance of*
parfois	*at times*

Chapitre 14

Le monde et l'avenir

Dans ce chapitre vous allez apprendre à...

Exprimer votre opinion sur les problèmes du monde moderne

1. Parler de choses déjà mentionnées

2. Parler de l'avenir

3. Parler de vos observations et de vos opinions

Vocabulaire et structures

Mise en train : Le monde où nous vivons

Les pronoms **y** et **en**

Le futur

Les verbes **voir** et **croire**

LE MONDE OÙ NOUS VIVONS

Les dangers qui menacent l'humanité
les catastrophes naturelles (f)

une inondation

un tremblement de terre

un cyclone

le risque d'une guerre

une catastrophe dans une centrale nucléaire

la pollution de l'environnement (m)

la surpopulation

Les problèmes sociaux et politiques

la faim et les sans-abri (m)	*hunger and the homeless*
le chômage	*unemployment*
les grèves (f)	*strikes*
l'inflation (f)	*inflation*
la violence et les crimes (m)	*violence and crime*
les inégalités sociales (f)	*social inequality*
le racisme	*racism*
le sexisme	*sexism*

Communication et vie pratique

A. **Notre avenir.** Quels dangers menacent l'avenir de notre planète ou la qualité de la vie sur notre planète? À votre avis, quels sont les dangers les plus sérieux et pourquoi?

B. **Les catastrophes naturelles.** Est-ce qu'il y a quelquefois des inondations, des tremblements de terre ou des cyclones dans votre région? Aux États-Unis, où est-ce que ces catastrophes sont les plus fréquentes?

C. **Les problèmes sociaux et politiques.** Chaque pays a ses problèmes sociaux. Quels sont, à votre avis, les problèmes les plus sérieux dans votre pays? Et dans d'autres pays? Quels sont les problèmes qui vous préoccupent le plus personnellement?

C'est votre tour. Vous travaillez pour une société de sondages d'opinion et on vous a demandé de préparer un sondage sur l'attitude des gens envers les différents problèmes sociaux et politiques. Préparez vos questions et ensuite posez-les aux autres étudiants de la classe.

Exploration 1

POUR PARLER DE CHOSES DÉJÀ MENTIONNÉES

Les pronoms y et en

Deux amis parlent des choses qui les préoccupent.

DIDIER Et le danger d'une guerre nucléaire, tu y crois, toi?

PATRICK Je ne sais pas. Avant, j'en avais très peur. Mais maintenant, avec la détente entre l'est et l'ouest, j'y pense moins souvent.

DIDIER Tu n'es pas allé à la manif? J'y étais mais je ne t'ai pas vu.

PATRICK Quelle manif?

DIDIER La manif des écolos contre les centrales nucléaires. Il y en a une dans ma région. Ça m'inquiète beaucoup.

Qu'est-ce que tu en penses *What do you think about it* **préoccupent** *worry* **tu y crois** *you believe in it* **j'en avais très peur** *I was very afraid of it* **l'est et l'ouest** *the east and the west* **manif = manifestation** *demonstration* **écolos = écologistes** *ecologists* **contre** *against* **Ça m'inquiète** *It worries me*

Avez-vous bien compris?

Répondez aux questions suivantes.

1. Pourquoi est-ce que Patrick pense moins à la guerre nucléaire maintenant?
2. Pourquoi est-ce que Didier est allé à une manifestation contre les centrales nucléaires?
3. Qui a organisé cette manifestation?
4. Est-ce que Patrick y est allé aussi?

Présentation

A. The pronoun **y** *(there)* is used to replace a prepositional phrase indicating location.

Je vais **à Québec.**   J'**y** vais.
Elle va rester **en Belgique.**   Elle va **y** rester.

Roland n'est jamais entré **dans ce musée**.   Roland n'**y** est jamais entré.

N'allez pas **chez le dentiste**.   N'**y** allez pas.

Va **au cinéma**.   Vas-**y**.

Note that an **s** is added to **va** for the affirmative command with **y** to make it easier to pronounce.

B. The pronoun **y** can also replace other phrases with the preposition **à**, as long as the object of the preposition is a thing, not a person.

Je pense **à mon enfance**.   J'**y** pense.

As-tu répondu **à sa lettre**?   **Y** as-tu répondu?

Je m'intéresse beaucoup **à ça**.   Je m'**y** intéresse beaucoup.

Ne pensez pas trop **à l'avenir**.   N'**y** pensez pas trop.

C. When the object of the preposition **à** is a person, disjunctive pronouns are used instead of **y**. This contrast is especially important when using the verb **penser à**, which means *to think about* or *to have one's mind on* someone or something. Compare:

Je pense **à mon travail**.   J'**y** pense.

Je pense **à mes parents**.   Je pense **à eux**.

D. The pronoun **en** replaces the partitive. Its meaning is usually the equivalent of *some, any, not any*.

Nous avons acheté **du pain**.   Nous **en** avons acheté.

Il n'a pas **de chance**.   Il n'**en** a pas.

Elle va m'acheter **des disques**.   Elle va m'**en** acheter.

Prenez **de la salade**.   Prenez-**en**.

It also replaces prepositional phrases beginning with **de**.

Je ne me souviens pas **de son nom**.   Je ne m'**en** souviens pas.

Il vient **de l'épicerie**.   Il **en** vient.

E. **En** is also used to replace a noun modified by a number or by an expression of quantity.

J'ai **un disque**.   J'**en** ai **un**.

Il y a **dix étudiants**.   Il y **en** a **dix**.

Nous avons **beaucoup de travail**.   Nous **en** avons **beaucoup**.

Il n'y a **plus de sucre**.   Il n'y **en** a **plus**.

F. **En** is also used with the verb **penser de** *(to have an opinion about)* when referring to a thing or an idea. When it is a person, disjunctive pronouns are used. Compare:

Qu'est-ce que tu penses **de cette idée?**   Qu'est-ce que tu **en** penses?

Qu'est-ce que tu penses **du professeur?**   Qu'est-ce que tu penses **de lui?**

Questions using **penser de** are answered by **je pense que**...

—Qu'est-ce que tu **penses de** son camarade de chambre?
—Je **pense qu'**il est assez sympa.

Préparation

A. **Curiosité.** Marguerite veut savoir où ses amis vont ce week-end. Donnez leurs réponses à ses questions.

MODÈLE   Est-ce que Serge va au cinéma? (oui)
Oui, il y va.

1. Est-ce que tu vas au concert? (non)
2. Est-ce que Robert et Anne-Marie vont au théâtre? (oui)
3. Est-ce que vous allez à la campagne ce week-end? (oui)
4. Est-ce que nous allons à la plage samedi après-midi? (oui)
5. Est-ce que Bruno va aller à la montagne avec ses amis? (non)
6. Paul et toi, est-ce que vous allez à la piscine? (oui)

B. **Différences.** Charles et Henri sont deux frères qui sont très différents l'un de l'autre. Décrivez-les.

MODÈLES   son professeur de français
Charles pense souvent à son professeur de français, mais Henri ne pense jamais à lui.
ou :   l'avenir
Charles pense souvent à l'avenir, mais Henri n'y pense jamais.

1. la pollution
2. sa grand-mère
3. ses parents
4. l'inflation
5. les examens
6. la faim dans le monde
7. les autres
8. les problèmes sociaux

C. **Ça peut aller.** La vie de Jean n'est pas parfaite mais ça peut aller. Quelle est son opinion sur chacun des sujets suivants?

MODÈLE   du temps libre (pas assez)
Je n'en ai pas assez.

1. de l'argent (assez)
2. des amis (plusieurs)
3. de la chance (un peu)
4. des disques français (beaucoup)
5. des devoirs (trop)
6. de bons profs (plusieurs)
7. des problèmes (pas beaucoup)
8. des frères et des sœurs (trois)

D. **Curiosité.** Colette veut savoir ce que ses amis pensent de sa nouvelle situation.

MODÈLES son nouvel appartement
Qu'est-ce que vous en pensez?
son fiancé
Qu'est-ce que vous pensez de lui?

1. les photos qu'elle a prises
2. son nouveau patron
3. la jupe qu'elle vient d'acheter
4. une actrice qu'elle admire beaucoup
5. un ami qu'elle vient de rencontrer
6. les gens avec qui elle travaille
7. les petites boutiques dans son quartier
8. sa nouvelle camarade de chambre

E. **Projets de week-end.** Des étudiants sont en train de parler de leurs projets pour le week-end. Formulez leurs réponses en utilisant **y** ou **en**.

MODÈLE Est-ce que vous allez chez vos parents ce week-end? (non)
Non, nous n'y allons pas.

1. Est-ce que vous êtes allés chez vos parents récemment? (non)
2. Est-ce que vous allez chez eux ce week-end? (oui)
3. Est-ce que tu vas aller au cinéma, Henri? (oui)
4. Est-ce que tu as écouté des disques américains récemment? (oui... deux)
5. Est-ce que Jean était au café hier soir? (non)
6. Est-ce que vous avez envie d'aller à Versailles? (non)
7. Est-ce que tu es déjà allé à Versailles? (non... jamais)
8. Est-ce que vous avez beaucoup de travail ce week-end? (oui... beaucoup)

Communication et vie pratique

A. **Habitudes et activités.** Utilisez les suggestions suivantes pour indiquer ce que vous faites et ce que vous ne faites pas. Utilisez le pronom **en** ou le pronom **y** dans vos réponses.

EXEMPLES boire du vin
Je n'en bois pas souvent.
ou : **Chez nous, nous en buvons de temps en temps.**
aller au cinéma
Je n'y vais pas souvent.

1. acheter des revues françaises
2. faire du sport
3. aller aux matchs de football
4. avoir beaucoup de travail

5. aller à la bibliothèque
6. manger assez de légumes
7. boire du lait
8. prendre des vitamines
9. aller chez le dentiste
10. avoir envie d'aller en France

B. **Questions / interview.** Répondez aux questions suivantes ou utilisez-les pour interviewer un(e) autre étudiant(e). Utilisez **y** ou **en** dans vos réponses.

1. Est-ce que tu achètes quelquefois des journaux français? Est-ce qu'il y en a dans les librairies de ta ville?
2. Est-ce qu'il y a des restaurants français dans ta ville? Est-ce que tu as déjà mangé dans un de ces restaurants?
3. Est-ce que tu as beaucoup de travail en ce moment? Est-ce que tu passes beaucoup de temps à la bibliothèque?
4. Est-ce que tu as envie d'écouter des disques français? Est-ce que tu sais où on peut en acheter?
5. Combien d'habitants y a-t-il dans la ville d'où tu viens? Est-ce que tu y retournes souvent?
6. Est-ce que tu vas souvent au cinéma? Est-ce que tu as vu un film français récemment?
7. Est-ce que tu t'intéresses à la musique? Est-ce que tu vas souvent au concert?
8. Est-ce que tu es déjà allé(e) au Québec? Est-ce que tu as envie d'y retourner?

 C'est votre tour. Imaginez que vous voulez persuader un(e) ami(e) de venir avec vous à une manifestation contre un problème qui vous préoccupe (la pollution, le racisme, les sans-abri, la possibilité d'une guerre). Votre ami(e) n'a pas envie d'y aller. Essayez de le (la) persuader.

Exploration 2

POUR PARLER DE L'AVENIR

Le futur

SITUATION
Nos enfants

Paul et Isabelle, un jeune couple, attendent leur premier enfant et ils se demandent comment sa vie sera.

PAUL — Je me demande comment le monde sera quand notre enfant aura notre âge.

ISABELLE	Si on n'arrête pas de polluer la planète, c'est un monde bien triste qu'on lui laissera. Penses à toutes les forêts qui seront détruites et à toutes les espèces animales qui disparaîtront...
PAUL	Oui, mais qu'est-ce qu'on peut y faire? On ne peut pas arrêter le progrès.
ISABELLE	Non, mais il faudra bien faire quelque chose. Sinon, tout ce progrès ne servira à rien.
PAUL	Alors, commençons dès maintenant. Demain, je laisserai la voiture au garage et j'irai à mon travail à bicyclette.

sera *will be* **aura notre âge** *will be our age* **détruites** *destroyed*
espèces *species* **dès** *as of* **laisserai** *will leave* **irai** *will go*

Avez-vous bien compris?

Répondez aux questions suivantes.

1. Quelle question est-ce que Paul et Isabelle se posent?
2. Selon Isabelle, qu'est-ce qui risque de se passer?
3. Qu'est-ce que Paul décide de faire?

Présentation

In French, the future tense is a single word formed by adding endings to a stem. It is used both in writing and in speaking, though **aller** + INFINITIVE is very commonly used in conversation.

A. Most verbs form the future by adding the endings shown to the infinitive. When the infinitive ends in **-re,** the **e** is dropped.

le futur de *manger*	
je mangerai	nous mangerons
tu mangeras	vous mangerez
il / elle / on mangera	ils / elles mangeront

le futur de *finir*	
je finirai	nous finirons
tu finiras	vous finirez
il / elle / on finira	ils / elles finiront

le futur d'*attendre*	
j'attendr**ai**	nous attendr**ons**
tu attendr**as**	vous attendr**ez**
il / elle / on attendr**a**	ils / elles attendr**ont**

Je **parlerai** à Jacqueline.
On ne **servira** pas le dîner avant sept heures.
Je suis sûr qu'Anne et Paul se **débrouilleront**.

B. Although the future endings are the same for all French verbs, certain common verbs have irregular stems.

Verb	Future stem	
aller	**ir-**	Je n'**irai** pas en classe demain.
avoir	**aur-**	Vous n'**aurez** pas de difficulté.
devoir	**devr-**	Elle **devra** aller chez sa grand-mère demain.
être	**ser-**	Nous **serons** ici à six heures.
faire	**fer-**	Est-ce que vous **ferez** du ski cet hiver?
falloir	**faudr-**	Il **faudra** partir à huit heures.
pleuvoir	**pleuvr-**	**Pleuvra**-t-il demain?
pouvoir	**pourr-**	Je **pourrai** vous aider plus tard.
savoir	**saur-**	Avant la fin de l'été, je **saurai** nager.
venir, etc.	**viendr-**	Quand **reviendras**-tu?
vouloir	**voudr-**	Qu'est-ce qu'ils **voudront** faire?

C. In French, when a clause begins with **quand** *(when)*, **lorsque** *(when)*, **dès que** *(as soon as)*, or **aussitôt que** *(as soon as)* and future time is implied, the verb is in the future. In English the present tense is used in similar instances.

Faisons une promenade **quand** il **fera** beau.

Let's take a walk when it's nice.

Lorsque nous **irons** à Québec, nous **visiterons** le château Frontenac.

When we go to Quebec, we'll visit Chateau Frontenac.

Dès qu'ils **arriveront**, nous nous **mettrons** à table.

As soon as they arrive, we'll sit down to eat.

J'achèterai une maison **aussitôt**   *I'll buy a house as soon as I have*
   que j'**aurai** assez d'argent.   *enough money.*

Préparation

A. J'ai confiance...   Dominique est assez optimiste quand elle pense à l'avenir. Qu'est-ce qu'elle dit?

MODÈLE   nous / trouver du travail
   Je suis sûre que nous trouverons du travail.

1. Hélène / réussir bien
2. vous / faire des progrès
3. Sylvie et Bertrand / se marier
4. ils / être heureux
5. tu / aller à l'université
6. je / apprendre beaucoup de choses
7. vous / avoir de l'argent
8. nous / pouvoir trouver une solution

B. Quand le ferez-vous?   Quelques amis parlent des choses qu'ils doivent faire cette semaine. Qu'est-ce qu'ils disent?

MODÈLE   Quand est-ce que tu vas faire le ménage? (quand je me sentirai mieux)
   Je ferai le ménage quand je me sentirai mieux.

1. Quand est-ce que vous allez vous occuper du jardin? (quand il fera beau)
2. Quand est-ce que Paul va acheter une nouvelle voiture? (quand il aura assez d'argent)
3. Quand est-ce que tu vas être plus sérieux? (quand je serai vieux)
4. Quand est-ce qu'on va faire une promenade? (quand on aura le temps)
5. Quand est-ce que Gérard va acheter de nouveaux vêtements? (quand il ira en ville)
6. Quand est-ce que vous allez vous reposer? (quand nous aurons moins de travail)

C. L'amour n'a pas de frontières.   Robert, un Américain, a rencontré une jeune Française qu'il a bien envie de revoir. Malheureusement, il ne parle pas français. Il vous a demandé de traduire *(translate)* ce qu'il veut lui dire.

1. When you come to the United States, you can stay with my family.
2. Write to me as soon as you return home.
3. As soon as you write to me, I'll answer.
4. I'll call you when I am at home.
5. We'll get married as soon as we can.

Communication et vie pratique

A. Projets d'avenir. Voici une liste de projets d'avenir. Choisissez-en cinq que vous avez l'intention d'accomplir au cours de votre vie. Si vous préférez, vous pouvez substituer vos propres projets. Ensuite, discutez vos choix avec d'autres étudiants et essayez d'en expliquer les raisons.

EXEMPLE apprendre à parler une autre langue étrangère
J'apprendrai à parler une autre langue étrangère parce que c'est important pour la profession que j'ai choisie.

1. avoir un métier intéressant
2. faire le tour du monde
3. gagner beaucoup d'argent
4. prendre le temps de s'amuser un peu
5. se marier et avoir des enfants
6. faire du sport régulièrement pour rester en bonne forme physique
7. passer plusieurs années de sa vie dans un pays étranger
8. aller habiter à la campagne
9. acheter une maison
10. ?

B. L'été prochain. Posez des questions aux autres étudiants pour savoir ce qu'ils ont l'intention de faire l'été prochain.

EXEMPLE **—Est-ce que tu resteras ici l'été prochain?**
—Non, ma famille et moi, nous irons au Canada.

C. Réactions. Complétez les phrases suivantes pour exprimer vos opinions ou vos intentions.

1. Quand j'aurai trente-cinq ans, je...
2. Je partirai en vacances dès que...
3. Quand j'aurai le temps, je...
4. Dès que j'aurai assez d'argent, je...
5. Les étudiants seront contents quand...
6. Quand j'aurai besoin d'argent, je...
7. Quand il fera froid, nous...
8. Lorsque nous serons au vingt-et-unième siècle...

 C'est votre tour. Imaginez la conversation entre une personne qui est très optimiste quand il ou elle pense à l'avenir et une autre personne qui est très pessimiste. Avant de jouer les rôles respectifs, pensez aux différentes choses (positives ou négatives) qui risquent d'arriver.

Exploration 3

POUR PARLER DE VOS OBSERVATIONS ET DE VOS OPINIONS

Les verbes **voir** et **croire**

SITUATION

«Loin des yeux, loin du cœur.»

Thierry vient de rencontrer une de ses anciennes copines qui était aussi la petite amie de Gilbert. Il est impatient d'annoncer la nouvelle à Gilbert.

THIERRY Devine qui j'ai vu ce matin. Tu ne le croiras jamais.

GILBERT Dépêche-toi! Raconte!

THIERRY Sylvie, la fille que tu voyais régulièrement avant ton service militaire! Elle est maintenant mariée et mère de famille.

GILBERT Sans blague! Tu me fais marcher...

THIERRY Non. C'est la vérité, crois-moi.

GILBERT C'est incroyable! Où est-ce que tu l'as vue?

THIERRY À la poste. Je voyais qu'elle me regardait d'une façon bizarre. Et puis, tout d'un coup, je l'ai reconnue.

---

anciennes *former* **Devine qui j'ai vu** *Guess who I saw* **croiras** *will believe* **raconte** *tell me* **tu voyais** *you used to see* **Sans blague!** *No kidding!* **Tu me fais marcher** *You're pulling my leg* **vérité** *truth* **incroyable** *unbelievable* **d'une façon bizarre** *in a strange way* **tout d'un coup** *all of a sudden*

Avez-vous bien compris?

Répondez aux questions suivantes.

1. Qui est-ce que Thierry a vu ce matin?
2. Qui est Sylvie?
3. Est-ce que Thierry a reconnu Sylvie tout de suite?

Présentation

The verbs **voir** *(to see)* and **croire** *(to believe)* are irregular:

voir	
je **vois**	nous **voyons**
tu **vois**	vous **voyez**
il / elle / on **voit**	ils / elles **voient**
passé composé : j'**ai vu**	
futur : je **verrai**	

Je ne **vois** pas très bien.
Est-ce que tu **as vu** le dernier match?
Vous **verrez** que c'est facile.

croire	
je **crois**	nous **croyons**
tu **crois**	vous **croyez**
il / elle / on **croit**	ils / elles **croient**
passé composé : j'**ai cru**	
futur : je **croirai**	

Je **crois** que tu pourras te débrouiller.
Nous n'**avons** pas **cru** cette histoire.

Préparation

A. **La coupe du monde de football.** Quelle équipe *(team)* va gagner la coupe du monde? Il y a autant d'opinions que de personnes.

MODÈLE   Pierre / l'équipe du Brésil
          Pierre croit que c'est l'équipe du Brésil.

1. nous / l'équipe de France
2. tu / les Allemands
3. Cécile / les Espagnols
4. moi / les Italiens
5. vous / l'équipe d'Angleterre
6. mes amis / les Irlandais

B. **Un week-end à Paris.** Différentes personnes ont passé une semaine à Paris. Qu'est-ce qu'ils ont vu d'intéressant?

MODÈLE   Henri / une pièce de théâtre
          Henri a vu une pièce de théâtre.

1. nous / un film
2. tu / des amis
3. vous / une pièce de théâtre

4. Michel / un match
5. je / un spectacle de variétés
6. Véronique et Serge / beaucoup de gens
7. Marianne / des amis du lycée

Communication et vie pratique

A. **Scènes et spectacles.** Décrivez ce que vous voyez dans les situations suivantes.

1. de votre fenêtre
2. quand vous traversez le campus
3. dans votre classe de français
4. quand vous venez à l'université ou quand vous rentrez chez vous
5. quand vous imaginez les vacances de vos rêves

B. **Sites et monuments.** Posez des questions aux autres étudiants de la classe pour découvrir qui a vu les sites et monuments suivants.

1. la Tour Eiffel
2. les Alpes
3. le Louvre
4. le Kremlin
5. le Château Frontenac
6. le Grand Canyon
7. les Pyramides d'Égypte
8. le Vatican
9. ?

C. **Je crois que...** Demandez aux autres étudiants leur opinion sur les sujets suivants. Mentionnez aussi d'autres sujets qui vous intéressent.

EXEMPLE   le «Superbowl»
    —**À ton avis, qui va gagner le «Superbowl»?**
    —**Je crois que les «Packers» vont gagner.**

1. les prochaines élections présidentielles
2. l'Oscar pour le meilleur acteur
3. l'Oscar pour la meilleure actrice
4. l'Oscar pour le meilleur film
5. le «Superbowl»
6. le «World Series»
7. le prochain Tour de France
8. ?

 C'est votre tour. Vous venez de voir quelqu'un de très célèbre ou quelque chose d'incroyable. Racontez aux autres étudiants ce que vous avez vu. Ils ont un peu de difficulté à vous croire et ils vous posent toutes sortes de questions.

Intégration et perspectives

Demain mon fils

La chanson de Jean Lapointe, un chanteur canadien, intitulée *Demain mon fils* exprime les sentiments d'un père qui voit son fils grandir et qui pense à ce que la vie va lui apporter.

> *Demain tu seras grand, demain t'auras vingt ans*
> *Demain tu pourras faire à ta guise.*
> *Partir vers les pays dont tu rêves aujourd'hui*
> *Visiter tes châteaux en Espagne.*
> *Et seul comme un nouveau matador,*
> *Tu entreras dans l'arène*
> *Ne craignant ni la peur ni la mort*
> *Courant vers les années qui viennent.*
>
> *Demain tu seras grand, demain t'auras le temps*
> *Demain tu seras fort de ton âge*
> *Les années passeront, les rides sur ton front*
> *Déjà auront creusé leur sillage.*
> *Et seul comme un très grand matador*
> *Tu sortiras de l'arène avec des coups au cœur et au corps*
> *Marchant vers les années qui traînent.*

Demain tu seras vieux, pourtant tu verras mieux
Tu te retourneras en arrière
Alors tu comprendras ce que je sais déjà
Tout comme le savait mon vieux père.
Et seul comme un trop vieux spectateur
Voyant ton fils dans l'arène
Alors tu sauras ce qu'est la peur
Tu comprendras combien je t'aime.

CHANSON DE JEAN LAPOINTE

à ta guise *as you wish*   **dont** *about which*   **craignant** *fearing*
courant *running*   **tu seras fort de** *you will draw strength from*
rides *wrinkles*   **front** *forehead*   **auront creusé leur sillage**
will have left their mark   **coups** *blows*   **Marchant** *Marching*
traînent *drag*   **pourtant** *however*   **tu te retourneras en**
arrière *you will turn back*   **Tout comme** *Just as*
Voyant *Seeing*

Avez-vous bien compris?

A. Répondez aux questions suivantes.

1. Comment Jean Lapointe voit-il la vie? Quelle image utilise-t-il?
2. Selon Jean Lapointe, quelle est l'attitude de son fils devant la vie? Est-ce qu'il est impatient d'en découvrir les secrets ou a-t-il peur?
3. Et le père, se sent-il rassuré ou a-t-il peur quand il pense à ce que la vie va apporter à son fils?
4. Est-ce que le fils peut maintenant comprendre les inquiétudes de son père? Quand pourra-t-il les comprendre? Pourquoi?

B. Et vous?

1. Récrivez le poème du point de vue de l'enfant qui dit : «Demain je serai grand(e), demain j'aurai vingt ans.»
2. Si vous préférez, vous pouvez écrire une histoire ou un poème intitulé : «Demain ma fille...»

Notes culturelles ✤ ✤ ✤ ✤ ✤ ✤ ✤ ✤ ✤

Avenir et technologie

On a souvent dit que les Français sont plus tournés vers le passé que vers l'avenir. Pour justifier cette opinion, on cite la place accordée à l'enseignement de l'histoire dans les programmes des écoles, l'importance que les Français attachent à leur héritage culturel, et la nostalgie qu'ils éprouvent pour «le bon vieux temps».

Cependant, la France est aussi un pays qui est à la pointe du progrès dans des domaines technologiques importants, en particulier, les transports, l'énergie nucléaire, l'aéronautique, et les télécommunications. Voici quelques exemples de ces réalisations.

Transports : le T.G.V. (train à grande vitesse); VAL (le métro sans chauffeur qui est maintenant en service à Lille); et le Tunnel sous la Manche.

Énergie : Du fait qu'elle ne possède pratiquement pas de pétrole, la France a été obligée de se tourner vers l'énergie nucléaire et elle a construit depuis 1973 un grand nombre de centrales nucléaires, y compris un centre de recyclage des déchets nucléaires.

Aéronautique : L'industrie aéronautique française occupe la deuxième place mondiale. Elle produit (en coopération avec d'autres pays européens) des avions de tourisme, des avions d'affaires (les Mystères), des avions commerciaux (le Concorde et l'Airbus), des hélicoptères, des avions militaires (les Mirages), des missiles (Exocet), des fusées (Ariane) et des navettes spatiales (Hermès).

Télécommunications : La révolution technologique va des cartes électroniques, appelées «cartes à mémoire», inventées dès le début des années 70, au Visiophone (un téléphone qui permet de voir la personne à qui on parle) et au Minitel qui donne accès à plus de 4 000 services télématiques et banques de données. Il donne les numéros de téléphone de toute la France, les horaires des trains et des spectacles, la météo et les informations. Grâce au Minitel, on peut payer ses factures et savoir exactement combien d'argent on a; on peut communiquer avec les autres abonnés et faire des provisions, réserver une chambre d'hôtel ou prendre contact avec un professeur qui aidera directement les enfants à faire leurs devoirs.

---

accordée *given*   **éprouvent** *feel*   **y compris** *including*   **déchets** *waste*   **fusées** *rockets*   **navettes spatiales** *space shuttles*   **banques de données** *data bases*   **factures** *bills*   **abonnés** *subscribers*   **faire des provisions** *go shopping*

Communication et vie pratique

A. **Vous et l'an 2 000.** Et les jeunes Français, comment imaginent-ils l'avenir et quels sont leurs sentiments? Pour le savoir, on a posé les questions suivantes aux lecteurs *(readers)* de *Phosphore*, un magazine pour les étudiants des lycées. Répondez vous-même aux questions ou faites un petit sondage dans votre classe. Comparez les réponses des jeunes Français avec vos propres idées sur les mêmes sujets.

1. **La vie / la mort**
   À votre avis, jusqu'à quel âge vivrez-vous?

65 ans	10%
75 ans	24
85 ans	34
95 et plus	25
Divers	7

2. **Les plaisirs**
   Quels seront vos grands plaisirs en l'an 2 000?

	G	F[1]
Me promener dans la nature	45%	49%
Faire du sport	48	47
Faire l'amour	38	26
Nager dans ma piscine privée	14	29
Voir des films	14	18
Jouer avec mon micro-ordinateur	18	11
Bien manger	12	8

---

[1] G = garçons; F = filles; E = ensemble

3. **La famille**

Si vous formez un jour un couple stable, combien d'enfants aurez-vous?

	G	F	E
Je ne veux pas avoir d'enfants.	4%	4,5%	4%
Un seul enfant	7	7	7
Deux enfants	48	40,5	43
Trois enfants	30	34	32
Quatre et plus	11	14	13
Divers	—	—	1

4. **Le travail et la personnalité**

En dehors des diplômes, qu'est-ce qui vous sera, à votre avis, le plus utile pour trouver un emploi?

Mes qualités personnelles	69%
La façon de me présenter	18
Les relations de ma famille	10
C'est uniquement une question de chance.	7

5. **Les problèmes sociaux**

Pensez-vous que vous connaîtrez une période de chômage?

	G	F
Oui, à tout moment il y aura un risque.	46%	50%
Oui, sans doute au début.	31	32
Je pense que non.	23	18

6. **Le monde où nous vivons**

Quel est le problème qui devra être résolu en priorité pour l'an 2 000?

La faim dans le monde	45%
Le chômage	18
La prolifération des armes nucléaires	16
Le cancer	11
Le racisme	9
Divers	1

B. **Prédictions.** Dites ce que vous pensez de chacune des prédictions suivantes. Ensuite, faites vos propres prédictions et demandez aux autres étudiants ce qu'ils en pensent.

EXEMPLE — Les hommes ne seront jamais parfaits.
—**C'est vrai, les hommes ne seront probablement jamais parfaits.**

1. On ne pourra jamais éliminer totalement la nécessité de travailler.
2. L'énergie solaire sera notre principale source d'énergie.
3. Dans deux siècles, il n'y aura plus de vie sur cette planète.

4. On pourra habiter sous les mers.
5. Un jour on mangera seulement des aliments artificiels.
6. On n'aura pas besoin de travailler. Ce seront les robots qui feront tout.
7. On ne pourra jamais résoudre le problème des inégalités sociales.
8. Il n'y aura plus de guerre.

C. **Dans dix ans...** Essayez d'imaginer comment sera votre vie dans dix ans.

EXEMPLE   **Je serai probablement plus riche que maintenant.**

INVITATION À ÉCOUTER

L'avenir? Quel avenir?   Au cours d'une enquête sur les sentiments des jeunes Françaises au sujet de leur avenir, une journaliste parle avec Christine, une Parisienne. Elle est plutôt pessimiste. Écoutez l'interview et ensuite donnez l'opinion de Christine sur les sujets suivants.

1. les études
2. le mariage
3. le travail
4. l'égalité entre les sexes
5. l'avenir

VOCABULAIRE

Noms

l'abonné(e)	subscriber
l'animal (m)	animal
l'arène (f)	arena, bull ring
l'avenir (m)	future
la bicyclette	bicycle
la catastrophe	catastrophe
la centrale	power plant
le changement	change
le copain, la copine	friend
le coup	blow
le cyclone	cyclone
les déchets (m)	waste
l'effort (m)	effort
l'environnement (m)	environment
l'équipe (f)	team
l'espace (m)	space
l'espèce (f)	species
l'est (m)	east
la facture	bill, invoice
la forêt	forest
le front	forehead
la fusée	rocket
la guerre	war
l'inégalité (f)	inequality
l'inondation (f)	flood
la manifestation	demonstration
le matador	bullfighter
la navette spatiale	space shuttle
l'ouest (m)	west
la ride	wrinkle
le risque	risk
les sans-abri (m)	homeless people
la surpopulation	overpopulation
le tremblement de terre	earthquake
la vérité	truth

Verbes

accorder	to give, to bestow
creuser	to dig
croire	to believe, to think
deviner	to guess
disparaître	to disappear
éprouver	to feel
polluer	to pollute
préoccuper	to worry
raconter	to tell, to recount, relate
se dépêcher	to hurry
voir	to see

Adjectifs

autre	else, other
bizarre	strange
incroyable	unbelievable, incredible
nucléaire	nuclear
spatial(e), spatiaux	space, spacial

Divers

à ta guise	as you wish
aussitôt que	as soon as
cependant	however; meanwhile
contre	against
dès	as of
dès que	as soon as
donc	so, then; therefore
dont	of which, of whom
du fait que	owing to the fact that
d'une façon	in a way
en arrière	behind, back
en bonne forme	in good shape
faire la connaissance de	to meet, to make the acquaintance of
faire les provisions	to do the shopping
faire peur à	to frighten
lorsque	when
puis	then
quelques	a few
sans blague	no kidding
sinon	if not
tout d'un coup	suddenly
tu me fais marcher	you're pulling my leg
y compris	including

Chapitre 15

Le Québec

Dans ce chapitre vous allez apprendre à...

Parler de vos études

1. Parler des moyens de communication

2. Parler des possibilités

3. Parler de ce que vous feriez si...

Vocabulaire et structures

Mise en train : Le métier d'étudiant

Les verbes **lire, écrire** et **dire**

Le conditionnel

L'emploi de **si** dans la phrase conditionnelle

Mise en train

LE MÉTIER D'ÉTUDIANT

Quand on est étudiant, on passe son temps à...

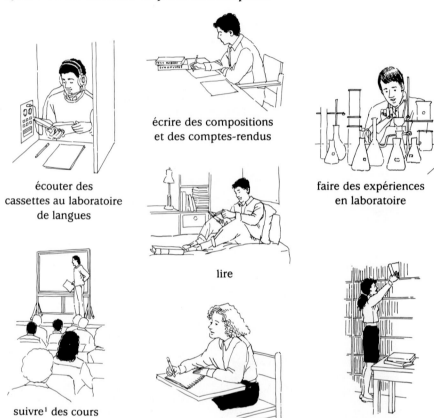

écrire des compositions
et des comptes-rendus

écouter des
cassettes au laboratoire
de langues

faire des expériences
en laboratoire

lire

suivre¹ des cours
et écouter
des conférences

prendre des notes

faire des recherches
à la bibliothèque

À l'université, on peut se spécialiser dans différents domaines et suivre différents cours :

- les sciences : la biologie, la chimie *(chemistry),* la physique, la géologie, l'ingénierie, l'informatique
- les sciences politiques, les sciences économiques, la comptabilité *(accounting),* la gestion et l'administration des entreprises *(business administration),* le marketing
- les mathématiques : la géometrie, le calcul, l'algèbre

---

¹ suivre : je suis, tu suis, il / elle / on suit, nous suivons, vous suivez, ils / elles suivent; passé composé : **j'ai suivi**

- les sciences humaines : l'anthropologie, la psychologie, la sociologie
- l'histoire, la littérature, la philosophie
- les langues : le chinois, le latin, le grec, etc.
- les arts : la peinture, la photographie, la sculpture, la musique, etc.
- les arts ménagers *(home economics)*
- le journalisme
- la pédagogie *(education)*

Le budget de l'étudiant

Un étudiant a toutes sortes de dépenses. Il y a...

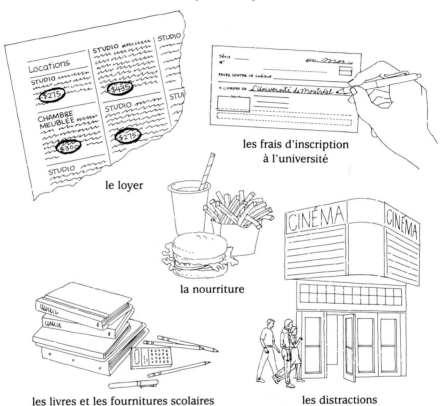

le loyer

les frais d'inscription
à l'université

la nourriture

les livres et les fournitures scolaires

les distractions

Communication et vie pratique

A. À l'université. Quel est votre emploi du temps pendant l'année scolaire? Répondez aux questions suivantes.

1. Combien de cours par semaine suivez-vous?
2. Est-ce qu'il y a des cours où vous prenez beaucoup de notes? Dans quels cours est-ce que vous prenez peu de notes?
3. Est-ce que vous allez souvent au laboratoire de langues? Combien de fois par semaine est-ce que vous y allez?
4. Est-ce que vous préférez écouter une conférence ou faire des expériences en laboratoire? Pourquoi?

5. Est-ce que vous participez souvent aux discussions dans vos cours? Dans quels cours est-ce que les discussions sont les plus intéressantes?

6. Est-ce qu'il y a des cours où vous avez beaucoup de choses à lire et où vous devez écrire des comptes-rendus?

B. Votre budget. Comment organisez-vous votre budget? Quelles sont vos dépenses principales?

EXEMPLE **Je ne dépense pas trop pour mon loyer parce que je partage un appartement avec deux autres étudiants.**

C'est votre tour. Imaginez que vous parlez à des étudiants canadiens (joués par d'autres étudiants de la classe) qui vont suivre des cours dans votre université. Expliquez-leur le système universitaire américain et répondez à leurs questions.

Exploration 1

POUR PARLER DES MOYENS DE COMMUNICATION

Les verbes **lire, écrire** et **dire**

SITUATION *Le courrier des lecteurs*	*Sabine et Bernard ont participé à une manifestation organisée par l'U.N.E.F. (Union Nationale des Étudiants de France). Sabine vient de lire un compte-rendu de l'événement dans le journal.*

SABINE   Dis, tu as lu le journal?

BERNARD   Non, pas encore.

SABINE   Lis ce qu'ils disent au sujet de la manif...

BERNARD   Eh bien, dis donc! Il n'aime pas beaucoup les étudiants, le type qui a écrit ça!

SABINE   Ça, c'est son droit. Mais il ne dit pas la vérité sur ce qui s'est passé.

BERNARD   Si nous leur écrivions une lettre et si nous leur disions ce que nous pensons...?

SABINE   Bonne idée. Je vais d'abord faire un brouillon et tu me diras si ça va.

événement *event*   **tu as lu** *have you read*   **le type qui a écrit** *the guy who wrote*   **droit** *right*   **si** *what if*   **brouillon** *rough draft*

Avez-vous bien compris?

Dites si les phrases suivantes sont vraies ou fausses. Si elles sont fausses, corrigez-les.

1. Sabine et Bernard sont d'accord avec le compte-rendu de la manifestation dans le journal.
2. Le type qui a écrit le compte-rendu est pour les étudiants.
3. Bernard va écrire une lettre au journal pour dire ce qu'il pense.

Présentation

The verbs **lire** *(to read)*, **écrire** *(to write)*, and **dire** *(to tell, to say)* are irregular but resemble each other in several ways.

lire	
je **lis**	nous **lisons**
tu **lis**	vous **lisez**
il / elle / on **lit**	ils / elles **lisent**
passé composé : j'**ai lu**	
futur : je **lirai**	

D'habitude je **lis** *Montréal-Matin.*
Hier j'**ai lu** le dernier livre d'Anne Hébert.
Je **lirai** le livre que vous m'avez suggéré.

écrire	
j'**écris**	nous **écrivons**
tu **écris**	vous **écrivez**
il / elle / on **écrit**	ils / elles **écrivent**
passé composé : j'**ai écrit**	
futur : j'**écrirai**	

Demain j'**écrirai** au centre d'orientation professionnelle.
Ses enfants lui **écrivaient** chaque semaine.
Claude Gauthier **a écrit** un très beau poème sur le Canada.

dire	
je **dis**	nous **disons**
tu **dis**	vous **dites**
il / elle / on **dit**	ils / elles **disent**
passé composé : j'**ai dit**	
futur : je **dirai**	

Qu'est-ce que vous **dites?**
Sais-tu qui **a dit** «Vive le Québec libre»?
Je crois qu'ils **diront** oui.

Préparation

A. **Sujets de composition.** Les étudiants de Madame Degagne parlent des compositions qu'ils écrivent. Qu'est-ce qu'ils disent?

MODÈLE   Jean-Marie / la musique québécoise
Jean-Marie écrit sa composition sur la musique québécoise.

1. nous / le problème du chômage au Québec
2. je / l'histoire du Québec

3. vous / le rôle de la religion au Québec
4. Jean et Roger / le roman québécois
5. Madeleine / l'histoire du Parti québécois
6. tu / la chanson québécoise
7. nous / le dernier livre d'Antonine Maillet
8. Armand / le français qu'on parle au Québec

B. **Au Québec.** Deux étudiants québécois parlent de ce qu'ils aiment lire. Formulez leurs réponses selon les indications données.

MODÈLE —Est-ce que tu lis les journaux? (oui... plusieurs)
—Oui, je lis plusieurs journaux.

1. Quel journal est-ce que tu lis le matin? *(Montréal-Matin)*
2. Et tes parents, quel journal est-ce qu'ils lisent? *(La Presse)*
3. Quand vous habitiez à Québec, quel journal est-ce que vous lisiez? *(Le Soleil)*
4. Est-ce que tu as lu *Maria Chapdelaine* quand tu étais jeune? (oui)
5. Est-ce que tu lis souvent des revues américaines? (oui)
6. Quelles revues françaises est-ce que tu lis? *(L'Express* et *Le Nouvel Observateur)*
7. Est-ce que ta mère lit une revue féminine? (oui... *Châtelaine)*
8. Et les jeunes, qu'est-ce qu'ils lisent? *(Vidéo-Presse)*
9. Est-ce que tu as lu un bon roman récemment? (oui... *Pélagie-la-Charrette)*

C. **On dit ce qu'on pense.** Certaines personnes disent toujours ce qu'elles pensent; d'autres, non.

MODÈLE Claude (jamais)
Claude ne dit jamais ce qu'il pense.

1. je	(toujours)	4. Anne	(quelquefois)
2. vous	(jamais)	5. mes amis	(jamais)
3. tu	(rarement)	6. nous	(toujours)

Communication et vie pratique

Questions / interview. Répondez aux questions suivantes ou utilisez-les pour interviewer un(e) autre étudiant(e).

1. Est-ce que tu écris bien?
2. Est-ce que tu écris beaucoup de lettres? À qui?
3. Qui t'écrit des lettres?
4. Aimes-tu écrire des poèmes? As-tu jamais écrit un poème en français?
5. Est-ce que tu aimes lire? Qui est ton auteur préféré?
6. Quels livres as-tu lus cette année?
7. Est-ce que tu lis le journal tous les jours? Est-ce que tu le lis le matin ou le soir?

8. Est-ce que tu lisais beaucoup quand tu étais petit(e)? Qu'est-ce que tu lisais?
9. Est-ce que tu as déjà lu un livre en français? Et dans une autre langue étrangère?
10. Est-ce que vous dites toujours la vérité?
11. Est-ce que vous dites toujours ce que vous pensez?
12. Comment dit-on «bonjour» en espagnol? Et en italien? Et dans d'autres langues?

C'est votre tour. Vous venez de lire, dans le journal de votre université, un article qui annonce une augmentation des frais d'inscription. Vous discutez la situation avec d'autres étudiants et vous décidez d'écrire une lettre au journal. Décidez qui va écrire la lettre et ce que vous allez dire.

Exploration 2

POUR PARLER DES POSSIBILITÉS

Le conditionnel

SITUATION	*Jean-Claude, un étudiant canadien, a envie d'avoir son propre appartement. Il*
Un nouvel	*essaie de persuader sa mère de lui permettre de louer un studio.*
appartement	

JEAN-CLAUDE	Est-ce que je pourrais louer un petit studio près du campus l'année prochaine?
SA MÈRE	Tu ne crois pas que ce serait beaucoup plus cher qu'une chambre dans une résidence?
JEAN-CLAUDE	Un peu, mais pas trop. Le studio que je voudrais louer est assez bon marché.
SA MÈRE	Oui, mais tu aurais encore l'électricité et le gaz à payer. Et qu'est-ce que tu mangerais? Qui te ferait la cuisine?
JEAN-CLAUDE	Je pourrais peut-être trouver un camarade de chambre qui partagerait ces dépenses avec moi et qui saurait faire la cuisine!

propre *own*   **studio** *efficiency apartment*

Avez-vous bien compris?

Répondez aux questions suivantes.

1. Où est-ce que Jean-Claude voudrait habiter l'année prochaine?
2. Est-ce que le loyer serait beaucoup plus cher que dans une résidence?
3. Quelles dépenses Jean-Claude aurait-il en plus de son loyer?
4. Quelle solution est-ce que Jean-Claude propose?

Présentation

In English a conditional verb can usually be recognized by the word *would* in the verb phrase: *I would like to study in Quebec; he would like to buy a new car.* In French the conditional is formed by adding the endings of the imperfect tense to the future stem of a verb. There are no exceptions to this pattern.

le conditionnel d'*aimer*	
j'aimer**ais**	nous aimer**ions**
tu aimer**ais**	vous aimer**iez**
il / elle / on aimer**ait**	ils / elles aimer**aient**

The conditional is used:

A. To express a wish or a suggestion:

| Je **préférerais** partir demain. | *I'd prefer to leave tomorrow.* |
| Nous **voudrions** faire une promenade. | *We'd like to go for a walk.* |

B. When a condition is stated or implied:

À votre place, je ne **dirais** pas ça.	*In your place, I wouldn't say that.*
Dans ce cas-là, tu **pourrais** venir demain.	*In that case, you could come tomorrow.*
Si j'avais le temps, je **lirais** davantage.	*If I had the time, I'd read more.*

C. In order to be less direct and more polite in:

1. Making requests or suggestions: **je voudrais... ; pourriez-vous... ; voudriez-vous... ; accepteriez-vous... ; aimeriez-vous... ;** etc.
2. Accepting invitations: **ça me ferait plaisir; ce serait une excellente idée; j'aimerais bien.**

| —**Aimeriez**-vous venir dîner à la maison? | *Would you like to come have dinner at our house?* |
| —Oui, ça me **ferait** plaisir. | *I'd love to. (Yes, that would please me.)* |

D. In indirect style, to relate what somebody has said:

Il a dit qu'il **parlerait** au profes-   *He said that he would speak to the*
seur.   *instructor.*

Préparation

A. **Chacun a des responsabilités.** Plusieurs amis ont décidé de faire un voyage au Canada. Voici ce que chaque personne a promis de faire.

MODÈLE   Luc va choisir l'itinéraire.
         Luc a dit qu'il choisirait l'itinéraire.

1. Nous allons louer une voiture.
2. Tu vas acheter une carte.
3. Michel va consulter un agent de voyages.
4. Catherine va écrire à ses cousins québécois.
5. Vous allez acheter les billets d'avion.
6. Mes amis vont me prêter une valise.

B. **Je me suis trompée.** Monique a mal compris ce que les autres ont dit. Elle est surprise quand on lui dit qu'elle s'est trompée.

MODÈLE   Il viendra demain. (aujourd'hui)
         Ah, oui? Je croyais qu'il viendrait aujourd'hui.

1. Le concert aura lieu vendredi. (samedi)
2. Nous irons au cinéma. (au théâtre)
3. Nos amis arriveront lundi. (dimanche)
4. On mangera à la maison. (au restaurant)
5. Tu m'attendras devant le musée. (dans le parc)
6. On sera de retour à huit heures. (à sept heures)

C. **Politesse.** Monsieur Bourru n'a pas toujours le succès qu'il aimerait avoir avec ses employés parce qu'il est souvent trop direct. Pourriez-vous l'aider à être plus poli?

MODÈLES   Je veux vous parler.
          Je voudrais vous parler.
          Aidez-moi.
          Pourriez-vous m'aider?

1. Je veux voir le rapport que vous avez écrit.
2. Jeune homme, apportez-moi un café.
3. Je veux une réponse aujourd'hui.
4. Soyez ici à huit heures.
5. Dites à Georges que je veux le voir tout de suite.
6. Téléphonez à Bernard et dites-lui que je veux lui parler.

Communication et vie pratique

A. À votre place. Que feriez-vous à la place de la personne qui parle?

EXEMPLE Je vais me coucher à trois heures du matin parce que j'ai un examen demain matin.

Moi, à votre place, je me coucherais avant minuit.

ou : **Moi, à votre place, je ferais la même chose.**

ou : **À votre place, je ne me coucherais pas à trois heures du matin.**

1. Je vais aller faire une promenade. J'irai en classe un autre jour.
2. J'ai besoin de perdre quelques kilos. Je vais manger un seul repas par jour.
3. Je n'ai pas envie d'écrire à mes parents aujourd'hui. Je leur écrirai un autre jour.
4. Je n'ai pas assez d'argent en ce moment. Mais j'ai vraiment envie d'une nouvelle stéréo. Je vais l'acheter à crédit.
5. Je vais regarder la télévision. Je finirai mes devoirs demain.
6. Moi, je ne permettrai pas à mes enfants de sortir seuls le soir.

B. Invitations. Posez les questions suivantes (ou d'autres questions) à un(e) autre étudiant(e) qui va accepter — ou refuser — vos suggestions aussi poliment que possible.

EXEMPLE Demandez-lui si vous pourriez l'accompagner à la gare.

— Est-ce que je pourrais t'accompagner à la gare?

— Oui, ce serait gentil de ta part.

ou : **— Ce serait gentil mais Pierre a déjà dit qu'il m'y accompagnerait.**

Demandez-lui...

1. s'il / si elle voudrait boire quelque chose.
2. s'il / si elle aimerait aller au cinéma ce soir.
3. si cela lui ferait plaisir de venir au match avec vous.
4. s'il / si elle aimerait jouer au tennis cet après-midi.
5. s'il / si elle aurait le temps de vous aider à faire vos devoirs.
6. s'il / si elle pourrait vous prêter ses notes de classe.
7. s'il / si elle aurait envie de faire une petite promenade.
8. ?

C'est votre tour. Imaginez que vous avez envie de faire des changements dans votre vie (par exemple, changement de ville, d'université, de programme d'études, d'appartement). Vous voyez tous les avantages (**ça serait formidable, j'aurais plus de liberté**). Vos amis, au contraire, voient tous les inconvénients (**cela présenterait trop de problèmes, ça coûterait trop cher**).

Exploration 3

POUR PARLER DE CE QUE VOUS FERIEZ SI...

L'emploi de **si** dans la phrase conditionnelle

SITUATION
Projets de voyage

Jean-Claude et Robert sont des amis de Liliane, une Québécoise qu'ils ont connue quand elle faisait un séjour à Paris. Ils aimeraient bien la revoir et lui rendre visite dans son pays.

JEAN-CLAUDE   Si on allait au Canada pendant les vacances de printemps? Qu'est-ce que tu en penses?

ROBERT   Ce serait une bonne idée. Si tu veux, nous pourrions rendre visite à Liliane.

JEAN-CLAUDE   Si c'était possible, ça me ferait vraiment plaisir de la revoir.

ROBERT   Je suis sûr que ça lui ferait plaisir aussi.

JEAN-CLAUDE   Alors, je vais lui écrire tout de suite et lui demander si elle est libre.

---

revoir *to see again*

Avez-vous bien compris?

Répondez aux questions suivantes.

1. Où est-ce que Jean-Claude voudrait aller pendant les vacances de printemps?
2. Qu'est-ce que Robert en pense?
3. Qui Jean-Claude et Robert aimeraient-ils revoir?
4. Pourquoi est-ce que Jean-Claude va écrire à Liliane?

Présentation

Sentences with **si** clauses in the present can be followed by a result clause that uses the present, the future, or the imperative.

Si vous **êtes** fatigué, vous **pouvez** vous reposer.
Si vous **allez** à Québec, n'**oubliez** pas de visiter le château Frontenac.
Vous **arriverez** à l'heure si vous **partez** maintenant.

Note that in French, as in English, either clause can come first.

Sentences with the **si** clause in the imperfect and the result clause in the conditional indicate what would happen if certain conditions were met. Although different tenses can be used in the *if* clause in similar English constructions, only the imperfect tense is used in French.

Si Jean **étudiait** plus, il **réussirait** mieux.   *If John studied more, (If John were to study more,) he would do better.*

Préparation

A. Si c'était possible...   Serge Lefèvre est un jeune Québécois qui parle des choses qu'il aimerait faire.

MODÈLE   chercher un autre travail
Si je pouvais, je chercherais un autre travail.

1. continuer mes études
2. suivre des cours de comptabilité
3. habiter dans un autre quartier
4. apprendre un autre métier
5. vendre ma vieille voiture
6. m'acheter une nouvelle voiture
7. rendre visite à mes amis français

B. Interview.   Un reporter a interviewé des Québécois et il leur a posé la question suivante : «Que feriez-vous si vous aviez plus d'argent?» Donnez leurs réponses.

MODÈLE   je / aller aux États-Unis
J'irais aux États-Unis si j'avais plus d'argent.

1. je / prendre de longues vacances
2. Paul et sa femme / acheter une maison à la campagne
3. ma femme / retourner à l'université
4. nous / faire un voyage au Mexique
5. Pierre / acheter un bateau
6. Jean et moi, nous / mettre un peu d'argent à la banque
7. je / en donner une partie aux autres
8. nous / aller à la Martinique

Communication et vie pratique

A. Que feriez-vous?   Que feriez-vous si vous étiez dans les situations suivantes? Complétez les phrases selon vos préférences.

1. S'il n'y avait pas de cours aujourd'hui...
2. Si j'avais besoin d'une nouvelle voiture...
3. Si je pouvais être une autre personne...
4. Si j'avais soixante ans...
5. Si j'étais millionnaire...
6. Si j'habitais dans un autre pays...

B. **Changez de rôle.** Que feriez-vous si vous étiez à la place des personnes suivantes?

1. le professeur
2. le président des États-Unis
3. le président de votre université
4. un acteur ou une actrice célèbre
5. ?

 C'est votre tour. Imaginez que vous êtes conseiller (conseillère) pédagogique et que vous parlez avec un(e) étudiant(e) qui ne sait pas dans quel domaine il (elle) veut se spécialiser ni ce qu'il (elle) veut faire dans la vie. Aidez cette personne à explorer les différentes possibilités **(Si tu te spécialisais dans le marketing, tu pourrais peut-être travailler pour une compagnie internationale.).**

Intégration et perspectives

Portrait des étudiants québécois

Que pensent les étudiants québécois de leurs études universitaires? Quelles sont leurs ambitions? Comment imaginent-ils leur avenir? Que veulent-ils faire dans la vie? Quelles sont leurs relations avec leurs parents? Pourquoi étudient-ils? Sont-ils obligés de travailler? Comment s'habillent-ils? Quelle est leur attitude au sujet de l'amour et du mariage? Que pensent-ils de la politique et de la religion?

Pour avoir des réponses à ces questions, un éducateur canadien a organisé un sondage d'opinion. Il a interrogé mille étudiants et étudiantes de seize à vingt-trois ans.

Leur but dans la vie
Quand on les a interrogés sur leur idéal dans la vie, la plus grande partie des jeunes ont choisi la réussite personnelle et le bonheur plutôt que la réussite financière ou le désir d'être utile à la société.

Leurs qualités et leurs défauts
Quand on leur a présenté une liste de qualités et qu'on leur a demandé d'indiquer la qualité principale qu'ils possédaient, ils ont choisi la sociabilité et la franchise. Ils pensent que leur principal défaut est l'orgueil.

Leur avenir
La plupart des étudiants québécois sont optimistes au sujet de leur avenir. Peu d'étudiants se sont déclarés pessimistes ou indifférents.

Leur orientation professionnelle
Les professions libérales attirent de plus en plus de jeunes. Cependant, un fait intéressant est que la proportion de jeunes qui désirent devenir agriculteurs augmente chaque année. Par contre, les jeunes s'intéressent de moins en moins au travail de commerçant.

Les études
À la question «Pourquoi continuez-vous vos études?», la majorité des jeunes ont répondu que c'est parce qu'ils veulent réussir dans la vie. Mais certains disent qu'ils continuent leurs études simplement parce qu'ils aiment étudier.

La famille
Les jeunes ont des relations plus profondes avec leur mère qu'avec leur père. En général aussi, ils s'entendent mieux avec leur mère. Ils parlent plus souvent avec elle qu'avec leur père. Quand ils étaient petits, ils se confiaient plus facilement à leur mère qu'à leur père.

Le travail

La majorité des jeunes disent que leurs parents ne leur donnent aucune aide financière. Ils disent qu'ils travaillent pour pouvoir continuer leurs études, et surtout pour avoir de l'argent de poche.

L'amour

La plupart des jeunes pensent que l'amour donne un sens à la vie; mais pour eux, il n'y a pas de partenaire prédestiné et l'amour dure rarement toute la vie.

La religion

Seulement un tiers des jeunes pratiquent une religion, mais la plupart pensent qu'il existe un Être Suprême.

Extrait et adapté d'un article du *Québec en Bref.*

---

au sujet de *on the subject of*   **but** *goal*   **réussite** *success*   **plutôt que** *rather than*   **défauts** *faults*   **franchise** *sincerity*   **orgueil** *pride*   **attirent** *attract*   **plus profondes** *deeper*   **se confiaient** *confided*   **ne... aucune** *not any*   **argent de poche** *spending money*   **sens** *meaning*   **un tiers** *one third*

Avez-vous bien compris?

Selon les renseignements donnés, est-ce que les phrases suivantes sont vraies ou fausses? Corrigez le sens de la phrase s'il est faux.

1. La réussite financière est moins importante pour les jeunes Québécois que la réussite personnelle et le bonheur.
2. Selon eux, le principal défaut des jeunes est la franchise.
3. L'intérêt pour les professions libérales diminue chaque année.
4. Le travail de commerçant intéresse de moins en moins les jeunes Québécois.
5. Il y a de moins en moins de jeunes qui veulent devenir agriculteurs.
6. En général, les jeunes s'entendent moins bien avec leur père qu'avec leur mère.
7. La majorité des jeunes Québécois continuent leurs études parce qu'ils aiment étudier.
8. Presque la moitié des jeunes sont obligés de travailler pour gagner leur argent de poche.
9. Plus de deux tiers des jeunes pratiquent une religion.

Notes culturelles ❧ ❧ ❧ ❧ ❧ ❧ ❧ ❧

L'enseignement au Québec

De l'école au travail
(Les chiffres correspondent à la durée
de chaque formation)

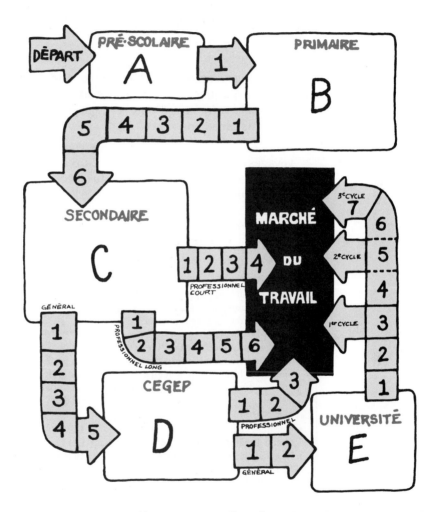

A. **La maternelle.** La maternelle prépare les enfants de cinq ans à leur vie d'écolier. Elle facilite leur passage de la maison à l'école. Les enfants fréquentent la maternelle pendant un an, une demi-journée par jour.

B. **L'école primaire.** Par une multitude d'activités, l'école primaire développe la personnalité des enfants de six à douze ans et leur donne une formation de base: langue écrite et parlée, mathématiques, sciences et arts.

C. L'école secondaire. Quand les élèves arrivent dans le cycle secondaire, ils sont intégrés à un système polyvalent : cours obligatoires, cours à option, formation professionnelle ou générale.

D. Le CEGEP. Le Collège d'Enseignement Général et Professionnel (ou CEGEP) vient après les études secondaires. La formation générale s'adresse aux étudiants qui continueront leurs études à l'université. La formation professionnelle prépare plus directement au marché du travail.

E. L'université. L'enseignement supérieur prépare à l'exercice d'une profession, à la recherche ou à l'enseignement. Le 1er cycle correspond au baccalauréat, le 2e cycle à la maîtrise, le 3e cycle au doctorat.

Communication et vie pratique

A. Un sondage d'opinion. Relisez **Portrait des étudiants québécois** et imaginez les questions qu'on a posées aux étudiants. Ensuite faites un sondage dans votre classe pour comparer les étudiants américains et les étudiants canadiens.

B. Agence de voyages. Imaginez que vous travaillez pour une agence de voyages canadienne. Vous répondez aux questions des touristes éventuels et vous leur décrivez les charmes du Québec pour les persuader de venir y passer leurs vacances. Jouez le rôle de l'employé(e) et utilisez les renseignements suivants pour répondre aux questions de vos clients (joués par d'autres étudiants de la classe).

J'ai vu Québec
- Tours de ville guidés en autobus
- Visite de l'université Laval avec un guide-étudiant et du Château Frontenac en voiture-taxi
- Visite du vieux Québec en voiture à cheval
- Visite de la ville à pied, carte et guide à la main pour bien prendre le temps de tout voir

J'ai découvert...
- Quelques édifices célèbres comme le Grand Théâtre et l'Hôtel du Parlement
- La Citadelle et son musée militaire
- La réplique de la "Grande Mermine," le navire de Jacques Cartier

- Le Village-des-Hurons près de Loretteville (boutiques d'artisans indiens, chapelle)

J'ai emmené les enfants...
- Au parc de l'Aquarium
- Au jardin zoologique
- Sur la rivière St.-Charles
- Au Carnaval d'hiver en février et au Festival d'été en juillet

J'ai trouvé...
- Des hôtels luxueux et des chambres bon marché dans le centre-ville
- Des motels et des campings dans la périphérie
- De nombreux restaurants gastronomiques

C. Imaginez que... Imaginez que vous êtes dans les situations suivantes. Que ferez-vous?

1. Vous avez un(e) ami(e) qui part au Québec dans quinze jours. Vous avez très peu de temps pour lui apprendre quelques phrases utiles. Quelles

sont, à votre avis, les dix ou quinze phrases les plus utiles pour se débrouiller dans un pays où on parle français?

2. Vous avez un(e) ami(e) québécois(e) qui va passer un an dans votre université. Il (Elle) ne parle pas bien l'anglais. Quelles sont les dix ou quinze phrases les plus utiles dans la vie d'un(e) étudiant(e) américain(e) et que vous allez lui apprendre? Bien entendu, il (elle) a besoin de comprendre ces phrases. Comment allez-vous les lui expliquer en français?

INVITATION À ÉCOUTER

Interview avec un jeune Québécois. La personne qui a écrit le **Portrait des étudiants québécois** fait une interview avec un jeune Québécois. Vous allez écouter un extrait de cette interview. Ensuite, répondez aux questions suivantes et décidez si les réponses de cet étudiant sont typiques, d'après ce que vous avez lu dans le **Portrait des étudiants québécois.**

1. Quel âge a Patrick?
2. Quels sont ses buts dans la vie?
3. A-t-il des qualités spéciales ou des défauts?
4. Est-il optimiste ou pessimiste quand il pense à l'avenir?
5. Quelle sorte de travail voudrait-il obtenir?
6. Pourquoi étudie-t-il?

VOCABULAIRE

Noms

Les cours universitaires (voir pp. 324 – 325)

l'agriculteur (m), l'agricultrice (f)	*farmer*
l'anthropologie (f)	*anthropology*
l'attitude (f)	*attitude*
le **brouillon**	*rough draft*
la **composition**	*composition, paper*
la **comptabilité**	*accounting*
le **compte-rendu**	*report*
le **défaut**	*fault, shortcoming*
la **dépense**	*expense*
la **discussion**	*discussion*
l'**écolier** (m), l'**écolière** (f)	*scholar*
l'**éducateur** (m), l'**éducatrice** (f)	*educator*
l'**être** (m)	*being*
l'**événement** (m)	*event*
l'**expérience** (f)	*experiment*
la **faculté**	*school, faculty*
les **fournitures** (f)	*supplies*
les **frais** (m)	*expenses, cost*
la **franchise**	*sincerity, frankness*
la **gestion**	*management*
l'**idéal** (m)	*ideal*
l'**inscription** (f)	*registration*
le **laboratoire**	*laboratory*
la **lecture**	*reading*
le **loyer**	*rent*
la **nourriture**	*food*
l'**orgueil** (m)	*pride*
l'**orientation** (f)	*orientation*
le, la **partenaire**	*partner*
la **poche**	*pocket*
la **qualité**	*good quality*
la **réussite**	*success*
la **sociabilité**	*sociability*
la **spécialisation**	*major*
le **type**	*guy, character (slang)*
la **vérité**	*truth*

Verbes

attirer	*to attract*
augmenter	*to increase*
se **confier**	*to confide*
décrire	*to describe*
durer	*to last*
écrire	*to write*
lire	*to read*

Adjectifs

financier, financière	*financial*
obligé(e)	*obligated*
polyvalent	*multifaceted*
prédestiné(e)	*predestined*
profond(e)	*deep*
scolaire	*school*
suprême	*supreme*
tiers	*third*

Divers

au cours de	*throughout, during*
au sujet de	*on the subject of*
avoir peur (de)	*to be afraid (of)*
de moins en moins	*less and less*
ne... aucun(e)	*not any, no*
plutôt que	*rather than*

Chapitre 16

Sports et loisirs

Dans ce chapitre vous allez apprendre à...

Parler des sports et des loisirs

1. Poser des questions
2. Nier ou refuser
3. Indiquer les personnes et les objets dont il est question

Vocabulaire et structures

Mise en train : Les sports

Les pronoms interrogatifs

La négation

Les pronoms relatifs

Mise en train

LES SPORTS

Certains jouent...

au tennis

au basket-ball

au football

au golf

au base-ball

au hockey

D'autres font...

du ski

du patinage sur glace

du ski nautique

de la gymnastique

de la marche à pied

de la natation

du cheval

de la voile

de la bicyclette / du vélo

Pour se détendre, d'autres aiment aller...

à la chasse

à la pêche

D'autres se contentent de regarder les compétitions sportives à la télé.

Les compétitions sportives	*Les résultats*
un match	gagner
un championnat	perdre
un course à pied, d'auto-	être battu(e)(s) *(to be beaten)*
mobile, de chevaux, cycliste	faire match nul *(to tie)*
un marathon	

Communication et vie pratique

A. Les vedettes du sport. Donnez le nom d'un(e) athlète. Les autres étudiants diront quel sport cette personne pratique (ou pratiquait).

EXEMPLE   Babe Ruth
            Babe Ruth jouait au base-ball.

B. **Quels sports pratiquez-vous?** Indiquez si vous pratiquez régulièrement, de temps en temps, rarement ou jamais les sports indiqués aux pages précédentes.

EXEMPLE **Je joue souvent au tennis, mais je fais rarement du cheval. Je ne vais jamais à la pêche ou à la chasse.**

C. **Vous et le sport.** Répondez aux questions suivantes ou utilisez-les pour interviewer un(e) autre étudiant(e).

1. Quels sports pratiquez-vous?
2. Quels autres sports aimeriez-vous pratiquer?
3. Préférez-vous les sports d'équipe ou les sports individuels?
4. Faites-vous du sport surtout pour la compétition, pour le plaisir ou pour rester en forme?
5. Y a-t-il un(e) athlète ou un(e) champion(ne) que vous admirez particulièrement? Si oui, qui et pourquoi?
6. À quelles compétitions sportives êtes-vous allé(e) ou avez-vous participé? Quels ont été les résultats?

C'est votre tour. Imaginez que vous êtes un(e) athlète célèbre. Les autres étudiants vont vous poser des questions pour trouver qui vous êtes.

Exploration 1

POUR POSER DES QUESTIONS
Les pronoms interrogatifs

SITUATION *Un match de football*	Bernadette est une fanatique du football et elle a dû manquer un match important à cause de son travail. Son mari la taquine un peu quand elle rentre et veut savoir qui a gagné.

BERNADETTE Alors, qu'est-ce qui s'est passé?

FRANÇOIS Qu'est-ce que tu dis? De quoi est-ce que tu parles?

BERNADETTE Du match entre Nice et St-Étienne, bien sûr!

FRANÇOIS Bah! C'était un match très ennuyeux.

BERNADETTE Oui, mais qui a gagné?

FRANÇOIS Pour qui est-ce que tu étais? Pour Nice ou pour St-Étienne?

BERNADETTE Pour St-Étienne, bien sûr, pas toi?

FRANÇOIS Mais si, bien sûr.

manquer *to miss*   **à cause de** *because of*   **taquine** *teases*   **si** *yes* (to disagree with a negative statement or question)

Avez-vous bien compris?

Répondez aux questions suivantes.

1. Qu'est-ce que Bernadette veut savoir?
2. Qu'est-ce que François pense du match?
3. Pour qui est-ce que Bernadette était? Et François?

Présentation

You have already been asking questions using **qu'est-ce que** and **qui**. **Qu'est-ce que** and **qui** are part of a larger group of interrogative pronouns that includes:

A. Pronouns referring to *persons*.
    These correspond to *who* and *whom* in English. The pronoun **qui** is always used to refer to persons.

    1. **Qui** can function as the subject of a sentence.

        Qui a gagné le match?

2. **Qui** can function as a direct object or as the object of a preposition. It can be used with **est-ce que** or with inversion.

Qui avez-vous rencontré pendant votre promenade?
Qui est-ce que vous avez rencontré pendant votre promenade?

Avec **qui** as-tu joué?
Avec **qui est-ce que** tu as joué?

3. **Qui est-ce** is used to ask the identity of a person.
   — **Qui est-ce?** — C'est Jean.

B. Pronouns referring to *things*.
These correspond to *what* in English.

1. **Qu'est-ce qui** is used as the subject of a sentence.

Qu'est-ce qui est arrivé?
Qu'est-ce qui te préoccupe?

A useful expression used with **qu'est-ce qui** is **Qu'est-ce qui se passe?** *(What's going on?)*.

2. Either **qu'est-ce que (que + est-ce que)** or **que** with inversion is used as the direct object of a sentence.

Qu'est-ce que vous faites?	**Que** faites-vous?
Qu'est-ce qu'elle a vu?	**Qu'a**-t-elle vu?

3. **Quoi** *(what)* is used after a preposition.

De quoi est-ce qu'il a parlé?	**De quoi** a-t-il parlé?
À quoi est-ce que vous avez joué?	**À quoi** avez-vous joué?

4. **Qu'est-ce que c'est** or **qu'est-ce que c'est que** is used to ask someone to identify or define something.

   — **Qu'est-ce que c'est?** — C'est une 2CV. C'est une petite voiture française.
   — **Qu'est-ce que c'est que** la pétanque? — C'est un jeu français.

The following table summarizes the uses of the interrogative pronouns.

Les pronoms interrogatifs				
	Subject	*Object*	*Object of a Preposition*	*Definition or Identification*
Persons	qui	qui qui est-ce que	qui	qui est-ce
Things	qu'est-ce qui	que qu'est-ce que	quoi	qu'est-ce que c'est qu'est-ce que c'est que

Préparation

A. Un vrai fiasco. André était responsable de l'organisation d'une randonnée *(hike)* dans les Laurentides. Malheureusement, le résultat est un vrai fiasco. D'après ses réponses, quelles sont les questions que les autres membres du club lui ont posées?

MODÈLE   C'est Laurent qui a choisi cet itinéraire.
           Qui a choisi cet itinéraire?

1. C'est moi qui ai décidé de partir si tôt.
2. C'est Marc qui a acheté les provisions.
3. C'est Denise qui a oublié d'apporter une carte.
4. C'est Sylvie qui a perdu nos provisions.
5. C'est moi qui ai choisi cette auberge.

MODÈLE   Je ne sais pas ce qu'on va faire ce soir.
           Qu'est-ce qu'on va faire ce soir?

1. Je ne sais pas ce qu'on va manger.
2. Je ne sais pas ce qu'on va boire.
3. Je ne sais pas ce qu'on va trouver à l'auberge.
4. Je ne sais pas ce qu'on va faire demain.
5. Je ne sais pas ce qu'il faut faire maintenant.

B. Au Club Alpin. Les employés du Club Alpin sont obligés de répondre à toutes sortes de questions. Voici quelques-unes de leurs réponses. Quelles sont les questions qu'on leur a posées? Remplacez les mots en italique par l'interrogatif approprié.

MODÈLE   Vous aurez besoin d'*une paire de bonnes chaussures.*
           De quoi aurons-nous besoin?

1. Vous aurez besoin de *vêtements chauds.*
2. Donnez votre argent à *la secrétaire.*
3. C'est *un de nos guides.*
4. Il faudra apporter *vos propres provisions.*
5. Vous pouvez parler aux *autres membres du club.*
6. C'est *une carte de la région.*
7. Vous devez parler à *la directrice du club.*
8. C'est *Madame Laforge* qui va organiser la prochaine randonnée.

C. Des Américains à Paris. Des amis américains sont à Paris pour la fin du Tour de France. Ils ont toutes sortes de questions à poser. Malheureusement, ils ne parlent pas français. Pouvez-vous les aider?

1. What is the Tour de France?
2. Who is Greg Lemond?
3. What are we going to do after the race?
4. Who won the Tour de France last year?
5. What's the "maillot jaune"?

6. What are they doing over there?
7. Whom did you talk to?
8. What did you talk about?

Communication et vie pratique

A. **Des oreilles indiscrètes.** Vous êtes candidat(e) pour un emploi de moniteur (monitrice) dans une colonie de vacances. Le directeur de la colonie est en train d'interviewer un autre candidat. Vous entendez seulement les réponses du candidat. Quelles questions le directeur lui a-t-il posées?

LE DIRECTEUR : _____ ?

LE CANDIDAT : Je m'appelle Charles Girard.

LE DIRECTEUR : _____ ?

LE CANDIDAT : J'ai vingt ans.

LE DIRECTEUR : _____ ?

LE CANDIDAT : Un de mes amis m'a parlé de ce travail.

LE DIRECTEUR : _____ ?

LE CANDIDAT : Je veux être professeur de gymnastique.

LE DIRECTEUR : _____ ?

LE CANDIDAT : En ce moment je suis étudiant et je travaille dans un restaurant.

LE DIRECTEUR : _____ ?

LE CANDIDAT : J'ai travaillé comme vendeur dans le magasin de mes parents.

LE DIRECTEUR : _____ ?

LE CANDIDAT : Parce que j'aime les enfants et j'ai besoin d'argent.

LE DIRECTEUR : _____ ?

LE CANDIDAT : Je m'intéresse à tous les sports.

B. **Impressions.** Imaginez que vous venez de faire la connaissance de quelques Français qui voyagent aux États-Unis. Demandez-leur leurs impressions des Américains et de la vie américaine.

EXEMPLES **Qu'est-ce que vous pensez de la cuisine américaine?**
Qu'est-ce qui vous a le plus surpris?

C. **Préparations.** Vous vous préparez à partir en France pour passer un an dans une université française. Quelles sont les questions que vous poserez à un(e) ami(e) français(e) (études, logement, prix, transports, loisirs et vie sociale, etc.)?

EXEMPLE **Que font les jeunes pendant leur temps libre?**

C'est votre tour. Vous êtes chargé(e) de trouver un moniteur ou une monitrice pour une colonie de vacances dans les Alpes. Vous interviewez toutes sortes de candidat(e)s (joués par d'autres étudiants de la classe) : certains sont très qualifiés pour ce travail mais d'autres ne le sont pas. Les autres étudiants vont écouter les interviews et décider à quel candidat vous devriez donner le poste.

Exploration 2

POUR NIER OU REFUSER

La négation

SITUATION	*Deux reporters parlent du Tour de France.*
Le Tour de France	REPORTER 1 À votre avis, qui gagnera l'étape aujourd'hui?
	REPORTER 2 Tant qu'ils seront dans les Pyrénées, personne ne pourra dépasser Philippi.
	REPORTER 1 Et quand ils quitteront les Pyrénées?
	REPORTER 2 Avec l'avance qu'il a, rien ne pourra l'empêcher de gagner le Tour.

À votre avis *In your opinion*   **étape** *leg*   **tant que** *as long as*
personne ne *nobody*   **dépasser** *to pass*   **rien ne** *nothing*
empêcher *to keep from*

Avez-vous bien compris?

Répondez aux questions suivantes.

1. Dans quelle région de France est-ce que cette étape a lieu?
2. Qui pourra dépasser Philippi dans les Pyrénées?
3. Selon le deuxième reporter, qu'est-ce qui se passera quand ils quitteront les Pyrénées?

Présentation

In addition to **ne... pas** and **ne... jamais**, other ways to express negative meanings include:

ne... plus	*no longer*
ne... pas du tout	*not at all*
ne... rien	*nothing*
ne... aucun(e)	*none, not a single*
ne... que	*only*
ne... personne	*nobody*
ne... ni... ni	*neither . . . nor*

A. **Ne... jamais, ne... plus,** and **ne... pas du tout** function in the same way as **ne... pas.**

Tu **ne** penses **jamais** à nous.   Nous n'avons **plus** d'argent.
Ce sport **ne** m'intéresse **plus.**   Il **ne** se repose **jamais.**
Je **ne** suis **pas du tout** inquiet.   Je **n'**ai **jamais** visité Paris.

B. **Personne** and **rien** used with **ne** can be either subjects or objects of the verb and are sometimes objects of prepositions.

Il **n'**y avait **personne** en classe vendredi.
Elle **n'**a parlé à **personne.**
Nous **ne** faisons **rien** cet après-midi.
Je **ne** me souviens de **rien.**

Notice the word order when **rien** and **personne** are direct object pronouns and used with the **passé composé. Rien** comes before the past participle and **personne** comes after it.

Je **n'**ai **rien** vu.
Je **n'**ai vu **personne.**

When **rien** and **personne** are subjects, both come at the beginning of the sentence.

Rien n'est simple.
Personne n'est venu.

C. With **ne... que** and **ne... aucun(e),** the second part of the negative is placed directly before the item modified. Notice that **aucun(e)** is a singular adjective.

Il **n'**y a **qu'**un choix possible.
Je **ne** mange **que** des légumes.
Je **n'**ai **aucune** idée.
Aucun magasin **n'**est ouvert.

D. In response to a question, **jamais, personne, rien,** and **aucun(e)** can be used alone.

—Quand vas-tu prendre une décision? —**Jamais!**
—Qui a téléphoné? —**Personne!**
—Qu'est-ce qui est arrivé? —**Rien!**

E. In the expression **ne... ni... ni, ne** is placed before the verb, and **ni** is placed before each item negated. After **ni,** the indefinite and partitive articles are not used, but the definite articles are retained.[1]

Compare:

Elle a un frère et une sœur.	Elle n'a **ni** frère **ni** sœur.
Nous avons acheté des légumes et des fruits.	Nous n'avons acheté **ni** légumes **ni** fruits.
Il aime la bière et le vin.	Il n'aime **ni** la bière **ni** le vin.
Victor et Alfred ont répondu à notre invitation.	**Ni** Victor **ni** Alfred n'a répondu à notre invitation.

F. **Aussi** is used to agree with a positive statement; **non plus** is used to agree with a negative statement.

—Christine joue très bien. —Moi **aussi**.
—Ils ne gagnent jamais. —Nous **non plus**.

Préparation

A. **Que la vie est cruelle!** Jean se sent abandonné et négligé par ses amis. Retrouvez les réponses négatives que Jean a données aux questions qu'on lui a posées.

MODÈLE —Qui as-tu vu cet après-midi? (personne)
—Je n'ai vu personne cet après-midi.

1. Qui est venu te voir hier soir? (personne)
2. Est-ce qu'on te téléphone quelquefois? (non... jamais)
3. Qu'est-ce qu'on t'a donné pour ton anniversaire? (rien)
4. Est-ce que ton père t'envoie encore de l'argent? (non... plus)
5. Est-ce qu'André et toi, vous avez aimé le film? (non... pas du tout)
6. Est-ce que tu as des projets pour le week-end? (non... aucun)
7. Est-ce que quelque chose a changé dans ta vie? (non... rien)
8. Est-ce que tu as jamais été vraiment heureux? (non... jamais)

B. **Mais non, ne t'inquiète pas.** Bernard est inquiet au sujet de tout le monde. Mireille le rassure.

MODÈLE —Tout le monde est malade.
—Mais non, personne n'est malade.

1. Isabelle a beaucoup de problèmes en ce moment.
2. Quelque chose lui est arrivé.
3. Tu as toujours l'air triste.
4. Tout le monde est inquiet à ton sujet.
5. Pierre est encore à l'hôpital.
6. Il y a eu plusieurs accidents dans notre quartier.

---

[1] For recognition only.

7. Les enfants ont tout cassé.
8. Tout a été volé.

C. **Ce n'est pas formidable.** Les enfants des Hunt, une famille anglaise qui passe des vacances en France, ne sont pas très contents de l'endroit que leurs parents ont choisi. Donnez l'équivalent français de ce qu'ils disent.

1. No one plays with us.
2. The meals are never good.
3. There is nothing to do here.
4. We never have enough money.
5. We haven't seen anyone today.
6. There is only one movie theater in town.

Communication et vie pratique

A. **Rien ne va plus.** Il y a des jours où tout va mal. Indiquez d'abord ce que vous avez à dire au sujet de votre propre situation. Ensuite, mettez-vous à la place des personnes suivantes et imaginez ce qu'elles peuvent dire un de ces jours où tout va mal.

EXEMPLES   vous-même
Personne ne s'est souvenu de mon anniversaire. Je n'ai rien fait d'intéressant pendant le week-end.

1. un(e) étudiant(e) typique
2. votre professeur de français
3. les étudiants de votre classe
4. les parents d'un enfant qui n'est pas sage
5. l'entraîneur *(coach)* d'une équipe sportive

B. **J'en ai marre!** Comme tout le monde, vous rencontrez quelquefois des contrariétés. Mais cette fois vous avez décidé de dire ce que vous pensez, même si ce n'est pas agréable. Imaginez que vous êtes dans les situations suivantes.

1. Vous êtes dans un restaurant où la cuisine laisse beaucoup à désirer.
2. Vous n'êtes pas content(e) de la région où vous prenez vos vacances.
3. Vous essayez de préparer un bon dîner, mais c'est un vrai fiasco.
4. Vous désirez acheter des vêtements mais il ne reste presque rien.
5. Votre petit(e) ami(e) et vous, vous avez des goûts très différents. Il (Elle) n'aime aucune des choses que vous aimez.

C'est votre tour. Imaginez que vous êtes un(e) passionné(e) de sports et que vous essayez de persuader des amis (joués par d'autres étudiants de la classe) de participer plus régulièrement aux sports qui vous intéressent. Vous essayez toutes sortes de stratégies : la pitié (**personne ne vient à mes matchs, vous ne jouez jamais au tennis avec moi**), l'irritation (**tu n'apprendras jamais à nager si tu n'entres pas dans l'eau, je n'ai jamais vu une personne si peu sportive**), etc.

Exploration 3

POUR INDIQUER LES PERSONNES ET LES OBJETS

Les pronoms relatifs

Xavier passe des vacances sur la côte avec son ami Marcel. Il vient de faire la connaissance d'une jeune fille qui lui plaît et ils la voient sur la plage.

XAVIER   Regarde la fille, là-bas, avec la planche à voile.

MARCEL   La fille qui porte un maillot vert?

XAVIER   Oui, c'est la fille dont je t'ai parlé.

MARCEL   La jeune fille dont les parents ont une villa près d'ici?

XAVIER   Oui, la fille avec qui j'ai déjeuné mardi.

MARCEL   Ah oui! Je me souviens! La fille que tu as rencontrée sur les courts de tennis... et dont tu es tombé follement amoureux!

XAVIER   Mais non. Ce n'est pas ce que je t'ai dit! Je t'ai dit que je la trouvais sympa. Un point, c'est tout.

---

plaît *pleases* (**elle lui plaît** *he likes her*)   **planche à voile** *windsurfing board*   **dont** *about whom, whose*   **dont tu es tombé follement amoureux** *with whom you fell madly in love*   **Un point, c'est tout** *And that's all there is to it*

Avez-vous bien compris?

Répondez aux questions suivantes d'après la conversation entre Xavier et Marcel.

1. Que porte la jeune fille dont Xavier et Marcel parlent?
2. Où est-ce que Xavier l'a rencontrée?
3. Est-ce que Xavier est amoureux d'elle?

Présentation

Relative pronouns are used to connect two clauses, a main clause and a dependent clause. They are never omitted in French, whereas in English we may say either *There is the girl I met,* or *There is the girl that I met.*

A. **Qui** and **que** *(who, that, which)* are used to refer to both persons and things.

1. **Qui** is used when the relative pronoun is the subject of the dependent clause.

Voilà une étudiante. **Elle** parle espagnol.
Voilà une étudiante **qui** parle espagnol.

Ce sont les athlètes **qui** ont participé aux Jeux Olympiques.
Avez-vous vu le match **qui** a eu lieu dimanche?

2. **Que** is used when the relative pronoun is the direct object in the dependent clause.

Où est le ballon? J'ai acheté **le ballon.**
Où est le ballon **que** j'ai acheté?

Quel est le sport **que** vous préférez?
Voici les championnes **que** nous avons interviewées.

Note again that the past participles of verbs conjugated with **avoir** agree with preceding direct objects.

B. **Dont** (*of whom, of which, whose*) is used to replace **de** plus a noun. It can refer to people or things.

Voici l'équipement. Vous aurez besoin **de cet équipement.**
Voici l'équipement **dont** vous aurez besoin.

J'ai rencontré la femme **dont** vous m'avez parlé.
Ce sont les gens **dont** le fils a gagné le marathon.

C. **Ce qui, ce que** (*what, that which*), and **ce dont** (*that of which*) are indefinite relative pronouns. They refer to ideas that do not have number or gender.

1. **Ce qui** is used as the subject of the dependent clause.

Je ne comprends pas **ce qui** est arrivé.
Ce qui m'impressionne le plus, c'est son style.
Elle aime **ce qui** est beau.

2. **Ce que** is used as the direct object of the dependent clause.

Il dit toujours **ce qu'**il pense.
Nous ne savons pas **ce que** les autres vont faire.
Voici tout **ce que** nous avons pu savoir.

3. **Ce dont** is used as the object of a verb or verb phrase that is used with the preposition **de** (**parler de, avoir besoin de,** etc.).

Ce dont vous parlez est intéressant.
Je te donnerai tout **ce dont** tu as besoin.

Ce qui and **ce que** are frequently used in answers to questions beginning with **qu'est-ce qui** and **qu'est-ce que.**

—**Qu'est-ce qui** intéresse les jeunes?
—Je ne sais pas **ce qui** les intéresse.

—**Qu'est-ce que** tu penses de cette équipe?
—Je préfère ne pas dire **ce que** j'en pense.

Ce qui, ce que, and **ce dont** are also used when suggesting to someone what he or she should say or ask.

Demandez à Alain **ce qu'**il a pensé de ce reportage.
Expliquez-nous **ce que** vous avez l'intention de faire.
Dites-moi **ce dont** vous avez besoin.

Préparation

A. **Un amoureux bien malheureux.** Bruno n'a pas de chance. Il aime Natacha mais elle n'a pas les mêmes goûts que lui. Qu'est-ce qu'il dit?

MODÈLE J'ai écrit des chansons.
Elle n'aime pas les chansons que j'ai écrites.

1. J'ai acheté des disques.
2. Je lui ai apporté des fleurs.
3. J'ai composé des poèmes.
4. Je lui ai donné un cadeau.
5. Je lui ai écrit une lettre.
6. J'ai pris des photos.
7. Je lui ai envoyé une carte.
8. J'ai acheté de nouveaux vêtements.

B. **Elle a bon goût.** Brigitte a répondu à un questionnaire au sujet de ses préférences dans différents domaines. Elle donne les indications suivantes. Dites ce qu'elle aime et ce qu'elle n'aime pas.

MODÈLES les chanteurs / Ils ont quelque chose à dire.
J'aime les chanteurs qui ont quelque chose à dire.

et : les chanteurs / Ils imitent les chanteurs anglais.
Je n'aime pas les chanteurs qui imitent les chanteurs anglais.

Les domaines	Traits positifs	Traits négatifs
1. les chanteurs	Ils ont quelque chose à dire.	Ils imitent les chanteurs anglais.
2. les hommes	Ils ont l'esprit ouvert.	Ils se croient supérieurs.
3. les femmes	Elles savent ce qu'elles veulent.	Elles ne sont jamais contentes.
4. les vêtements	Ils sont de bonne qualité.	Ils ne sont pas bien faits.
5. les gens	Ils s'intéressent au sport.	Ils passent tout leur temps à regarder les matchs à la télé.

C. **J'ai suivi tes conseils.** Véronique a suivi les conseils que son amie Bernadette lui a donnés. Qu'est-ce qu'elle dit?

MODÈLE écouter les disques
—J'ai écouté les disques dont tu m'as parlé.

1. aller au concert
2. lire le livre
3. consulter le médecin
4. aller chez le dentiste
5. acheter le disque
6. aller à un spectacle

D. **Snobisme.** Certaines personnes sont très fières de connaître, même indirectement, des gens célèbres. Qu'est-ce qu'ils disent au sujet de leurs amis?

MODÈLE leur fils est champion de ski
Nous avons des amis dont le fils est champion de ski.

1. leur petit-fils a participé au Tour de France
2. leur fille est journaliste
3. leur mère connaissait Édith Piaf
4. leur frère a acheté un château
5. leur famille descend des Bourbon

E. **On va faire une randonnée.** Alain pose toutes sortes de questions à Geneviève sur la randonnée qu'ils vont faire ensemble. Donnez les réponses de Geneviève et utilisez le pronom relatif approprié.

MODÈLE —Qu'est-ce qu'on va faire s'il pleut?
—**Je ne sais pas ce qu'on va faire.**

1. Qu'est-ce qu'on va faire ce soir?
2. Qui va acheter les provisions?
3. Qu'est-ce que Jacques va apporter à manger?
4. Qu'est-ce qui va arriver si quelqu'un tombe malade?
5. Qu'est-ce que tu vas porter?
6. Qu'est-ce qu'on va boire?
7. De quoi avons-nous besoin?
8. Qu'est-ce qu'on va manger?

Communication et vie pratique

A. **Vos opinions.** Indiquez les types de gens et de choses que vous appréciez ou ceux que vous n'appréciez pas du tout.

EXEMPLE les cours
J'apprécie les cours qui sont intéressants même s'ils sont un peu difficiles.

1. les chansons
2. les professeurs
3. les amis
4. les femmes
5. les sports
6. les livres
7. les hommes
8. les voitures
9. les vêtements
10. les chanteurs / chanteuses

B. **Descriptions.** Seul(e) ou avec un groupe d'étudiants, décrivez un(e) athlète, une équipe, un match, etc. Utilisez autant de pronoms relatifs que possible dans votre description.

C. **Enrichissez votre style.** Quand on ne connaît pas très bien une langue, on a souvent tendance à s'exprimer d'une façon un peu trop simple. Réfléchissez aux mots, expressions et constructions que vous pourriez utiliser pour enrichir les phrases suivantes.

EXEMPLE C'était un bon match.
Je viens de voir un match qui m'a beaucoup impressionné.

1. J'ai aimé ce film.
2. Paris est une très belle ville.
3. C'est un joueur exceptionnel.
4. Ce vin n'est pas bon.
5. J'ai besoin d'une voiture.
6. C'est un très bon restaurant.

C'est votre tour. Vous désirez présenter un(e) ami(e) — joué(e) par un(e) autre étudiant(e) — à une personne qu'il / elle ne connaît pas. Expliquez qui est cette personne.

Intégration et perspectives

Le Saguenay à la rame

Voyager en canot sur le Saguenay comme le faisaient autrefois les voyageurs, préparer ses repas sur un bon feu de bois, écouter la chanson des oiseaux dans les arbres, dormir sous les étoiles, ramer à l'unisson comme le faisaient les Indiens... Est-ce une expérience dont vous rêvez mais que vous croyiez impossible à notre époque? Rassurez-vous, tout cela est possible, même de nos jours, grâce à un groupe de jeunes que vous trouverez à Tadoussac, une petite localité située à la jonction du Saint-Laurent et du Saguenay. C'est de Tadoussac aussi que vous partirez pour une des longues et heureuses randonnées sur l'eau qu'ils organisent.

C'est Daniel qui a eu l'idée d'organiser ces randonnées. Depuis longtemps, il cherchait un moyen de naviguer le Saguenay, un moyen qui serait adapté à la rapidité de son courant et à ses rives sauvages. Il ne voulait pas se servir d'un gros bateau, ni d'un canot en fibre de verre, et encore moins d'un canot motorisé.

Après plusieurs années de recherches, Daniel a réussi à mettre la main sur des barques qu'on utilisait autrefois dans la région pour transporter les voyageurs, les sacs de courrier, et presque tout ce dont on avait besoin pour vivre dans ces îles isolées. Ces «canots d'hiver» ainsi appelés parce qu'ils pouvaient aussi naviguer en hiver, mesurent une vingtaine de pieds de longueur. Ils sont construits du meilleur bois et ils sont équipés d'une plaque de métal qui leur permet de glisser sur la glace.

Au début, Daniel et quelques amis qui travaillaient avec lui ne proposaient à leurs clients que de petits voyages sur le Saguenay. Quand ils ont vu que ces vieilles barques donnaient de très bons résultats, ils ont peu à peu allongé la durée de leurs voyages, et ils ont multiplié les escales dans les sites sauvages qu'ils découvraient au cours de leurs expéditions.

Aujourd'hui, leur groupe accueille pour une somme très modeste tous les gens qui sont tentés par ce genre d'aventure et qui veulent redécouvrir le plaisir de vivre en harmonie avec la nature. Chaque expédition dure cinq jours et se compose de dix personnes, cinq dans chaque barque. Même si personne ne se connaît au début, on devient vite amis quand on partage les mêmes tâches et les mêmes joies.

Daniel et ses compagnons envisagent maintenant de plus longs séjours où les voyageurs pourront étudier les nombreuses espèces d'oiseaux qui habitent le Saguenay ou faire de l'escalade dans les montagnes voisines.

Ces barques ne naviguent pas seulement pendant l'été, mais aussi au printemps et en automne quand le rouge des feuilles offre au regard un spectacle inoubliable. Et en hiver...? Eh bien, on répare les barques et les rames, on rêve aux expéditions futures et on commence à préparer la saison suivante.

---

rame *oar*   autrefois *formerly*   feu de bois *campfire*   oiseaux *birds*   étoiles *stars*   ramer *to row*   de nos jours *nowadays*   grâce à *thanks to*   rives sauvages *wild banks*   se servir de *to use*   fibre de verre *fiberglass*   barques *boats*   courrier *mail*   île *island*   une vingtaine de *about twenty*   longueur *length*   bois *wood*   plaque *plate*   glisser *to slide*   glace *ice*   allongé *lengthened*   accueille *welcomes*   somme *amount (price)*   tentés *tempted*   tâches *tasks*   faire de l'escalade *go climbing*   voisines *neighboring*   feuilles *leaves*   inoubliable *unforgettable*

Avez-vous bien compris?

Répondez aux questions suivantes selon les renseignements donnés dans le texte.

1. Quelle sorte de randonnée Daniel et ses compagnons offrent-ils aux voyageurs?
2. Dans quelle région du Canada ces randonnées ont-elles lieu et comment est cette région?
3. Quel type de personnes aimeraient participer à ce genre d'expérience?
4. Qu'est-ce qu'on peut faire et voir d'intéressant pendant ces randonnées?
5. À quel moment de l'année Daniel et ses compagnons organisent-ils ces randonnées et que font-ils le reste du temps?
6. Quelle sorte d'équipement Daniel a-t-il choisi pour ces randonnées et pourquoi?
7. Quels sont les projets de Daniel et de ses compagnons?

Notes culturelles ✤ ✤ ✤ ✤ ✤ ✤ ✤ ✤ ✤

Le Québec : Sports et activités de loisir

*R*andonnées à pied, à cheval ou sur l'eau, pêche, chasse, sports d'été ou sports d'hiver : le Québec offre une multitude de possibilités et constitue un vrai paradis pour les amoureux de la nature.

Un des événements qui vient chaque année mettre une note de joie et de couleur dans le long hiver canadien est le Carnaval de Québec. Le Carnaval, qui dure onze jours, attire plus d'un million et demi de visiteurs venant de tous les coins du monde. L'inauguration au Palais de Neige, du Roi du Carnaval, le Bonhomme Carnaval, marque le début des festivités. Le programme comprend de nombreuses activités : des soirées de danse populaire et folklorique, des concours, des expositions et des événements sportifs, la course de canots sur le Saint-Laurent gelé, la course de motos sur glace, la course internationale de chiens de traîneaux, des courses de ski et de patins et surtout le tournoi international de hockey Pee-Wee.

Le hockey sur glace est probablement le sport le plus populaire au Canada et les équipes canadiennes jouissent d'une renommée mondiale. Chaque année le tournoi de la Coupe Canada réunit les meilleures équipes du monde. Le Canada tient aussi une place importante sur la scène sportive internationale.

---

venant *coming* **coins** *corners* **traîneaux** *sleds* **jouissent** *possess, enjoy* **renommée** *renown* **réunit** *brings together*

Communication et vie pratique

A. **Description.** Imaginez que vous avez participé à une randonnée à pied dans un parc national ou à une randonnée en bateau. Décrivez ce que vous avez fait et ce que vous avez vu. Vous pouvez aussi écrire cette description du point de vue d'une personne qui déteste ce genre d'activité.

B. **Les dix commandements.** Prenez les «dix commandements du randonneur» comme modèle et écrivez (1) les dix commandements pour rester en bonne condition physique, (2) les dix commandements de l'étudiant, (3) ?.

Les dix commandements du randonneur
1. Tu porteras de bonnes chaussures.
2. Tu seras en bonne condition physique.
3. Tu étudieras ton itinéraire sur la carte.
4. Tu connaîtras bien la nature du terrain.
5. Tu éviteras les randonnées qui sont trop difficiles pour toi.
6. Tu ne partiras jamais seul(e) quand tu feras une randonnée en montagne.
7. Tu emporteras des vêtements chauds; les nuits sont froides en toute saison dans les montagnes.
8. Tu ne donneras pas à manger aux animaux sauvages.
9. Tu n'oublieras pas que tu es toujours sur la propriété de quelqu'un d'autre.
10. Tu respecteras la nature.

C. **Interview.** Imaginez que vous êtes un reporter et que vous allez interviewer des athlètes célèbres. Quelles questions allez-vous leur poser? Trouvez un(e) autre étudiant(e) qui jouera le rôle d'un(e) athlète de son choix.

INVITATION À ÉCOUTER

La randonnée. Dans une interview, un membre du Comité national des sentiers *(paths, trails)* parle du loisir préféré des Français, la randonnée. Répondez aux questions suivantes selon les renseignements donnés dans le texte.

1. Quel est le sport qu'on pratique le plus en France?
2. Quelles sont les raisons principales de la popularité de la marche à pied en France?
3. Qui peut pratiquer la marche à pied?
4. Quel est l'équipement du randonneur?
5. Qu'est-ce que le bon randonneur doit faire?

VOCABULAIRE

Noms

les sports et les compétitions sportives (voir pp. 344–345)

le **bois**	*wood*
le **bout**	*end*
le **bruit**	*noise*
le **coin**	*corner*
le **courant**	*current*
le **courrier**	*mail*
la **durée**	*duration*
l'**équipe** (f)	*team*
l'**étape** (f)	*stage, leg (of race)*
l'**étoile** (f)	*star*
le **feu**	*fire*
la **feuille**	*leaf*
le **genre**	*type*
la **glace**	*ice*
l'**île** (f)	*island*
l'**itinéraire** (m)	*route*
la **longueur**	*length*
le **maillot**	*jersey*
la **marche**	*walking*
l'**oiseau**, les **oiseaux** (m)	*bird*
le **randonneur**, la **randonneuse**	*hiker*
le **regard**	*sight, look*
la **rive**	*bank (of river)*
le **sentier**	*footpath*
la **somme**	*amount*
la **tâche**	*task*

Verbes

créer	*to create*
dépasser	*to pass, to overtake*
empêcher	*to keep from*
glisser	*to slide*
manquer	*to miss*
mener	*to lead*
pratiquer	*to practice*
se servir de	*to use*
taquiner	*to tease*

Adjectifs

gelé(e)	*frozen*
inoubliable	*unforgettable*
motorisé(e)	*motorized*
tenté(e)	*tempted*
voisin(e)	*neighboring*

Divers

les expressions négatives (voir p. 352)

à cause de	*because of*
au-dessus	*above, beyond*
faire de l'escalade	*to go climbing*
grâce à	*thanks to*
il ne restait que...	*there was (were) only . . .*
marquer un but	*to score a goal*
tant que	*as long as*
tomber amoureux (amoureuse) de	*to fall in love with*

Chapitre 17

Les arts

Le musée Carnavalet, Paris

Dans ce chapitre vous allez apprendre à...

Parler des arts et de la musique

1. Donner votre opinion

2. Exprimer les désirs, les émotions et les doutes

3. Préciser la personne ou l'objet dont il s'agit

Vocabulaire et structures

Mise en train : Les arts et la musique

Le subjonctif avec les expressions impersonnelles

Le subjonctif avec les verbes de volition, d'émotion et de doute

Les pronoms démonstratifs

Mise en train

LES ARTS ET LA MUSIQUE

COMPOSER

un morceau
de musique

une compositrice
(un compositeur)

SCULPTER

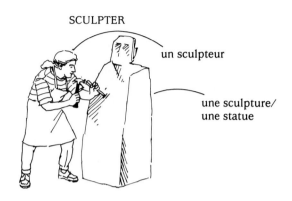

un sculpteur

une sculpture/
une statue

ÉCRIRE

une écrivain

un roman,
une pièce
de théâtre,
un poème

DESSINER

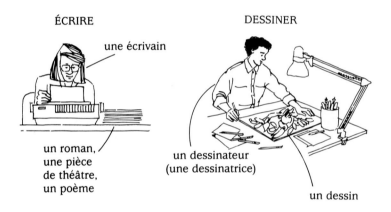

un dessinateur
(une dessinatrice)

un dessin

DANSER

une danseuse

un danseur

un ballet
(classique
ou moderne)

PRENDRE DES PHOTOS

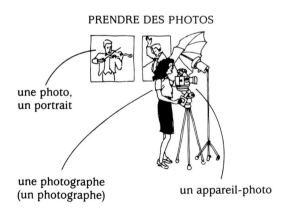

une photo,
un portrait

une photographe
(un photographe)

un appareil-photo

PEINDRE

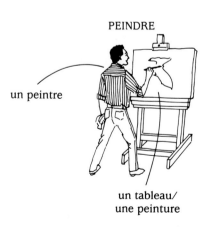

un peintre

un tableau/
une peinture

Les instruments de musique
Êtes-vous musicien(ne)? Jouez-vous...?

du violon

du piano

du tambour

de la trompette

de la clarinette

du saxophone

du trombone

de la flûte

de la guitare (électrique)

Les préférences musicales	
la musique classique	le rock
la musique moderne	le jazz
la musique populaire	l'opéra
la musique folklorique	

Communication et vie pratique

A. **Interview.** Répondez aux questions suivantes ou utilisez-les pour interviewer un(e) autre étudiant(e).

1. Quelles sont vos activités artistiques préférées?
2. Quels sont vos peintres et vos musiciens préférés?
3. De quel instrument de musique jouez-vous? Est-ce qu'il y a d'autres instruments dont vous aimeriez apprendre à jouer?
4. Quel genre de musique préférez-vous? Quels sont vos chanteurs et vos chanteuses préférés?
5. Êtes-vous récemment allé(e) à un concert? Si oui, qu'est-ce que vous en avez pensé?
6. Allez-vous souvent au théâtre? Si oui, quelle est la dernière pièce que vous êtes allé(e) voir?
7. Avez-vous déjà composé un morceau de musique ou écrit une chanson?

B. **Connaissez-vous la musique?** Préparez des questions que vous poserez aux autres étudiants de votre classe ou à votre professeur pour savoir s'ils connaissent bien la musique et les musicien(ne)s.

EXEMPLES **De quel instrument James Galway joue-t-il?**
Qui est Madonna?
Quelle est la chanson la plus populaire en ce moment?

C'est votre tour. Imaginez que vous avez l'occasion d'interviewer un écrivain, un(e) chanteur (chanteuse), un(e) danseur (danseuse) que vous admirez beaucoup. Quelles questions allez-vous lui poser? Jouez la scène avec un(e) autre étudiant(e).

Exploration 1

POUR DONNER VOTRE OPINION

Le subjonctif avec les expressions impersonnelles

SITUATION **On va au théâtre**	*On joue une nouvelle pièce à la maison de la culture de la ville. Thierry pense que c'est une occasion à ne pas manquer. Il essaie de persuader Maryse.*

THIERRY   Il faut absolument que tu ailles voir cette pièce.

MARYSE   Je voudrais bien, mais il est peu probable que j'aie le temps cette semaine.

THIERRY   Fais un effort! Ça en vaut vraiment la peine. Et puis, il faut que tu prennes le temps de te détendre un peu.

MARYSE   Attends. Il est possible que je sois libre vendredi soir. Je vais regarder dans mon agenda... Zut, j'ai une dissertation à rendre lundi. Il vaudrait mieux que je la finisse cette semaine.

THIERRY   C'est vraiment dommage que tu ne puisses pas venir...

ailles *go*   **aie** *have*   **ça en vaut la peine** *it's worth it*   **prennes**
take   **te détendre** *relax*   **sois** *am*   **dissertation** *term paper*
finisse *finish*   **puisses** *may be able to*

Avez-vous bien compris?

Répondez aux questions suivantes.

1. Pourquoi est-ce que Maryse n'est pas sûre de pouvoir aller voir cette pièce?
2. Pourquoi est-ce que Thierry pense que ce serait une bonne idée?
3. Pourquoi est-ce que Maryse n'est pas libre vendredi soir?

Présentation

There are several expressions of necessity or value that are followed by clauses whose verbs must be in the subjunctive mood. The subjunctive, though not technically a tense, should be learned as a new tense. You already know the expressions **il faut** and **il vaut mieux**, which are followed by the subjunctive.

A. For most verbs the subjunctive is formed by adding the endings shown below to the subjunctive stem, which is found by dropping the **-ent** from the **ils / elles** form of the present tense.

parler	
Il faut que je parle	que nous parlions
que tu parles	que vous parliez
qu'il / elle / on parle	qu'ils / elles parlent

finir	que je finisse	que nous finissions
attendre	que j'attende	que nous attendions
partir	que je parte	que nous partions
dire	que je dise	que nous disions

B. Some verbs have irregular stems in the **nous** and **vous** forms.

venir	que je vienne	que nous venions
		que vous veniez
prendre	que je prenne	que nous prenions
		que vous preniez

Il vaut mieux que tu **partes** tout de suite.
Il faut qu'ils **finissent** ça maintenant.
Il faut qu'elle **prenne** un taxi.

C. Some verbs have irregular stems.

faire	
Il faut que je **fasse**	que nous **fassions**
que tu **fasses**	que vous **fassiez**
qu'il / elle / on **fasse**	qu'ils / elles **fassent**

aller	
Il faut que j'**aille**	que nous **allions**
que tu **ailles**	que vous **alliez**
qu'il / elle / on **aille**	qu'ils / elles **aillent**

être	
Il faut que je **sois**	que nous **soyons**
que tu **sois**	que vous **soyez**
qu'il / elle / on **soit**	qu'ils / elles **soient**

avoir	
Il faut que j'**aie**	que nous **ayons**
que tu **aies**	que vous **ayez**
qu'il / elle / on **ait**	qu'ils / elles **aient**

vouloir	
Il faut que je **veuille**	que nous **voulions**
que tu **veuilles**	que vous **vouliez**
qu'il / elle / on **veuille**	qu'ils / elles **veuillent**

pouvoir	
Il faut que je **puisse**	que nous **puissions**
que tu **puisses**	que vous **puissiez**
qu'il / elle / on **puisse**	qu'ils / elles **puissent**

savoir	
Il faut que je **sache**	que nous **sachions**
que tu **saches**	que vous **sachiez**
qu'il / elle / on **sache**	qu'ils / elles **sachent**

Il faut que j'**aille** au supermarché.
Il faut que nous **soyons** à la gare à 4 heures.
Il vaut mieux qu'il le **sache**.

D. In everyday speech, the subjunctive is most frequently used with **il faut que** and **il vaut mieux que.** It is also used after the following expressions that indicate necessity, uncertainty, impossibility, or judgment.

Necessity[1]
il faut que
il ne faut pas
il n'est pas nécessaire que

Uncertainty or impossibility
il est possible que
il est impossible que
il est peu probable que

Judgment
il vaut mieux que
il est dommage que, c'est dommage que *(it is too bad that)*
il est important (essentiel) que
il est bon (juste, naturel, préférable) que

Il vaudrait mieux qu'ils attendent.   *It would be better for them to wait.*

---

[1] **Il faut** means *one must;* **il ne faut pas** means *one must not.* **Il n'est pas nécessaire,** on the other hand, means *one doesn't have to.*

| Il n'est pas nécessaire que vous payiez à l'avance. | *You don't have to pay in advance.* |
| Il est peu probable que nous allions à ce concert. | *It's unlikely that we'll go to that concert.* |

Préparation

A. **Obligations.** Marcel, un étudiant à l'École des beaux-arts, parle de ce que les étudiants qui se spécialisent dans le beaux-arts doivent faire. Qu'est-ce qu'il dit?

MODÈLE   aller aux expositions
Il faut que nous allions aux expositions.

1. travailler tout le temps
2. aller voir toutes les expositions
3. apprendre beaucoup de choses
4. prendre des photos
5. visiter les musées
6. participer à la vie culturelle de l'école
7. choisir nos modèles
8. pouvoir tout faire
9. vendre nos tableaux
10. avoir beaucoup de talent

B. **Vous venez à l'exposition?** Armand essaie de persuader ses amis d'aller à une exposition. Mais ils ont tous quelque chose d'autre à faire. Qu'est-ce qu'ils disent?

MODÈLE   Véronique / aller chez le dentiste
Il faut que Véronique aille chez le dentiste.

1. nous / écrire un rapport
2. Gérard / être de retour à cinq heures
3. je / aller voir ma grand-mère
4. vous / lire plusieurs articles
5. tu / finir ton travail
6. je / prendre ma leçon de piano
7. Marcel et Robert / faire le marché
8. nous / rendre visite à des amis

C. **Au conservatoire de musique.** Des professeurs du conservatoire de musique parlent avec leurs étudiants et leur donnent quelques conseils.

MODÈLE   Il faudra donner un récital à la fin de l'année.
Il faudra que vous donniez un récital à la fin de l'année.

1. Il serait bon de choisir un morceau très classique.
2. Il faudrait apprendre à jouer d'un autre instrument.
3. Il est naturel d'avoir peur.
4. Il ne faut pas abandonner maintenant.

5. Il faut faire des progrès.
6. Il vaudrait mieux savoir ce que vous voulez faire.
7. Il n'est pas nécessaire de prendre une décision maintenant.

Communication et vie pratique

A. **Décisions.** La liste qui suit représente certaines habitudes, intentions ou préoccupations que vous pouvez avoir. Exprimez votre réaction envers chacune de ces suggestions en utilisant les expressions suivantes.

EXEMPLES   finir mon travail ce soir
     Il faut que je finisse mon travail ce soir.
     ou : **Il est peu probable que je finisse mon travail ce soir.**

Expressions	Suggestions
Il faut que	finir mon travail
Il vaudrait mieux que	répondre aux lettres qu'on m'a écrites
Il est important que	vendre mes vieux livres
Il est essentiel que	aller en classe tous les jours
Il est peu probable que	sortir ce soir
Il n'est pas nécessaire que	me reposer un peu
Il est possible que	choisir mes cours pour le trimestre prochain
	?

B. **Projets et obligations.** Indiquez ce que vous devez faire cette semaine.

EXEMPLES **Il faut que j'aille chez le dentiste.**

C. **Changeons de rôle.** C'est vous le professeur. Dites à vos étudiants ce qu'ils doivent faire.

EXEMPLE **Il est important que vous étudiiez régulièrement.**
                 Il faut que vous soyez à l'heure.

C'est votre tour. Essayez de persuader un(e) ami(e) qui ne veut jamais sortir, de prendre le temps d'aller voir une pièce de théâtre (ou si vous préférez, un film, un concert, une exposition ou un spectacle de ballet). Chaque fois que vous faites une suggestion ou que vous présentez un bon argument, il / elle a autre chose d'important à faire.

Exploration 2

POUR EXPRIMER LES DÉSIRS, LES ÉMOTIONS ET LES DOUTES

Le subjonctif avec les verbes de volition, d'émotion et de doute

---

SITUATION

Il faut retenir nos places

Jean-Pierre Rampal, le célèbre flûtiste, va donner un concert. Sébastien et Nathalie voudraient bien y aller, mais est-ce qu'il y a encore des places?

NATHALIE   Téléphone vite, j'ai peur qu'il n'y ait plus de places.

SÉBASTIEN   J'aimerais mieux que tu le fasses toi-même.

NATHALIE   Je doute que nous ayons beaucoup de choix! Allô, allô. Nous voulons retenir deux places pour le concert de Jean-Pierre Rampal.

L'EMPLOYÉ   À l'orchestre ou au balcon?

NATHALIE   Au balcon de préférence.

L'EMPLOYÉ   Je ne crois pas que ce soit possible. Non, tout est pris. Il ne reste que deux places à l'orchestre.

NATHALIE   Sébastien, il ne reste que deux places à l'orchestre. Tu veux que je les prenne quand même?

---

choix *choice*   **retenir** *to reserve*   **il ne reste que** *there are only*
quand même *just the same*

Avez-vous bien compris?

Répondez aux questions suivantes.

1. Où est-ce que Nathalie et Sébastien voudraient aller?
2. De quoi est-ce que Nathalie a peur?
3. Est-ce qu'il reste des places?

Présentation

The subjunctive is used after certain verbs and expressions of emotion, doubt, and wanting or wishing.

A. The subjunctive is used following verbs or expressions of wanting or wishing (**vouloir, désirer, préférer, aimer mieux,** etc.).

Ils ne **veulent** pas que je **sorte** seule le soir.	*They don't want me to go out alone at night.*
J'**aimerais mieux** que vous **finissiez** vos devoirs immédiatement.	*I prefer that you finish your homework immediately.*

B. The subjunctive is always used following verbs or expressions of emotion (**avoir peur, être content, regretter, être triste, être surpris,** etc.).

J'**ai peur** qu'ils **aient** un accident.	*I'm afraid that they might have an accident.*
Il **regrette** que nous ne **puissions** pas venir.	*He is sorry that we can't come.*
Les amis de Charles **sont tristes** qu'il ne leur **écrive** plus.	*Charles' friends are sad that he doesn't write them anymore.*

C. The subjunctive is used following verbs or expressions of uncertainty or doubt (**douter, ne pas croire, ne pas être sûr,** etc.).

Je **doute** qu'ils **viennent.**	*I doubt that they're coming.*
Je **ne crois pas** que tu le **saches.**	*I don't believe that you know it.*
Je **ne suis pas sûr** qu'ils **comprennent.**	*I'm not sure they understand.*

Croire and **penser** are followed by the subjunctive only when used in the negative and interrogative—that is, when doubt is implied.

Compare:

Je **crois** qu'ils **viendront.**	Je **ne crois pas** qu'ils **viennent.**
Tu **penses** qu'il **pourra** se débrouiller.	**Penses-tu** qu'il **puisse** se débrouiller?

The verb **espérer** is never followed by the subjunctive: **Nous espérons que vous vous amuserez bien.**

D. The subjunctive is used only when the subject of the first clause is not the same as the subject of the second clause. When there is only one subject, an infinitive is used instead of the subjunctive. Compare:

Elle est contente que nous partions.	Nous sommes contents de partir.
Mon père veut que je finisse mes études.	Je veux finir mes études.

Préparation

A. Opinions. Paul Lefranc donne son opinion sur les activités culturelles de sa famille. Qu'est-ce qu'il dit?

MODÈLE   Nous allons si rarement au théâtre. (je regrette)
Je regrette que nous allions si rarement au théâtre.

1. Mon fils apprend à jouer du saxophone. (je suis content)
2. Il fait des progrès. (je voudrais)
3. Il n'a pas beaucoup de talent. (j'ai peur)
4. Ma femme a envie de voir cette exposition. (je ne crois pas)
5. Nous pouvons aller au concert ce soir. (je doute)
6. Nous passons des heures devant la télé. (c'est dommage)
7. Nous allons à un concert de rock. (les enfants aimeraient)
8. Nous n'avons pas de magnétoscope. (je regrette)

B. Différences d'opinion. Jean-Luc et ses parents ne sont pas toujours d'accord. Quelle est sa situation?

MODÈLE   Ses préférences : aller à l'université de Nice
Il voudrait aller à l'université de Nice.
Les préférences de ses parents : aller à l'université de Lille
Ils voudraient qu'il aille à l'université de Lille.

Ses préférences	Les préférences de ses parents
1. louer un appartement	1. habiter dans une résidence universitaire
2. acheter une moto	2. utiliser son vieux vélo
3. apprendre à conduire	3. apprendre à jouer du piano
4. être musicien	4. être comptable
5. faire des études de médecine	5. faire des études de droit
6. sortir tous les soirs	6. sortir moins souvent
7. s'amuser	7. être plus sérieux
8. choisir des cours intéressants	8. suivre des cours plus pratiques

C. Iront-ils au concert ou non? Les Petitjean iront-ils au concert ou non? Il y a autant d'opinions que de personnes. Qu'est-ce que chaque personne dit? (Notez que certaines phrases prennent le subjonctif, d'autres prennent l'indicatif.)

MODÈLES   je crois
Je crois qu'ils iront au concert.
ou :   je ne crois pas
Je ne crois pas qu'ils aillent au concert.

1. je doute
2. je voudrais
3. j'espère
4. je suis sûr(e)
5. je ne suis pas sûr(e)
6. je ne crois pas
7. il vaudrait mieux
8. je crois

9. je suis content(e)
10. je ne pense pas
11. ce n'est pas sûr
12. je regrette
13. je pense
14. croyez-vous

Communication et vie pratique

Êtes-vous d'accord? Êtes-vous d'accord avec les opinions exprimées? Indiquez votre opinion en commençant la phrase avec **je crois, je suis sûr(e), je ne suis pas sûr(e),** ou **je doute,** etc.

EXEMPLES   On peut être à la fois riche et heureux.
            Je crois qu'on peut être à la fois riche et heureux.
   ou :   **Je doute (Je ne crois pas) qu'on puisse être riche et heureux.**

1. Les arts et la culture ont une place importante dans la vie des Américains.
2. Nous nous intéressons plus aux sports qu'à l'art.
3. Les femmes ont autant de talent artistique que les hommes.
4. Les jeunes sont bien préparés pour la vie.
5. Les parents donnent trop de liberté à leurs enfants.
6. Les valeurs traditionnelles sont en train de revenir.
7. Les journalistes disent toujours la vérité.
8. Les Français sont plus cultivés que les Américains.

 C'est votre tour. Vous essayez de réserver des places pour une série de concerts qui vont avoir lieu dans votre ville. Malheureusement, vous avez attendu un peu trop longtemps pour faire vos réservations. Essayez de trouver un jour où il y reste encore des places libres. Un(e) autre étudiant(e) va jouer le rôle de l'employé(e). Utilisez la **Situation** comme guide.

Exploration 3

POUR PRÉCISER LA PERSONNE OU L'OBJET DONT IL S'AGIT

Les pronoms démonstratifs

SITUATION   *Françoise et Christophe ont un peu de difficulté à communiquer. Ils parlent de*
Confusion   *certaines reproductions. Mais de quelles reproductions s'agit-il?*

FRANÇOISE   Qu'est-ce que tu penses de mes nouvelles reproductions?

CHRISTOPHE   Quelles reproductions? Celles que tu as achetées à la galerie d'art?

FRANÇOISE	Non, celles que mon cousin m'a envoyées.
CHRISTOPHE	Quel cousin? Celui de Lyon ou celui de Dijon?
FRANÇOISE	Mais non! Celui dont je t'ai parlé. Tu sais, celui qui est peintre.
CHRISTOPHE	Ah oui! Je me souviens! Ses tableaux ressemblent à ceux de Monet.
FRANÇOISE	Mais non! Tu n'y connais rien! Son style ressemble beaucoup plus à celui de Pissarro qu'à celui de Monet.

---

reproductions *prints* **s'agit-il?** *is it about?* **celles** *those*
envoyées *sent* **celui** *the one* **ceux** *those* **Tu n'y connais rien!**
You don't know anything about it!

Avez-vous bien compris?

Répondez aux questions suivantes.

1. De quelles reproductions est-ce que Françoise parle?
2. Quel cousin a envoyé ces reproductions à Françoise?
3. Comment sont les tableaux du cousin de Françoise?

Présentation

Demonstrative pronouns can replace nouns. They reflect the number and gender of the nouns they replace.

les pronoms démonstratifs			
	Masculine	*Feminine*	
Singular	celui	celle	*the one, this one, that one*
Plural	ceux	celles	*the ones, these, those*

Demonstrative pronouns cannot stand alone.

A. Demonstrative pronouns can be followed by prepositional phrases.

À mon avis, les meilleures peintures sont **celles** des impressionnistes.	*In my opinion, the best paintings are those of the Impressionists.*
Les vêtements de Monoprix sont moins chers que **ceux** des Galeries Lafayette.	*Monoprix's clothes are less expensive than those of Galeries Lafayette.*
Il prend l'avion pour Nice, et moi je prends **celui** pour Lyon.	*He's taking the plane for Nice and I'm taking the one for Lyons.*

The preposition **de** used with a demonstrative pronoun frequently indicates possession.

—À qui est cette affiche? —*Whose poster is this?*
—C'est **celle de** Jacques. —*It's Jack's.*
Cet appareil-photo est meilleur que *This camera is better than*
  celui d'Anne. *Anne's.*

B. Demonstrative pronouns can be followed by relative pronouns.

Quel tableau voulez-vous? Je *Which painting do you want? I*
  préfère **celui qui** coûte le *prefer the one that costs the*
  moins cher. *least.*
Je préfère cette affiche à **celle** *I prefer this poster to the one*
  que Paul a achetée. *that Paul bought.*

C. Demonstrative pronouns can be used with the suffixes **-ci** and **-là**.

Je ne sais pas quel dessin choisir. *I don't know which drawing to*
  Celui-ci est moins cher, mais *choose. This one is less*
  celui-là est plus joli. *expensive, but that one is*
  prettier.

D. **Cela** *(that)* and the more informal **ça** *(that)* are used to refer to ideas or unspecified things rather than to specifically named items. Thus, they do not indicate gender and number.

Je ne comprends pas **cela**. *I don't understand that.*
Ça, c'est formidable! *That's great!*
Ça ne veut rien dire. *That doesn't mean anything.*
Ça alors! *Really! (You've got to be kidding!)*
C'est **ça**. *That's it.*

Préparation

A. **Contradictions.** Jeannette et Paul ont des goûts très différents. Chaque fois que Jeannette donne son opinion sur quelque chose, Paul est de l'opinion opposée.

MODÈLE —Cette reproduction est très jolie.
  —**Ah non, celle-ci est beaucoup plus jolie.**

1. Cette exposition est très bien organisée.
2. Ce peintre est très célèbre.
3. Ces tableaux sont intéressants.
4. Ces photos sont très belles.
5. Cet article est passionnant.
6. Cette affiche est amusante.
7. Cette danseuse a beaucoup de talent.
8. Ce château est très beau.

B. **La nostalgie du bon vieux temps.** Il y a des gens — même des personnes assez jeunes — qui pensent toujours que le passé était bien plus agréable que le présent. Honoré Regret est une de ces personnes. Qu'est-ce qu'il dit?

MODÈLES Je n'aime pas ma nouvelle maison. (la maison où nous habitions autrefois)
J'aimais mieux celle où nous habitions autrefois.

ou : Je n'aime pas ma nouvelle maison. (la maison de mes parents)
J'aimais mieux celle de mes parents.

1. Je n'aime pas la musique qu'on entend à la radio. (la musique qu'on entendait autrefois)
2. Je n'aime pas les vêtements d'aujourd'hui. (les vêtements qu'on portait quand j'étais jeune)
3. Je n'aime pas les jeux qu'on joue aujourd'hui. (les jeux de mon enfance)
4. Je n'aime pas les cours que je suis ce trimestre. (les cours que je suivais le trimestre passé)
5. Je n'aime pas mes professeurs. (les professeurs que j'avais au lycée)
6. Je n'aime pas la mode d'aujourd'hui. (la mode d'il y a dix ans)
7. Je n'aime pas ma nouvelle chambre. (la chambre où j'habitais l'année dernière)
8. Je n'aime pas les derniers tableaux de Picasso. (les tableaux de la période bleue)
9. Je n'aime pas mon nouveau camarade de chambre. (le camarade de chambre que j'avais l'année dernière)

Communication et vie pratique

Préférences. Posez les questions suivantes à d'autres étudiants ou répondez-y vous-même.

1. Quels romans préférez-vous? Les romans d'aventure ou ceux de science-fiction?
2. Quelles chansons françaises préférez-vous? Les chansons de Johnny Halliday ou celles d'Édith Piaf?
3. Quelle peinture aimez-vous le mieux? La peinture des impressionnistes ou celle des cubistes?
4. Quels types de musées préférez-vous? Ceux où il y a seulement des tableaux ou ceux où on peut voir toutes sortes d'objets d'art?
5. Préférez-vous les sculptures d'Auguste Rodin ou celles d'Henry Moore?

C'est votre tour. Il y a beaucoup de rivalité entre les Dupont et les Dartoux. Chaque fois que les Dupont parlent de quelque chose qui leur appartient ou de quelqu'un qu'ils connaissent (**Nos amis ont une magnifique maison à la campagne**), les Dartoux ont quelque chose de plus intéressant, de plus amu-

sant (Celle de nos amis est très belle aussi et elle est située au bord de la mer),
etc. Et bien sûr, les Dupont répondent de la même façon. Imaginez leur
conversation.

Intégration et perspectives

Comment va le cinéma français?

Si vous me demandiez comment va le cinéma français, je vous répondrais qu'il
va très bien, merci. Bien sûr, vous me diriez qu'on ne va plus guère au cinéma,
que les gens se contentent de regarder la télévision confortablement installés
dans leur fauteuil, que le cinéma connaît depuis les années 60 une crise longue
et difficile.

Vous auriez en partie raison. Mais je vous ferais remarquer qu'on tourne
plus de films en France qu'aux États-Unis et que quatre milliards de spectateurs par an, ce n'est pas si mal que ça.

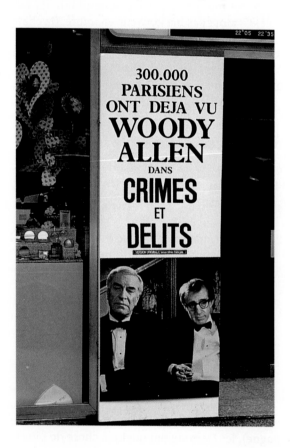

Vous me demanderiez alors où sont tous ces spectateurs et pourquoi les salles sont souvent à moitié vides. Il faut que je reconnaisse qu'il y a de moins en moins de gens qui fréquentent les salles de cinéma. Mais cela ne veut pas dire que les Français ne s'intéressent plus au cinéma. S'ils ne s'y intéressaient pas, pourquoi y aurait-il quinze millions de téléspectateurs qui chaque dimanche soir s'installent devant leur télévision pour regarder un film? La vérité est que les Français vont au cinéma, qu'ils y vont souvent, et qu'ils aiment ça, mais la plupart préfèrent voir les films chez eux!

Voici leurs réponses aux questions qu'on leur a posées au cours d'un récent sondage.

1. Allez-vous au cinéma...

plusieurs fois par semaine?	2,2%
une fois par semaine?	10,7
une fois par mois?	34
moins souvent?	51,3
sans réponse	1,7

2. Parmi les genres de films suivants, quels sont...

	ceux que vous préférez?	ceux que vous détestez?
Les films comiques	40,3%	5,2%
Les films policiers	29,5	7,5
Les films de science-fiction	23,9	25,9
Les films d'aventure	23,9	1,8
Les comédies dramatiques	17,7	17,2
Les grands classiques	17,0	12,6
Les westerns	15,3	19,3
Les dessins animés	13,9	5,0
Les comédies musicales	13,6	21,8
Les films à grand spectacle	12,2	11,8
Les films historiques	11,7	10,8
Les films politiques	10,3	27,8
Les films X	2,6	46
Sans réponse	0,8	

3. Préférez-vous voir les films étrangers...

en version originale avec sous-titres?	23,0%
en version française?	68,3
pas de préférence	7,3
sans réponse	1,4

4. Comment choisissez-vous les films que vous allez voir? Qu'est-ce qui vous influence le plus dans vos choix?

Le sujet du film	48,7%
La vedette	39,3
Les commentaires de vos amis	37,5
Les critiques des journaux	24,0
Les émissions à la télévision	6,8
Le metteur en scène	15,1
L'affiche	13,4
Le titre	10,1
La proximité de la salle	9,7
Les prix obtenus par le film	3,1
Sans raison	7,9
Sans réponse	2,8

Inspiré d'un article de *L'Express*.

---

ne... plus guère *hardly anymore*   **tourne** *shoot (film)*   **milliards**
billions   **à moitié vide** *half empty*   **sous-titres** *subtitles*   **metteur**
en scène *director*   **prix** *awards*

Avez-vous bien compris?

A. Répondez aux questions suivantes selon les renseignements donnés dans le texte.

1. Est-ce que l'auteur pense que le cinéma français est en assez bonne santé ou qu'il est très malade?
2. Où est-ce qu'on tourne le plus de films chaque année, en France ou aux États-Unis?
3. Est-ce que les Français fréquentent beaucoup les salles de cinéma?
4. Comment font-ils pour voir les films qui les intéressent?
5. Qu'est-ce que beaucoup de Français font le dimanche soir?
6. Quel genre de film les Français préfèrent-ils?
7. Et quels sont les films qu'ils aiment le moins?
8. Est-ce qu'ils préfèrent voir les films étrangers en version française ou en version originale avec sous-titres?
9. Qu'est-ce qui les influence le plus dans leur choix d'un film?

B. Et vous, aimez-vous le cinéma? Répondez vous-même aux questions du sondage. Ensuite, comparez vos réponses à celles des autres étudiants ou bien à celles des Français.

Notes culturelles ✤ ✤ ✤ ✤ ✤ ✤ ✤ ✤

Le cinéma français

*L*a France a toujours joué un rôle important dans l'histoire du cinéma, aussi appelé «le septième art». Cette histoire a commencé en 1895 quand Louis Lumière a présenté ses premières projections animées à une assemblée de 120 personnes. C'est seulement deux ans plus tard que Georges Méliès a construit le premier studio du monde et a commencé à inventer des truquages. À partir de ce moment-là, la vogue du cinéma s'est répandue dans le monde entier.

L'hôtel Carlton, centre du festival de Cannes.

Les Français moyens sont loin d'être tous des cinéphiles. Beaucoup vont au cinéma surtout pour se distraire, et un grand nombre d'entre eux préfèrent rester à la maison pour regarder la télévision. Mais il existe aussi un assez large public bien informé qui recherche la qualité. Les ciné-clubs, groupés en sept fédérations nationales, contribuent beaucoup à éduquer le public et attirent chaque année cinq millions de spectateurs. Les critiques des films occupent une place importante dans les principales revues françaises et il existe plusieurs revues spécialisées telles que *Les Cahiers du cinéma*.

---

truquages *special effects*   **s'est répandue** *spread*

Communication et vie pratique

A. **Testez vos connaissances.** Pouvez-vous répondre aux questions suivantes? Sinon, consultez les réponses à la fin du test.[2]

1. Parmi les trois architectes français suivants, quel est celui qui a dessiné les plans de la ville de Washington?
   a. Le Corbusier   b. Pierre L'Enfant   c. André Le Nôtre

2. Parmi les peintres suivants, quel est celui qui est considéré comme le plus représentatif de l'école impressionniste?
   a. Auguste Renoir   b. Eugène Delacroix   c. Bernard Buffet

3. C'est un musicien du début du vingtième siècle dont l'œuvre la plus connue est le *Boléro*. Qui est-ce?
   a. Pierre Boulez   b. Camille Saint-Saëns   c. Maurice Ravel

4. Auteur de la célèbre phrase «Une rose est une rose est une rose est une rose», cette femme de lettres américaine a passé une grande partie de sa vie en France où elle a connu et encouragé les artistes de son temps. Qui est-ce?
   a. Mary Cassatt   b. Gertrude Stein   c. Virginia Woolf

5. Parmi les trois artistes suivants, quel est celui qui a peint le tableau intitulé *Guernica?*
   a. Édouard Manet   b. Paul Gauguin   c. Pablo Picasso

6. Cet auteur d'origine roumaine est un des principaux représentants du théâtre de l'absurde. Qui est-ce?
   a. Jean Cocteau   b. Jean Anouilh   c. Eugène Ionesco

7. Il est généralement considéré comme un des plus grands poètes de l'époque romantique. Qui est-ce?
   a. Victor Hugo   b. Jean de La Fontaine
   c. Pierre de Ronsard

8. Parmi les trois villes suivantes, quelle est celle où il y a chaque année un festival d'art dramatique qui attire des jeunes du monde entier?
   a. Avignon   b. Cannes   c. Strasbourg

9. Un des trois peintres suivants a décoré l'Opéra de Paris et celui de New York. Qui est-ce?
   a. Henri Matisse   b. Marc Chagall   c. Vincent Van Gogh

10. Auteur de nombreux livres, cette femme a aussi écrit des scénarios de films et mis en scène ses propres films. Qui est-ce?
    a. Simone de Beauvoir   b. Marguerite Duras
    c. George Sand

B. **Votre culture.** Chaque pays et même chaque génération a sa propre culture. Pensez aux artistes et aux œuvres que les gens de votre génération connaissent et apprécient et composez un petit test culturel que vous présenterez au reste de la classe (ou à votre professeur).

---

[2] Réponses : 1. b; 2. a; 3. c; 4. b; 5. c; 6. c; 7. a; 8. a; 9. b; 10. b

C. **Une soirée musicale.** Choisissez parmi les spectacles et concerts suivants ceux que vous aimeriez aller voir. Pour commencer, choisissez au moins cinq endroits qui seraient des choix possibles pour vous. Ensuite, avec un groupe d'étudiants, décidez (en respectant les préférences respectives des étudiants de votre groupe) où vous allez passer la soirée ensemble.

EXEMPLE   Moi, je voudrais aller écouter «Un soir de fête aux Antilles» parce que je ne connais pas du tout la musique créole et je voudrais bien avoir l'occasion d'en écouter un peu. Qu'est-ce que vous en pensez?

MUSIQUE

GENEVIEVE ET BERNARD PICAVET, pianos. Œuvres de Chopin, Brahms, Herz, Lefebure, Wely. 19h30. **Lucernaire Forum.** Pl : 20 et 30 F.
MARIANNE CLEMENT, flûte avec **Raul Sanchez,** guitare. Œuvres de Bach, Haendel. 17h45. **Conciergerie du Palais.** Pl : 30 F. Etud : 15 F.

SAINTE CHAPELLE
FESTIVAL DE MUSIQUE SACREE
9 CONCERTS
du 29 mars au 7 avril
Voir calendrier
Loc. sur place   278.67.46
Tous les jours (10h à 18h)   887.12.41

ENSEMBLE DE CORDES ET PERCUSSIONS. Avec **Georges Schmitt,** flûte de pan. Œuvres de Bach, Vivaldi. 21h. **Eglise Saint-Germain-des-Près.** Pl : 20 à 50 F.
EAST RIDGE HIGH SCHOOL VARSITY CHORUS. 33 chanteurs et musiciens. Madrigaux et négro-spirituals. 16h. **Kiosque à musique du jardin du Luxembourg.** Entrée libre.
PREMIERE RENCONTRE INTERNATIONALE D'ORCHESTRES DE JEUNES. Dir. **Alfred Loewenguth.** Concerts symphoniques d'orchestres français et étrangers. De 10h à 18h. **Parc Floral de Vincennes.** Entrée libre.
LINETTE DALMASSO, chanteuse-accordéoniste dans « écologiste et c'est pas triste ». Dimanche 6 à 21h. **Point Virgule,** 7, rue Ste-Croix-de-la-Bretonnerie (M° Hôtel-de-Ville). Pl : 30 F. Etud : 25 F.

20h30 : DINER au Rythme des ANTILLES avec le Trio Créole
22h30 : Orchestre et Attractions
LA CANNE A SUCRE
4, rue St-Beuve - 222.23.25
F. Dim. et Lun.

CLUB DES POÈTES
JEAN-PIERRE ROSNAY
POEMES DITS, POEMES CHANTES
2 spect. 22h15 et 23h30 (f. dim. et lun.)
30, rue de BOURGOGNE - 705.06.03

LA LOUISIANE, 176, rue Montmartre. 236.58.98. Déj. Dîn. soupers. Jazz New-Orléans. En alternance : **Maxime Saury, Christian Morin** ou **High Society Jazz Band.**
RIVER BOP, 67, rue Saint-André-des-Arts (M° Saint-Michel). 325.93.71. Tls sf Dim et Lun. A 22h : **Aldo Romano** en quintette. Avec Philippe Petit, Dominique Bertram, Patrick Gauthier, Jean-Pierre Fouquev, Benoît Wideman.
CLUB SALSA LATINE (à la Talmouse), 1, rue Laplace (5°). M° Panthéon. 326.29.83. Tls de 21h30 à 2h mat. Orchestre tropical.

SLOW·CLUB
130, rue de Rivoli 233.84.30
LA CELEBRE CAVE DE JAZZ
T.l.j. 21h30 à 2h du matin
Du mardi au vendredi
CLAUDE LUTER
Le samedi **RENE FRANC**
et son orchestre
Fermé dimanche et lundi

D. **En direct d'Amérique...**   Seul(e) ou avec un groupe d'étudiants, préparez une émission spéciale d'environ deux heures pour une station de radio française. Le but de ce programme est de donner aux Français une idée de ce que c'est que la musique américaine. Préparez un programme aussi varié que possible et avec un grand choix de chanteurs, de groupes et de genres différents. Expliquez les choix que vous avez faits.

EXEMPLE 7 h 00–7 h 30 Concert George Gershwin
De sept heures à sept heures et demie, nous allons présenter quelques morceaux de George Gershwin. C'est un des compositeurs américains les plus célèbres.

INVITATION À ÉCOUTER

Une exposition. Vous écoutez un guide parler de l'œuvre d'Henri Matisse à une exposition d'art moderne français. Écoutez ce que le guide dit et ensuite répondez aux questions suivantes.

1. Qui était Henri Matisse?
2. Quand est-il né et quand est-il mort?
3. Au début, quelle sorte d'études a-t-il faites?
4. Quand a-t-il commencé à étudier la peinture?
5. Chez quels artistes a-t-il appris à employer des couleurs pures et vives?
6. Quels thèmes trouve-t-on dans ses tableaux?
7. Quelle est la différence entre les tableaux du début de sa carrière et ceux de la fin de sa carrière?

Henri Matisse, *Portrait de Madame Matisse,* 1912. Musée de l'Hermitage, Leningrad. Scala/Art Resource, NY.

Henri Matisse, *La Tristesse du roi,* 1952 (gouache sur toile). Musée National d'Art Moderne, Paris. Giraudon/Art Resource, NY.

VOCABULAIRE

Noms

les instruments de musique (voir p. 366)

l'**agenda** (m)	*appointment book*
l'**appareil-photo** (m)	*camera*
le **cinéphile**	*movie fan*
le **dessinateur,** la **dessinatrice**	*cartoonist*
la **dissertation**	*term paper*
l'**endroit** (m)	*place*
l'**époque** (f)	*epoch, era*
le **metteur en scène**	*director*
le **milliard**	*billion*
la **place**	*seat*
le **prix**	*award, prize, price*
le **récital**	*recital, performance*
le **sous-titre**	*subtitle*
la **version**	*version*

Adjectifs

intitulé(e)	*entitled*
moyen	*average*
vide	*empty*

Verbes

s'agir de	*to be a question of*
composer	*to compose*
faire remarquer	*to point out*
fréquenter	*to frequent, to go to often*
peindre	*to paint*
ressembler à	*to resemble*
retenir	*to reserve, to hold, to retain*
sculpter	*to sculpt, to carve*
tourner	*to shoot (a movie)*

Divers

à moitié	*half*
autrement	*otherwise, differently*
bien que	*although*
ça en vaut la peine	*it's worth the effort*
celui, celle, ceux, celles	*this one, that one, these, those*
c'est dommage, il est dommage	*it's a pity, it's too bad*
quand même	*just the same*
tel(le) que	*such as*

Chapitre 18

Vivre en France

La Chambre des Députés

Dans ce chapitre vous allez apprendre à...

Parler des devoirs et des responsabilités des citoyens

1. Parler des personnes et des objets non spécifiés

2. Dire comment on fait les choses

3. Parler de l'avenir

Vocabulaire et structures

Mise en train : La vie en société et les règles qu'il faut observer

Les pronoms indéfinis

Les adverbes

Le futur antérieur

Mise en train

LA VIE EN SOCIÉTÉ ET LES RÈGLES QU'IL FAUT OBSERVER

On nous dit ce qu'il faut faire ou ne pas faire...

dans les bâtiments publics

dans la rue

dans les parcs et sur les propriétés privées

Obligations, interdictions et pénalités

Il faut...
obéir aux lois
faire son service national
payer ses impôts
voter
être au courant de ce qui se passe (to stay informed)
respecter le code de la route

Il ne faut pas...
commettre un crime
dépasser la limite de vitesse
jeter des ordures (to litter)
stationner où c'est interdit

On risque d(e)...
recevoir[1] une contravention
payer une amende (fine)
être arrêté(e) par les gendarmes
aller en prison

Communication et vie pratique

A. Prière de répondre. Parmi les messages présentés dans la **Mise en train**, quels sont ceux qu'on peut voir...

sur une autoroute
dans une pièce
sur le mur d'un bâtiment

sur une porte
dans la rue
dans un train ou dans un autobus

---

[1] Recevoir is an irregular verb whose present-tense forms are: **je reçois, tu reçois, il / elle / on reçoit, nous recevons, vous recevez, ils / elles reçoivent.** Passé composé : **j'ai reçu**, etc.; future: **je recevrai**, etc.; subjunctive: **que je reçoive, que nous recevions.**

B. **Opinions.** Quelle est votre opinion sur chacun des points suivants?

1. Les lois : Êtes-vous satisfait(e) des lois que nous avons dans ce pays? Y en a-t-il qu'il faudrait changer? Si oui, quelles lois et pourquoi?
2. Le service militaire : Êtes-vous pour ou contre le service militaire pour les hommes? Et pour les femmes? Que pensez-vous des objecteurs de conscience? Que pensez-vous des alternatives civiles au service militaire (comme le Corps de la Paix)?
3. L'information : Est-ce que vous êtes au courant de ce qui se passe dans votre ville? Dans votre état? Dans votre pays? Dans le monde?

C'est votre tour. Imaginez que des amis français — joués par d'autres étudiants — visitent les États-Unis et vous demandent ce que veulent dire les différents messages qu'ils observent dans des lieux publics (que veut dire «*no pets*», par exemple). Répondez à leurs questions.

Exploration 1

POUR PARLER DES PERSONNES ET DES OBJETS NON SPÉCIFIÉS

Les pronoms indéfinis

SITUATION
Un cambriolage

En rentrant de vacances, les Perretti ont eu la surprise de découvrir que leur maison a été cambriolée pendant leur absence. Ils parlent avec leurs voisins, les Darmon.

MME PERRETTI	Est-ce que vous avez vu ou entendu quelque chose de suspect?
M. DARMON	Non, nous n'avons rien entendu et nous n'avons vu personne. Au fait, qu'est-ce qu'on vous a volé?
MME DARMON	Rien de très important. Notre télé et quelques-uns de mes bijoux.
M. PERRETTI	Et les gendarmes n'ont aucun suspect?
MME DARMON	Non, aucun.

cambriolage *burglary*   **Au fait** *By the way*   **volé** *stolen*   **quelques-uns** *a few*   **bijoux** *pieces of jewelry*

Avez-vous bien compris?

Répondez aux questions suivantes.

1. Qu'est-ce qui s'est passé chez les Perretti pendant leurs vacances?
2. Est-ce que leurs voisins ont remarqué quelque chose de suspect?
3. Qu'est-ce que les cambrioleurs ont volé?

Présentation

A. Indefinite pronouns are used when there is not a specific person or thing being referred to.

Affirmative		Negative	
quelqu'un	*someone*	personne	*no one*
quelque chose	*something*	rien	*nothing*
quelque part	*somewhere*	nulle part	*nowhere*

—Avez-vous rencontré **quelqu'un**?
—Non, je **n'**ai rencontré **personne**.

To modify indefinite pronouns with adjectives, add **de** plus the adjective. **Autre** *(else)* is often used in this pattern.

Nous avons fait la connaissance de **quelqu'un d'intéressant.**
Nous ne savons **rien d'autre** à ce sujet.

B. Some indefinite pronouns can refer to people or things.

quelques-un(e)s	*some, a few*
plusieurs	*several*
un(e) autre, d'autres	*another one, others*
certain(e)s	*certain ones, some*
chacun(e)	*each one*

Nous avons visité **quelques-unes** de ces villes.
Parmi les restaurants de cette ville, **plusieurs** sont excellents.

The pronoun **en** can be used with these indefinite pronouns when they are direct objects.

—Est-ce qu'elles ont gagné **plusieurs** matchs?
—Oui, elles **en** ont gagné **plusieurs.**

—Est-ce que tu as entendu **quelques-unes** de ces histoires?
—Oui, j'**en** ai entendu **quelques-unes.**

C. Aucun(e) *(not any, no)* is a negative counterpart of **chacun(e), plusieurs, quelques-un(e)s,** and **certain(e)s.** It is usually used with **ne.**

J'ai envoyé plusieurs lettres, mais je **n'en** ai reçu **aucune.**
Aucun de mes amis **n'a** assisté à cette réunion.

Préparation

A. La passion de la généalogie. Deux amis parlent de leurs recherches généalogiques et de ce qu'ils ont appris à propos de leurs ancêtres. Qu'est-ce qu'ils disent?

> MODÈLE   Est-ce que vous avez trouvé des documents qui étaient intéressants? (oui, quelques-uns)
> **Oui, j'en ai trouvé quelques-uns.**

1. Est-ce que vous avez des ancêtres français? (oui, plusieurs)
2. Est-ce que vous avez des ancêtres célèbres? (non, aucun)
3. Est-ce que vous avez des cousins qui habitent en Louisiane? (oui, quelques-uns)
4. Est-ce qu'il y a quelqu'un d'autre qui s'intéresse à l'histoire de votre famille? (non, personne)
5. Est-ce que vous avez trouvé quelque chose d'intéressant dans vos recherches? (non, rien)

B. Tout le monde n'est pas dans la même situation. Jean-Luc est de mauvaise humeur et il a l'impression que tout le monde est contre lui. Son amie Catherine, par contre, est de très bonne humeur et tout va bien pour elle. Donnez les réponses de Catherine.

MODÈLE Je n'ai rencontré personne d'intéressant hier.
        Moi, j'ai rencontré quelqu'un d'intéressant.

1. Je n'ai rien mangé de bon au restaurant universitaire.
2. Personne ne m'a téléphoné ce matin.
3. Je n'ai rien vu de nouveau.
4. Rien d'intéressant ne m'est arrivé hier.
5. Je n'ai rien acheté de nouveau en ville.
6. Je n'ai rien d'autre à te dire.
7. Je n'ai écrit aucune lettre cette semaine.
8. Aucun de mes amis n'est venu me voir.

Communication et vie pratique

Questions / interview. Répondez aux questions suivantes ou utilisez-les pour interviewer un(e) autre étudiant(e).

1. Est-ce que tu as téléphoné à quelqu'un hier soir? Est-ce que quelqu'un t'a téléphoné?
2. Est-ce que tu as fait quelque chose d'intéressant pendant le week-end?
3. Est-ce que quelques-uns de tes amis ont déjà voyagé en Europe? Si oui, quels pays ont-ils visités?
4. Est-ce que tu aimes travailler avec quelqu'un d'autre ou est-ce que tu préfères travailler seul(e)?
5. Est-ce que tu as fait la connaissance de quelqu'un d'intéressant récemment?
6. Est-ce que quelque chose d'amusant t'est arrivé cette semaine?
7. Est-ce que tu connais bien chacun de tes professeurs?

 C'est votre tour. Un appartement de votre quartier a été cambriolé. Vous parlez avec des voisins, joués par d'autres étudiants, mais personne n'a rien remarqué de suspect. Imaginez les conversations. Utilisez la **Situation** comme guide.

Exploration 2

POUR DIRE COMMENT ON FAIT LES CHOSES

Les adverbes

SITUATION
Comment ça finit?

Bernadette a manqué le dernier épisode d'une série policière. Elle demande à François comment finit l'histoire.

BERNADETTE Qu'est-ce qui s'est passé finalement? Dis-moi comment finit l'histoire.

FRANÇOIS Comme toutes les histoires policières! Franchement, j'ai été un peu déçu.

BERNADETTE Oui, mais qui est le coupable?

FRANÇOIS Denise de Beauchemin, la nièce de la vieille dame.

BERNADETTE Vraiment? C'est Denise qui...? Ah ça, alors! Je suis bien surprise.

FRANÇOIS Qui est-ce que tu soupçonnais?

BERNADETTE Le jardinier évidemment!

Franchement *Frankly* **déçu** *disappointed* **soupçonnais** *suspected* **évidemment** *of course*

Avez-vous bien compris?

Répondez aux questions suivantes.

1. De quelle sorte d'émission est-ce que François et Bernadette parlent?
2. Comment finit cette histoire?
3. Qui est le coupable?

Présentation

Many adverbs are formed by adding **-ment** to an adjective (just as *-ly* is often added in English).

A. Add **-ment** to the feminine singular form of most adjectives ending in a consonant.

parfait, parfaite   parfaitement
impulsif, impulsive   impulsivement
heureux, heureuse   heureusement
premier, première   premièrement

B. Add **-ment** to the masculine singular form of any adjective that ends in a vowel.

sincère   sincèrement
vrai   vraiment
poli   poliment

C. If the masculine singular form of an adjective ends in **-ent** or **-ant**, replace it with **-emment** or **-amment** to form the adverb.

patient   patiemment
intelligent   intelligemment
constant   constamment

D. Many common adverbs that you already know are not formed from adjectives.

Adverbes de temps :   aujourd'hui, demain, hier, déjà, pas
                           encore, etc.
Adverbes de fréquence :   quelquefois, souvent, toujours, etc.
Adverbes de quantité :   peu, assez, beaucoup, etc.
Adverbes de manière :   bien, mal, vite, dur (*hard*)
Adverbes de lieu :   partout, là-bas (*over there*)

E. Adverbs usually follow one-word verbs.

Michel! Ne parle pas **constamment!**
Jacqueline attendait **patiemment** la fin de la classe.

In compound tenses, short adverbs usually come between the auxiliary verb and the past participle, but **-ment** adverbs often follow the past participle.

Il a **déjà** fini ses devoirs.
Marc a répondu **impulsivement.**

Adverbs of time are usually placed at the beginning or end of a sentence.

Hier, un de mes amis a eu un accident.
Solange n'arrivera pas **aujourd'hui.**

Préparation

Un hold-up. Un témoin (*witness*) est interrogé par la police. Qu'est-ce qu'il répond aux questions des policiers?

MODÈLE   Quand ce hold-up a-t-il eu lieu? (hier)
          Il a eu lieu hier.

1. Est-ce que vous avez observé l'incident? (oui... bien)
2. Est-ce que la victime a résisté? (oui... courageusement)
3. Est-ce que vous avez déjà parlé avec d'autres témoins? (non... pas encore)

4. Est-ce qu'il y a des crimes dans votre quartier? (oui... souvent)
5. Est-ce que vous avez téléphoné à la police? (oui... vite)
6. Quand est-ce que les agents sont arrivés? (immédiatement)
7. Où est le criminel maintenant? (là-bas)
8. Êtes-vous certain? (oui... absolument)

Communication et vie pratique

A. **La vie d'un(e) étudiant(e).** La vie d'un(e) étudiant(e) n'est pas toujours facile. Décrivez quelques-uns de vos problèmes et utilisez beaucoup d'adverbes.

> EXEMPLE **Mes camarades de chambre parlent constamment au téléphone.**

B. **Descriptions.** Décrivez une personne que vous connaissez. Parlez de la personnalité de cet individu (par exemple, **elle est généralement optimiste**) aussi bien que sa façon d'agir (**il marche très vite et il est toujours pressé; il s'habille très bien,** etc.). Si vous préférez, vous pouvez décrire une personne célèbre. Lisez votre description aux autres étudiants pour voir s'ils peuvent identifier la personne dont vous parlez.

 C'est votre tour. Imaginez que vous avez été témoin d'un incident sur votre campus (**quelqu'un a volé le sac à main d'une étudiante, un automobiliste a renversé un cycliste,** etc.). Faites une description des individus en question et de ce qui s'est passé (**la voiture allait trop vite,** par exemple). Les agents (joués par d'autres étudiants) vont vous interroger sur l'incident.

Exploration 3

POUR PARLER DE L'AVENIR

Le futur antérieur

SITUATION	*Jean-Marc part pour deux ans en Afrique pour faire son service national. Sa*
Le service national	*petite amie Annick se demande ce qui se passera pendant ce temps.*

JEAN-MARC   Écoute Annick, deux ans, ça passe vite. Ce n'est pas une éternité.

ANNICK   Oui, mais est-ce que tu auras encore envie de revenir ici quand tu auras fini ton service?

JEAN-MARC   Et toi, qui dit que tu ne m'oublieras pas dès que je serai parti?

ANNICK   D'ici deux ans, tu auras peut-être changé, et j'aurai peut-être changé aussi. Qui sait?

Avez-vous bien compris?

Répondez aux questions suivantes.

1. Où est-ce que Jean-Marc va faire son service et pendant combien de temps sera-t-il absent?
2. Selon Annick, qu'est-ce qui risque d'arriver pendant ce temps?
3. Et selon Jean-Marc, qu'est-ce qui est également possible?

Présentation

The future perfect tense is used to indicate that an action will have taken place prior to another future time *(We will have finished by noon. They will have eaten when we get home)*. It is therefore used most frequently in clauses beginning with **quand** *(when)*, **lorsque** *(when)*, **aussitôt que** *(as soon as)*, or **dès que** *(as soon as)*. It is formed by using the future of **avoir** or **être** plus the past participle.

le futur antérieur de *parler*	
j'aurai parlé	nous aurons parlé
tu auras parlé	vous aurez parlé
il / elle / on aura parlé	ils / elles auront parlé

le futur antérieur d'*aller*	
je serai allé(e)	nous serons allé(e)s
tu seras allé(e)	vous serez allé(e)(s)
il / elle / on sera allé(e)	ils / elles seront allé(e)s

Est-ce que vous **aurez fini** ce travail avant la fin de la semaine?
Téléphone-moi aussitôt que tu **seras rentré**.
Nous mangerons dès que vous vous **serez lavé** les mains.

Although the future or future perfect tense is not always used in English after conjunctions such as *when* or *as soon as,* in French the future or future perfect tense must be used to refer to future time. For example, **Je vous écrirai quand je serai rentré de vacances** might be expressed in English as *I'll write you when I return from vacation.*

Préparation

A. Quand... Emmanuel téléphone à des amis pour leur demander quand ils viendront chez lui. Que répondent-ils?

MODÈLE Quand est-ce que tu viendras? (finir mon travail)
Quand j'aurai fini mon travail.

1. faire le ménage
2. finir mes devoirs
3. écrire ma composition
4. se reposer un peu
5. préparer le dîner
6. manger quelque chose
7. changer de vêtements
8. laver ma voiture

B. Il faudra attendre un peu. Madame Ronchamps doit souvent rappeler à sa famille qu'on ne peut pas toujours avoir ce qu'on veut immédiatement. Qu'est-ce qu'elle dit?

MODÈLE Nous ne pouvons pas acheter une nouvelle voiture maintenant. Il faut d'abord que nous fassions des économies.
Nous achèterons une nouvelle voiture quand nous aurons fait des économies.

1. Tu ne peux pas sortir. Il faut d'abord que tu finisses ton travail.
2. Tu ne peux pas aller jouer. Il faut d'abord que tu fasses tes devoirs.
3. Je ne peux pas m'occuper de ça. Il faut d'abord que je prépare le dîner.
4. Vous ne pouvez pas commencer à manger. Il faut d'abord que vous vous laviez les mains.
5. Tu ne peux pas quitter la table. Il faut d'abord que tu boives ton lait.
6. L'électricien ne peut pas venir. Il faut d'abord qu'il finisse un autre travail.

C. Ne remettez pas à demain ce que vous pouvez faire aujourd'hui. Marianne a toujours une excuse pour remettre à plus tard *(put off until later)* les choses qu'elle doit faire. Donnez l'équivalent français des phrases qu'elle a prononcées.

1. I'll do my homework when I've finished reading this magazine.
2. As soon as you return, we'll talk about that.
3. I'll write you as soon as I arrive in Paris.
4. When I buy the book, I'll begin to study.
5. I'll go home when I finish my coffee.

Communication et vie pratique

A. Quand... Indiquez ce que vous ferez dans les situations suivantes. Vous pouvez répondre à ces questions ou les utiliser pour interviewer un(e) autre étudiant(e).

Lorsque tu auras fini tes études à l'université,...

1. Est-ce que tu reviendras quelquefois à l'université?
2. Est-ce que tu chercheras tout de suite un travail?

3. Est-ce que tu habiteras dans une petite ville ou dans une grande ville?
4. Est-ce que tu resteras en contact avec les amis que tu as maintenant?
5. Est-ce que tu continueras à t'intéresser aux compétitions sportives de ton université?

Quand tu seras rentré(e) chez toi ce soir,...

1. Est-ce que tu liras un bon livre ou est-ce que tu regarderas la télé?
2. Est-ce que tu mangeras tout de suite ou est-ce que tu attendras un peu?
3. Est-ce que tu feras immédiatement tes devoirs ou est-ce que tu les feras quand tu auras dîné?
4. Est-ce que tu écriras à tes parents ou est-ce que tu leur téléphoneras?

B. **Chaque chose en son temps.** Souvent, c'est seulement quand on a fini un projet, qu'on peut en commencer un autre. Dites quand vous ferez les choses suivantes.

EXEMPLE   aller en France
            J'irai en France dès que j'aurai fini mes études.

1. faire un voyage à l'étranger
2. prendre sa retraite
3. se marier
4. finir ses études
5. acheter une maison
6. aller en Europe

 C'est votre tour. Imaginez que vous venez de passer un an en France et vous devez maintenant retourner aux États-Unis. Vous dites au revoir à votre meilleur(e) ami(e) français(e) et vous parlez de l'avenir. Jouez la scène avec un(e) autre étudiant(e).

Intégration et perspectives

Les Français et les Américains

L'Express a interviewé Laurence Wylie, ancien professeur de civilisation française à Harvard et auteur de plusieurs livres sur les Français. Voici quelques-unes de ses conclusions.

LE REPORTER   Vous vous intéressez beaucoup à la communication non verbale, au langage du corps et des gestes. Qu'avez-vous découvert à notre sujet?

WYLIE   Beaucoup de choses. Parlons d'abord de l'aspect physique. Les Français peuvent reconnaître un Américain simplement à sa façon de marcher. Un Américain a besoin de plus d'espace qu'un Français. La démarche d'un Français est beaucoup plus contrôlée que celle d'un Américain. Le buste doit être droit, les épaules immobiles, les bras près du corps. D'ailleurs, ne dit-on pas toujours aux enfants «Tiens-toi droit!» «Ne traîne pas les pieds!»? Bien que votre éducation vous enseigne à ne pas faire de gestes, vous ne pouvez pas vous empêcher d'en faire pour amplifier l'effet de la parole. Mais ce sont essentiellement des gestes des mains et de l'avant-bras. Les Français expriment beaucoup avec leur bouche, le plus souvent arrondie, sans cesse en mouvement : le mépris (Peuh!), le doute (Bof!), l'admiration (Au poil!).

LE REPORTER   Parlez-nous de vos idées sur l'éducation des enfants français.

WYLIE   Je crois qu'il faut commencer par la famille. On a souvent dit que la famille était en train de se désintégrer. Je dirais exactement le contraire. Mais la différence est qu'elle repose aujourd'hui sur des liens plus affectifs, plus ouverts, moins autoritaires, mais tout aussi solides que dans le passé. Les familles françaises sont beaucoup plus unies que les familles américaines. Vous ne verriez pas aux États-Unis des mères et des filles se promener bras dessus, bras dessous. Ni des enfants qu'on tient par la main pour les conduire à l'école. Ni ces dimanches et ces vacances «en famille». Cette unité-là n'existe pas chez nous. Il y a en France un effort réel de compréhension des enfants alors qu'en Amérique on se contente généralement de les traiter comme des copains. Ce qui, en revanche, choque souvent les Américains, c'est le côté négatif de l'éducation des petits Français. La base de l'éducation française, c'est le «non» : «Non, on ne fait pas cela. Non, c'est dangereux. Non, ce n'est pas comme ça que ça se fait!» On empêche l'enfant de faire des erreurs, d'apprendre par lui-même. Chez nous, c'est le contraire : l'enfant est encouragé, stimulé : «C'est bien! Continue!» L'enfant américain est plus entreprenant. En revanche, il dépend davantage des autres. La méthode française a, bien sûr, des avantages. Elle forme des enfants plus riches intérieurement, des personnalités plus fortes, qui ne comptent que sur elles-mêmes.

LE REPORTER   Est-ce vrai aussi pour les adultes?

WYLIE   Dans une certaine mesure. Vous êtes habitués à vous protéger contre les autres. Vous entourez vos maisons d'un mur aussi haut que possible. Le soir, vous fermez vos volets. Ça se voit même dans le langage. Quand on demande à quelqu'un comment il va, il est fréquent qu'il réponde : «Je me défends.» Vous, Français, vous vivez à l'intérieur d'un système de cercles, chaque cercle étant entouré d'un mur : le cercle de la personnalité, le cercle de la famille, le cercle des amis, le cercle des relations du travail... Cette importance du cercle se traduit dans le langage. Le pronom «nous» s'applique à ceux qui sont à l'intérieur du cercle; le «ils» s'applique à tous ceux qui sont à l'extérieur. «Ils», c'est toujours «l'ennemi» — c'est-à-dire, «les autres». Ces cercles n'existent pas aux États-Unis. En Amérique on change d'amis et de relations quand on change de maison ou de travail. Prenez un cas typique : Un Américain rencontre un Français qui vient d'arriver aux États-Unis. Immédiatement, il l'invite à dîner chez lui. Le Français pense : «Comme les Américains sont ouverts et accueillants!» La semaine suivante, il reverra cet Américain qui ne le reconnaîtra peut-être pas. Ou il verra cet Américain tous les jours pendant deux ans et leurs relations resteront au même point. Les Français ne comprennent pas ça. En France, il est difficile de pénétrer dans un de ces cercles, mais une fois accepté, c'est pour la vie!

Extrait et adapté d'un article de *L'Express*

ancien *former*   démarche *gait, walk*   **Tiens-toi droit!** *Stand up straight!*   **traîne** *drag*   **éducation** *upbringing*   **parole** *spoken word*   **arrondie** *rounded*   **sans cesse** *constantly*   **mépris** *scorn*   **en train de** *in the process of*   **liens affectifs** *emotional ties*   **bras dessus, bras dessous** *arm-in-arm*   **alors que** *whereas*   **copains** *friends*   **en revanche** *on the other hand*   **entreprenant** *enterprising*   **davantage** *more*   **habitués** *accustomed*   **protéger** *protect*   **entourez** *surround*   **volets** *shutters*   **accueillants** *welcoming*

Avez-vous bien compris?

Répondez aux questions suivantes, selon les renseignements donnés dans le texte.

1. Selon Wylie, comment est-ce que les Français peuvent reconnaître un Américain dans la rue?
2. Quels changements récents Wylie a-t-il observés dans la structure de la famille française?
3. Selon Wylie, les familles françaises sont plus unies que les familles américaines. Donnez quelques exemples de cette unité.
4. En quoi l'éducation d'un petit Français est-elle différente de celle d'un petit Américain?
5. Quels sont les avantages de chaque système d'éducation?
6. Selon Wylie, les Français ont tendance à se protéger contre les autres. Donnez quelques exemples de cette attitude.
7. Décrivez le système de cercles qui existe dans la société française.
8. Les Américains sont assez ouverts et accueillants dès qu'ils font la connaissance de quelqu'un. En quoi les Français sont-ils différents?

Et vous?

1. À votre avis, quels sont les traits principaux du caractère américain?
2. Qu'est-ce que vous aimeriez changer dans la façon de vivre des Américains?
3. Quelles sont vos propres idées sur l'éducation des enfants?
4. Si un(e) Français(e) visitait les États-Unis pour la première fois, quelles observations pourrait-il (elle) faire au sujet du style de vie des Américains?

Notes culturelles ✤ ✤ ✤ ✤ ✤ ✤ ✤ ✤ ✤

Le peuple et le tempérament français

*C*omparée à la population américaine, la population française paraît très homogène et très stable. Il n'est pas rare, en effet, qu'une famille ait vécu pendant plusieurs siècles dans le même village et même quelquefois dans la même maison.

On ne peut cependant pas parler d'une «race» française car le peuple français est le résultat de l'assimilation de groupes ethniques très divers. En effet, la France étant située à la pointe occidentale de l'Europe, c'est là que les différentes migrations est-ouest se sont arrêtées. On peut donc dire que la France est le «melting pot» de l'Europe.

Aux temps préhistoriques, trois races différentes sont venues s'installer sur le sol français : (1) la race méditerranéenne composée de chasseurs et de nomades; (2) la race nordique dont les représentants sont grands et blonds; (3) la race alpine (les Celtes) composée surtout d'agriculteurs. Les Celtes qui se sont fixés sur le territoire français s'appelaient les Gaulois et leur pays, la Gaule.

Plus tard, d'autres invasions ont accentué encore la richesse ethnique et la variété de la population : les Romains au premier siècle avant J.-C.; les Francs, d'origine germanique, arrivés au cinquième siècle et qui ont donné leur nom à la France; les Normands, d'origine scandinave, au dixième siècle. Depuis un siècle, la France connaît de nouveau une importante immigration de travailleurs étrangers, surtout Nord-Africains et Italiens.

Parmi les noms «bien» français, on trouve donc de nombreux noms d'origine étrangère. Les noms français les plus communs représentent des traits physiques (Legrand, Petit, Leroux, Leblanc); des traits psychologiques (Lesage, Lefranc); ou des noms de lieux (Laforêt, Dubourg, Fontaine, Deschamps, Dumont).

Selon le *Nouveau Guide France* (Guy Michaud et Alain Kimmel, ©Hachette) le caractère français a deux composantes principales : le Français moyen qui est surtout un «sanguin» et le Parisien qui est surtout un «nerveux».

Le Français moyen
Il est...
jovial : C'est le type du bon vivant, souvent optimiste, amateur de bon vin et de bonne cuisine.
ingénieux : Il a le sens pratique; il sait se débrouiller. Il s'adapte facilement. Sa présence d'esprit en fait un brillant improvisateur.

sociable : Il est l'ami de tout le monde. Il se sent bien en compagnie.

Le Parisien
Il est...
insouciant : Son humeur est capricieuse et frivole. Il est assez bohème.

curieux : Ouvert à tout, il aime jouer et voir jouer. Il paraît toujours pressé mais il aime prendre son temps. Il aime suivre la mode ou même la précéder.
moqueur : Il a l'esprit vif et il est toujours prêt à se moquer de quelque chose — ou de lui-même. Il aime les jeux de mots. En France on dit encore que «le ridicule tue».

---

cependant *meanwhile* étant *being* sol *soil* avant J.-C. *before Christ* de nouveau *again* moyen *average* bon vivant *fun-loving* amateur *connoisseur* esprit *mind* tue *kills*

Communication et vie pratique

A. **Proverbes et dictons.** Bien que les proverbes et dictons *(sayings)* fassent partie de l'héritage culturel d'un peuple et bien qu'ils reflètent dans une certaine mesure l'identité d'un peuple, beaucoup représentent aussi une sorte de sagesse *(wisdom)* sans frontière.

Pouvez-vous donner l'équivalent américain des proverbes suivants ou en paraphraser le sens? Pouvez-vous les utiliser dans un petit dialogue qui en illustre le sens?

Quelques proverbes africains :
«Ne repoussez pas du pied la pirogue *(canoe)* qui vous a aidé à traverser.»

«Si tu élèves un serpent, c'est sur toi-même qu'il apprendra à mordre *(bite)*.»

«Tous ces coqs qui chantent, hier encore étaient des œufs.»

Quelques proverbes français :

«Les absents ont toujours tort.»

«Tel père, tel fils.»

«Petit à petit, l'oiseau fait son nid *(nest)*.»

«Qui se ressemble, s'assemble.»

«Loin des yeux, loin du cœur.»

«Comme on fait son lit, on se couche.»

«Il n'y a que la vérité qui blesse *(hurts)*.»

«Il n'y a que le premier pas *(step)* qui coûte.»

B. **Le français familier.** Dans la conversation de tous les jours les Français utilisent souvent des mots familiers. Pouvez-vous deviner *(guess)* d'après le contexte le sens des mots en italique dans les phrases suivantes?

1. Je viens d'acheter les *bouquins* dont j'ai besoin pour mon cours d'histoire. Ils étaient *vachement* chers : ça m'a coûté 150 *balles*. Maintenant je suis complètement *fauché* et mes parents ne m'enverront pas de *fric* avant la fin du mois.

2. Il faut que je fasse réparer ma *bagnole*. Il y a toutes sortes de *trucs* qui ne marchent pas dans le moteur. Heureusement, je connais un *mec* qui est mécanicien. C'est un de mes copains. Comme ça, ça ne coûtera pas trop cher.

3. Je vais passer mon *bac* l'année prochaine. Il va falloir que je *bosse* parce que je ne suis pas très *calé* en *philo*. Après ça, je ne sais pas si j'irai à l'université ou si je chercherai du *boulot*. J'aimerais bien travailler dans une agence de voyages.

4. Moi, j'ai *rudement* faim; je n'ai rien *bouffé* depuis ce matin. Il n'y avait plus rien dans le *frigo*. Vous n'avez pas envie d'aller *bouffer* quelque chose avec moi? Il y a un petit restaurant *vachement chouette* tout près d'ici. On pourrait y aller tous ensemble. Je connais le patron; vous verrez; il est *sympa*.[2]

C. **Tour d'horizon.** Vous voulez laisser pour les générations futures un document qui décrive les principaux aspects de la vie contemporaine. Comment allez-vous la décrire? Pourriez-vous aussi décrire quelques aspects de la vie en France ou dans d'autres pays francophones?

---

[2] **bouquins** = livres; **vachement** = très; **balles** = francs; **fauché** = sans argent; **fric** = argent; **bagnole** = voiture; **trucs** = choses; **mec** = homme; **bac** = baccalauréat; **bosse** = travaille; **calé** = fort; **philo** = philosophie; **boulot** = travail; **rudement** = très; **bouffé** = mangé; **frigo** = réfrigérateur; **bouffer** = manger; **vachement chouette** = très bien; **sympa** = sympathique.

INVITATION À ÉCOUTER

La vie en France. Vous allez écouter deux jeunes Français parler de la vie en France et de ce qu'ils attendent de la vie. Christian voudrait vivre dans une communauté urbaine et Marie-Hélène est fille de cultivateurs. Elle a quitté la ferme pour aller faire ses études en ville, mais maintenant, elle a décidé de revenir au village pour prendre la succession de son père. Écoutez ce qu'ils disent et ensuite répondez aux questions suivantes.

Christian

1. Qu'est-ce que les parents de Christian voulaient qu'il fasse?
2. Et lui, que veut-il faire dans la vie?
3. Pourquoi a-t-il décidé de vivre dans une ville plutôt qu'à la campagne?
4. Selon Christian, qu'est-ce qu'il faut apprendre à faire à l'avenir?

Marie-Hélène

1. Qu'est-ce que Marie-Hélène dit aux gens qui pensent qu'une femme ne peut pas s'occuper d'une ferme?
2. Pourquoi Marie-Hélène a-t-elle décidé de revenir à la ferme quand la plupart des autres jeunes quittent la campagne?
3. Selon elle, pourquoi est-ce que les jeunes quittent les fermes pour aller vivre en ville?
4. Pourquoi Marie-Hélène ne regrette-t-elle pas d'avoir fait des études?

VOCABULAIRE

Noms

l'amende (f)	fine
le cambriolage	burglary
le cercle	circle
le citoyen, la citoyenne	citizen
le contraire	opposite
la contravention	driving or parking ticket
le copain, la copine	friend
le, la coupable	guilty one
l'effet (m)	effect
l'enseignement (m)	teaching
l'esprit (m)	mind
la ferme	farm
le gendarme	policeman
les impôts (m)	taxes
l'intérieur (m)	interior, inside
la loi	law
le mépris	contempt
les ordures (f)	garbage
la parole	spoken word
la pelouse	lawn
la piste	trail
la prison	prison
le secours	help
le sens	direction
le service militaire	military service
le sol	soil
la sortie	exit
le témoin	witness
le tempérament	temperament
la vitesse	speed

Verbes

arrêter	to arrest
choquer	to shock
commettre	to commit
se défendre	to get along
définir	to define
dépasser	to exceed
entourer	to surround
frapper	to knock
insister	to insist, to stress
jeter	to throw
pousser	to push, to press
se promener	to walk, to take a walk
protéger	to protect
simplifier	to simplify
soupçonner	to suspect
stationner	to park
tirer	to pull
traîner	to drag
traiter	to treat
tuer	to kill
voler	to steal
voter	to vote

Adjectifs

accueillant(e)	welcoming
ancien, ancienne	former
autoritaire	authoritarian
déçu(e)	disappointed
entreprenant(e)	enterprising
habitué(e)	accustomed
interdit(e)	forbidden
méchant(e)	mean, naughty
moyen, moyenne	average
privé(e)	private
rigoureux, rigoureuse	rigorous
subtil(e)	subtle
uni(e)	united

Adverbes (voir 395–396)

d'ailleurs	moreover
davantage	more
de nouveau	again
également	equally, likewise
évidemment	of course
franchement	frankly
sans cesse	constantly

Divers

alors que	whereas
au courant de	up-to-date, aware
au fait	by the way
au lieu de	instead of
défense de	it is forbidden to
en revanche	on the other hand
prière de	please

International phonetic alphabet

Vowels

a	la
ɑ	pâte
e	été
ɛ	fête
ə	le
i	midi
o	dos
ɔ	votre
ø	deux
œ	leur
u	nous
y	du
ɑ̃	dans
ɛ̃	vin
ɔ̃	mon
œ̃	un

Consonants

b	beau
d	danger
f	fin
g	gare
k	quand
l	livre
m	maman
n	non
p	petit
r	rêve
s	sa
t	tête
v	victoire
z	zéro
ʃ	chien
ʒ	juge
ɲ	montagne

Semivowels

j	famille, métier, crayon
w	Louis, voici
ɥ	lui, depuis

Glossary of grammar terms

As you learn French, you may come across grammar terms in English with which you are not familiar. The following glossary is a reference list of grammar terms and definitions with examples. You will find that these terms are used in the grammar explanations of this and other textbooks. If the terms are unfamiliar to you, it will be helpful to refer to this list.

adjective	a word used to modify, qualify, define, or specify a noun or noun equivalent (*intricate* design, *volcanic* ash, *medical* examination)
	demonstrative adjective designates or points out a specific item (*this* area)
	descriptive adjective provides description (*narrow* street)
	interrogative adjective asks or questions (*Which* page?)
	possessive adjective indicates possession (*our* house)
	In French, the adjective form must agree with, or show the same gender and number as, the noun it modifies.
adverb	a word used to qualify or modify a verb, adjective, another adverb, or some other modifying phrase or clause (soared *gracefully, rapidly* approaching train)
agreement	the accordance of forms between subject and verb, in terms of person and number, or between tenses of verbs (The *bystander witnessed* the accident but *failed* to report it.)
	In French, the form of the adjective must conform in gender and number with the modified noun or noun equivalent.
article	one of several types of words used before a noun
	definite article limits, defines, or specifies (*the* village)
	indefinite article refers to a nonspecific member of a group or class (*a* village, *an* arrangement)
	partitive article refers to an indefinite quantity of an item (*some* coffee, *any* tea). In French, the article takes different forms to indicate the gender and number of a noun.
auxiliary	a verb or verb form used with other verbs to construct certain tenses, voices, or moods (He *is* leaving. She *has* arrived. You *must* listen.)
clause	a group of words consisting of a subject and a predicate and functioning as part of a complex or compound sentence rather than a complete sentence
	subordinate clause modifies and is dependent upon another clause (*Since the rain has stopped,* we can have a picnic.)
	main clause is capable of standing independently as a complete sentence (If all goes well, *the plane will depart in twenty minutes.*)
cognate	a word resembling a word in another language (*university* and *université* in French)
command	*See* **mood** (imperative).
comparative	level of comparison used to show an increase or decrease of quantity or quality or to compare or show inequality between two items (*higher* prices, the *more* beautiful of the two mirrors, *less* diligently, *better* than)
comparison	modification of the form of an adjective or adverb to show change in the quantity or quality of an item or to show the relation between the items
conditional	a verb construction used in a contrary-to-fact statement consisting of a condition or an *if*-clause and a conclusion (If you had told me you were sick, *I would have offered* to help.)

conjugation	the set of forms a verb takes to indicate changes of person, number, tense, mood, and voice
conjunction	a word used to link or connect sentences or parts of sentences
contraction	an abbreviated or shortened form of a word or word group (*can't, we'll*)
gender	the classification of a word by sex. In English, almost all nouns are classified as masculine, feminine, or neuter according to the biological sex of the thing named; in French, however, a word is classified as feminine or masculine (there is no neuter classification) primarily on the basis of its linguistic form or derivation.
idiom	an expression that is grammatically or semantically unique to a particular language (*I caught a cold. Happy birthday.*)
indicative	*See* **mood.**
imperative	*See* **mood.**
infinitive	the basic form of the verb, and the one listed in dictionaries, with no indication of person or number; it is often used in verb constructions and as a verbal noun, usually with "to" in English or with **-er, -ir,** or **-re** in French.
inversion	*See* **word order (inverted).**
mood	the form and construction a verb assumes to express the manner in which the action or state takes place **imperative mood** used to express commands (*Walk* to the park with me.) **indicative mood** the form most frequently used, usually expressive of certainty and fact (My neighbor *walks* to the park every afternoon.) **subjunctive mood** used in expression of possibility, doubt, or hypothetical situations (I wish he *were* here.)
noun	a word that names something and usually functions as a subject or an object (*lady, country, family*)
number	the form a word or phrase assumes to indicate singular or plural (*light/lights, mouse/mice, he has/they have*) **cardinal number** used in counting or expressing quantity (*1, 23, 6,825*) **ordinal number** refers to sequence (*second, fifteenth, thirty-first*)
object	a noun or noun equivalent **direct object** receives the action of the verb (The boy caught a *fish.*) **indirect object** affected by the action of the verb (Please do *me* a favor.)
participle	a verb form used as an adjective or adverb and in forming tenses **past participle** relates to the past or a perfect tense and takes the appropriate ending (*written* proof, the door has been *locked*) **present participle** assumes the progressive "-ing" ending in English (*protesting* loudly; *seeing* them) In French, a participle used as an adjective or in an adjectival phrase must agree in gender and number with the modified noun or noun equivalent.
passive	*See* **voice (passive).**
person	designated by the personal pronoun and/or by the verb form **first person** the speaker or writer (*I, we*) **second person** the person(s) addressed (*you*) In French, there are two forms of address: the familiar and the polite. **third person** the person or thing spoken about (*she, he, it, they*)
phrase	a word group that forms a unit of expression, often named after the part of speech it contains or forms
prefix	a letter or letter group added at the beginning of a word to alter the meaning (*non*committal, *re*discover)
preposition	a connecting word used to indicate a spatial, temporal, causal, affective, directional, or some other relation between a noun or pronoun and the sentence or a portion of it (We waited *for* six hours. The article was written *by* a famous journalist.)

pronoun	a word used in place of a noun
	demonstrative pronoun refers to something previously mentioned in context (If you need hiking boots, I recommend *these.*)
	indefinite pronoun denotes a nonspecific class or item (*Nothing* has changed.)
	interrogative pronoun asks about a person or thing (*Whose* is this?)
	object pronoun functions as a direct, an indirect, or a prepositional object (Three people saw *her.* Write *me* a letter. The flowers are for *you.*)
	possessive pronoun indicates possession (The blue car is *ours.*)
	reflexive pronoun refers back to the subject (They introduced *themselves.*)
	subject pronoun functions as the subject of a clause or sentence (*He* departed a while ago.)
reflexive construction	*See* **pronoun** (**reflexive**).
sentence	a word group, or even a single word, that forms a meaningful complete expression
	declarative sentence states something and is followed by a period (*The museum contains many fine examples of folk art.*)
	exclamatory sentence exhibits force or passion and is followed by an exclamation point (*I want to be left alone!*)
	interrogative sentence asks a question and is followed by a question mark (*Who are you?*)
subject	a noun or noun equivalent acting as the agent of the action or the person, place, thing, or abstraction spoken about (*The fishermen* drew in their nets. *The nets* were filled with the day's catch.)
suffix	a letter or letter group added to the end of a word to alter the meaning or function (like*ness*, transport*ation*, joy*ous*, love*ly*)
superlative	level of comparison used to express the utmost or lowest level or to indicate the highest or lowest relation in comparing more than two items (*highest* prices, the *most* beautiful, *least* diligently)
tense	the form a verb takes to express the time of the action, state, or condition in relation to the time of speaking or writing
	imparfait relates to an action that continued over a period of time in the past (It *was existing.* We *were learning.*)
	futur antérieur relates to something that has not yet occurred but will have taken place and be complete by some future time (It *will have* existed. We *will have* learned.)
	future tense relates to something that has not yet occurred (It *will* exist. We *will* learn.)
	passé composé relates to an occurrence that began at some point in the past but was finished by the time of speaking or writing (It *has existed.* We *have learned.*)
	present tense relates to now, the time of speaking or writing, or to a general, timeless fact (It *exists.* We *learn.* Fish *swim.*)
verb	a word that expresses action or a state or condition (*walk, be, feel*)
	intransitive verb no receiver is necessary. (The light *shines.*)
	orthographic-changing verb undergoes spelling changes in conjugation (infinitive: *buy*; past indicative: *bought*)
	transitive verb requires a receiver or an object to complete the predicate (He *throws* the ball.)
voice	the form a verb takes to indicate the relation between the expressed action or state and the subject
	active voice indicates that the subject is the agent of the action (The child *sleeps.* The professor *lectures.*)
	passive voice indicates that the subject does not initiate the action but that the action is directed toward the subject (I *was contacted* by my attorney. The road *got slippery* from the rain.)
word order	the sequence of words in a clause or sentence
	inverted word order an element other than the subject appears first (*If the weather permits,* we plan to vacation in the country. *Please* be on time. *Have* you met my parents?)

Verbs

Regular Verbs

Infinitif / Participe passé	Indicatif		
	Présent	*Imparfait*	*Passé composé*
parler parlé	Je parle Tu parles Il/Elle parle Nous parlons vous parlez Ils/elles parlent	parlais parlais parlait parlions parliez parlaient	J' ai parlé as parlé a parlé avons parlé avez parlé ont parlé
finir fini	finis finis finit finissons finissez finissent	finissais finissais finissait finissions finissiez finissaient	ai fini as fini a fini avons fini avez fini ont fini
rendre rendu	rends rends rend rendons rendez rendent	rendais rendais rendait rendions rendiez rendaient	ai rendu as rendu a rendu avons rendu avez rendu ont rendu
partir (dormir, s'endormir, mentir, sentir, servir, sortir) parti	pars pars part partons partez partent	partais partais partait partions partiez partaient	suis parti(e) es parti(e) est parti(e) sommes parti(e)s êtes parti(e)(s) sont parti(e)s

		Conditionnel	Impératif	Subjonctif
Futur	*Futur antérieur*			
parlerai	aurai parlé	parlerais		parle
parleras	auras parlé	parlerais	parle	parles
parlera	aura parlé	parlerait		parle
parlerons	aurons parlé	parlerions	parlons	parlions
parlerez	aurez parlé	parleriez	parlez	parliez
parleront	auront parlé	parleraient		parlent
finirai	aurai fini	finirais		finisse
finiras	auras fini	finirais	finis	finisses
finira	aura fini	finirait		finisse
finirons	aurons fini	finirions	finissons	finissions
finirez	aurez fini	finiriez	finissez	finissiez
finiront	auront fini	finiraient		finissent
rendrai	aurai rendu	rendrais		rende
rendras	auras rendu	rendrais	rends	rendes
rendra	aura rendu	rendrait		rende
rendrons	aurons rendu	rendrions	rendons	rendions
rendrez	aurez rendu	rendriez	rendez	rendiez
rendront	auront rendu	rendraient		rendent
partirai	serai parti(e)	partirais		parte
partiras	seras parti(e)	partirais	pars	partes
partira	sera parti(e)	partirait		parte
partirons	serons parti(e)s	partirions	partons	partions
partirez	serez parti(e)(s)	partiriez	partez	partiez
partiront	seront parti(e)s	partiraient		partent

Spelling-Changing Verbs

Infinitif Participe passé	Indicatif		
	Présent	Imparfait	Passé composé
acheter (lever, mener, promener) acheté	achète achètes achète achetons achetez achètent	achetais achetais achetait achetions achetiez achetaient	ai acheté as acheté a acheté avons acheté avez acheté ont acheté
préférer (considérer, espérer, exagérer, inquiéter, répéter) préféré	préfère préfères préfère préférons préférez préfèrent	préférais préférais préférait préférions préfériez préféraient	ai préféré as préféré a préféré avons préféré avez préféré ont préféré
manger (arranger, changer, corriger, déranger, diriger, encourager, nager) mangé	mange manges mange mangeons mangez mangent	mangeais mangeais mangeait mangions mangiez mangeaient	ai mangé as mangé a mangé avons mangé avez mangé ont mangé
payer (essayer) payé	paie paies paie payons payez paient	payais payais payait payions payiez payaient	ai payé as payé a payé avons payé avez payé ont payé
commencer commencé	commence commences commence commençons commencez commencent	commençais commençais commençait commencions commenciez commençaient	ai commencé as commencé a commencé avons commencé avez commencé ont commencé
appeler (rappeler) appelé	appelle appelles appelle appelons appelez appellent	appelais appelais appelait appelions appeliez appelaient	ai appelé as appelé a appelé avons appelé avez appelé ont appelé

		Conditionnel	Impératif	Subjonctif
Futur	*Futur antérieur*			
achèterai	aurai acheté	achèterais		achète
achèteras	auras acheté	achèterais	achète	achètes
achètera	aura acheté	achèterait		achète
achèterons	aurons acheté	achèterions	achetons	achetions
achèterez	aurez acheté	achèteriez	achetez	achetiez
achèteront	auront acheté	achèteraient		achètent
préférerai	aurai préféré	préférerais		préfère
préféreras	auras préféré	préférerais	préfère	préfères
préférera	aura préféré	préférerait		préfère
préférerons	aurons préféré	préférerions	préférons	préférions
préférerez	aurez préféré	préféreriez	préférez	préfériez
préféreront	auront préféré	préféreraient		préfèrent
mangerai	aurai mangé	mangerais		mange
mangeras	auras mangé	mangerais	mange	manges
mangera	aura mangé	mangerait		mange
mangerons	aurons mangé	mangerions	mangeons	mangions
mangerez	aurez mangé	mangeriez	mangez	mangiez
mangeront	auront mangé	mangeraient		mangent
paierai	aurai payé	paierais		paie
paieras	aura payé	paierais	paie	paies
paiera	aura payé	paierait		paie
paierons	aurons payé	paierions	payons	payions
paierez	aurez payé	paieriez	payez	payiez
paieront	auront payé	paieraient		paient
commencerai	aurai commencé	commencerais		commence
commenceras	auras commencé	commencerais	commence	commences
commencera	aura commencé	commencerait		commence
commencerons	aurons commencé	commencerions	commençons	commencions
commencerez	aurez commencé	commenceriez	commencez	commenciez
commenceront	auront commencé	commenceraient		commencent
appellerai	aurai appelé	appellerais		appelle
appelleras	auras appelé	appellerais	appelle	appelles
appellera	aura appelé	appellerait		appelle
appellerons	aurons appelé	appellerions	appelons	appelions
appellerez	aurez appelé	appelleriez	appelez	appeliez
appelleront	auront appelé	appelleront		appellent

Auxiliary Verbs

Infinitif Participe passé		Indicatif		
		Présent	*Imparfait*	*Passé composé*
être ~~to be~~	Je	suis	étais	J' ai été
été	Tu	es	étais	Tu as été
	Il/Elle	est	était	Il/Elle a été
	Nous	sommes	étions	Nous avons été
	vous	êtes	étiez	vous avez été
	Ils/Elles	sont	étaient	Ils/Elles ont été
avoir ~~to have~~	J'	ai	avais	ai eu
eu	Tu	as	avais	as eu
	Il/elle	a	avait	a eu
	Nous	avons	avions	avons eu
	vous	avez	aviez	avez eu
	Ils/Elles	ont	avaient	ont eu

It is a verb or a verb form used with other verbs to construct certain tenses, moods, or voices.

		Conditionnel	Impératif	Subjonctif
Futur	*Futur antérieur*			
serai	aurai été	serais		sois
seras	auras été	serais	sois	sois
sera	aura été	serait		soit
serons	aurons été	serions	soyons	soyons
serez	aurez été	seriez	soyez	soyez
seront	auront été	seraient		soient
aurai	aurai eu	aurais		aie
auras	auras eu	aurais	aie	aies
aura	aura eu	aurait		ait
aurons	aurons eu	aurions	ayons	ayons
aurez	aurez eu	auriez	ayez	ayez
auront	auront eu	auraient		aient

Irregular Verbs

Each verb in this list is conjugated like the model indicated by number. See the table of irregular verbs for the models.

admettre 13	découvrir 17	paraître 4	reconnaître 4	satisfaire 11
(s')apercevoir 22	décrire 9	permettre 13	redire 8	souffrir 16
apprendre 21	devenir 27	poursuivre 25	relire 12	se souvenir 27
commettre 13	disparaître 4	prévoir 29	remettre 13	surprendre 21
comprendre 21	inscrire 9	produire 3	retenir 27	se taire 18
construire 3	introduire 3	promettre 13	revenir 27	tenir 27
couvrir 17	obtenir 27	reconduire 3	revoir 29	traduire 3
décevoir 22				

Infinitif / Participe passé	Indicatif		
	Présent	Imparfait	Passé composé
1 **aller** allé	vais vas va allons allez vont	allais allais allait allions alliez allaient	suis allé(e) es allé(e) est allé(e) sommes allé(e)s êtes allé(e)(s) sont allé(e)s
2 **boire** bu	bois bois boit buvons buvez boivent	buvais buvais buvait buvions buviez buvaient	ai bu as bu a bu avons bu avez bu ont bu
3 **conduire** conduit	conduis conduis conduit conduisons conduisez conduisent	conduisais conduisais conduisait conduisions conduisiez conduisaient	ai conduit as conduit a conduit avons conduit avez conduit ont conduit
4 **connaître** connu	connais connais connaît connaissons connaissez connaissent	connaissais connaissais connaissait connaissions connaissiez connaissaient	ai connu as connu a connu avons connu avez connu ont connu

		Conditionnel	Impératif	Subjonctif
Futur	**Futur antérieur**			
irai	serai allé(e)	irais		aille
iras	seras allé(e)	irais	va	ailles
ira	sera allé(e)	irait		aille
irons	serons allé(e)s	irions	allons	allions
irez	serez allé(e)(s)	iriez	allez	alliez
iront	seront allé(e)s	iraient		aillent
boirai	aurai bu	boirais		boive
boiras	auras bu	boirais	bois	boives
boira	aura bu	boirait		boive
boirons	aurons bu	boirions	buvons	buvions
boirez	aurez bu	boiriez	buvez	buviez
boiront	auront bu	boiraient		boivent
conduirai	aurai conduit	conduirais		conduise
conduiras	auras conduit	conduirais	conduis	conduises
conduira	aura conduit	conduirait		conduise
conduirons	aurons conduit	conduirions	conduisons	conduisions
conduirez	aurez conduit	conduiriez	conduisez	conduisiez
conduiront	auront conduit	conduiraient		conduisent
connaîtrai	aurai connu	connaîtrais		connaisse
connaîtras	auras connu	connaîtrais	connais	connaisses
connaîtra	aura connu	connaîtrait		connaisse
connaîtrons	aurons connu	connaîtrions	connaissons	connaissions
connaîtrez	aurez connu	connaîtriez	connaissez	connaissiez
connaîtront	auront connu	connaîtraient		connaissent

Infinitif Participe passé	Indicatif		
	Présent	*Imparfait*	*Passé composé*
5 **courir** couru	cours cours court courons courez courent	courais courais courait courions couriez couraient	ai couru as couru a couru avons couru avez couru ont couru
6 **croire** cru	crois crois croit croyons croyez croient	croyais croyais croyait croyions croyiez croyaient	ai cru as cru a cru avons cru avez cru ont cru
7 **devoir** dû	dois dois doit devons devez doivent	devais devais devait devions deviez devaient	ai dû as dû a dû avons dû avez dû ont dû
8 **dire** dit	dis dis dit disons dites disent	disais disais disait disions disiez disaient	ai dit as dit a dit avons dit avez dit ont dit
9 **écrire** écrit	écris écris écrit écrivons écrivez écrivent	écrivais écrivais écrivait écrivions écriviez écrivaient	ai écrit as écrit a écrit avons écrit avez écrit ont écrit
10 **envoyer** envoyé	envoie envoies envoie envoyons envoyez envoient	envoyais envoyais envoyait envoyions envoyiez envoyaient	ai envoyé as envoyé a envoyé avons envoyé avez envoyé ont envoyé
11 **faire** fait	fais fais fait faisons faites font	faisais faisais faisait faisions faisiez faisaient	ai fait as fait a fait avons fait avez fait ont fait

		Conditionnel	Impératif	Subjonctif
Futur	**Futur antérieur**			
courrai	aurai couru	courrais		coure
courras	auras couru	courrais	cours	coures
courra	aura couru	courrait		coure
courrons	aurons couru	courrions	courons	courions
courrez	aurez couru	courriez	courez	couriez
courront	auront couru	courraient		courent
croirai	aurai cru	croirais		croie
croiras	auras cru	croirais	crois	croies
croira	aura cru	croirait		croie
croirons	aurons cru	croirions	croyons	croyions
croirez	aurez cru	croiriez	croyez	croyiez
croiront	auront cru	croiraient		croient
devrai	aurai dû	devrais		doive
devras	auras dû	devrais	dois	doives
devra	aura dû	devrait		doive
devrons	aurons dû	devrions	devons	devions
devrez	aurez dû	devriez	devez	deviez
devront	auront dû	devraient		doivent
dirai	aurai dit	dirais		dise
diras	auras dit	dirais	dis	dises
dira	aura dit	dirait		dise
dirons	aurons dit	dirions	disons	disions
direz	aurez dit	diriez	dites	disiez
diront	auront dit	diraient		disent
écrirai	aurai écrit	écrirais		écrive
écriras	auras écrit	écrirais	écris	écrives
écrira	aura écrit	écrirait		écrive
écrirons	aurons écrit	écririons	écrivons	écrivions
écrirez	aurez écrit	écririez	écrivez	écriviez
écriront	auront écrit	écriraient		écrivent
enverrai	aurai envoyé	enverrais		envoie
enverras	auras envoyé	enverrais	envoie	envoies
enverra	aura envoyé	enverrait		envoie
enverrons	aurons envoyé	enverrions	envoyons	envoyions
enverrez	aurez envoyé	enverriez	envoyez	envoyiez
enverront	auront envoyé	enverraient		envoient
ferai	aurai fait	ferais		fasse
feras	auras fait	ferais	fais	fasses
fera	aura fait	ferait		fasse
ferons	aurons fait	ferions	faisons	fassions
ferez	aurez fait	feriez	faites	fassiez
feront	auront fait	feraient		fassent

Infinitif Participe passé	Indicatif		
	Présent	*Imparfait*	*Passé composé*
12 **lire** lu	lis lis lit lisons lisez lisent	lisais lisais lisait lisions lisiez lisaient	ai lu as lu a lu avons lu avez lu ont lu
13 **mettre** mis	mets mets met mettons mettez mettent	mettais mettais mettait mettions mettiez mettaient	ai mis as mis a mis avons mis avez mis ont mis
14 **mourir** mort	meurs meurs meurt mourons mourez meurent	mourais mourais mourait mourions mouriez mouraient	suis mort(e) es mort(e) est mort(e) sommes mort(e)s êtes mort(e)(s) sont mort(e)s
15 **naître** né	nais nais naît naissons naissez naissent	naissais naissais naissait naissions naissiez naissaient	suis né(e) es né(e) est né(e) sommes né(e)s êtes né(e)(s) sont né(e)s
16 **offrir** offert	offre offres offre offrons offrez offrent	offrais offrais offrait offrions offriez offraient	ai offert as offert a offert avons offert avez offert ont offert
17 **ouvrir** ouvert	ouvre ouvres ouvre ouvrons ouvrez ouvrent	ouvrais ouvrais ouvrait ouvrions ouvriez ouvraient	ai ouvert as ouvert a ouvert avons ouvert avez ouvert ont ouvert
18 **plaire** plu	plais plais plaît plaisons plaisez plaisent	plaisais plaisais plaisait plaisions plaisiez plaisaient	ai plu as plu a plu avons plu avez plu ont plu

		Conditionnel	Impératif	Subjonctif
Futur	*Futur antérieur*			
lirai	aurai lu	lirais		lise
liras	auras lu	lirais	lis	lises
lira	aura lu	lirait		lise
lirons	aurons lu	lirions	lisons	lisions
lirez	aurez lu	liriez	lisez	lisiez
liront	auront lu	liraient		lisent
mettrai	aurai mis	mettrais		mette
mettras	auras mis	mettrais	mets	mettes
mettra	aura mis	mettrait		mette
mettrons	aurons mis	mettrions	mettons	mettions
mettrez	aurez mis	mettriez	mettez	mettiez
mettront	auront mis	mettraient		mettent
mourrai	serai mort(e)	mourrais		meure
mourras	seras mort(e)	mourrais	meurs	meures
mourra	sera mort(e)	mourrait		meure
mourrons	serons mort(e)s	mourrions	mourons	mourions
mourrez	serez mort(e)(s)	mourriez	mourez	mouriez
mourront	seront mort(e)s	mourraient		meurent
naîtrai	serai né(e)	naîtrais		naisse
naîtras	seras né(e)	naîtrais	nais	naisses
naîtra	sera né(e)	naîtrait		naisse
naîtrons	serons né(e)s	naîtrions	naissons	naissions
naîtrez	serez né(e)(s)	naîtriez	naissez	naissiez
naîtront	seront né(e)s	naîtraient		naissent
offrirai	aurai offert	offrirais		offre
offriras	auras offert	offrirais	offre	offres
offrira	aura offert	offrirait		offre
offrirons	aurons offert	offririons	offrons	offrions
offrirez	aurez offert	offririez	offrez	offriez
offriront	auront offert	offriraient		offrent
ouvrirai	aurai ouvert	ouvrirais		ouvre
ouvriras	auras ouvert	ouvrirais	ouvre	ouvres
ouvrira	aura ouvert	ouvrirait		ouvre
ouvrirons	aurons ouvert	ouvririons	ouvrons	ouvrions
ouvrirez	aurez ouvert	ouvririez	ouvrez	ouvriez
ouvriront	auront ouvert	ouvriraient		ouvrent
plairai	aurai plu	plairais		plaise
plairas	auras plu	plairais	plais	plaises
plaira	aura plu	plairait		plaise
plairons	aurons plu	plairions	plaisons	plaisions
plairez	aurez plu	plairiez	plaisez	plaisiez
plairont	auront plu	plairaient		plaisent

Infinitif Participe passé	Indicatif		
	Présent	Imparfait	Passé composé
19 **pleuvoir** plu	pleut	pleuvait	a plu
20 **pouvoir** pu	peux peux peut pouvons pouvez peuvent	pouvais pouvais pouvait pouvions pouviez pouvaient	ai pu as pu a pu avons pu avez pu ont pu
21 **prendre** pris	prends prends prend prenons prenez prennent	prenais prenais prenait prenions preniez prenaient	ai pris as pris a pris avons pris avez pris ont pris
22 **recevoir** reçu	reçois reçois reçoit recevons recevez reçoivent	recevais recevais recevait recevions receviez recevaient	ai reçu as reçu a reçu avons reçu avez reçu ont reçu
23 **rire** ri	ris ris rit rions riez rient	riais riais riait riions riiez riaient	ai ri as ri a ri avons ri avez ri ont ri
24 **savoir** su	sais sais sait savons savez savent	savais savais savait savions saviez savaient	ai su as su a su avons su avez su ont su
25 **suivre** suivi	suis suis suit suivons suivez suivent	suivais suivais suivait suivions suiviez suivaient	ai suivi as suivi a suivi avons suivi avez suivi ont suivi

		Conditionnel	Impératif	Subjonctif
Futur	*Futur antérieur*			
pleuvra	aura plu	pleuvrait	(pas d'impératif)	pleuve
pourrai	aurai pu	pourrais		puisse
pourras	auras pu	pourrais	(pas d'impératif)	puisses
pourra	aura pu	pourrait		puisse
pourrons	aurons pu	pourrions		puissions
pourrez	aurez pu	pourriez		puissiez
pourront	auront pu	pourraient		puissent
prendrai	aurai pris	prendrais		prenne
prendras	auras pris	prendrais	prends	prennes
prendra	aura pris	prendrait		prenne
prendrons	aurons pris	prendrions	prenons	prenions
prendrez	aurez pris	prendriez	prenez	preniez
prendront	auront pris	prendraient		prennent
recevrai	aurai reçu	recevrais		reçoive
recevras	auras reçu	recevrais	reçois	reçoives
recevra	aura reçu	recevrait		reçoive
recevrons	aurons reçu	recevrions	recevons	recevions
recevrez	aurez reçu	recevriez	recevez	receviez
recevront	auront reçu	recevraient		reçoivent
rirai	aurai ri	rirais		rie
riras	auras ri	rirais	ris	ries
rira	aura ri	rirait		rie
rirons	aurons ri	ririons	rions	riions
rirez	aurez ri	ririez	riez	riiez
riront	auront ri	riraient		rient
saurai	aurai su	saurais		sache
sauras	auras su	saurais	sache	saches
saura	aura su	saurait		sache
saurons	aurons su	saurions	sachons	sachions
saurez	aurez su	sauriez	sachez	sachiez
sauront	auront su	sauraient		sachent
suivrai	aurai suivi	suivrais		suive
suivras	auras suivi	suivrais	suis	suives
suivra	aura suivi	suivrait		suive
suivrons	aurons suivi	suivrions	suivons	suivions
suivrez	aurez suivi	suivriez	suivez	suiviez
suivront	auront suivi	suivraient		suivent

Infinitif Participe passé	Indicatif		
	Présent	*Imparfait*	*Passé composé*
26 **valoir** valu	vaux vaux vaut valons valez valent	valais valais valait valions valiez valaient	ai valu as valu a valu avons valu avez valu ont valu
27 **venir** venu	viens viens vient venons venez viennent	venais venais venait venions veniez venaient	suis venu(e) es venu(e) est venu(e) sommes venu(e)s êtes venu(e)(s) sont venu(e)s
28 **vivre** vécu	vis vis vit vivons vivez vivent	vivais vivais vivait vivions viviez vivaient	ai vécu as vécu a vécu avons vécu avez vécu ont vécu
29 **voir** vu	vois vois voit voyons voyez voient	voyais voyais voyait voyions voyiez voyaient	ai vu as vu a vu avons vu avez vu ont vu
30 **vouloir** voulu	veux veux veut voulons voulez veulent	voulais voulais voulait voulions vouliez voulaient	ai voulu as voulu a voulu avons voulu avez voulu ont voulu

		Conditionnel	Impératif	Subjonctif
Futur	*Futur antérieur*			
vaudrai	aurai valu	vaudrais		vaille
vaudras	auras valu	vaudrais	vaux	vailles
vaudra	aura valu	vaudrait		vaille
vaudrons	aurons valu	vaudrions	valons	valions
vaudrez	aurez valu	vaudriez	valez	valiez
vaudront	auront valu	vaudraient		vaillent
viendrai	serai venu(e)	viendrais		vienne
viendras	seras venu(e)	viendrais	viens	viennes
viendra	sera venu(e)	viendrait		vienne
viendrons	serons venu(e)s	viendrions	venons	venions
viendrez	serez venu(e)(s)	viendriez	venez	veniez
viendront	seront venu(e)s	viendraient		viennent
vivrai	aurai vécu	vivrais		vive
vivras	auras vécu	vivrais	vis	vives
vivra	aura vécu	vivrait		vive
vivrons	aurons vécu	vivrions	vivons	vivions
vivrez	aurez vécu	vivriez	vivez	viviez
vivront	auront vécu	vivraient		vivent
verrai	aurai vu	verrais		voie
verras	auras vu	verrais	vois	voies
verra	aura vu	verrait		voie
verrons	aurons vu	verrions	voyons	voyions
verrez	aurez vu	verriez	voyez	voyiez
verront	auront vu	verraient		voient
voudrai	aurai voulu	voudrais		veuille
voudras	auras voulu	voudrais	veuille	veuilles
voudra	aura voulu	voudrait		veuille
voudrons	aurons voulu	voudrions	veuillons	voulions
voudrez	aurez voulu	voudriez	veuillez	vouliez
voudront	auront voulu	voudraient		veuillent

Vocabulaire Français-Anglais

The vocabulary contains all words that appear in the **Mise en train, Présentation, Situation,** and **Intégration et perspectives** sections except articles, many identical cognates, and vocabulary appearing in the **Notes culturelles.** Chapter numbers follow active vocabulary words. Irregular noun plurals are included, as are irregular feminine and plural forms of adjectives.

Abbreviations

adj	adjective	*m*	masculine
coll	colloquial	*pl*	plural
f	feminine	*pp*	past participle
irr	irregular	*s*	singular

A

à at, in, to 1; **— côté de** beside, next to 6; **— demain** see you tomorrow P; **— l'aise** at ease 12; **— l'appareil** speaking on the phone; **— l'étranger** abroad 4; **— l'heure** on time 7; **— l'unisson** in unison 16; **— la fois** at the same time; **— la mode** in style 12; **— part** except for, besides; **— peine** hardly, scarcely; **— ta guise** as you wish 14; **— temps perdu** in one's spare time 12; **— tout à l'heure** see you later P; **— votre avis** in your opinion; **— votre santé** cheers, to your health

abandonner to abandon 9

abdominal (abdominaux) *m* sit-up 11

abonné(e) subscriber 14

accepter to accept

accès *m* access, approach

accident *m* accident

accompagner to accompany 9

accomplir to accomplish 7

accord *m* agreement; **être d'—** to agree

accorder to give, to bestow 14

accueillant friendly, hospitable 8

achat *m* purchase 6

acheter to buy 4

acteur *m,* **actrice** *f* actor, actress 2

actif, active active

activité *f* activity 4

actualités *f pl* news

actuel, actuelle present, current

addition *f* bill

adieu good-bye 8

admettre to admit, to allow 12

administration *f* administration 15

admirer to admire 9

adolescence *f* adolescence

adorable adorable

adorer to adore, to like a great deal 1

adresse *f* address 2

adulte *m, f* adult 13

adversaire *m, f* adversary

aéronautique aeronautical

aéroport *m* airport 6

affaire *f* deal, business matter

affection *f* affection

affiche *f* poster P

afficher *f* to post, put up a sign

affronter to tackle, to confront

afin que in order that

africain African

Afrique *f* Africa

âge *m* age 3

agence *f* agency; **— de voyages** travel agency; **— immobilière** real estate agency

agenda *m* appointment book 17

agent de police *m* police officer 6

agent publicitaire *m, f* advertising agent

s'agir de to be a question of, to be a matter of 17

agréable pleasant 1

agricole agricultural

agriculteur *m*, agricultrice *f*
farmer 15

aide *f* help

aider to help, assist 9

ailleurs elsewhere; d'— besides
18

aimer to like, to love 1; —
bien to like 1; — mieux to
prefer, to like better 1

aîné(e) *m, f* elder, eldest 13

ainsi thus, so

air *m* air; avoir l'— to seem,
appear; en plein — outdoors

aise *f* ease; à l'— at ease

aisé well-to-do

ajouter to add 5

album *m* album 3

alcool *m* alcohol

algèbre *f* algebra 15

algérien Algerian 2

allemand German 2

aller to go 4; — bien to be
fine; ça vous va bien that looks
good on you 12

allergique allergic 11

allô hello (on the phone) 4

allonger to lengthen 16

allumer to light 13

alors then, well, then 3; — que
while, when, whereas 13

alpinisme *m* mountain climbing

alpiniste *m, f* mountain
climber 7

amateur *m* enthusiast

ambitieux, ambitieuse
ambitious 2

améliorer to improve

amende *f* fine

américain American 2

ami(e) *m, f* friend 1

amitié *f* friendship

amnésique *m* amnesia victim

amour *m* love 13

amoureux *m,* amoureuse
f in love 13

amour-propre *m* self-esteem

amplifier to amplify, to increase
18

amusant funny 2

amuser to amuse; s'— to have
a good time 11

an *m* year 3

ancêtre *m* ancestor

ancien, ancienne old; former 8

angine *f* strep throat

anglais English 1

anglais *m* English language 1

animal (animaux) *m* animal 14

animé lively; les dessins —s
cartoons 7

année *f* year 4

anniversaire *m* birthday 4

annoncer to announce

anonyme anonymous

anorak *m* ski jacket, windbreaker

anthropologie *f* anthropology
15

août *m* August 4

apercevoir to notice; s'— to
realize

apéritif *m* before-dinner drink 5

appareil *m* device, machine
10; à l'— speaking (on the
phone)

appareil-photo *m* camera 17

apparemment apparently 13

apparence *f* appearance, look
12

appartement *m* apartment 8

appeler to call 2; s'— to be
named 11

appétit *m* appetite; bon —
enjoy your meal 5

apporter to bring

apprécier to appreciate 9

apprendre to learn

apprentissage *m* apprenticeship

approprié appropriate

après after 6

après-midi *m* afternoon 7

arbre *m* tree 6; —
généalogique family tree

architecte *m* architect 2

architecture *f* architecture

arène *f* arena, bull ring 14

argent *m* money

armée *f* army

arrêt d'autobus *m* bus stop 6

arrêter to stop, to arrest 18;
s'— to stop (oneself) 11

arrière: en — behind, backward
14

arrière-grand-mère *f* great-
grandmother 13

arrivée *f* arrival 8

arriver to arrive, to happen, to
succeed 8; — à to manage (to
do something) 6

arrondi rounded 18

arrondissement *m*
administrative division of Paris 6

art *m* art; —s ménagers *m pl*
home economics 15

artichaut *m* artichoke

article *m* article

artisan(e) *m, f* craftsperson

artiste *m, f* artist

ascenseur *m* elevator 10

ascension *f* ascent, climbing

aspirateur *m* vacuum cleaner

aspirine *f* aspirin

s'asseoir to sit down

assez fairly, enough 10

assieds-toi, asseyez-vous sit
down 10

assis seated

assistant(e) *m, f* assistant 9

assister à to attend

associé associated

assuré assured, guaranteed 9

astronaute *m, f* astronaut

astronomie *f* astronomy

athlétisme *m* track and field

atmosphère *f* atmosphere

attachement *m* attachment

attendre to wait, to wait for 10

attention *f* attention; —!
watch out!; faire — to pay
attention

attitude *f* attitude 15

au to, at, in 4; — coin de on
the corner of 6; — courant
aware, up-to-date 18; — cours
de during, in the course of
15; — fait by the way; —
milieu de in the middle of; —
revoir good-bye P; — sujet
de on the subject of 15

auberge *f* hostel, inn; — de
jeunesse youth hostel 4

aucune no, none

au-dessus above 16

audio-visuel, audio-visuelle
audiovisual

augmenter to increase 15

aujourd'hui today 4

aussi also, too 1

aussi ... que as . . . as 12

aussitôt que as soon as 14

autant as much, as many 12

auteur *m* author

auto *f* car

autobus *m* bus

auto-école *f* driving school

automne *m* autumn 8

automobile *f* automobile, car

automobiliste *m, f* motorist 4

autoritaire authoritarian, strict, bossy 18

autoroute *f* freeway 6

autour de around 5

autre other, another 4; **d'—** else, other 14; **d'— part** on the other hand

autrefois in the past, formerly, long ago

autrement otherwise, differently 17

aux to, in, at 4

avaler to swallow

avance : en — early 7; **à l'—** in advance

avant before

avantage *m* advantage 6

avec with 1

avenir *m* future 14

aventure *f* adventure

avenue *f* avenue 6

avion *m* plane 4

avis *m* opinion; **à votre —** in your opinion; **changer d'—** to change one's mind

avocat(e) *m, f* lawyer 2

avoir to have 3; **— besoin de** to need; **— chaud** to be hot (person) 11; **— de la chance** to be lucky; **— de la fièvre** to have a fever 11; **— envie de** to feel like, to want to 9; **— faim** to be hungry 11; **— froid** to be cold (person) 11; **— honte** to be ashamed; **— l'air** to seem, to appear 5; **— l'intention de** to intend to; **— l'occasion de** to have the chance to; **— mal** to hurt 11; **— peur** to be afraid 15; **— raison** to be right; **— soif** to be thirsty 11; **— sommeil** to be sleepy 11; **— tort** to be wrong; **— ... ans** to be . . . years old 3

avouer to confess

avril *m* April 4

B

baccalauréat *m* French high school diploma

baguette *f* long loaf of French bread 5

bain *m* bath; **la salle de —s**

bathroom 3; **—s remous** *m pl* whirlpool 11

ballet *m* ballet 17

ballon *m* ball (football or soccer)

banane *f* banana 5

bande dessinée *f* cartoon, comic strip

banjo *m* banjo

banlieue *f* suburb 6

banque *f* bank 6; **— de données** data base 14

baptême *m* baptism

barque *f* boat

bas, basse low

basé based

base-ball *m* baseball 16

basket-ball *m* basketball 16

bataille *f* battle

bateau (-x) *m* boat 9

bâtiment *m* building 18

batteur *m,* **batteuse** *f* drummer

battu beaten 16

bavarder to chat

beau, bel, belle, beaux, belles beautiful, handsome 3; **— il fait beau** the weather is nice 8; **c'est bien —** that's all well and good

beaucoup much, many, a lot 1

beauté *f* beauty 10

bébé *m* baby 9

beige beige 6

belge Belgian 2

belle-mère *f* mother-in-law

besoin *m* need; **avoir — de** to need

bête stupid 7

bête *f* animal

beurre *m* butter 5

bibliothèque *f* library 1

bicyclette *f* bicycle 16

bien fine, well P; **— des** many; **— entendu** of course; **— que** although 17; **— sûr** of course 1; **eh —** well, so

bientôt soon 8; **à —** see you soon

bière *f* beer

bijou (-x) *m* jewel 10

bijouterie *f* jewelry store 10

bilingue bilingual 1

billet *m* banknote, bill, ticket 10

biologie *f* biology 1

bise *f* kiss; **grosses —s** much love 8

bizarre strange 14

blanc, blanche white 5

blessé hurt, wounded

bleu blue 12; **— marin** navy blue

blond blond 12

bloqué blocked, snowed in

bœuf *m* beef 5

boire to drink 5

bois *m* wood 16

boisson *f* drink, beverage 5

boîte *f* can, box 5; **— de nuit** nightclub

bon, bonne good 3; **bon anniversaire!** happy birthday! 13; **bon appétit** have a good meal 5; **bon marché** cheap, a good buy 10; **bonne fête!** happy saint's day! **bonnes vacances!** have a good vacation! 4; **le bon vieux temps** the good old days

bonbon *m* candy

bonheur *m* happiness 13

bonjour hello, good morning P

bonsoir good evening

botte *f* boot

bouche *f* mouth 11

boucher *m,* **bouchère** *f* butcher

boucherie *f* butcher shop 5

boulangerie *f* bakery 5

boulevard *m* boulevard 6

boulot *m* job (*coll*)

bourse *f* scholarship, purse

bout *m* end 16

bouteille *f* bottle 4

boutique de mode *f* clothing store

boxe *f* boxing

bras *m* arm 11

bras dessus, bras dessous arm-in-arm 18; **avoir le bras long** to have connections

Bretagne *f* Brittany

brique *f* brick

bronchite *f* bronchitis 11

bronzé suntanned

brosse *f* brush

brosse à dents *f* toothbrush 10

se brosser to brush

brouillard *m* fog 8

brouillon *m* rough draft 15

bruit *m* noise 16

brûler to burn

brûlure d'estomac *f* heartburn

brun brown 12
brushing *m* brushing
bruyant noisy
bûcheron *m* logger 13
budget *m* budget 15
bulletin météorologique *m* weather report
bureau (-x) *m* desk P; office 2; **— de poste** post office 6; **— de tabac** tobacco shop
buste *m* upper body 18
but *m* goal, aim 16

C

ça that 1
ça va, ça va bien things are fine P
cacher to hide
cadeau (-x) *m* gift 10
cadet *m*, **cadette** *f* the younger, youngest, junior 13
cadre *m* business executive 9
café *m* coffee, café 5
cahier *m* notebook P
calcul *m* calculus 15
calculatrice *f* calculator
calme *m* calm 6
camarade *m, f* pal, friend; **— de chambre** roommate 3
cambriolage *m* burglary 18
cambrioler to burglarize
cambrioleur *m*, **cambrioleuse** *f* burglar
caméra *f* movie camera, video camera
campagne *f* country, countryside 4
camping *m* camping, campground; **faire du —** to go camping 4
campus *m* campus 1
canadien, canadienne Canadian 2
canal *m* canal, channel
canapé *m* sofa 3
cancer *m* cancer 11
canot *m* canoe
capacité *f* ability, capacity
capitale *f* capital
car *m* bus
car for, because
carafe *f* carafe 5
carême *m* Lent
carnaval *m* carnival

carnet *m* notebook 7
carotte *f* carrot 5
carrière *f* career 9
carte *f* map, card P; menu 5; **— postale** postcard; **— de crédit** credit card
cas *m* case
casser to break; **— les pieds à** to bother; **se — la tête** to rack one's brains
casserole *f* pan 5
cassette *f* cassette tape 3
catastrophe *f* catastrophe 14
catégorie *f* category
catholique Catholic
cauchemar *m* nightmare 6
cause *f* cause; **à — de** because of 16
causerie *f* talk show, chat 7
ce it, that, he, she, they 5
ce(t), cette, ces this, that, these, those 5
ce que what, that which 5
ce qui what, which 16
ceci this
cela that
célèbre famous 2
célibataire unmarried, single 3
celui, celle, ceux, celles this (that) one, these, those; the one(s) 17
cendre *f* ash 13
cendrier *m* ashtray 13
cent *m* hundred
centaine *f* about a hundred
centimètre *m* centimeter
centrale *f* power plant 14
centre *m* center, downtown area 6; **— commercial** shopping center 6
centre-ville *m* downtown area
cependant however
cercle *m* circle 18
cerise *f* cherry 5
certain certain 6
c'est it's 1
c'est-à-dire that is to say 7
chacun(e) each (one)
chagrin *m* grief, sorrow
chaîne *f* channel 7
chaîne stéréo *f* stereo 3
chaise *f* chair P
chalet *m* chalet
chambre *f* bedroom; **camarade de —** roommate 3
champignon *m* mushroom 5

champion *m*, **championne** *f* champion
championnat *m* championship 16
chance *f* luck 3; **avoir de la —** to be lucky
changement *m* change 14
chanson *f* song 3
chanter to sing
chanteur *m*, **chanteuse** *f* singer 7
chantier *m* construction site 12
chapeau (-x) *m* hat
chaque each, every 4
charcuterie *f* pork shop, deli 5
charmant charming, delightful
charme *m* charm
chasse *f* hunting 16
chat *m* cat 3
châtain brown 12
château (-x) *m* chateau, castle
chaud hot 5; **avoir —** to be warm, hot (persons) 11; **faire —** to be warm, hot (weather) 8
chauffeur *m* driver 18
chaussette *f* sock 12
chaussure *f* shoe 10
chef *m* chief, head, cook 9
chemin *m* road
chemise *f* shirt 12; **— de nuit** nightshirt, nightgown
chemisier *m* blouse 12
chèque *m* check
cher, chère dear, expensive 8
chercher to look for, to seek 2
chercheur *m*, **chercheuse** *f* researcher 7
cheval (chevaux) *m* horse; **faire du —** to go horseback riding 16
cheveux *m pl* hair 11
chez at the home of, at the business of 4
chic stylish 12
chien *m* dog 3
chimie *f* chemistry 1
chinois *m* Chinese 15
chirurgien *m*, **chirurgienne** *f* surgeon
chocolat *m* chocolate 5
choisir to choose 7
choix *m* choice
chômage *m* unemployment 2
choqué shocked
choquer to shock 18

chose *f* thing 5
chouette neat, great (*coll*)
ciel *m* sky; **le — est couvert** it's cloudy
cigarette *f* cigarette 4
cinéma *m* movie theater 6
circuit *m* circuit, route
citoyen *m*, **citoyenne** *f* citizen 18
citron *m* lemon; **— pressé** lemonade 5
clair light, pale 12
clarinette *f* clarinet 17
classe *f* class 1
classement *m* ranking
classique classic 1
clé *f* key
client *m*, **cliente** *f* customer 4
climat *m* climate, weather 1
club *m* club 11
Coca-Cola *m* Coca-Cola 5
code de la route *m* driving regulations 18
code postal *m* zip code, postal code
cœur *m* heart 11
cognac *m* cognac
coiffé with hair styled, coiffed
coiffeur *m*, **coiffeuse** *f* hairdresser, barber
coin *m* corner 6
colère *f* anger; **se mettre en —** to become angry
collège *m* college, secondary school 9
colline *f* hill
colonie de vacances *f* summer camp 4
combien how much, how many 4; **— de temps** how long
comédien *m*, **comédienne** *f* comedian
commander to order 5
comme like, as 1; **— dessert** for dessert; **— d'habitude** as usual
commémorer to commemorate
commencer to start 7
comment how; **— vous appelez-vous** what's your name P
commerçant *m*, **commerçante** *f* small-business person, shopkeeper 9
commerce *m* business, commerce 9
commettre to commit 18

commode *f* chest of drawers, cabinet 3
commun common
communauté *f* community, commune
communiquer to communicate
compagnie *f* company
comparaison *f* comparison 6; **en — de** in comparison with
compétent competent
complet *m* man's suit
complet, complète full, complete 4
complètement completely
compliqué complicated 2
comportement *m* behavior
composer to compose 17
compositeur *m*, **compositrice** *f* composer 17
composition *f* composition, paper 15
comprendre to understand, to include 8
comprimé *m* pill, tablet
compris included 8; **y —** including
comptabilité *f* accounting 15
comptable *m,f* accountant 2
compte-rendu *m* report, review 15
compter to count
concerner to concern; **en ce qui concerne** concerning
concert *m* concert 1
concierge *m,f* building caretaker
condescendant condescending
condition *f* condition 9
condoléances *f pl* condolences, sympathy 13
conduire to drive, to lead; **permis de —** driver's license
conférence *f* lecture 11
confession *f* confession 11
confiance *f* confidence, trust
se confier to confide 15
confirmer to confirm 6
confiture *f* jam 5
conflit *m* conflict
conformiste *m,f* conformist 15
confortable comfortable 3
congé *m* leave, holiday 9
connaissance *f* knowledge, acquaintance; **faire la — de** to meet to become acquainted
connaître to know, to be acquainted with 13

conquête *f* conquest 11
conseil *m* advice, counsel, council 11
conseiller *m*, **conseillère** *f* counselor, adviser 8
conséquent : **par —** consequently
considérer to consider
consommation *f* consumption, use
consommer to consume, use
constater to find, to note
constituer to constitute
construire to build, construct 12
contact *m* contact 9
conte *m* story, tale
content happy, glad, content 2
continuellement continuously 8
continuer to continue 8
contradiction *f* contradiction
contraire *m* opposite 18; **au —** on the contrary
contraste *m* contrast 8
contravention *f* driving or parking ticket 18
contre against 14; **par —** on the other hand
converti(-e) *m,f* convert 11
coopérative *f* cooperative 8
copain *m*, **copine** *f* pal, buddy 18
copie *f* copy
corps *m* body
correspondre to correspond, to agree with 8
costume *m* suit 12
côte *f* coast 8; **côté** *f* side, direction, way; **à coté de** beside, next to 6
côte à côte side by side; **la Côte d'Azur** Riviera 8
coteau (-x) *m* slope, hill 8
côtelette de porc *f* pork chop 5
cou *m* neck
se coucher to go to bed 11
coude *m* elbow
couleur *f* color 3
coup *m* blow, wound; **— de foudre** love at first sight 11
coupable *m,f* guilty person 18
coupe *f* cup 7; cut
couper to cut 5
cour *f* court, courtyard
courageux, courageuse courageous, brave
courant *m* current 16; **au —** up-to-date 18

courir to run

courrier *m* mail 16

cours *m* course, class 1; au — de during, in the course of 15

course *f* race 16; — aux armements arms race

courses *f pl* errands; faire les — to go food shopping 6

court short 12

cousin *m,* cousine *f* cousin P

couteau *m* knife

coûter to cost

coutume *f* custom, habit

couturier *m,* couturière *f* fashion designer, dressmaker 12

couvert covered, cloudy 8

couvrir to cover

craie *f* chalk; un morceau de — a piece of chalk P

craindre to fear, to be afraid (of)

cravate *f* tie 12

crayon *m* pencil P

crèche *f* nursery

credo *m* prayer, I believe 2

créer to create 16

crème (*f*) cream 5

creuser to dig 14

crevette *f* shrimp

crime *m* crime 14

crise *f* crisis; — cardiaque heart attack 11

crispé tense

critiquer to criticize 9

croire to believe 14

croisière *f* cruise

croissant *m* croissant 5

cuiller (*or* cuillère) *f* spoon, tablespoon 5

cuir *m* leather

cuire to cook 5

cuisine *f* kitchen, cooking 3

cuisinière *f* stove, cook 3

cuit cooked 5

cultivateur *m,* cultivatrice *f* farmer 9

cultivé educated, cultured

culturel, culturelle cultural 7

cure d'amaigrissement *f* weight-loss program 11

cyclisme *m* cycling

cyclone *m* cyclone 14

D

d'abord first, at first 9

d'accord okay, agreed 5

d'ailleurs moreover, besides

dame *f* lady, woman

danger *m* danger 14

dangereux, dangereuse dangerous

dans in 1

danse *f* dance

danser to dance 1

danseur, danseuse dancer 17

date *f* date 4

davantage more

de of, from, by 3; (*as partitive*) some, any 5; — moins en moins less and less; — nouveau again 18; — rien you're welcome P; — toute façon in any case

débouché *m* job opening, opportunity 9

déboucher to pull out

débrouillard resourceful 9

se débrouiller to manage, get along 11

début *m* beginning 8; au — in the beginning

décembre *m* December 4

décevoir to disappoint

déchets *m pl* waste 14

décider to decide 8

décision *f* decision; prendre une — to make a decision

déclarer to declare 4

découpé jagged, rough

découverte *f* discovery

découvrir to discover

décrire to describe 15

déçu disappointed 18

défaut *m* fault, shortcoming 15

se défendre to defend oneself, to get along 18

défense de it is forbidden to . . . 18

défilé *m* parade

définir to define 18

degré *m* degree 8

dehors outside

déjà already, yet 7

déjeuner *m* lunch; petit — breakfast 4

délicieux, délicieuse delicious

déluge *m* flood

demain *m* tomorrow 4; à — see you tomorrow P

demande *m* application, request 2

demander to ask, to ask for; se — to wonder

démarche *f* walk, gait 18

demi *m* mug of beer 5

demi(e) one-half

démocratie *f* democracy

démodé out of style

dent *f* tooth 11

dentifrice *m* toothpaste 10

dentiste *m,f* dentist 2

déodorisant *m* deodorant

départ *m* departure

département *m* department 8

dépasser to overtake, to exceed 16

se dépêcher to hurry 11

dépense *f* expense 15

dépenser to spend 10

déplaire to displease, offend

déposer to drop off

déprimant depressing

depuis since, for 8

député *m* delegate, deputy

déranger to disturb, to trouble 18

dernier, dernière last 6

derrière behind 6

des some, any 2

dès as of 14; — que as soon as 14

désagréable unpleasant 1

descendre to go down 8

désintégrer to disintegrate 18

désirer to want, desire 4

désobéir to disobey

dessert *m* dessert 5

dessin *m* design, drawing 17; — animé cartoon 7

dessinateur *m,* dessinatrice *f* cartoonist 17

dessiner to design, to draw 12; bande dessinée comic strip

dessus above, on it 10

se détendre to relax 11

détester to hate 1

dette *f* debt

deuil *m* grieving, mourning

devant in front of 6

devenir to become 8

deviner to guess 14

devoir to have to, must 9

devoirs *m pl* homework, assignment 1

d'habitude usually 4

diagnostic *m* diagnosis

diarrhée *f* diarrhea

dictionnaire *m* dictionary P

dicton *m* saying

dieu *m* god

différent different
difficile difficult, hard 1
difficulté *f* difficulty, trouble
digestif *m* after-dinner drink 5
dimanche *m* Sunday
diminuer to lessen, diminish
dîner to dine 3
dîner *m* dinner 4
diplômé(e) de graduated from
dire to say, to tell; **c'est-a-—** that is to say; **vouloir —** to mean
direct direct
diriger to direct
discours *m* speech
discret, discrète discreet, unobtrusive 13
discussion *f* discussion 15
discuter to discuss
disparaître to disappear 12
disque *m* record 3
dissertation *f* term paper 17
distractions *f pl* recreation 15
divisé par divided by 4
division *f* division
divorcé divorced 7
divorce *m* divorce 13
dizaine *f* about ten 9
d'occasion used, second-hand
docteur *m* doctor
doctorat *m* doctorate
documentaire *m* documentary 7
doigt *m* finger 11
domicile *m* residence, home
dommage : il est/c'est dommage it's a pity, it's too bad
donc therefore, then, so
donner to give 2; **— une ordonnance** to give a prescription 11
dont whose, of which, of whom
dormir to sleep
dos *m* back; **sac à —** backpack
douane *f* customs 4
douanier *m* customs official 4
douche *f* shower 11
douleur *f* pain 13
doute *m* doubt; **sans —** probably
douter to doubt
doux, douce sweet, mild
douzaine *f* dozen
drame *m* drama 13
droguerie *f* drug store 10
droit *m* law, right 1
droit, droite right, straight 6;

tout droit straight ahead; **à droite** to the right
dur difficult, hard 12
durée *f* duration 16
durer to last 15
dynamique dynamic 9

E

eau *f* water 5; **— d'érable** maple sap 2; **— minérale** mineral water 5
échafaudage *m* scaffolding 12
échalote *f* shallot 5
échange *m* exchange, barter; **faire des —s,** to barter
échanger to exchange 8
école *f* school 6
écologie *f* ecology
économiser to save (money) 10
écouter to listen 1
écran *m* screen 11
écrire to write 15
écrivain *m, f* writer 17
éducateur *m,* **éducatrice** *f* educator 15
éducation physique *f* physical education
effet *m* effect 18; **en —** in fact
effort *m* effort 14
également equally, likewise 18
égalité *f* equality
église *f* church 6
eh bien well, so
électricien *m,* **électricienne** *f* electrician 9
électrique electric 17
électronique *f* electronics
élégance *f* elegance 12
élégant elegant 12
élémentaire elementary
élève *m, f* pupil 9
élevé high, raised 9
élever to bring up, to rear 13
éliminer to eliminate
elle she, it, her; **elles** they, them 3; **elle-même** herself; **elles-mêmes** themselves
émancipé emancipated
embaucher to hire, to sign on
embêtant annoying 2
embêter to annoy, to bother 9
embouchure *f* mouth of a river
embouteillage *m* traffic jam
embrasser to kiss, hug; **s'—** to kiss 11

émigrer to emigrate
émission *f* broadcast, program 7
emmener to take (along), to lead
empêchement *m* delay, hold-up
empêcher to hinder, to keep from 16
s'empiler to pile up 2
emploi *m* employment, job 9
employé *m,* **employée** *f* employee 8
employer to use
employeur *m,* **employeuse** *f* employer
emporter to carry, to take along
emprunter to borrow 9
en in, to, at 4; of it, of them, some, any; **— arrière** behind, backward 14; **— avance** early 7; **— avoir marre** to be fed up; **— espèces** in cash; **— face de** facing, across from 6; **— fait** in fact 8; **— panne** broken down; **— plein air** in the open air; **— retard** late 7; **— route** on the way 11
encore still, yet, again 5
encourager to encourage 10
endroit *m* place, spot
énergie *f* energy
énerver to get on someone's nerves
enfance *f* childhood 13
enfant *m, f* child 2
enfin finally, at last, after all
ennui *m* trouble, difficulty; boredom 8
ennuyer to bore, **s'—** to be bored
ennuyeux, ennuyeuse boring 1
énorme enormous
enquête *f* survey
enseignement *m* teaching 9
enseigner to teach 9
ensemble together 1
ensuite then, next 5
entendre to hear 10; **— parler de** to hear about; **s'—** to get along 11; **bien entendu** of course
enthousiaste enthusiastic
entier, entière entire 9
entourer to surround 18
entre between 6
entrée *f* entrance 18
entreprenant enterprising 18
entreprise *f* business, company 9
entrer to enter, go in 3

entretien *m* upkeep; interview 10

envers toward, in regard to

envie *f* desire; avoir — de to feel like, want to 9

environ approximately, about 5

environnement *m* environment 14

envisager to consider

envoyer to send

épaule *f* shoulder

épicerie *f* grocery store 5

épinards *m pl* spinach

épisode *m* episode

époque *f* epoch, era 17; à cette —-là at that time, in those days

éprouver to feel, to experience 14

épuisé exhausted

équilibre *m* balance

équipe *f* team 16

équipement *m* equipment

équivalent *m* equivalent

érable *m* maple; eau d'— maple sap 2

erreur *f* error, mistake

éruption *f* eruption

escale *f* stop 16

escorté escorted

espace *m* space 14

espagnol Spanish 1

espèce *f* species, type 14; en —s in cash

espérance *f* hope 2

espérer to hope 8

espoir *m* hope 9

esprit *m* mind, spirit 18

essayer to try, to try on 10

essentiel *m* essential

est *m* east 14

esthétique aesthetic

estomac *m* stomach 11

et and P

établir to establish

étage *m* floor, story 10

étalage *m* display

étalé spread-out, displayed

étape *f* stage 13; leg (of race) 16

état *m* state

été *m* summer 8

étoile *f* star 16

étranger, étrangère foreign, foreigner 4; à l'étranger abroad

être to be 2

être *m* being 15

étroit narrow

étude *f* study 9; faire des —s to study

étudiant *m*, étudiante *f* student P

étudier to study 1

européen, européenne European

eux, elles them, to them 8; —-mêmes themselves

évaluer to evaluate

événement *m* event 13

éventuellement eventually

évidemment evidently; of course 18

éviter to avoid

évoluer to evolve

exact exact

examen *m* test, exam P

excellent excellent 2

excepté except

exceptionnel, exceptionnelle exceptional 5

excès *m* excess

excusez-moi excuse me P

exemple *m* example; par — for example

exercer to practice (a profession)

exercice *m* exercise

exil *m* exile 2

exister to exist

expérience *f* experiment 15

expert *m* expert

explication *f* explanation

expliquer to explain 3

explorateur *m*, exploratrice *f* explorer

exposé *m* report, paper

exposition *f* exhibition, exhibit

exprimer to express 13

extra super, excellent

exubérance *f* exuberance

F

face *f* face; en — de across from

se fâcher to get angry 11

facile easy 1

façon *f* way, manner; d'une — in a way 14; de toute — in any case

facture *f* bill, invoice 14

faculté *f* school, faculty 15

faible light, weak

faim *f* hunger 14; avoir — to be hungry 11

faire to do, to make 6; — beau to be fine weather 8; — chaud to be hot (weather); — de l'escalade to go climbing; — de son mieux to do one's best 6; — des achats to go shopping 6; — des courses to run errands 6; — du camping to go camping 4; — du jogging to jog 11; — du ski to go skiing 6; — du sport to play sports 6; — froid to be cold (weather); — la connaissance de to meet, become acquainted with 13; — la cuisine to cook, do the cooking 6; — la vaisselle to do the dishes 6; — le marché to go grocery shopping 6; — le ménage to do housework 6; — le tour de to go around, to make a tour of; — les courses to go shopping 6; — les provisions to grocery shop 14; — mal to hurt; — match nul to tie 16; — peur à to frighten 14; — une piqûre to give an injection; — plaisir à quelqu'un to please someone 12; — remarquer to point out 17; — sa chambre to clean one's room 6; — ses devoirs to do one's homework 6; — sombre to be dark (night); — son lit to make one's bed 6; — un voyage to take a trip 6; — une promenade to go for a walk 6; ça ne fait rien it doesn't matter 7; ça ne se fait pas that is not done; ne t'en fais pas don't worry; tu me fais marcher you're pulling my leg 14

fait *m* fact, act; au — by the way 18; en — in fact

falloir to be necessary

familial (*m pl* familiaux) referring to family

famille *f* family 2

fantaisie *f* fantasy 13

fascinant fascinating 2

fatigant tiring 8

fatigué tired 3

fatigue *f* fatigue 6

fauché (*coll*) broke, out of money

fauteuil *m* armchair 3

faux, fausse false
faux pas *m* blunder
favori, favorite favorite
félicitations *f* congratulations 8
femme *f* woman 2; wife 3
fenêtre *f* window P
fer *m* iron
ferme *f* farm 18
fermé closed, locked
fermer to close 4
fête *f* holiday, patron saint's day 13
fêter to celebrate
feu *m* fire 16; — **rouge** red light; — **vert** green light
feuille *f* leaf 16
feuilleton *m* soap opera, story 7
février *m* February 4
fibre de verre *f* fiberglass 16
fidèle faithful
fier, fière proud
fierté *f* pride
fièvre *f* fever
fille *f* girl, daughter 3
film *m* film, movie 1
fils *m* son 3
fin *f* end
finalement finally
financier, financière financial 15
finir to finish, end 7; — **par** to end up, finally 9
flatter to flatter
fleur *f* flower 6
fleuriste *m, f* florist
fleuve *m* major river
flûte *f* flute 17
foi *f* faith, belief
fois *f* time 4; **à la** — at the same time
folklorique popular, folk 17
foncé dark 12
fonctionnaire *m* civil servant, government worker
fond *m* back 10
fonder to found
football *m* soccer 7
force *f* force, strength
forcer to force, make
forêt *f* forest 14
formation *f* training, education 9
forme *f* form, shape, kind; **en bonne** — in good shape 14
formidable great, wonderful 1
formuler to formulate
fort strong 2

fou, folle crazy
foule *f* crowd
fourchette *f* fork
fournitures *f pl* supplies 15
fourrure *f* fur 12
frais *m pl* expenses, cost 15
frais, fraîche fresh, cool 5
fraise *f* strawberry 5
français French P
franchement frankly 18
franchise *f* sincerity, frankness 15
francophone French-speaking P
frapper to hit, knock 18
freiner to apply the brakes
fréquemment frequently
fréquenter to frequent, go to often 17
frère *m* brother 3
frigo *m* (*coll*) refrigerator 5
frites *f pl* french fries 5
froid cold 8, **avoir** — to be cold (persons); 8; **faire** — to be cold (weather) 8
fromage *m* cheese 5
front *m* forehead 14
frontière *f* border
fruit *m* fruit 5
frustré frustrated
fumée *f* smoke 13
fumer to smoke 18
furieux, furieuse furious
fusée *f* rocket 14
futur *m* future

G

gagner to earn 9, to win 16; — **sa vie** to earn one's living 9
garage *m* garage 3
garçon *m* boy, waiter
garde : de — on duty
garder to keep, hold; to watch over 7
gardien *m*, gardienne *f* guard; — **d'enfants** baby-sitter 7
gare *f* railway station 6
gâteau (-x) *m* cake 5
gauche *m* left 6; **à** — to the left
gazeux, gazeuse carbonated
gelé frozen 16
gendarme *m* policeman 18
généalogique : arbre — family tree
général (*m pl* généraux) general; **en** — in general, generally

genou (-x) *m* knee 11
genre *m* type 10
gens *m pl* people 1
gentil, gentille nice, kind 3
géographie *f* geography 1
géologie *f* geology 15
géométrie *f* geometry 15
geste *m* gesture
gesticuler to gesture
gestion *f* management 15
gibier *m* wild game 2
glace *f* ice cream 5; ice 16
glisser to slide, slip 16
golf *m* golf 16
gorge *f* throat, canyon 11
gosse *m, f* (*coll*) kid
goût *m* taste
goûter *m* snack 5
gouvernement *m* government
grâce à thanks to 16
gramme *m* gram 5
grand big, tall, great, large, grown-up 3
grand magasin *m* department store 6
grandir to grow, to grow up 7
grand-mère *f* grandmother 3
grand-parents *m pl* grandparents P
grand-père *m* grandfather 3
gratuit free
grave serious
grec, grecque Greek 15
grève *f* strike 14
grippe *f* flu 11
gris gray 12
gros, grosse large, big, fat
grotte *f* cave
groupe *m* group 1
guerre *f* war 14; — **mondiale** world war
guichet *m* booth, window
guise : à sa — as one wishes 14
guitare *f* guitar 17
gymnase *m* gymnasium
gymnastique *f* gymnastics; **faire de la** — to exercise 11

H

habillé dressed, dressy 12
habillement *m* clothing 12
habiller to dress; **s'** — to get dressed 11
habiter to live 1

habitude *f* habit, custom 11
habitué accustomed 18
habituel, habituelle usual, habitual
*hanche *f* hip
*handicapé handicapped 2
*haricots verts *m pl* green beans 5
harmonie *f* harmony
*hasard *m* chance; par — by chance
*haut high 8
*haute couture *f* high fashion
hein (equivalent of n'est-ce pas) Eh
herbe *f* grass, herb 6
héroïne *f* heroine 7
*héros *m* hero 7
hésiter to hesitate
heure *f* hour, o'clock 7; à l' — on time 7; à tout à l'— see you later P; quelle — est-il what time is it 7; de bonne — early
heureusement fortunately, happily 12
heureux, heureuse happy, fortunate 2
hier yesterday 7; — soir last night
histoire *f* history 1; story 7
hiver *m* winter 8
*hockey *m* hockey 16
*homard *m* lobster
homme *m* man 2
honnête honest 2
*honte *f* shame; avoir — to be ashamed
hôpital *m* hospital 2
horaire *m* schedule, timetable 9
*hors de outside
hôte *m* host
hôtel *m* hotel 14
hôtesse *f* hostess
huile *f* oil 5
huître *f* oyster
humain human 9
humanité *f* humanity, mankind 14
hygiène *f* hygiene

* Denotes an aspirate *h*.

I

ici here 1
idéal *m* ideal 15
idée *f* idea 3
identifier to identify
identité *f* identity 2
il he, it 1; — faut it is necessary 2; — y a there is, there are 3
île *f* island 8
ils they 1
image *f* picture, image
imaginer to imagine
imiter to imitate, copy
immédiatement immediately
immeuble *m* apartment building 3
immobilier *m* real estate
impatient impatient 2
impossible impossible
impôts *m pl* taxes 18
impressionnant impressive
impressionner to impress
impulsif, impulsive impulsive 18
inconvénient *m* disadvantage, inconvenience 6
incroyable unbelievable 14
indépendance *f* independence
indépendant independent 2
indiqué indicated
indiquer to indicate, show
individu *m* individual
industrie *f* industry 9
industriel, industrielle industrial
inégalité *f* inequality 14
infection *f* infection 11
infirmier *m*, infirmière *f* nurse 2
inflation *f* inflation 14
informaticien *m*, informaticienne *f* computer scientist, computer analyst 9
informations *f pl* news report 7
informatique *f* computer science 1
infraction *f* infraction, violation
ingénierie *f* engineering 15
ingénieur *m* engineer 2
initiale *f* initial
initiative *f* initiative 9
injuste unfair
inondation *f* flood 14
inquiet, inquiète worried, uneasy 13

inquiétude *f* anxiety, restlessness 13
inscription *f* registration 15
insister to insist, to stress 18
inspection *f* inspection
installé settled
installer to install, to set up
instant *m* instant, moment 10
instituteur *m*, institutrice *f* elementary school teacher 9
instrument *m* instrument 17
insulter to insult 9
intellectuel, intellectuelle intellectual
intelligent intelligent 2
intention *f* intention; avoir l'— to intend
interdit forbidden 18
intéressant interesting 1
intéresser to interest 9
s'intéresser à to be interested in 11
intérêt *m* interest
intérieur *m* interior, inside 18; à l'— inside
interroger to question
interview *f* interview
interviewer to interview
intimement intimately
intitulé entitled 17
inutile useless 1; — de no need to 9
inventer to invent
invité *m*, invitée *f* guest
inviter to invite 3
irrésistible irresistible
italien, italienne Italian 2
italique : en — in italics
itinéraire *m* route, itinerary 16
ivre intoxicated

J

jalousie *f* jealousy 13
jaloux, jalouse jealous 13
jamais never, ever; ne... — never 2
jambe *f* leg 11
jambon *m* ham 5
janvier *m* January 2
jardin *m* garden; — d'enfants kindergarten
jaune yellow 12
jazz *m* jazz 17
je (j') I 1

jeans *m* jeans 12

jeep *f* jeep

jeter to throw 18

jeu (-x) *m* game; **les Jeux Olympiques** the Olympic Games; **les jeux télévisés** game shows 7

jeudi *m* Thursday P

jeune young 3

jeunesse *f* youth 13; **auberge de —** youth hostel 4

jogging *m* jogging; sweat suit 12

joie *f* joy

joli pretty 3

jonction *f* junction

joue *f* cheek

jouer to play 7

jouet *m* toy 10

joueur *m*, **joueuse** *f* player

jour *m* day 4; **tous les — s** every day; **huit — s** one week; **quinze — s** two weeks

journal (journaux) *m* newspaper, journal 9

journalisme *m* journalism 15

journaliste *m, f* journalist 2

journée *f* day 7

juge *m* judge

juillet *m* July 4

juin *m* June 4

jupe *f* skirt 12

jus d'orange *m* orange juice

jusqu'à as far as, until 6; **— ce que** until

juste fair, exact; just

justifier to justify

K

kilogramme *m* kilogram 5

kilomètre *m* kilometer

L

la the, her, it 1

là there; **ce jour- —** that day; **—-bas** over there 18

laboratoire *m* laboratory 15

lac *m* lake 2

laid ugly 6

laisser to leave; to let, allow 5

lait *m* milk 5

laitue *f* lettuce 5

lampe *f* lamp, light

langage *m* language, speech 7

langue *f* language 1; tongue

laquelle which one; **lesquelles** which ones

large wide

latin *m* Latin 15

laver to wash; **se —** to wash (oneself) 11

le the, it, him 1

leçon *f* lesson

lecture *f* reading 15

légume *m* vegetable 5

lent slow

lequel which one; **lesquels** which ones

les the, them 1

lettre *f* letter; **—s** humanities 1

leur, leurs their 3

se lever to get up 11

libéral (*m pl* **libéraux**) liberal

librairie *f* bookstore 6

libre free 9

lien *m* tie

lieu *m* place 6; **au — de** instead of 18; **avoir —** to take place

ligne *f* line

limite *f* limit; **— de vitesse** speed limit 18

liqueur *m* liquor

lire to read 15

liste d'attente *f* waiting list

lit *m* bed 3

litre *m* liter 5

littérature *f* literature 1

livre *f* pound 5

livre *m* book P

logement *m* housing; home 6

loi *f* law 18

loin far; **— de** far from 6

loisirs *m pl* leisure activities, recreation 9

long, longue long 9; **le — de** along

longtemps a long time 8

longueur *f* length 16

lorsque when 14

loterie *f* lottery

louer to rent 3

lourd heavy 12

loyer *m* rent 15

lui (to, for) him, (to, for) her 9; **—-même** himself

lundi Monday P

lune *f* moon

lunettes *f pl* eyeglasses 10

lutte *f* struggle, wrestling

lutter to fight, struggle

lycée *m* French secondary school 9

M

ma my 3

machine *f* machine; **— à écrire** typewriter 3; **— à laver** washing machine

maçon *m* mason, bricklayer, builder 12

madame Mrs., ma'am P

mademoiselle Miss, ma'am P

madère *f* Madeira wine 5

magasin *m* store 1; **— de chaussures** shoe store 10; **— de jouets** toy store 10; **— de vêtements** clothing store 10

magazine *m* magazine 11

magnétophone *m* tape recorder

magnétoscope *m* video-recorder 3

magnifique magnificent, terrific, great 8

mai *m* May 4

maillot *m* jersey 16; **— de bain** bathing suit 12

main *f* hand 11

maintenant now 1

maire *m* mayor

mairie *f* city hall 1

mais but 1

maison *f* house 3; **à la —** at home

majorité *f* majority

mal *m* evil, wrong, pain; **avoir — à** to have pain in, to hurt 10

mal badly, poorly 1, ill

malade ill

maladie *f* illness, sickness 11

malentendu *m* misunderstanding

malgré in spite of

malheur *m* misfortune

malheureusement unfortunately 8

manger to eat 1

manières *f pl* manners

manifestation *f* demonstration 14

mannequin *m* model 12

manquer to lack, miss 16

manteau (-x) *m* coat 11

manuel, manuelle manual, blue-collar

maquillage *m* makeup 10

maquillé made-up

marathon *m* long-distance race, marathon 16

marchand *m*, marchande *f* merchant, shopkeeper 10

marche *f* walking 16

marché *m* market; bon — cheap, inexpensive 10

marcher to walk 1; run (of a machine); tu me fais — you're pulling my leg 14

mardi *m* Tuesday P

marée *f* tide

mari *m* husband 3

mariage *m* marriage, wedding 13

marié married 3

se marier to get married 11

marin navy, marine

marine *f* navy

marketing *m* marketing 15

maroquinerie *f* leather goods store 10

marquer un but to score a goal 16

marraine *f* godmother

marron (*invariable*) brown 12

mars *m* March 4

marsouin *m* porpoise

matador *m* bullfighter 14

match *m* game, match 7

maternel, maternelle native

maternité *f* maternity

mathématiques (maths) *f pl* mathematics 1

matin *m* morning 7; le — in the morning

mauvais bad; il fait — the weather is bad 8

mauve mauve

me (to, for) me 9

mécanicien *m*, mécanicienne *f* mechanic 9

méchant bad, wicked, naughty 18

médecin *m* physician, medical doctor 2

médecine *f* medicine (profession) 1

médical (*m pl* médicaux) medical

médicament *m* medicine 10

meilleur better; le — best 7

melon *m* melon 5

membre *m* member 11

même same, even, very 8; -self

menacer to threaten 14

ménagère *f* homemaker

mener to lead 9

mensonge *m* lie

menton *m* chin

menu *m* menu, bill of fare 5

mépris *m* contempt 18

mer *f* sea 8; au bord de la — at the seashore

merci thank you P

mercredi *m* Wednesday P

mère *f* mother 3

mériter to deserve, earn

merveilleux, merveilleuse marvelous 8

mes my 3

message *m* message

messe *f* Mass 13

mesure *f* size 12

métal (métaux) *m* metal

météo *f* weather report 7

méthode *f* method

métier *m* trade, occupation, profession 9

mètre *m* meter

métro *m* subway 1

metteur en scène *m* director 17

mettre to put, to place, to put on 12; — la table to set the table; — sur la piste to put on the right track

se mettre à to start to 12; se mettre en colère to get angry 12

meublé furnished 3

meubles *m pl* furniture 3

micro-ordinateur *m* microcomputer 3

midi *m* noon 7

Midi *m* South (of France)

mieux better, best 12; aimer — to prefer 1; valoir — to be better

mignon *m*, mignonne *f* cute

mijoter to simmer 5

milieu *m* middle, environment; au — de in the middle of

militaire military 8

mille *m* (*invariable*) thousand

milliard *m* billion 17

millier *m* around a thousand 6

million *m* million 6

minéral (*m pl* minéraux) mineral

mini-croisière *f* mini-cruise

minuit *m* midnight 7

missionnaire *m* missionary

mi-temps : à mi-temps part-time 9

mode *f* fashion, style; à la — in style 12

modèle *m* model, style 12

modéré moderate

moderne modern 2

modeste modest 2

moi me, I 1; —-même myself

moins minus, less 4; à — que unless; le — least; — de less than; au — at least; de — en — less and less; plus ou — more or less; deux heures — dix ten minutes to two 7

mois *m* month 4

moisson *f* harvest 2

moitié *f* half 17

moment *m* moment; à ce —-là at that moment, at that time; en ce — now

mon my 3

monde *m* world; tout le — everybody

mondial (*m pl* mondiaux) worldwide

moniteur *m*, monitrice *f* instructor, camp counselor

monnaie *f* change, coins 10

monotonie *f* monotony

monsieur (*m pl* messieurs) mister, sir, gentleman P

mont *m* mountain, mount

montagne *f* mountain 4

monter to go up, rise; to climb, get in, get on 8

montre *f* watch 10

montrer to show 7

monument *m* monument 4

se moquer de to make fun of

morceau (-x) *m* piece, chunk 5

mort dead

mort *f* death 13

mot *m* word 13; —s doux sweet nothings

moto *f* motorcycle 3

motorisé motorized 16

mourir to die 8

moyen average 18

moyenne *f* the average

moyen(s) *m (pl)* means

multiplication *f* multiplication

municipalité *f* town
mûr ripe, mature 5
mur *m* wall
musée *m* museum 1
musicien *m*, **musicienne** *f*
  musician 7
musique *f* music 1

N

nager to swim 1
naïf, naïve naive 2
naissance *f* birth 9
naître to be born 8
natation *f* swimming 16
nation *f* nation
nationalité *f* nationality 2
nature *f* outdoors, nature 8
naturel, naturelle natural
nautique : le ski — water skiing
navet *m* turnip; (*coll*) loser 7
navette spatiale *f* space
  shuttle 14
naviguer to navigate, to sail 16
ne no, not; —... **aucun(e)** not
  one 15; —... **guère** hardly;
  —... **jamais** never 1; —...
  ni... ni neither . . . nor 16;
  —... **pas** not 1; —... **pas du**
  tout not at all 16; —...
  personne no one 16; —...
  plus no more, no longer 16;
  —... **que** only 16; —... **rien**
  nothing 16
nécessaire necessary 9
neige *f* snow 8
neiger to snow 8
nerveux, nerveuse edgy
n'est-ce pas? right? isn't it so? 1
nettoyer to clean
neuf, neuve brand-new 6
neveu (-x) *m* nephew 8
névrose *f* neurosis
névrosé(e) *m, f* neurotic
nez *m* nose 11
ni... ni neither . . . nor 16
nièce *f* niece
n'importe qui anyone, no matter
  who
niveau (-x) *m* level
Noël *m* Christmas 12
noir black 5
nom *m* name, last name 2
nombre *m* number 4
nommer to name
nord *m* north

nos our 3
note *f* grade
noter to note
notre our 3
nôtre ours
nourriture *f* food, meals 5
nous we, us 1
nouveau (-x), nouvel, nouvelle
  new 3; **de nouveau** again, anew
nouveau venu *m* newcomer
nouvelles *f pl* news 8
nuage *m* cloud
nuageux, nuageuse cloudy
nucléaire nuclear 14
nuit *f* night; **boîte de —**
  nightclub
numéro *m* number

O

obéir to obey 7
objet *m* object 10
obligé obligated 15
observer to observe 18
occasion *f* chance; **d'—** used;
  avoir l'— de to have a chance to
occupé occupied, busy 9
s'occuper de to take care of 11
octobre *m* October 4
œil (yeux) *m* eye 11
œuf *m* egg 5
œuvre *f* (literary or art) work
officiel, officielle official
offrir to offer, to give 12
oignon *m* onion 5
oiseau (-x) *m* bird 16
omelette *f* omelet 5
on one, they, we 1
oncle *m* uncle 3
ongle *m* fingernail
opéra *m* opera 17
opération *f* operation
opinion *f* opinion 6
opposé opposite, opposed
opprimé oppressed
opticien *m*, **opticienne** *f*
  optician 10
optimiste optimistic 2
orage *m* storm 8
orangeade *m* orange drink 5
orchestre *m* band, orchestra
ordinaire ordinary
ordinal (*m pl* ordinaux) ordinal 6
ordinateur *m* computer
ordonnance *f* prescription 11

ordre *m* order
ordures (*f pl*) garbage 18
oreille *f* ear 11
organiser to organize 9
orgueil *m* pride, arrogance 15
orientation *f* orientation,
  direction 15
origine *f* origin
ou or 1
où where 1
oublier to forget 7
ouest *m* west 14
oui yes; **mais —** of course 1
ouvert open 10
ouverture *f* opening
ouvrier *m*, **ouvrière** *f* worker
ouvrir to open

P

pain *m* bread; **— grillé** toast 5
paire *f* pair
palais *m* palace
pancarte *f* sign
panne *f* breakdown; **en —**
  broken down 8
pantalon *m* pants 12
papeterie *f* stationery store,
  office supply store 10
papier *m* paper; **— à lettres**
  stationery 10; **—**
  hygiénique toilet paper 10
paquet *m* package 4
par by, through; **— conséquent**
  consequently; **— contre** on
  the other hand 8; **— exemple**
  for example; **— nuit** per
  night 4
paradis *m* paradise 6
paraître to appear, seem
paralysé paralyzed
parapluie *m* umbrella 10
parc *m* park 6
parce que because 7
pardon pardon me P
pardonner to forgive
parent *m* parent, relative 3
paresseux, paresseuse lazy 2
parfait perfect 2
parfois at times 13
parfum *m* perfume, scent 6
parier to bet
parisien *m*, **parisienne** *f*
  Parisian 2
parking *m* parking lot

parler to speak, to talk 1
parmi among 11
parole *f* (spoken) word 13; *pl* lyrics
part *f* part; d'une — on one hand; d'autre — on the other hand; à — except for
partager to share
partenaire *m, f* partner 15
parti *m* party
participation *f* participation
particulier, particulière particular, special
partie *f* part; faire — to be a part
partiel, partielle partial
partir to leave 4
partout everywhere 6
pas no, not 1; — assez not enough 2; — encore not yet 18; — de no; — du tout not at all; ne... — not, no
pas *m* step; faux — blunder
passage *m* passing through, crossing
passé *m* past
passé last, past 7
passeport *m* passport
passer to spend, pass 4; — un examen to take a test; se — to happen
passionnant exciting 2
passionné(e) *m, f* fan 7
pâté (de maisons) *m* block of houses 11
patient patient 2
patinage *m* skating 15
pâtisserie *f* pastry, pastry shop 5
pause *f* pause
pauvre poor 2
payer to pay 7
pays *m* country 4
paysage *m* scenery 8
peau *f* skin
pêche *f* peach 5; fishing 16
pédagogie *f* education 15
se peigner to comb one's hair 11
peindre to paint 17
peine *f* trouble, difficulty; à — hardly, scarcely; ça vaut la — it's worth the effort
peintre *m* painter 17
peinture *f* painting 15
pelouse *f* lawn 6
pendant during 4; — que while

pénétrer to penetrate, to enter
penser to think 6; — à to think about; — de to think of (have an opinion) 7; je pense que non I don't think so; je pense que oui I think so 1
pension de famille *f* rooming house
pente *f* slope
perdre to lose; to waste (time) 10; à temps perdu in one's spare time 12
père *m* father 3
période *f* period, time
permanente *f* permanent
permettre to allow, permit 12
permis permitted 4
permis *m* permit, license; — de conduire driver's license
personnage *m* character
personnalité *f* personality
personne *f* person 8; ne... — no one; — ne no one 16
personnel, personnelle personal
persuader to persuade
perte *f* loss
pessimiste pessimist 2
pétanque *f* game of balls
petit small, short 3; —(e) ami(e) boyfriend, girlfriend
petit déjeuner *m* breakfast 4
petits pois *m pl* peas 5
peu little; — de few; — probable unlikely; un — a little
peuple *m* people, nation
peuplé populated
peur *f* fear; avoir — to be afraid 15
peut-être perhaps 3
phare *m* headlight
pharmacie *f* drug store 6
pharmacien *m*, pharmacienne *f* pharmacist
philosophe *m, f* philosopher
philosophie *f* philosophy 1
photo *f* photograph 3
photographe *m, f* photographer 17
photographie *f* photography 15
phrase *f* sentence
physique physical 11
physique *f* physics 1
piano *m* piano 17
pièce *f* room 3

pièce de théâtre *f* play, drama 17
pied *m* foot; à — on foot 4
pierre *f* rock, stone
pilule *f* pill
pique-nique *m* picnic
pique-niquer to picnic
piqûre *f* injection, shot 11
pire worse
piscine *f* swimming pool 6
piste *f* trail, track 18
placard *m* cupboard, closet 3
place *f* place, seat, room, square 9; à votre — if I were you
plafond *m* ceiling
plage *f* beach 4
plaindre to pity; se — to complain
plaine *f* plain
plaire to please; s'il vous (te) plaît please P
plaisanter to joke
plaisir *m* pleasure; faire — à to please
plan *m* plan, map
planche à voile *f* wind surfing
planète *f* planet
plantation *f* plantation 8
plante *f* plant
plaque *f* plate, sheet (of metal) 16
plat *m* dish, course; — du jour daily special 5
plein full; à — temps full-time 9; en — air outdoor(s)
pleurer to cry 12
pleuvoir to rain; il pleut it's raining 8
plombier *m*, plombière *f* plumber 9
plongé plunged
pluie *f* rain 8
plupart *f* most
plus plus, and, more 4; de — besides; de — en — more and more; en — in addition; le — the most; ne... — no longer; non — not . . . either; — ou moins more or less; — que more than
plusieurs several 6
plutôt rather; — que rather than 15
pneumonie *f* pneumonia 11
poche *f* pocket 15

poème *m* poem 17
poésie *f* poetry
poète *m* poet 13
poids *m* weight 11
point *m* period; —
   d'interrogation question mark
pointure *f* size (shoes) 12
poire *f* pear
pois : petits — peas 5
poisson *m* fish 2
poivre *m* pepper 5
poli polite 18
police *f* police; agent de —
   police officer; poste de —
   police station
policier, policière police,
   detective 7
politesse *f* politeness
politique politics 15; political 1
polluer to pollute 14
pollution *f* pollution 14
pomme *f* apple; — de terre *f*
   potato 5
populaire popular 17
porc *m* pork 5
port *m* port
porte *f* door P
portefeuille *m* billfold 10
porter to carry; to wear 12; —
   sur to bear upon, to relate
portrait *m* (photo) portrait 17
poser to ask; to place 4
posséder to possess, own, have
   3
possibilité *f* possibility 6
possible possible 2
poste *f* post office 6
poste *m* job, position 9; — de
   police police station
poubelle *f* trashcan
poulet *m* chicken 5
poumon *m* lung 11
pour for, in order to 2; — que
   in order that; — cent percent
pourcentage *m* percentage
pourquoi why
pourriez-vous could you 9
pourtant however
pourvu que provided that
pousser to push, press 18
pouvez-vous can you 9
pouvoir to be able, can 9
pratique practical; travaux —s
   lab
pratiquer to practice 16
précédent preceding, former

prédestiné predestinated, fated
   15
prédire to foretell, predict
préféré favorite 4
préférer to prefer 1
préfet *m* prefect
premier, première first 4;
   premier ministre prime
   minister; premier étage *m*
   second floor
prendre to take; to have 5; —
   des notes to take notes 15; —
   un bain de soleil to sunbathe;
   — un coup de soleil to get
   sunburned; — une décision to
   make a decision; — une photo
   to take a picture 17; — un
   pot to have a drink; — un
   rendez-vous to make an
   appointment
prénom *m* first name 2
préoccuper to worry 14
préparatif *m* preparation
préparer to prepare; se — to
   get ready 11
près near, close; — de near,
   close to 6
présentateur *m*, présentatrice
   f anchorperson
présenter to introduce, present
presque almost 5
pressé in a hurry
prestige *m* prestige 9
prêt ready 5
prêt *m* loan 10
prêter to lend 10
prévenir to warn, to tell ahead of
   time
prière *f* prayer; — de please 18
principal (*m pl* principaux)
   main 6
printemps *m* spring 8
priorité *f* priority; — à droite
   yield to the right 18
prison *f* prison 18
prisonnier *m*, prisonnière *f*
   prisoner 6
privé private 18
prix *m* award, prize; price 17
probable probable; peu —
   unlikely
probablement probably
problème *m* problem 14
prochain next 4
produire to produce
produit *m* product 10

professeur *m* instructor,
   professor P
profession *f* profession 2
professionnel, professionnelle
   professional
profiter to profit, to take
   advantage of 8
profond deep 15
programme *m* program
programmeur *m*,
   programmeuse *f* computer
   programmer 2
progrès *m* progress
projet *m* plan, project 4
promenade *f* walk; faire une
   — to take a walk
se promener to take a walk 18
promesse *f* promise
promettre to promise 12
promotion *f* promotion 9
pronom *m* pronoun
prononcer to pronounce, say
proposer to propose
propre own; clean 9
propriétaire *m,f* owner
propriété *f* property 18
protéger to protect 18
provençal of Provence
proverbe *m* proverb
province *f* province
provisions *f pl* groceries 14
prudent prudent
psychiatrique psychiatric
psychologie *f* psychology 15
psychologue *m,f* psychologist 2
public, publique public
publicitaire: agent — *m,f*
   advertising agent 9
publicité *f* advertising,
   commercial 7
publier to publish
puis then 14
puis-je may I
pull-over *m* pullover sweater 12
punir to punish
pur pure
pyjama *m* pyjamas 12

Q

qualité *f* quality 15
quand when 2; — même
   anyway, just the same
quant à as for, as to
quantité *f* quantity

quart *m* one-fourth, quarter 6;
  neuf heures et — a quarter
  after nine 7
quartier *m* neighborhood 3
que (qu') that, what, than, which,
  whom 4; **ce —** what, that
  which; **ne... —** only; **qu'est-ce
  —** what 16; **qu'est-ce qui**
  who 16
québécois pertaining to Quebec
quel, quelle what, which 2
quelque(s) some, any 14; **—
  chose** something 4; **—s
  minutes** a few minutes; **—
  part** somewhere; **quelqu'un**
  someone; **quelques-un(e)s**
  some
quelquefois sometimes 1
question *f* question 4
qui who, whom, that 3; **— est-
  ce** who is that, who is it
quitter to leave 4
quoi what, which 2
quotidien, quotidienne daily 6

R

racisme *f* racism 14
raconter to tell, to recount 14
radio *f* radio 1
raffiné refined
raisin *m* grape
raison *f* reason; **avoir —** to be
  right
rame *f* oar 16
randonnée *f* hike
randonneur *m*, **randonneuse**
  f hiker 16
rang *m* row
ranger to put away, to arrange
rapide fast
rappeler to recall; **se —** to
  remember
rapport *m* report, relationship,
  rapport
rare rare 9
rarement rarely 1
rasoir *m* razor 10
rassurer to reassure
ravi delighted 6
rayon *m* counter, department
  10
réaction *f* reaction 13
réaliser to achieve, to realize 9

réalité *f* reality 6
récent recent 6
recette *f* recipe 5
recevoir to receive 18
recherche *f* research 15
recherché sought-after
récital *m* recital, performance
  17
recommander to recommend
reconnaître to recognize 13
se recoucher to go back to bed 11
réduit reduced 10
réel, réelle real, authentic
réfléchir to reflect; to consider,
  think
reflet *m* reflection
réflexion *f* reflection
réfrigérateur *m* refrigerator 3
refuser to refuse
regard *m* sight 16
regarder to watch, to look at 1
région *f* region 2
règle *f* rule 18
regret *m* regret 13
regretter to regret, to be sorry 3
régulier, régulière regular 8
relations *f* relationships
religion *f* religion 7
remarquable remarkable
remarquer to notice, observe
remède *m* remedy, treatment
  11
remercier to thank 9
remettre to hand in; to
  postpone 12
remplir to fill
rencontre *f* meeting, encounter
rencontrer to meet, to run into 8
rendez-vous *m* appointment
rendre to hand back; to make
  10; **— visite à** to visit (a
  person) 10
renseignements *m pl*
  information 2
rentrer to return (home) 6; **—
  dedans** to run into
renverser to tip over
répandre to pour, to spread 17
réparer to repair
repartir to leave again 8
repas *m* meal 5
répéter to repeat
répondre to answer 10
réponse *f* answer, response P
reportage *m* report 7
reporter *m* reporter 4

reposer to put back down; **se —**
  to rest 11
repousser to postpone, to put
  off, to push back
représentant(e) *m,f*
  representative
réputation *f* reputation 9
réputé famous, known
réseau (-x) *m* system, network
réservé reserved
réserver to reserve
résidence universitaire *f*
  dormitory 1
résigné resigned 3
résister to resist 11
résoudre to resolve
respecter to respect 9
respiration *f* breathing 11
respirer to breathe 6
responsabilité *f* responsibility
ressembler à to resemble 17
ressources *f pl* means, resources
restaurant universitaire *m*
  university cafeteria 1
reste *m* rest 6
rester to stay, remain 3
résultat *m* result 6
retard *m* delay; **en —** late
retenir to reserve, to hold,
  retain 17
retour *m* return; **de —** back 9
retourner to return 8
retraite *f* retirement
se retrouver to meet (by
  arrangement)
réunion *f* meeting
se réunir to get together
réussir (à) to succeed, to pass
  (exam) 7
réussite *f* success 15
revanche : en revanche on the
  other hand 18
rêve *m* dream 3
se réveiller to wake up 11
révéler to reveal
revendication *f* demand
revenir to come back, to return 8
rêver to dream
revoir to see again; **au —**
  good-bye P
revue *f* magazine 10
rez-de-chaussée *m* ground
  floor, first floor
rhume *m* cold 11
riche rich 2
ride *f* wrinkle 14

ridiculiser to ridicule

rien nothing, anything 4; **ne...
— ne** nothing 16; **— ne**
nothing 16; **— de joli** nothing
pretty; **de —** you're welcome

rigoureux, rigoureuse rigorous
18

rire to laugh; **tu veux —** you're
kidding

risque *m* risk 14

risquer to risk

rive *f* bank 16

rivière *f* river 2

robe *f* dress 12

robotique *f* robotics

rock *m* rock music 7

roi *m* king

rôle role, part 7; **à tour de —**
in turn

roman *m* novel 17

rond *m* ring 13

rose pink 12

rôti *m* roast

rouge red 5

rougeole *f* measles

rougir to blush, to redden

rouler (en voiture) to drive

route *f* road, route, way 11; **en
—** on the way

roux, rousse red (hair) 12

rue *f* street 1

rugby *m* rugby

S

sa his, her, its, one's 3

sable *m* sand 8

sac *m* bag; **— à dos** backpack;
— à main handbag, purse 10

sage well-behaved, good 10

saison *f* season

salade *f* salad 5

salaire *m* salary 9

salle *f* room; **— à manger**
dining room 3; **— de bains**
bathroom 3; **— de séjour**
living room 3

salon d'essayage *m* fitting room

salut hi, hello P

salutation *f* greeting

samedi *m* Saturday P

sandale *f* sandal

sandwich *m* sandwich

sans without; **— blague** no
kidding 14; **— cesse**
constantly 18; **— doute**
probably; **— que** without

sans-abri *m pl* the homeless

santé *f* health 7; **à votre —**
cheers, to your health

satellite *m* satellite

satisfaire to satisfy

satisfait satisfied 3

sauce *f* sauce 5

saucisson *m* salami

sauf except

sauter to jump; **ça saute aux
yeux** that's obvious

sauvage wild 8

savoir to know, know how 13

saxophone *m* saxophone 17

sceptique sceptical 6

sciences *f pl* science 1; **—
économiques** economics 15

scientifique scientific 7

scolaire school 15

sculpter to sculpt, to carve 17

sculpteur *m,f* sculptor 17

sculpture *f* sculpture 15

se (to, for) himself, herself,
themselves, each other 12

séance *f* showing, session 7; **—
de travaux pratiques** lab
session

sec, sèche dry

sèche-cheveux *m* hair dryer 10

secours *m* help; **porte de —**
emergency exit 18

secrétaire *m,f* secretary 1

sécurité *f* security 9

séjour *m* stay 8; **salle de —**
living room 3

sel *m* salt 5

sélection *f* selection

selon according to 6

semaine *f* week 4

semblable similar

sembler to seem, appear

semestre *m* semester

sénateur *m* senator

sens *m* meaning, sense;
direction; **— unique** one way
18

sensationnel, sensationnelle
sensational

sensibilité *f* sensitivity

sentier *m* footpath, trail 16

sentiment *m* feeling 13

sentir to smell; to feel; **se —** to
feel 11

séparer to separate

septembre *m* September 4

série *f* series

sérieux, sérieuse serious

serpent *m* snake

serré tight

se serrer la main to shake hands

service *m* service; **— militaire**
military service 18

serviette *f* napkin; briefcase

servir to serve 9; **se —** to serve
oneself; **se — de** to use 16

ses his, her, its, one's 3

seul alone, only 4; **tout —** all
by himself

seulement only 4

sévère strict 2

sexisme *m* sexism 14

sexiste sexist

shampooing *m* shampoo 10

short *m* shorts 12

si if, whether; yes

SIDA *m* AIDS 11

siècle *m* century

sien, sienne his, hers

signaler to report

signe *m* sign

signifier to mean

sillage *m* wake, track 14

simple simple

simplifier to simplify 18

sincère sincere 18

sinon if not, or else

situation *f* situation 7;
position, job

situé situated, located 8

ski *m* skiing, ski; **— nautique**
m water skiing 16

sociabilité *f* sociability 15

social (*m pl* sociaux) social 9

société *f* company, society 18

sociologie *f* sociology 15

sœur *f* sister 3

soi oneself

soi-disant (*invariable*) so-called

soif *f* thirst; **avoir —** to be thirsty

se soigner to take care of oneself

soin *m* care

soir *m* evening 7

soirée *f* evening, party 12

soit... soit either . . . or

sol *m* soil 18

soldat *m* soldier

solde *f* sale 10

soleil *m* sun 8; **bain de —**
sunbath; **coup de —** sunburn

solidarité *f* fellowship

solution *f* solution 9

sommeil *m* sleep; **avoir —** to be sleepy

son his, her, its, one's 3

son *m* sound

sondage *m* poll 6

sonner to ring

sorte *f* kind, sort, type 8

sortie *f* outing; exit 18

sortir to go out, take out 8

souci *m* worry, care

souffrir to suffer

soulever to lift 11

soulier *m* shoe

soupçonner to suspect 18

soupe *f* soup 5

souple flexible 9

sourire *m* smile

sous below, under 2

sous-marin underwater

sous-sol *m* basement 10

sous-titre *m* subtitle 17

sous-vêtements *m pl* underwear 12

souvenir *m* souvenir, memory 4

se souvenir de to remember 11

souvent often 1

spatial (*m pl* **spatiaux**) space 14

spécial (*m pl* **spéciaux**) special 4

spécialisation *f* specialization, major 15

se spécialiser to specialize, to major

spécialité *f* specialty

spectacle *m* show 7

spontané spontaneous 13

sport *m* sport 1

sportif, sportive athletic 2

stable stable

stade *m* stadium, athletic field 6

station de métro *f* subway station 6

stationnement *m* parking

stationner to park 18

statue *f* statue 17

stéréo *f* stereo 3

studieux, studieuse studious

style *m* style 12

stylo *m* pen P

substituer to substitute

subtil subtle 18

succès *m* success

sucre *m* sugar 2

sud *m* south

suer to sweat 11

suffire to be enough

suggérer to suggest

suisse Swiss 2

suite : tout de — immediately

suivant *m* next one, following 7

suivre to follow; to take (a course) 16

sujet *m* subject; **au — de** about, concerning 15

superficiel, superficielle superficial

supérieur higher

supermarché *m* supermarket

supporter to stand, to put up with

supporter *m* supporter

suprême supreme 15

sur on 2

sûr sure, certain; **bien —** of course

surfing *m* surfing

surgelé frozen

surpopulation *f* overpopulation 14

surprendre to surprise

surpris surprised 13

surprise *f* surprise 8

surprise-partie *f* party

surtout especially 1

suspect *m* suspect

swahili *m* Swahili

symbole *m* symbol

sympathique (sympa) nice 2

système *m* system

T

ta your 3

tabac *m* tobacco; **bureau de —** tobacco shop

table *f* table P; **à —** at the table, seated; **mettre la —** to set the table

tableau (-x) *m* chalkboard P; painting 17

tâche *f* task 16

taille *f* size (clothing); waist 12

taillé cut out

tailleur *m* woman's suit

se taire to be silent

talent *m* talent 9

talon *m* heel

tambour *m* drum 17

tant so much, so many; **— que** as long as 16

tante *f* aunt 3

taquiner to tease 16

tard late 7

tarte *f* pie, tart 5

tas *m* a lot, a pile

tasse *f* cup 5

te (to, for) you 9

technique technical 8

technologie *f* technology

tee-shirt *m* T-shirt 12

tel, telle such

télé *f* TV

téléfilm *m* TV movie 7

téléphone *m* telephone 3

téléphoner to telephone

téléviser to televise

téléviseur *m* television set 3

télévision *f* television 1

tellement so, so much

témoin *m* witness 13

tempérament *m* temperament 18

température *f* temperature 8

temps *m* time 6; weather 8; **à — perdu** in one's spare time 12; **de — en —** from time to time; **en même —** at the same time; **tout le —** always; **le bon vieux —** the good old days

tendre tender

tendresse *f* tenderness 13

tenir to keep, hold; **se — droit** to stand up straight; **— le coup** to hold up (under stress)

tennis *m* tennis 6; sneaker

tentant tempting

tenté tempted 16

terminer to end

terrasse *f* terrace, outside area of a café

terre *f* land, earth; **pomme de —** potato

tes your 3

tête *f* head 11; **se casser la —** to rack one's brain

thé *m* tea

théâtre *m* theater 4; **pièce de —** play

théorie *f* theory

ticket *m* ticket

tien, tienne yours

tiens hey, look 1

tiers *m* one-third

timbre *m* stamp

timide shy 2

tirer to pull 18

tissu *m* fabric 12

toi you P

tolérer to tolerate

tomate *f* tomato 5

tomber to fall; — **amoureux (amoureuse) de** to fall in love with 16; — **en panne** to break down 8

ton your 3

tort *m* wrong; **avoir —** to be wrong

tôt early, soon 7

toujours always, still, ever

tour *m* trip; turn

tour *f* tower

touriste *m, f* tourist

tourner to turn 6; to film (a movie) 17

tournoi *m* tournament

tous all

tousser to cough 11

tout, toute, tous, toutes all, everything, every 4; quite; **en tout cas** at any rate; **à tout à l'heure** see you later; **de toute façon** in any case; **tout d'un coup** all at once 14; **tout de suite** right away 2; **tout droit** straight ahead 6; **tout le monde** everyone; **tout le temps** all the time 1; **toutes sortes de** all kinds of 8

tout *m* whole (thing)

traduire to translate

train *m* train 4; **en — de** in the process of 8

traîneau (-x) *m* sleigh

traîner to drag 18

trait *m* feature

traiter to treat 18

tranche *f* slice 5

tranquille calm, peaceful 3

transport *m* transportation

transporter to transport

travail (travaux) *m* job, work 2

travailler to work 1

traverser to cross 6

tremblement de terre *m* earthquake 14

très very 2

tribu *f* tribe

tricot *m* sweater, knit 12

trimestre *m* quarter

triste sad 13

tristesse *f* sadness 13

trombone *m* trombone 17

se tromper to be wrong, to make a mistake

trompette *f* trumpet 17

trop too; — **de** too much, too many 2

tropical (*m pl* tropicaux) tropical

trottoir *m* sidewalk

trouver to find 1; **se —** to be located, be found

truquage *m* special effects 17

tu you 1

tuer to kill 18

type *m* type, sort; guy 2

typique typical

U

un, une a, an; one 2

uni united 18

unique unique, only

unisson : à l'— in unison

univers *m* universe

universitaire pertaining to university

université *f* university 1

usine *f* factory 2

utile useful 1

utiliser to use

V

vacances *f pl* vacation 1; **colonie de —** summer camp; **bonnes —** have a good vacation; **en —** on vacation

vague *f* wave 8

vaisselle : faire la — to do the dishes 6

valeur *f* value

valise *f* suitcase 4

valoir to be worth; **ça vaut la peine** it's worth the trouble 17; — **mieux** to be better 9

vanille *f* vanilla 8

variable variable

varicelle *f* chicken pox

varier to vary

variété *f* variety, variety show 7

veau (-x) *m* veal, calf 5

vedette *f* star, celebrity 7

végétation *f* vegetation

vélo *m* bicycle 4

vélomoteur *m* moped

vendre to sell 10; **à —** for sale

vendredi *m* Friday P

venir to come; — **de** to have just 8

vent *m* wind; **il fait du —** it's windy 8

vente *f* sale

ventre *m* stomach, abdomen

verglas *m* ice, frost (on roads)

vérifier to check 12

véritable real, true, genuine

vérité *f* truth 14

verre *m* glass, drink 5; **—s de contact** contact lenses 10

vers toward, around 7

version *f* version 17

vert green 12

veste *f* jacket, sports coat 12

vêtements *m pl* clothing 3

vétérinaire *m* veterinarian 9

viande *f* meat 5

victime *f* victim

vide empty 17

vidéo-cassette *f* videotape 3

vidéoclip music video 7

vie *f* life 1

vieillesse *f* old age 13

vieillir to grow old 13

vieux, vieil, vieille old 3; **vieux jeu** old-fashioned; **le bon vieux temps** the good old days

village *m* village 9

ville *f* city 2

vin *m* wine 4

vingtaine *f* about twenty

violence *f* violence 14

violent violent

violon *m* violin 17

violoncelle *m* cello

vipère *f* poisonous snake

visage *m* face

vis-à-vis concerning

visibilité *f* visibility

visite *f* visit; **rendre —** à to visit (a person) 10

visiter to visit (a place) 4

vitamine *f* vitamin 11

vite quickly 8

vitesse *f* speed 18

vitre *f* window pane

vitrine *f* display window 11

vivant living 2

vivre to live 13

vœux *m pl* wishes 13

voici   here is (are)   2
voilà   there is (are)   1; here is
  (are)   1
voile   *f*   **faire de la —** to sail   16
voir   to see   14
voisin   neighboring
voisin   *m*,   voisine   *f*   neighbor
  3
voiture   *f*   automobile   3
voix   *f*   voice
vol   *m*   flight
volcan   *m*   volcano   8
volcanique   volcanic
voler   to steal; to fly   18
volet   *m*   shutter   18
volonté   *f*   will, willpower   12
vomir   to vomit   11

vos   your   3
voter   to vote   18
votre   your   2
vôtre   yours
vouloir   to want, to wish   9; **—
  bien**   to be willing; **— dire** to
  mean; **— rire** to be kidding
vous   you   1
voyage   *m*   trip   1; **faire un —**
  to take a trip
voyager   to travel   1
voyons   let's see   5
voyou   *m*   scoundrel, rascal
vrai   true   2
vraiment   really, truly   4
vue   *f*   sight, view   11
vulgaire   vulgar

W

W.-C.   *m pl*   toilet   3
week-end   *m*   weekend   4

Y

y   in it, at it, to it, there; **il — a**
  there is (are), ago   3
yeux   *m*   eyes

Z

zaïrois   from Zaire
zéro   *m*   zero   2
zone   *f*   zone
zut   darn

Vocabulaire Anglais-Français

Abbreviations

adj	adjective	*n*	noun	*dir obj*	direct object
adv	adverb	*pl*	plural	*ind obj*	indirect object
f	feminine	*pron*	pronoun	*after prep*	after a preposition
m	masculine	*v*	verb	*coll*	colloquial

A

a(n) un, une
abandon (to) abandonner
ability capacité *f*
able: to be pouvoir
about (approximately) environ;
  (*in expressions of time*) vers
above au-dessus, dessus
abroad à l'étranger
accept (to) accepter
access accès *m*
accident accident *m*
accompany (to) accompagner
accomplish (to) accomplir
according to selon
accountant comptable *m,f*
accounting comptabilité *f*
achieve (to) réaliser
across from en face de
activity activité *f*
actor acteur *m*
actress actrice *f*
add (to) ajouter
address adresse *f*
admire (to) admirer
admit (to) admettre
adorable adorable
adore (to) adorer
adult adulte *m*
advantage avantage *m*
advertising publicité *f*

advice conseil *m*
afraid: to be avoir peur
after après
afternoon après-midi *m*
again de nouveau, encore
against contre
age *n* âge *m*; *v* vieillir
ago il y a
agree être d'accord
AIDS SIDA *m*
airport aéroport *m*
album album *m*
algebra algèbre *f*
all tout, toute, tous, toutes
allow (to) permettre
almost presque
alone seul(e)
along le long de
already déjà
also aussi; également
although bien que, quoique
always toujours
ambitious ambitieux, ambitieuse
among parmi
and et
animal animal (animaux) *m*
announce (to) annoncer
annoy (to) embêter
annoying embêtant(e)
another un(e) autre
answer *n* réponse *f*; *v* répondre
anthropology anthropologie *f*

anxiety inquiétude *f*
any du, de la, de l', des;
  quelque(s); en
anyway quand même
apartment appartement *m*
apartment building immeuble *m*
appear (to) paraître, apparaître,
  sembler, avoir l'air
apple pomme *f*
application demande *m*
appreciate (to) apprécier
appropriate approprié(e)
approximately environ
architect architecte *m*
architecture architecture *f*
arm bras *m*
armchair fauteuil *m*
around autour de, vers
arrival arrivée *f*
arrive (to) arriver
article article *m*
as . . . as aussi... que
as far as jusqu'à
as for quant à
as much (many) as autant de
as soon as aussitôt que, dès que
ashamed: to be — avoir honte
ask (to) demander; poser (une
  question)
aspirin aspirine *f*; — **tablet**
  comprimé d'aspirine *m*
assistant assistant *m*

astronaut   astronaute   *m,f*
astronomy   astronomie   *f*
at   à, en, dans; **— ease**   à l'aise;
   — the house of   chez; **— least**
   au moins; **— once**   tout de suite
athletic   sportif, sportive
attend (to)   assister à
attention   attention   *f*; **to pay —**
   faire attention
attitude   attitude   *f*
aunt   tante   *f*
automobile   voiture   *f*,
   automobile   *f*
autumn   automne   *m*
avenue   avenue   *f*
average   *n*   moyenne   *f*; *adj*
   moyen, moyenne
avoid (to)   éviter
aware   au courant de

B

baby   bébé   *m*
baby-sitter   gardien (gardienne)
   d'enfants
back   dos   *m*; **in — of**   derrière
bad   mauvais(e); **it's too —**   il est
   (c'est) dommage; **the weather
   is —**   il fait mauvais
badly   mal
bakery   boulangerie   *f*
ball   ballon   *m*
banana   banane   *f*
bank   banque   *f*
baseball   base-ball   *m*
based   basé
basement   sous-sol   *m*
basketball   basket-ball   *m*
bathing suit   maillot de bain   *m*
bathroom   salle de bains   *f*
be (to)   être; **— able**   pouvoir; **—
   better**   valoir mieux; **— worth**
   valoir; **— . . . years old**
   avoir... ans
beach   plage   *f*
beans (green)   haricots verts   *m pl*
beautiful   beau, bel, belle, beaux,
   belles
because   parce que; car; **— of**   à
   cause de
become (to)   devenir
bed   lit   *m*; **go to —**   se coucher
bedroom   chambre   *f*
beef   bœuf   *m*
beer   bière   *f*

before   (time) avant, avant de,
   avant que; devant (place)
begin (to)   commencer à; se
   mettre à
beginning   début   *m*;
   commencement   *m*
behind   derrière
beige   beige
believe (to)   croire
below   sous
beside   à côté de
besides   à part; d'ailleurs; de plus
best   *adj*   meilleur(e); *adv*   mieux
bet (to)   parier
better   *adj*   meilleur(e); *adv*
   mieux; **be —**   valoir mieux
between   entre
bicycle   vélo   *m*; bicyclette   *f*
big   grand(e); gros, grosse
bill   addition   *f*; (money) billet   *m*
billfold   portefeuille   *m*
biology   biologie   *f*
bird   oiseau (oiseaux)   *m*
birth   naissance   *f*
birthday   anniversaire   *m*
black   noir(e)
blond   blond(e)
blouse   chemisier   *m*
blue   bleu(e)
blush (to)   rougir
boat   bateau (-x)   *m*
body   corps   *m*
book   livre   *m*
bookstore   librairie   *f*
boot   botte   *f*
booth   guichet   *m*
bore (to)   ennuyer; **be bored**
   s'ennuyer
boring   ennuyeux, ennuyeuse
born: to be   naître
borrow (to)   emprunter
boss   patron   *m*, patronne   *f*
bother (to)   déranger
bottle   bouteille   *f*
boulevard   boulevard   *m*
box   boîte   *f*
boxing   boxe   *f*
boy   garçon   *m*
brand new   neuf, neuve
brave   courageux, courageuse
bread   pain   *m*
break (to)   casser
breakfast   petit déjeuner   *m*
breathe (to)   respirer
breathing   respiration   *f*
brick   brique   *f*

bring (to)   apporter
bring up (to)   élever
broadcast   émission   *f*
broken   cassé(e)
broken down   en panne
brother   frère   *m*
brown   marron (*invariable*)
brush (to)   (se) brosser
build (to)   construire
burglar   cambrioleur   *m*,
   cambrioleuse   *f*
burn (to)   brûler
bus   autobus   *m*, car   *m*
bus stop   arrêt d'autobus   *m*
business   affaires   *f pl*;
   commerce   *m*; entreprise   *f*
busy: be — with   s'occuper de
but   mais
butcher shop   boucherie   *f*
butter   beurre   *m*
buy (to)   acheter
by   par, de

C

café   café   *m*
cake   gâteau (-x)   *m*
calculator   calculatrice   *f*
calculus   calcul   *m*
call (to)   appeler
calm   tranquille
camera   appareil-photo   *m*;
   movie —   caméra
camp (to)   faire du camping
campground   camping   *m*
campus   campus   *m*
can (be able to)   pouvoir
cancer   cancer   *m*
candy   bonbon   *m*
candy store   confiserie   *f*
canoe   canot   *m*
capital   capitale   *f*
car   voiture   *f*, auto   *f*
carafe   carafe   *f*
card   carte   *f*
care: take care of   s'occuper de
careful   prudent(e)
carrot   carotte   *f*
carry (to)   emporter, porter
cartoon   bande dessinée   *f*,
   dessin animé   *m*
case   cas   *m*; **in any —**   en tout
   cas, de toute façon
cassette tape   cassette   *f*
cat   chat   *m*

catastrophe catastrophe *f*
cello violoncelle *m*
center centre *m*
century siècle *m*
chair chaise *f*
chalkboard tableau (-x) *m*
champion champion *m*, championne *f*
championship championnat *m*
chance occasion *f*, hasard *m*
change *n* monnaie *f*; *v* changer
channel chaîne *f*
character personnage *m*
charm charme *m*
charming charmant(e)
cheap bon marché
check *n* chèque *m*; *v* vérifier
cheek joue *f*
cheese fromage *m*
chemistry chimie *f*
cherry cerise *f*
chicken poulet *m*
chief chef *m*
child enfant *m,f*
childhood enfance *f*
chin menton *m*
chocolate chocolat *m*
choice choix *m*
choose (to) choisir
Christmas Noël *m*
church église *f*
circle cercle *m*
citizen citoyen *m*, citoyenne *f*
city ville *f*
clarinet clarinette *f*
class classe *f*, cours *m*
clean *v* nettoyer, ranger; *adj* propre
climate climat *m*
climb (to) monter
close (to) fermer
closed fermé
closet placard *m*
clothing vêtement *m*
cloud nuage *m*
cloudy nuageux, nuageuse; it's — le ciel est couvert
club club *m*
coast côte *f*
coat manteau (-x) *m*
coffee café *m*
cold *n* rhume *m*; *adj* froid(e); be — (person) avoir froid; be — (weather) faire froid
color couleur *f*
come (to) venir

come back (to) revenir, rentrer
comedian comédien *m*, comédienne *f*
comfortable confortable
comic strip dessin animé *m*
commune communauté *f*
community communauté *f*
company société *f*
comparison comparaison *f*
competent compétent(e)
complain (to) se plaindre
complicated compliqué(e)
compose (to) composer
composition composition *f*
computer science informatique *f*
concerned: be — with se préoccuper de
concerning sur, en ce qui concerne
concert concert *m*
confession confession *f*
confirm (to) confirmer
congratulations félicitations *f*
consider (to) considérer
constantly sans cesse; constamment
continue (to) continuer
contrast contraste *m*
cook (to) faire la cuisine
cool frais, fraiche; it is — (weather) il fait frais
corner coin *m*
correct (to) corriger
cost (to) coûter
cough (to) tousser
count (to) compter
country pays *m*, campagne *f*
countryside paysage *m*
courageous courageux, courageuse
course cours *m*; in the — of au cours de
cousin cousin *m*, cousine *f*
cover (to) couvrir
craftsperson artisan *m*, artisane *f*
crazy fou, folle
cream crème *f*
create (to) créer
credit card carte de crédit *f*
crime crime *m*
crisis crise *f*
criticize (to) critiquer
cross (to) traverser
crowd foule *f*
cry (to) pleurer

cup tasse *f*
customer client *m*, cliente *f*
customs office douane *f*
cut (to) couper
cute mignon, mignonne
cycling cyclisme *m*

D

daily quotidien, quotidienne
dance (to) danser
danger danger *m*
dark (color) foncé; be — (night) faire sombre
dark (haired) brun(e)
darn zut
date date *f*
day jour *m*; journée *f*
dead mort(e)
deal affaire *f*
dear cher, chère
debt dette *f*
deceive (to) tromper
decide (to) décider
defend (to) défendre
define (to) définir
degree degré *m*
delighted ravi
democracy démocratie *f*
demonstration manifestation *f*
dentist dentiste *m,f*
deodorant déodorisant *m*
department département *m*
describe (to) décrire
desk bureau (-x) *m*
dessert dessert *m*
device appareil *m*
dictionary dictionnaire *m*
die (to) mourir
different différent(e)
difficult difficile
dine (to) dîner
dining room salle à manger *f*
dinner diner *m*; to have — dîner
direct *v* diriger; *adj* direct(e)
disadvantage inconvénient *m*
disappear (to) disparaître
disappoint (to) décevoir
disappointed déçu
discover (to) découvrir
discovery découverte *f*
discuss (to) discuter, parler (de)
discussion discussion *f*
dish plat *m*, assiette *f*
disobey (to) désobéir
display window vitrine *f*

disturb (to) déranger
divided by divisé par
divorce divorce *m*
do (to) faire; — housework
  faire le ménage; — one's best
  faire de son mieux; — the
  dishes faire la vaisselle
doctor docteur *m*; médecin *m*
doctorate doctorat *m*
documentary documentaire *m*
dog chien *m*
dollar dollar *m*
door porte *f*
dormitory résidence
  universitaire *f*
doubt (to) douter
downtown area centre-ville *m*
dozen douzaine *f*
drag (to) traîner
drama drame *m*
dream *n* rêve *m*; *v* rêver
dress *n* robe *f*; *v* s'habiller
dressy habillé
drink *n* boisson *f*; *v* boire
drive (to) conduire
driver chauffeur *m*; conducteur,
  conductrice
driving school auto-école *f*
drugstore pharmacie *f*;
  droguerie *f*
drum tambour *m*
during pendant, au cours de
dynamic dynamique

E

each chaque
ear oreille *f*
early de bonne heure, tôt; be —
  être en avance
earn (to) gagner
east est *m*
easy facile
eat (to) manger
education formation *f*,
  éducation *f*, instruction *f*
educator éducateur *m*,
  éducatrice *f*
effect effet *m*
either ou
elbow coude *m*
electric électrique
electronics électronique *f*
else d'autre
elsewhere ailleurs

employee employé *m*,
  employée *f*
employer employeur *m*,
  employeuse *f*
employment emploi *m*
encourage (to) encourager
end *n* bout *m*; fin *f*; *v* terminer
energy énergie *f*
engineer ingénieur *m*
engineering ingénierie *f*
English anglais
enormous énorme
enter (to) entrer
enthusiastic enthousiaste
entire entier, entière
environment environnement *m*
equally également
equipment équipement *m*
errands courses *f pl*
especially surtout
essential essentiel *m*
establish (to) établir
even *adv* même
evening soir *m*
event événement *m*
eventually éventuellement
every chaque; tout(e), tous,
  toutes; — day tous les jours
everybody tout le monde
everyone tout le monde
everywhere partout
examination examen *m*; pass
  an — réussir à un examen;
  take an — passer un examen
example: for — par exemple
excellent excellent(e)
except excepté, sauf
exchange (to) échanger
exercise exercice *m*
expense dépense *f*
expenses frais *m pl*
expensive cher, chère
experiment expérience *f*
expert expert *m*
explain (to) expliquer
explanation explication *f*
express (to) exprimer

F

facing en face de
fact fait *m*; in — en effet, en fait
fail (to) échouer; — an exam
  échouer à un examen
fall *n* automne *m*; *v* tomber

family famille *f*
famous célèbre
fantasy fantaisie *f*
far loin; — from loin de
farm ferme *f*
farmer agriculteur *m*
fascinating fascinant(e)
fatigue fatigue *f*
fault défaut *m*
favorite préféré(e); favori, favorite
fear (to) craindre; avoir peur de
feel (to) sentir, éprouver; — like
  avoir envie de
femininity fémininité *f*
fever fièvre *f*
few peu (de); a — quelques
fight *n* lutte *f*; *v* lutter
fill (to) remplir
film film *m*
finally enfin
find (to) trouver
fine bien
finger doigt *m*
finish (to) finir
first premier, première; — of all
  d'abord
floor étage *m*
flower fleur *f*
flu grippe *f*
flute flûte *f*
fog brouillard *m*
follow (to) suivre
food aliment *m*; nourriture *f*
for pour; pendant; il y a... que;
  ça fait... que; depuis; car
forbid (to) défendre
forehead front *m*
foreign étranger, étrangère
forest forêt *f*
forget (to) oublier
fork fourchette *f*
former ancien, ancienne
formerly autrefois
fortunately heureusement
free libre; gratuit(e)
freeway autoroute *f*
fresh frais, fraîche
friend ami *m*, amie *f*; *(coll)*
  copain *m*, copine *f*
friendly accueillant(e)
friendship amitié *f*
from de
front: in — of devant
fruit fruit *m*
full complet, complète; plein(e)
funny amusant(e)

furniture meubles *m pl*
future *n* avenir *m; adj* futur(e)

G

game jeu *m;* match *m*
garage garage *m*
garden jardin *m*
geography géographie *f*
geology géologie *f*
geometry géométrie *f*
get (to) obtenir; (become) devenir; **— acquainted** connaître; **— along, manage** se débrouiller; **— married** se marier; **— off** descendre; **— on** monter; **— up** se lever
gift cadeau (-x) *m*
girl fille *f*
give (to) donner; offrir; **— up** abandonner
glad content(e)
go (to) aller; **— around** faire le tour de; **— back** retourner; **— down** descendre; **— for a walk** faire une promenade; **— grocery shopping** faire le marché; **— home** rentrer; **— out** sortir; **— shopping** faire les courses; **— to bed** se coucher; **— up** monter
goal but *m*
golf golf *m*
good bon, bonne
good-bye au revoir
government gouvernement *m*
grade note *f*
grandfather grand-père *m*
grandmother grand-mère *f*
grandparent grand-parent *m*
grass herbe *f*
gray gris(e)
great grand(e), formidable
great-grandmother arrière-grand-mère *f*
grief chagrin *m*
grocery store épicerie *f*
group groupe *m*
grow (to) grandir
guard gardien *m,* gardienne *f*
guess (to) deviner
guilty coupable
guitar guitare *f*
gymnastics gymnastique *f*

H

habit habitude *f;* **be in the — of** avoir l'habitude de
hair cheveux *m pl*
hairdresser coiffeur *m,* coiffeuse *f*
half moitié *f;* demi
ham jambon *m*
hand in (to) remettre
handsome beau, bel, belle, beaux
happen (to) arriver, se passer
happiness bonheur *m*
happy heureux, heureuse; content(e)
hard dur(e), difficile
hardly à peine
harmony harmonie *f*
hat chapeau (-x) *m*
hate (to) détester
have (to) avoir; **— dinner** dîner; **— just** venir de; **— to** devoir
he il, lui
head tête *f*
headache: have a — avoir mal à la tête
hear (to) entendre; **— about** entendre parler de
heart cœur *m;* **— attack** crise cardiaque *f*
heavy lourd(e)
hello bonjour
help (to) aider
her *(dir obj)* la; *(ind obj)* lui; *(after prep)* elle; *adj* son, sa, ses
here ici; **— is** voici, voilà
hero *héros *m*
heroine héroïne *f*
hi salut
hide (to) cacher
high haut(e), élevé(e)
hike randonnée *f*
hill colline *f*
hinder (to) empêcher
hire (to) embaucher
history histoire *f*
holiday fête *f*
home: at the — of chez
homework devoirs *m pl*
honest honnête
hope *n* espoir *m; v* espérer
horse cheval (chevaux) *m*
hose bas *m pl*

_____

* Denotes an aspirate *h*.

hospital hôpital *m*
host hôte *m*
hostel auberge *f;* **youth —** auberge de jeunesse
hostess hôtesse *f*
hot chaud(e) **be — (person)** avoir chaud; **be — (weather)** faire chaud
hotel hôtel *m*
hour heure *f*
house maison *f;* **apartment —** immeuble *m*
how comment; **— long** depuis quand, depuis combien de temps; **— many, — much** combien (de); **— old is she?** quel âge a-t-elle?; **— are you?** comment allez-vous?, comment ça va?
however cependant, pourtant
human humain(e)
hundred cent *m*
hungry: be — avoir faim
hunting chasse *f*
hurry (to) se dépêcher; **in a —** pressé(e)
hurt *v* avoir mal; *adj* blessé
husband mari *m*

I

I je
ice glace *f*
ice cream glace *f*
idea idée *f*
ideal idéal *m*
identify (to) identifier
identity identité *f*
if si; **— not** sinon
immediately tout de suite, immédiatement
important important(e)
impossible impossible
improve (to) améliorer
impulsive impulsif, impulsive
in à, en, dans; **— back of** derrière; **— front of** devant; **— spite of** malgré; **— style** à la mode; **— your opinion** à votre avis
included compris(e)
including y compris
increase (to) augmenter
independent indépendant(e)
industry industrie *f*

inequality inégalité *f*
infection infection *f*
infraction infraction *f*
inhabit (to) habiter
initial initiale *f*
initiative initiative *f*
insist (to) insister
inspection inspection *f*
install (to) installer
instance: for — par exemple
instant instant *m*
instead of au lieu de
insult (to) insulter
intellectual intellectuel,
   intellectuelle
intelligent intelligent(e)
intend to (to) avoir l'intention de
interest *n* intérêt *m*; *v*
   intéresser; be —ed in
   s'intéresser à
interesting intéressant(e)
interrogate (to) interroger
intimately intimement
into dans, en, à; go — entrer dans
intoxicated ivre
invent (to) inventer
invite (to) inviter
irresistible irrésistible
island île *f*
it il, elle, ce; (*dir obj*) le, la; — is
   (+ weather expression) il fait
its son, sa, ses
it's c'est
it's going well ça marche bien

J

jackpot gros lot *m*
jam confiture *f*
jealous jaloux, jalouse
jewel bijou (bijoux) *m*
job emploi *m*, poste *m*; (*coll*)
   boulot *m*
jog (to) faire du jogging
journalist journaliste *m,f*
just juste; have — venir de

K

keep (to) garder
key clé *f*
kid gosse *m,f*
kill (to) tuer

kind sorte *f*, espèce *f*; *adj*
   sympathique; gentil, gentille
kiss (to) embrasser
kitchen cuisine *f*
know (to) (something) savoir; (be
   acquainted with) connaître; —
   how to savoir

L

lady dame *f*
language langue *f*; langage *m*
large grand(e); gros, grosse
last *v* durer; *adj* dernier,
   dernière; — night hier soir; at
   — enfin
late tard; be — être en retard
laugh (to) rire
law loi *f*; droit *m*
lawyer avocat *m*, avocate *f*
learn (to) apprendre
leather cuir *m*
leave (to) (something
   somewhere) laisser; (a place)
   quitter, partir de, sortir de
lecture conférence *f*
left gauche *f*; to the — à gauche
leg jambe *f*
lemon citron *m*
lemonade citron pressé
lend (to) prêter
less moins; — and — de moins
   en moins
lesson leçon *f*
let's *verb stem* + -ons *ending*
letter lettre *f*
library bibliothèque *f*
life vie *f*
light (to) allumer
like (to) aimer; feel — avoir
   envie de
like comme
lip lèvre *f*
listen (to) écouter
literature littérature *f*
little *adj* petit(e); *adv* peu; a
   — un peu
live (to) habiter; vivre
living room salle de séjour *f*
located: be — se trouver, être
   situé
long long, longue; how —
   depuis quand; no —er ne...
   plus; — ago autrefois; —
   time longtemps

look for (to) chercher
lose (to) perdre
lot: a — beaucoup (de)
love *n* amour *m*; *v* aimer,
   adorer; in — amoureux,
   amoureuse
luck chance *f*
lucky: be — avoir de la chance
lunch déjeuner *m*

M

magazine revue *f*, magazine *m*
magnificent magnifique
mail courrier *m*
main principal(e), principaux
make (to) faire
man homme *m*
manage (to) (get along) se
   débrouiller
many beaucoup (de); bien des;
   how — combien (de); too —
   trop (de)
map carte *f*
market marché *m*
marriage mariage *m*
marry (to) se marier (avec)
mathematics mathématiques *f*
   pl
May mai
maybe peut-être
mayor maire *m*
me me, moi
meet (to) faire la connaissance
   de, connaître; (by appointment)
   retrouver; (by chance)
   rencontrer; (together) se réunir
middle: in the — of au milieu de
mild doux, douce
mind: change one's — changer
   d'avis
mine le mien, la mienne, etc.
Miss mademoiselle, Mlle
modern moderne
money argent *m*
month mois *m*
more davantage; plus
moreover d'ailleurs
morning matin *m*
most le plus; le, la, les plus *adj*;
   la plupart de
mother-in-law belle-mère *f*
motorcycle motocyclette *f*;
   (*coll*) moto *f*

mountain montagne *f*; — **climber** alpiniste *m,f*
mouth bouche *f*
movie film *m*; **the —s** le cinéma; — **camera** caméra *f*; — **theater** cinéma *m*
Mr. monsieur, M.
Mrs. madame, Mme
much beaucoup (de); **how —** combien (de); **too —** trop (de); **as —** autant de; **so —** tant de
museum musée *m*
mushroom champignon *m*
music musique *f*
must *v* devoir, falloir
my mon, ma, mes

N

name *n* nom *m*; *v* nommer; **my — is** je m'appelle
narrow étroit(e)
natural naturel, naturelle
near près (de)
necessary nécessaire; **it is —** il faut, il est nécessaire
need (to) avoir besoin (de)
neighbor voisin(e) *m,f*
neither . . . nor ne... ni... ni
never ne... jamais
new nouveau, nouvel, nouvelle, nouveaux, nouvelles; **brand —** neuf, neuve
news actualités *f pl*; informations *f pl*
newspaper journal (journaux) *m*
next prochain(e); — **to** à côté de
nice sympathique; gentil, gentille; agréable
night nuit *f*; — **club** boîte de nuit; **last —** hier soir
nightmare cauchemar *m*
no non, pas (de), aucun, ne... aucun; — **longer** ne... plus; — **more** ne... plus; — **one** personne, ne... personne, personne ne...
noise bruit *m*
noisy bruyant(e)
none aucun(e)
noon midi *m*
north nord *m*
not ne... pas; — **at all** ne... pas du tout

notebook cahier *m*
nothing rien, rien ne..., ne... rien
notice (to) remarquer
novel roman *m*
now maintenant
nuclear nucléaire
nurse infirmier *m*, infirmière *f*

O

obey (to) obéir (à)
obligated obligé
occupation métier *m*
o'clock heure(s)
of de
offer (to) offrir
office bureau (-x) *m*; **post —** bureau de poste
often souvent, fréquemment
oil huile *f*
okay d'accord
old vieux, vieil, vieille; ancien, ancienne
on sur; — **foot** à pied; — **time** à l'heure; — **TV** à la télé
once une fois; **at —** tout de suite
one un(e); on; **that —** celui-là, celle-là; **this —** celui-ci, celle-ci
one-fourth quart *m*
one-half demi *m*
one-third tiers *m*
onion oignon *m*
only *adj* seul(e); *adv* seulement; ne... que
only seulement
open *v* ouvrir; *adj* ouvert(e)
opening ouverture *f*
opinion opinion *f*, avis *m*; **in my —** à mon avis
opportunity occasion *f*
opposite contraire *m*
or ou
orange drink orangeade *m*
orange juice jus d'orange *m*
order (to) commander; **in — that** pour que; **in — to** pour
other autre, d'autre; **on the — hand** d'autre part, par contre
otherwise autrement
our notre, nos
ours le, la nôtre; les nôtres
outside dehors
over there là-bas
owe (to) devoir

own *v* posséder; *adj* propre
owner propriétaire *m,f*

P

package paquet *m*
paint (to) peindre
painting peinture *f*, tableau *m*
pal copain *m*, copine *f*
pan casserole *f*
pants pantalon *m*
panty hose collant *m*
paper papier *m*
parade défilé *m*
paradise paradis *m*
parent parent *m*
park parc *m*
parking lot parking *m*
part partie *f*
part-time à mi-temps
party surprise-partie *f*
pass (to) passer; — **a test** réussir à un examen
past passé *m*
pastry shop pâtisserie *f*
pay (to) payer
peach pêche *f*
pear poire *f*
peas petits pois *m pl*
pen stylo *m*
pencil crayon *m*
people gens *m pl*; on
pepper poivre *m*
percent pour cent
perfect parfait(e)
perfume parfum *m*
perhaps peut-être
permit *n* permis *m*; *v* permettre
person personne *f*
physical education éducation physique *f*
physician médecin *m*
physics physique *f*
piano piano *m*
picnic pique-nique *m*
pie tarte *f*
piece morceau (-x) *m*
pill pilule *f*
pink rose
place endroit *m*, lieu *m*; **take —** avoir lieu
plan projet *m*
plane avion *m*

play *n* pièce de théâtre *f*; *v*
   jouer (à, de); — **sports** faire du
   sport
pleasant agréable
please s'il vous (te) plaît; *v*
   plaire à
pleasure plaisir *m*
plumber plombier *m*
plus plus
pocket poche *f*
police officer agent de police *m*
police station poste de police *m*
polite poli
politeness politesse *f*
political politique
poll sondage *m*
poor pauvre
popular populaire
populated peuplé
pork porc *m*
pork shop charcuterie *f*
position situation *f*
possess (to) posséder
post office bureau de poste *m*,
   poste *f*
poster affiche *f*
potato pomme de terre *f*
pound livre *f*
practice (to) pratiquer
prefer (to) préférer, aimer mieux
preparation préparatif *m*
prepare (to) préparer
prescription ordonnance *f*
present actuel, actuelle
pretender poseur *m*
pretty joli(e)
prevent (to) empêcher (de)
price prix *m*
private privé(e)
prize prix *m*
probably probablement; sans
   doute
problem problème *m*
product produit *m*
program émission *f*
promise *n* promesse *f*; *v*
   promettre
property propriété *f*
public public, publique
pullover sweater pull-over *m*
punish (to) punir
purchase achat *m*
purse sac à main *m*
put (to) mettre; — **back down**
   reposer; — **on** mettre

Q

quarter quartier *m*; — **to**
   moins le quart; — **after** et quart
question (to) interroger; **be a —
   of** s'agir de; **ask a —** poser
   une question
quickly vite
quite tout

R

race course *f*
racism racisme *m*
radio radio *f*
railroad station gare *f*
rain *n* pluie *f*; *v* pleuvoir
raise (to) lever, élever
rapid rapide
rather assez; plutôt
razor rasoir *m*
read (to) lire
ready prêt(e)
real véritable, vrai(e)
really vraiment
reassure (to) rassurer
recall (to) rappeler
receive (to) recevoir
recently récemment
recipe recette *f*
recognize (to) reconnaître
record disque *m*
red rouge
reflect (to) réfléchir
refrigerator réfrigérateur *m*,
   frigo *m*
regret (to) regretter
regular régulier, régulière
relationships relations *f pl*
relative parent *m*
relax (to) se détendre
remain (to) rester
remember (to) se souvenir de
rent *n* loyer *m*; *v* louer
repair (to) réparer
repeat (to) répéter
reply *n* réponse *f*; *v* répondre
report rapport *m*
request (to) demander
research recherches *f pl*
resemble (to) ressembler à
reservation réserve *f*
reserve (to) retenir

residence domicile *m*
rest *n* reste *m*; *v* se reposer
restaurant restaurant *m*
result résultat *m*
retire (to) prendre sa retraite
retirement retraite *f*
return (to) (go back) retourner;
   (come back) revenir
return (to) (home) rentrer; (give
   back) rendre; *n* retour *m*
rich riche
ridicule (to) ridiculiser
right (direction) droite *f*; droit
   m; **be —** avoir raison
right away tout de suite
rigorous rigoureux, rigoureuse
ripe mûr(e)
risk (to) risquer
river fleuve *m*, rivière *f*
road chemin *m*
roast rôti *m*
rock pierre *f*
rock music rock *m*
roll (to) rouler
roller skating patinage *m*
room pièce *f*; **living —** salle de
   séjour *f*
rooming house pension de
   famille *f*
roommate camarade de
   chambre *m,f*
round arrondi(e)
route itinéraire *m*
row rang *m*
run (to) courir; — **errands** faire
   des courses

S

sad triste
sailing voile *f*
salad salade *f*
salary salaire *m*
salt sel *m*
same même
sand sable *m*
sandal sandale *f*
satisfied satisfait(e)
save (to) (money) économiser
say (to) dire
schedule horaire *m*
scholarship bourse *f*
school école *f*

science sciences *f pl*
scoundrel voyou *m*
sculptor sculpteur *m*
sculpture sculpture *f*
sea mer *f*
season saison *f*
seated assis
second deuxième; second(e)
second floor premier étage *m*
see (to) voir; — **you soon** à bientôt; — **you tomorrow** à demain
seem (to) sembler, avoir l'air, paraître
sell (to) vendre
send (to) envoyer
sentence phrase *f*
separate (to) séparer
series série *f*
serious sérieux, sérieuse; grave
serve (to) servir
several plusieurs
sexism sexisme *m*
share (to) partager
she elle
shirt chemise *f*
shock (to) choquer
shoe chaussure *f*, soulier *m*
shoe store magasin de chaussures *m*
shop *n* boutique *f*; **tobacco —** bureau de tabac *m*; *v* faire le marché
shopping center centre commercial *m*
short court(e), petit(e)
shorts short *m*
shoulder épaule *f*
show (to) montrer
show spectacle *m*
shower douche *f*
shrimp crevette *f*
shutter volet *m*
shy timide
sick malade; **get —** tomber malade
sickness maladie *f*
side côté *m*
sidewalk trottoir *m*
sight vue *f*
sign pancarte *f*
since depuis; puisque
sincere sincère
singer chanteur *m*, chanteuse *f*
sister sœur *f*

sit (to) (down) s'asseoir; — **to eat** se mettre à table
situated situé
sit-up abdominal (abdominaux) *m*
ski *n* ski *m*; — **jacket** anorak *m*; *v* faire du ski
skirt jupe *f*
sky ciel *m*
sleep (to) dormir
sleepy: be — avoir sommeil
slice tranche *f*
slope pente *f*
slow lent(e)
slowly lentement
small petit(e)
smoke *n* fumée *f*; *v* fumer
snack (after-school) goûter *m*
snow *n* neige *f*; *v* neiger
so ainsi, donc, alors; — **(much)** tellement; — **that** pour que
soap opera feuilleton *m*
soccer football *m*
social social
sociology sociologie *f*
sock chaussette *f*
some quelque(s)
someone quelqu'un
something quelque chose *f*
sometimes parfois, quelquefois
son fils *m*
song chanson *f*
soon bientôt; **as — as** dès que, aussitôt que
sorrow chagrin *m*, peine *f*
sorry: be — regretter
soup soupe *f*
south sud *m*; — **of France** Midi *m*
space espace *m*
speak (to) parler
special spécial(e), spéciaux
spend (to) dépenser (money), passer (time)
spinach épinards *m pl*
spite: in — of malgré
spoon cuiller *or* cuillère *f*
sport sport *m*
spring printemps *m*
stadium stade *m*
stamp timbre *m*
stand (to) supporter
star étoile *f*; vedette *f*
start (to) commencer
state état *m*

stay *n* séjour *m*; *v* rester
steal (to) voler
step pas *m*
stereo chaîne-stéréo *f*
still encore
stomach estomac *m*
stop (to) (s')arrêter
store magasin *m*
storm orage *m*
story histoire *f*, conte *m*
straight (ahead) tout droit
strange bizarre
street rue *f*
strict sévère
strike grève *f*
strong fort(e)
struggle lutte *f*
student étudiant *m*, étudiante *f*
studious studieux, studieuse
study *n* étude *f*; *v* étudier, faire des études
stupid bête
stylish chic
subject sujet *m*; **academic —** matière *f*
suburb banlieue *f*
subway métro *m*; — **station** station de métro *f*
succeed réussir
success réussite *f*
sugar sucre *m*
suit (woman's) tailleur *m*
suit (man's) complet *m*
suitcase valise *f*
summer été *m*
summer camp colonie de vacances *f*
sun soleil *m*
sunbathe (to) prendre un bain de soleil
sunny: be — faire du soleil
suntanned bronzé
supreme suprême
sure sûr(e)
surgeon chirurgien *m*, chirurgienne *f*
surprise *n* surprise *f*; *v* surprendre, étonner
surround (to) entourer
survey enquête *f*
suspect (to) soupçonner
swim (to) nager
swimming natation *f*
swimming pool piscine *f*
symbol symbole *m*

T

table table *f*; **set the —** mettre la table
take (to) prendre; emmener; emporter; **— an exam** passer un examen; **— a course** suivre un cours; **— a trip** faire un voyage; **— out** sortir
talent talent *m*
talk (to) parler
talk show causerie *f*
tape recorder magnétophone *m*
taste goût *m*
taxes impôts *m pl*
tea thé *m*
teach (to) enseigner
teacher professeur *m*
team équipe *f*
tease (to) taquiner
technology technologie *f*
telephone *n* téléphone *m*; *v* téléphoner
television télévision (télé) *f*
television set téléviseur *m*
tell (to) raconter; dire
temperature température *f*
tempting tentant
tennis tennis *m*
tennis shoe chaussure de tennis *f*
term paper dissertation *f*
terrace terrasse *f*
terrific formidable
thank (to) remercier
thank you merci
thanks to grâce à
that ça; *adj* ce, cet, cette; *pron* celui, celle; **— means** ça veut dire; **— which** ce que
the le, la, les
theater théâtre *m*
their leur, leurs
theirs le leur, la leur, les leurs
them les; leur; eux, elles
then alors, ensuite, puis, donc
there là(-bas); y
there is, are il y a; voilà
therefore donc
these ces; ceux, celles
they ils, elles
thing chose *f*
think (to) penser; réfléchir; croire; **— about** penser à; **— of** penser de
thirsty: be — avoir soif
this ce, cet, cette; celui, celle

those ces; ceux, celles
thousand mille *m*
threaten (to) menacer
ticket billet *m*, ticket *m*
tie cravate *f*
tight serré
time temps *m*, heure *f*; **on —** à l'heure; **what — is it?** quelle heure est-il?; **from — to —** de temps en temps; **have a good —** s'amuser; **at that —** à ce moment-là, à cette époque-là; **at —s** parfois
timid timide
tired fatigué(e)
tiring fatigant(e)
tobacco tabac *m*; **— shop** bureau de tabac *m*
today aujourd'hui
together ensemble
tolerate (to) tolérer
tomato tomate *f*
tomorrow demain
too trop; **it's — bad** il est (c'est) dommage; **— many, — much** trop (de)
tooth dent *f*
town ville *f*
toy jouet *m*
trail piste *f*
train train *m*
translate (to) traduire
trashcan poubelle *f*
travel (to) voyager
treat (to) traiter
treatment remède *m*
tree arbre *m*
trip voyage *m*
trouble ennui *m*
true vrai(e)
trumpet trompette *f*
truth vérité *f*
try (to) essayer
T-shirt tee-shirt *m*
turn (to) tourner
type sorte *f*; genre *m*, espèce *f*
typewriter machine à écrire *f*
typical typique

U

umbrella parapluie *m*
unbelievable incroyable
uncle oncle *m*
under sous

understand (to) comprendre
underwear sous-vêtements *m pl*
unemployment chômage *m*
unfair injuste
unfortunately malheureusement
unique unique
university université *f*
unless à moins que
unmarried célibataire
unpleasant désagréable
until jusqu'à ce que
upkeep entretien *m*
us nous
use (to) utiliser, se servir de
used d'occasion
useful utile
usual habituel, habituelle
usually d'habitude

V

vacation vacances *f pl*
vanilla vanille *f*
variety variété *f*
vary (to) varier
veal veau *m*
vegetable légume *m*
very très, bien; **— much** beaucoup
victim victime *f*
video-recorder magnétoscope *m*
videotape vidéo-cassette *m*
village village *m*
violin violon *m*
visit (to) visiter (place); rendre visite à (person)
vitamin vitamine *f*
vote (to) voter

W

wait (to) (for) attendre
wake up (to) se réveiller
walk *n* démarche *f*; *v* se promener, marcher
walking marche *f*
wall mur *m*
wallet portefeuille *m*
want (to) vouloir, désirer
war guerre *f*
warm chaud; **be —** (persons) avoir chaud; **be —** (weather) faire chaud
warn (to) prévenir

wash (to)   laver, se laver
washing machine   machine à laver *f*
watch   *n* montre *f*; *v* regarder; —out! attention!
water   eau *f*
water closet   W.-C. *m pl*
way   façon *f*; manière *f*; on the — en route; by the — au fait
we   nous
wear (to)   porter
weather   temps
weather report   bulletin météorologique *m*; météo *f*
week   semaine *f*
weekend   week-end *m*
weight   poids *m*
well   bien; I am — je vais bien
west   ouest *m*
what   qu'est-ce qui; que; qu'est-ce que; quel, quelle, quoi, que; ce qui, ce que
what's that   qu'est-ce que c'est
when   quand
where   où

which   quel(s), quelle(s); — one lequel, laquelle
while   pendant que, alors que
white   blanc, blanche
who   qui
why   pourquoi
wide   large
wife   femme *f*
win (to)   gagner
wind   vent *m*
window   fenêtre *f*
windy: it is —   il fait du vent
wine   vin *m*
winter   hiver *m*
with   avec
without   sans; sans que
woman   femme *f*
wonder (to)   se demander
wood   bois *m*
word   mot *m*; (spoken) parole *f*
work (to)   travailler
worker   ouvrier *m*, ouvrière *f*
world   monde *m*
worried   inquiet, inquiète
worse   pire

worth: be —   valoir
wrinkle   ride *f*
write (to)   écrire
wrong: be —   avoir tort

Y

year   an *m*, année *f*; to be . . . years old   avoir... ans
yellow   jaune
yes   oui, si
yesterday   hier
yet   encore
you   vous, tu; te; toi
young   jeune
your   votre, vos; ton, ta, tes
yours   le vôtre, etc; le tien, etc.
youth   jeunesse *f*

Z

zero   zéro *m*

Index

Photo credits